NOUVELLE
THÉORIE-PRATIQUE

POUR

ABRÉGER ET FACILITER L'INSTRUCTION

DES

OFFICIERS ET SOUS-OFFICIERS

DE LA LIGNE

Et de la Garde nationale;

OU PRINCIPES DES MANŒUVRES DE GUERRE MIS À LA POR-
TÉE DE CHAQUE BATAILLON; LES MAXIMES ET PRÉCEPTES
DE L'ART MILITAIRE MIS EN PRATIQUE POUR L'ATTAQUE ET
POUR LA DÉFENSE.

Ouvrage indispensable à MM. les Officiers et Capitaines
commandants de la Garde nationale, pour bien diriger
l'emploi du temps consacré aux exercices; ainsi qu'à
tous les Officiers et Sous-Officiers de cette armée, appelés
à justifier le choix de leurs concitoyens, par une instruction aussi prompte que complète dans l'art militaire.

Par M. COPIER,

VICTIME DE LA LÉGION D'HONNEUR, CAPITAINE EN RETRAITE.

PARIS,

TERREUX, au port passage Dauphine, N° 6.

1831.

vris pas ma naissance. Je fui renuis sur tout
exact de toutes mes démarches, et même je lui con-
fai que le jour précédent, m'étant présenté devant
une fenêtre de la maison de Mouaffac, pour demander l'aumône, j'avais vu par hasard une jeune dame
qui m'avait charmé.

Au nom du Mouaffac, je vis les yeux du cady s'a-
nimer. Ce juge demeura ensuite quelques momens à
rêver; ensuite, il prit un air gai. Jeune homme, il

NOUVELLE THÉORIE-PRATIQUE

POUR

ABRÉGER ET FACILITER L'INSTRUCTION

DES

OFFICIERS ET SOUS-OFFICIERS

DE LA LIGNE

Et de la Garde nationale;

OU PRINCIPES DES MANŒUVRES DE GUERRE MIS A LA PORTÉE DE CHAQUE BATAILLON ;
LES MAXIMES ET PRÉCEPTES DE L'ART MILITAIRE MIS EN PRATIQUE POUR L'ATTAQUE
ET POUR LA DÉFENSE.

OUVRAGE INDISPENSABLE

A MM. les Officiers et Capitaines-Commandans de la Garde nationale, pour bien diriger l'emploi du temps consacré aux exercices, ainsi qu'à tous les Officiers et Sous-Officiers de cette arme, jaloux de justifier le choix de leurs concitoyens par une instruction aussi prompte que complète dans l'art militaire.

PAR M. COPPIER,

OFFICIER DE LA LÉGION-D'HONNEUR, CAPITAINE EN RETRAITE.

PRIX : 6 FRANCS.

PARIS,

L'AUTEUR, RUE ET PASSAGE DAUPHINE, N° 16.

1831.

Les formalités exigées par la loi ayant été remplies, l'Auteur poursuivra comme contrefacteur, tout vendeur ou distributeur d'exemplaires de cet ouvrage qui ne seraient pas revêtus de sa signature.

PRÉFACE.

Quels sont les moyens de préserver la France d'une troisième invasion?... Telle a été la pensée de l'auteur, après les journées de juillet.

Enumérant la population des puissances étrangères, nous remarquons cent soixante millions d'ames, non compris l'Angleterre, aujourd'hui notre alliée douteuse, et dans tous les temps notre ennemie naturelle, ces masses cernant de tous côtés les trente à trente-trois millions que représente la France.

Les cabinets de l'Europe peuvent donc nous assaillir avec des forces cinq fois plus nombreuses que celles que nous avons à leur opposer...

S'ils voient la possibilité de nous accabler en haine de la démocratie, ils réuniront tous leurs efforts pour le faire. Ils se garderont bien de petits moyens, de demi-mesures, ils connaissent trop le géant qu'ils ont à combattre, dont ils voudraient se partager les dépouilles, pour ne pas employer des moyens proportionnés à la terreur qu'il leur inspire.

Ces réflexions m'ont porté à rechercher comment la Grèce antique, si souvent attaquée par des populations entières, arrachées d'Europe et d'Asie, a pu résister avec ses petites armées aux forces immenses qui devaient l'écraser; j'ai reconnu que c'est par l'amour de la patrie, la discipline, la supériorité de sa tactique.

Jetant les yeux sur Rome naissante, on voit encore que son excellente tactique, sa discipline parfaite (891), sa politique, lui valurent la conquête de l'univers.

Amour de la patrie, discipline, tactique, tel fut donc leur secret; éminemment inspirés par le premier, il doit enfanter en nous les deux autres.

Ce sont, en effet, les moyens uniques et certains de nous faire triompher. La valeur avec eux peut tout, sans eux rien, parce que la victoire ne se fixe que du côté de l'armée la mieux disciplinée, la mieux exercée; ceci est sans restriction : l'histoire nous en est garant, et les dernières guerres des Russes contre les Turcs, et des

Français contre les Africains viennent encore le confirmer.

Pendant que les souverains de l'Europe, inquiets des dispositions de leurs peuples, dissimulent, sous des protestations amicales, la haine qu'ils nous portent, hâtons-nous de perfectionner notre instruction militaire, paladium de notre indépendance.

Que nos gardes nationaux, que nos soldats apprennent que les deux millions de troupes que l'on peut lancer contre nous sont des mêmes nations, des mêmes familles que celles que leur pères ont vaincues si souvent; mais qu'ils songent que ces hommes, instruits par leurs propres défaites, exercés aux manœuvres, soumis à la discipline, et enhardis même par la chute du grand capitaine, dont le nom seul les glaçait d'effroi, seront plus difficiles à vaincre, si la discipline, la stratégie ne seconde la valeur française.

Scipion l'Africain pensait avec raison que c'est de l'habileté des officiers particuliers que dépend le succès des campagnes. J'ajouterai à cette grande vérité, que l'instruction dans les sous-officiers et caporaux n'est pas moins nécessaire pour former d'excellens soldats, qui eux-mêmes ne contribuent pas moins à cet heureux résultat, que les qualités dans les officiers supérieurs, les talens dans les généraux, et l'habileté du général en chef.

C'est donc dans un concours mutuel et réciproque d'instruction et de talens, que nous trouverons la garantie de l'intégrité du sol sacré. C'est en poursuivant sans relâche les études qui doivent nous préparer et nous assurer des succès à la guerre, que nous conserverons une paix honorable et solide.

La Grèce, qui perfectionna tous les arts, ouvrait des écoles où les principes de la tactique étaient enseignés. Alexandre y puisa le sublime de cet art qui, presqu'au sortir de l'enfance, lui valut la conquête d'un vaste empire. Pourquoi ne suivrions-nous pas une marche qui procurera à nos défenseurs les connaissances les plus approfondies de l'art militaire, en prenant le moins de temps possible ? qui développera, par le désir constant de se rendre utiles et d'acquérir de la gloire, les génies qui, n'ayant pas cette ressource, restent engourdis dans l'oisiveté? Pourquoi n'accueillerions-nous pas un enseignement qui, par une méthode simple, la moins onéreuse possible, nous fera obtenir les plus grands résultats?

Cet enseignement que je désire pour mon pays, j'ai osé l'entreprendre. On pardonnera, à un vétéran, une entreprise peut-être au-dessus de ses forces, puisqu'elle a pour objet le salut et la gloire de sa patrie: lorsqu'il est notoire que le peu de goût qu'ont les officiers pour la lecture des ouvrages didactiques, et le peu d'empressement que mettent les gouvernemens à récompenser les auteurs militaires, ne sont pas faits pour porter des officiers plus instruits à s'en occuper. La nécessité de produire un ouvrage facile à consulter n'est-elle pas patente?

Peu de mois suffisent pour former un fantassin. Tâchons, dans le plus court espace de temps possible, de procurer aux officiers et sous-officiers les connaissances de petite tactique, sans lesquelles point d'évolutions de ligne, point de fermeté dans l'attaque non plus que dans la défense, connaissances qui une fois acquises, le Français, commandé par des généraux tacticiens, un chef entendu, peut tout entreprendre et tout exécuter.

Les fréquens exercices, tout en fatiguant le soldat, ne donnent aux cadres qu'une connaissance imparfaite de ce qu'ils doivent bien posséder, parce qu'on ne leur fait pas pratiquer le commandement, seul moyen de le bien graver en peu de temps dans la mémoire, et parce qu'on ne leur donne aucune notion de l'art militaire.

Je m'appuierai sur ce que, même après plusieurs années de paix, on aurait peine à trouver un corps d'officiers et sous-officiers sachant parfaitement expliquer et faire exécuter les quatre écoles, et encore moins à même de répondre aux questions que l'on pourrait leur adresser sur les principes de la stratégie; à plus forte raison, combien faudra-t-il de temps, combien sera-t-il difficile d'obtenir ces connaissances dans la garde nationale, qui ne peut consacrer à son instruction que le temps du repos, et de très-courts instans pris sur son travail?

Pour obvier à ces graves inconvéniens, pour abréger et faciliter l'étude de la petite et de la grande tactique, je joins à la théorie la pratique du commandement. Je fournis, pour l'étude de la petite tactique comme pour celle de la stratégie, cet avantage à la petite compagnie aussi bien qu'à la plus forte division, à la faible garnison comme au plus grand camp de paix, à la petite commune comme à la cité la plus populeuse.

J'obtiens ces heureux résultats au moyen de cadres de bataillon de corde (*voyez ce mot*). Chaque officier et sous-officier, chaque caporal commande, et joint ainsi l'explication aux préceptes, en expliquant et faisant exécuter d'abord l'école de peloton, ensuite celle de bataillon, puis les évolutions de ligne, en suivant les leçons telles qu'elles sont indiquées dans le réglement des manœuvres.

Pour acquérir facilement, et en peu de temps, les autres connaissances, suites de la petite tactique (*Voy*. Tirailleurs, Découvreurs, Marches, Détachemens), et qui renferment la grande tactique, je joins à ma méthode, et sous la forme d'un dictionnaire, un abrégé des maximes et préceptes de l'art militaire, dont on fera également l'application, selon les lieux et les circonstances. (*Voy*. Camp de paix, 1811.)

Véritable répertoire, chacun, depuis le caporal jusqu'au général en chef, trouvera dans mon ouvrage ce qu'il voudra connaître (*v. la Table*.); vade-mecum de l'officier particulier, il lui facilitera le moyen de s'instruire de bonne heure pour parvenir au dernier échelon, et mériter, en s'illustrant, les applaudissemens de ses contemporains et les hommages de la postérité (*Voy*. Caporal, Capitaine, Colonel, Général.)

La propagation, dans nos armées, et la garde nationale, des connaissances militaires, sera la conséquence de cette méthode; et par un travail moins difficile, et à la portée de toutes les intelligences, par un moyen plus économique, nous parviendrons à des résultats au moins aussi favorables pour la petite et la grande tactique, que ceux que le système actuel des Prussiens

procure à cette nation (*). Tout ce qui est relatif à
l'art sera de son domaine. La paix sera aussi laborieuse que la guerre; elle fournira un magasin immense d'observations, de mémoires, fruits du génie,
au moyen de questions ou sujets soumis au concours
des officiers.

Ces mémoires renfermeront, dans le détail le plus
grand et le plus exact, tous les problèmes militaires
proposés et résolus; tous les plans d'attaque qui peuvent être exécutés sur le sol national; tous les plans
de défense dont il est susceptible; les diversions qu'on
peut faire et celles que l'ennemi peut tenter; les dif-

(*) Pour que l'amour-propre national l'emporte enfin sur notre légèreté, et nous pousse à faire quelques efforts pour notre instruction, jetons un coup-d'œil sur les connaissances que doit rigoureusement posséder tout sujet prussien qui veut être officier.

Les prétendans doivent d'abord se faire examiner, et admettre comme enseignes, grade intermédiaire entre les sergens-majors et les sous-officiers. Leur examen a lieu sur l'orthographe, l'arithmétique, y compris les proportions et les fractions; les élémens de géométrie, de dessin topographique, de géographie. Ils doivent posséder, en outre, quelques connaissances de l'histoire universelle, de celle du pays, et une écriture lisible.

Les conditions de l'examen, pour être officier, sont: de savoir rédiger facilement, d'avoir assez de connaissance de la langue française pour être en état de traduire en allemand; de résoudre les équations du deuxième degré; de savoir la géométrie et la trigonométrie, les élémens de fortifications permanentes et de campagne, les principes d'artillerie, le dessin de la carte, le tracé d'ouvrages de campagne, et l'évaluation des travaux qui y appartiennent; la levée du terrain. Les candidats doivent avoir des connaissances plus étendues sur la géographie et la statistique; connaître l'histoire universelle et celle du pays; enfin, le service intérieur et celui de campagne.

Des ordres très-formels du roi imposent aux examinateurs la plus stricte observation des réglemens. Personne n'est exempt de ces dispositions; le fils du maréchal, du prince même, ne jouit pas de plus de faveur que celui du simple particulier; et la décision du roi n'est jamais moins, mais souvent plus sévère que celle de la commission.

Enfin, une école, dite École centrale de guerre, a été créée à Berlin, pour donner à ceux qui sont doués de plus de dispositions, des connaissances d'un ordre plus élevé.

La durée des cours est de trois ans; ils comprennent les parties les plus importantes des sciences militaires, mathématiques, fortifications, artillerie, topographie, etc. On y enseigne les mathématiques transcendantes, le calcul intégral et différentiel, la tactique, la stratégie. Enfin, toutes les connaissances militaires y sont approfondies. C'est par cette école que passent les officiers qui veulent parvenir aux emplois élevés de l'armée. Ils subissent des examens, reçoivent, à la fin des cours, un titre attestant qu'ils les ont suivis avec soin.

férentes marches qui peuvent être faites pour cet objet; les camps, les postes à saisir pour dominer les provinces étrangères; la disposition des quartiers, les inondations naturelles, celles que l'on peut former; les passages permanens et accidentels des rivières; la nature des montagnes, des bois, des marais, des ruisseaux; l'état des places, des forts, des camps qui peuvent défendre le pays; les postes, les défilés qu'on pourrait défendre; la meilleure manière de les fortifier; les chemins, ceux qu'on peut ouvrir; les endroits où l'on peut former des magasins; les productions du pays, etc., etc.

On rassemblera un grand nombre d'observations, de mémoires, pour former des combinaisons sur toutes les espèces d'opérations. On pesera, on comparera les opinions des plus habiles tacticiens; et on formera un code qui sera une base sur laquelle on élèvera un système complet d'opérations. On marchera dans la pratique, appuyé sur une théorie assurée; et le flambeau de l'expérience éclairant la variété infinie des circonstances, il en résultera des remarques qui serviront à perfectionner le système. Continuellement et à perpétuité, de grands hommes surgiront plus savans encore par le secours des lumières de leurs prédécesseurs.

Une distinction offerte à la supériorité des connaissances, excitera une foule de citoyens aux exercices qui peuvent la mériter. Le goût du travail et de l'application remplacera celui des occupations frivoles. Convaincus que la guerre est une science difficile, qu'elle a des règles, des principes qu'il faut approfondir pour être digne de commander, et que personne ne naît général, les officiers et sous-officiers travailleront davantage, et le gouvernement connaîtra plus tôt et plus facilement leurs talens. (*V*. Développement.)

Après avoir fait ressortir tous les avantages du bataillon de corde dans son application à la petite tactique, ceux non moins importans pour la grande tactique (1859, 60, 61.), présentent, pour la garde nationale et la ligne, un nouvel ordre de bataille (1579) qui paraît le plus propre à passer instantanément de

PRÉFACE.

l'attaque à la défense; il offre la mobilité, la célérité, la vivacité de l'attaque complète pour l'offensive, la plus grande facilité pour le passage de ligne, par une simple marche en avant ou en arrière, sans aucune autre manœuvre; une force de cohésion puissante contre la cavalerie; enfin une retraite calme, terrible pour le vainqueur le plus audacieux, qui ne peut y porter le moindre désordre. Cet ordre de bataille est le développement, dans toute son énergie, de ce principe de fortification : *Le feu ne détruit que par sa quantité et sa durée.*

On subvient au manque de fusils (*voy. ce mot*) pour les gardes nationaux non armés, qui n'éprouveront par ce moyen aucun retard dans leur instruction, et apprendront également les charges et les feux.

Résumons. Donner dans le plus court espace de temps possible, aux cadres d'officiers, sous-officiers et caporaux de la garde nationale et de la ligne, une instruction solide, qui procure en peu de mois au gouvernement une vaste pépinière de sujets aptes à commander. (*V.* Développement.)

Offrir à messieurs les officiers supérieurs et généraux une école pratique pour l'étude de la grande tactique et de la stratégie; suppléant en tout et sans frais aux camps de paix et d'exercice partout où il y aura un bataillon de six cents hommes. (*V.* Camp de paix et d'exercice, 1811.)

Indiquer à MM. les officiers supérieurs et particuliers les moyens de tripler la force physique du soldat dans le combat, et se garantir des désastres en trempant vigoureusement la force morale (*voy.* 1758 *et suivans*; 726, 1560 *et suivans*) en temps de paix. Exercer les officiers et sous-officiers à tracer les ouvrages de campagne, les sous-officiers et caporaux à les diriger, et les soldats à les exécuter.

Suppléer au manque d'expérience par l'étude facile et prompte des connaissances militaires.

Suppléer au manque d'aplomb dans la petite tactique, qui ne s'acquiert que par de fréquens exercices, auxquels la garde nationale ne peut se livrer comme la ligne, par un ordre de bataille qui oppose à l'ennemi le complément de la destruction, soit dans l'attaque, la défense, la retraite, ou la disposition contre la cavalerie par une simple marche en avant, en arrière, ou une rectification d'alignement, sans aucune autre manœuvre. (*Page* 410.)

Envahir incessamment le champ de bataille en se couvrant d'un feu qui accable l'ennemi d'une grêle de projectiles. (*Voy.* 1602.)

Résister victorieusement, par le même ordre de bataille, avec un régiment de trois mille hommes et trente-six pièces de canon, à une percée tentée par une colonne de trente à quarante bataillons en masse, qui voudraient enfoncer une ligne, déborder une armée, forcer un retranchement ou un passage. (*Voy.* 1699.)

Offrir toute la latitude possible pour le mélange d'armes, en donnant la faculté de placer en seconde ligne, pour se porter rapidement, et sur un grand front de bataille, en avant de la première, tel nombre d'escadrons que l'on voudra, sur quelque point que l'on puisse désirer, et même sur toute la ligne de bataille, si l'on veut. (*Voy.* 1597, 98.)

Donner l'avantage de faire jouer sur toute la ligne de bataille telle quantité d'artillerie qu'on voudra, sans diminuer le feu de la mousqueterie, et sans discontinuer d'envahir le champ de bataille. (*Voy.* 1600.)

Utiliser les gardes nationaux non armés dans les lignes de bataille, en les faisant charger à l'arme blanche, résister à la cavalerie, la charger, enfoncer l'infanterie, quoique armée de baïonnettes, et employer, en cas d'invasion, toute la population en état de porter les armes. (*Voy.* 2235.)

Rassurer l'autorité sur ses appréhensions contre l'organisation militaire de toute la France, en lui insinuant que la liberté sous l'habit de garde national, soumise à un conseil de discipline, loin de dégénérer en licence, est l'unique moyen de nous préserver de toute anarchie; que l'ordre public et le gouvernement trouveront chez le propriétaire, chez celui sur lequel pèsent toutes les charges de l'Etat, la meilleure garantie possible de leur stabilité, en le rendant, comme dans la représentation nationale, le dépositaire de ses plus chers intérêts.

PRÉFACE.

Prouver qu'une bonne organisation de la garde nationale procurera à l'Etat la facilité, 1° de diminuer l'armée, et de borner enfin une branche de dépense qui jusqu'ici a fait la ruine de tous les peuples; car tout le monde sait qu'autant de cent mille hommes sous les armes, autant de cent millions d'annuellement absorbés....; 2° de reconstituer fortement notre état militaire, en conciliant ce qui est dû à l'économie de nos finances, aux intérêts de l'agriculture et de l'industrie, au droit du citoyen de ne donner à l'Etat que le temps absolument nécessaire. En effet, le cultivateur, l'artisan, sans perdre de vue son champ, son industrie, pourra accomplir dans la garde nationale son service actif. Un exercice ou deux par semaine, dans sa commune, dans son hameau, suffiront pour le tenir en haleine; et ces exercices, en comprenant la petite et la grande tactique, donneront en même temps aux cadres de sous-officiers et officiers, aux officiers supérieurs, toutes les connaissances militaires par le concours de cette méthode. On m'objectera peut-être l'impossibilité de former en peu de temps un soldat, en ne l'exerçant qu'une fois par semaine? Ayez dans chaque commune une école de détail où la recrue, qui doit un certain nombre d'années de service actif à sa patrie, sera exercée tous les deux jours, tous les jours même, jusqu'à ce qu'on l'ait fait passer à l'école de bataillon: elle se hâtera de s'instruire pour être libre plus tôt. Et pourquoi ne soumettrions-nous pas notre jeunesse à commencer son éducation militaire dès l'âge de dix-sept ans? Faire l'exercice dans son repos, ses récréations, sera pour elle des momens de fête; et, tout en s'amusant, le jeune Français aura acquis à vingt ans l'aplomb du soldat formé.

Ne pourrait-on pas encore renouveler tous les ans, par moitié, l'armée de paix réduite des deux tiers, en conservant les cadres d'officiers? Deux ans d'école de régiment feront un bon fantassin. Dans une si courte absence, le cultivateur n'aura pas perdu l'habitude du travail, et l'artisan oublié son état. Trois ans donneront au cavalier toutes les connaissances d'équitation et de manœuvre qu'on peut désirer. Tous deux apporteront dans la garde nationale les connaissances, les habitudes militaires, et seront des types de discipline.

Provoquer et entretenir un zèle, une émulation nationale par des récompenses, des ovations patriotiques. (*Voy.* Développement.) (63 *et suivans.*)

Préparer le guerrier aux devoirs philantropiques, en lui prescrivant de faire survivre l'humanité à la paix; et au général en chef d'être avare du sang de ses soldats, de ne le répandre que pour l'utilité avérée de la patrie, et jamais pour sa propre gloire. (*V.* Humanité, Caporal.)

Préparer à l'avance le soldat à se conduire, dans toutes les conjonctures de la guerre, avec cette intelligence, ce calme, ce sang-froid, cet ordre et cette audace qui assurent le succès des campagnes. (*V. p.* 160.)

Enfin, créer une vaste école de guerre où toute la population active, sans nuire à ses intérêts, prendra part aux instructions militaires; et sans l'accumuler, sans la réunir, sans la fatiguer, on lui donnera dans chaque canton, dans chaque bataillon, toute l'instruction que peuvent offrir les camps de paix et d'exercices. (1650, 1662, 1860, 1862.)

En voilà assez pour faire crier à l'utopie celui qui, pour régler son jugement, ne voudra pas attendre l'effet de l'expérience. Quant à moi, vivement pénétré de son efficacité, et avec la confiance que donne la conviction, je présente ma méthode comme la plus simple, la plus infaillible et la moins onéreuse que l'on puisse trouver, pour donner à la France, devenue inexpugnable, la plus grande prépondérance européenne, par la fermeté qu'elle aura de lancer en quinze jours sur l'étranger quinze cents mille hommes exercés, disciplinés, commandés par des cadres instruits, des généraux tacticiens, et soutenus sur nos frontières par un million d'autres non moins habiles.

Alors, seulement alors, nous serons certains de conjurer l'orage qui nous menace de toutes parts; alors le coq gaulois pourra, à l'ombre de ses gros bataillons, braver avec sécurité le regard perçant des vautours du Nord, et l'épée de Brennus pèsera de tout son poids dans la balance européenne. Tel est le but de mon livre; le patriotisme l'a inspiré, l'a dicté, le soldat l'a écrit.

DÉVELOPPEMENT.

1. La garde nationale étant sous la dépendance administrative, son instruction sera sous celle du ministre de la guerre.

2. Chaque chef de division militaire la surveillera, conjointement avec les préfets de la division. Ces chefs et préfets seront les intermédiaires entre le gouvernement, les maires et commandans de bataillon ou de légion.

3. Afin que l'instruction soit générale et uniformément suivie dans toute la France en même temps, chaque maire, chaque commandant de la garde nationale surveillera l'application de cette méthode dans chaque commune.

4. Le gouvernement, pour en activer la mise en pratique, exigera de chaque préfet, de chaque chef de division, un rapport mensuel sur ses progrès par commune et par bataillon.

5. Nous ne saurions trop, ni trop tôt prendre toutes les mesures qui peuvent nous assurer la paix par une attitude toute guerrière, par des préparatifs aussi puissans que faciles et peu onéreux, qui enfin peuvent, en quelques mois, nous faire respecter et craindre, lorsque l'on contemplera, avec autant d'étonnement que d'admiration, jusqu'au plus petit hameau transformé en une caserne de soldats exercés et d'officiers instruits.

6. L'exercice du garde national n'aura lieu que le dimanche, ou deux fois par semaine, s'il y a urgence. Lorsque les travaux de la campagne le permettront, il sera plus fréquent.

7. Les officiers, sous-officiers et caporaux à qui leur

DÉVELOPPEMENT.

moyens le permettent davantage, seront exercés au moins deux fois par semaine, à l'école de peloton et de bataillon, jusqu'à ce qu'ils soient instruits, ce qui ne sera pas long par le secours des cadres de bataillons de cordes (1158).

8. La théorie, pour les grades subalternes, aura lieu une fois par semaine chez le capitaine, et le soir, pour ne pas nuire aux travaux.

9. Il y aura, si faire se peut, autant de pelotons de corde que de sous-officiers, parce qu'on ne saurait trop multiplier le commandement, et appliquer la pratique à la théorie.

10. Ils alterneront, pour le commandement, avec les caporaux, si on ne peut donner à chacun de ceux-ci un peloton ou une section à commander.

10 bis. Chaque commandement sera toujours précédé d'une explication brève, claire, précise, des principes. L'exécution sera entremêlée de mouvemens d'armes.

11. Lorsque les gardes nationaux connaîtront l'école de peloton, on leur apprendra le service de tirailleurs. (*Voy.* 3038.) On simulera ensuite les marches, pour apprendre celui des avant et arrière-gardes (voy. ce mot), des découvreurs; la manière d'établir un camp, de placer les grandes et les petites gardes; l'art de choisir un poste. (*Voyez* Poste.)

12. Messieurs les officiers et sous-officiers apprendront ensuite, de mémoire, les principes de l'attaque et de la défense; les moyens d'exécuter ou rompre le passage d'un défilé, d'un gué, d'une rivière; l'art de fortifier un poste, un village, une maison; la connaissance des précautions, de la poursuite, de la retraite, des suites de la victoire et de la défaite. (*V. ces mots.*)

13. Pour que l'instruction marche avec plus d'activité et d'uniformité, on formera, dans chaque canton, une commission d'instruction, composée de quatre à cinq officiers en retraite, de toute arme, dont l'instruction et la position locale présenteront des avantages. Elle sera présidée par le grade le plus élevé.

14. Cette commission, sous la direction du chef de la division militaire, surveillera l'enseignement des communes.

15. Elle recueillera tout ce qui a rapport aux connaissances militaires, et s'occupera essentiellement de leur développement, et du soin de les répandre dans la garde nationale.

16. Elle soumettra aux officiers et sous-officiers des communes, deux à trois fois par an, des questions ou sujets de discussions à leur portée, recevra leurs mémoires, et fera part au chef de division de ceux qu'il jugera dignes de lui être communiqués.

17. Un prix par canton sera annuellement décerné au caporal, au sous-officier et à l'officier qui aura excellé en connaissances militaires. Ce sera un titre qui mettra le candidat sur les rangs pour être appelé, par la suite, à un grade plus élevé.

18. Le gouvernement récompensera par des places ceux qui, par leur conduite et leur application, s'en seront rendus dignes (963 et suivans).

19. La commission, dans l'instruction de la garde nationale, n'aura qu'un seul but, celui de l'entretenir continuellement dans l'habitude de ce qui se passe à la guerre.

20. Les troupes seront exercées aux seules manœuvres des champs de bataille ; tout ce qui est inutile doit être banni. On doit les habituer à exécuter très-vivement et avec ordre les mouvemens d'attaque et de défense, à acquérir de l'aplomb dans les marches ; à se disperser et combattre avec intelligence en tirailleurs.

21. Il ne faut rien négliger pour leur rendre familières toutes les circonstances de la guerre et des combats.

22. On fera exécuter dans chaque bataillon, au moyen des cadres de bataillons de cordes, tout ce qui a lieu aux camps de paix et d'exercice. (*Voy.* ce mot.)

23. Une cinquantaine d'hommes par bataillon seront exercés à la manœuvre du canon. A cet effet, chaque bataillon aura deux canons en bois, montés sur deux roues et une espèce d'affût, qui représenteront, pour les communes éloignées des places, une pièce de quatre.

24. Des artilleurs retraités en dirigeront l'instruction, sous la surveillance de la commission du canton.

25. On manœuvrera ces pièces au moyen d'une pro-

longe fixée à un crochet, à la tête des flasques dans le feu en avançant, et aux crosses en retraite.

26. La cavalerie doit fixer l'attention du gouvernement; son défaut contribua à la chute de Napoléon; on ne saurait donc prendre trop de précautions pour s'en assurer une formidable que l'on puisse facilement alimenter.

27. Il est donc très-important d'exercer par commune autant de cavaliers qu'il s'y trouvera de chevaux.

28. Les officiers, les maréchaux-des-logis, les brigadiers en retraite, les instruiront sous la surveillance de la commission; et nos propriétaires n'hésiteront pas à imiter ceux de la Prusse, qui prêtent leurs chevaux pour cet objet.

29. Dans l'application de ce système à la troupe de ligne, on s'attachera à multiplier le plus possible la pratique du commandement; chaque compagnie aura des bataillons de corde pour l'instruction de ses sous-officiers et caporaux; et en peu de mois, par cette véritable école mutuelle, les cadres auront acquis l'instruction et la fermeté de commandement qu'on peut désirer; et quelle que soit la perte d'officiers qu'on puisse faire dans une guerre, on trouvera dans les sous-officiers et caporaux des sujets propres à commander même un bataillon.

30. On suivra la même marche pour les officiers, ayant toujours soin, pour les uns comme pour les autres, de faire précéder le commandement de l'explication des principes. (*Voyez 10 bis.*)

31. Enfin un comité, composé de nos talens les plus transcendans, dirigera, sous la présidence du ministre de la guerre, les comités cantonnaux, par l'entremise des chefs de divisions militaires.

32. Ce comité donnera directement aux officiers généraux et supérieurs, des questions ou sujets de discussions renfermant ce qui est énoncé dans notre préface, et tout ce qui compose la stratégie; il recevra les mémoires de ces messieurs, et ne soumettra au Roi que ceux qui en seront dignes.

33. Ces messieurs s'exerceront dans la haute tactique, chacun dans leur résidence, soit au moyen de

DÉVELOPPEMENT.

troupes de ligne, soit par celui de la garde nationale, et toujours par l'application de ce système (1811).

34. Des programmes de manœuvres raisonnés prescriront les principaux mouvemens pour combattre. Lorsque des corps opposés devront agir l'un contre l'autre, alors l'idée générale seule sera donnée, et les dispositions d'attaque ou de défense seront laissées à l'intelligence des chefs.

35. Les fautes commises, ou la nature des mouvemens, décideront du succès ou de la retraite des corps. (*Voyez* 172 : et principes des manœuvres de guerre, mis à la portée de chaque bataillon de la garde nationale.)

36. Quand on connaîtra les ordres de marche de front et de flanc, suivis des ordres de bataille parallèle et oblique, de principes et de circonstances, le comité de Paris enverra d'autres programmes de manœuvres raisonnées, qui seront exécutés par un ou deux cantons réunis, contre un ou deux autres limitrophes.

37. On s'exercera alors sur les principes de la stratégie de Napoléon : celle qui, en me servant des expressions d'un vieil officier hongrois prisonnier à Lodi, *viole tous les usages*, en attaquant tantôt devant, tantôt derrière, tantôt sur les flancs ; de manière qu'on ne sait jamais comment il faut se placer.

38. C'est ici où le génie de nos officiers supérieurs se développera ; et ce sera dans la relation des mouvemens pour combattre, que le gouvernement distinguera l'homme à talens, les capacités étant alors constatées par les faits. Telle sera la prompte et infaillible conséquence de ce nouveau système, fondé sur la bonne direction et le bon emploi du temps consacré aux exercices.

RÉFLEXIONS

SUR L'IMPORTANCE DES CONNAISSANCES QUE DOIT AVOIR UN OFFICIER AVANT D'ENTRER EN CAMPAGNE.

39. Le salut d'une armée entière dépend fréquemment de la manière dont un officier particulier se conduit dans un poste avancé.

40. Combien de fois un camp n'a-t-il pas été surpris, une ville n'a-t-elle pas été forcée, et une armée mise en déroute, parce qu'un officier, chargé de garder un poste, un pont ou un défilé, n'avait pas appris la manière de le garder, de le défendre!

41. Il se présente, dans les camps, mille circonstances où l'officier est obligé d'agir d'après lui-même. Quelle conduite tiendra-t-il si, par l'étude de l'art de la guerre, et par des réflexions profondes sur la conduite des militaires qui l'ont précédé, il ne s'est pas mis à portée de prendre le parti le plus avantageux?

42. Tranquille sur son sort, l'officier croit n'avoir plus rien à espérer que du temps. N'écoutant que la voix du plaisir ou de la paresse, il met son éloignement pour l'étude et pour le travail, sur le compte des devoirs actifs qui lui sont imposés; il vit dans une ignorance profonde....

43. Cependant la trompette guerrière sonne; l'armée est rassemblée : l'officier est détaché pour la garde d'un point important... qui osera répondre que son impéritie ne fera pas évanouir, dès le premier instant, l'espoir d'une campagne entière?...

44. L'officier doit donc être instruit avant d'entrer en campagne; non-seulement, outre la tactique, il doit parfaitement connaître les ordonnances ou code mili-

taire, mais il faut encore qu'il sache quels sont les ouvrages qu'il doit employer dans telle ou telle circonstance ; les tracer et les faire exécuter. (*V.* Retranchement.)

45. Il doit connaître les moyens d'augmenter la force d'un poste, en faisant usage des eaux, des fascines, des palissades, des fraises, des abatis, des chevaux de frise, des puits, des chausse-trappes, etc., etc. Il doit avoir appris à mettre en état de défense une ville ouverte, un bourg, un village, une maison, une église, un cimetière, une ferme, un moulin, un chemin, un défilé, une digue, un ravin, un passage de rivière, un gué, etc., etc. Il compromettrait sa vie, sa gloire, son honneur, s'il ignorait la manière de garder et de défendre tous les objets que je viens de nommer, et de les arracher à l'ennemi par force ou par stratagème.

46. Il en serait de même s'il ne connaissait pas l'art de faire une reconnaissance militaire, et de dresser un mémoire des objets qu'il a observés. Il saura diriger la marche ou la retraite de sa troupe, former des embuscades, découvrir celles de ses adversaires et les éviter; conduire, attaquer et défendre un convoi, etc., etc.

47. Pour acquérir ces connaissances, l'officier doit recourir à l'étude. D'abord le travail ne sera pour lui qu'un ennui diversifié; mais bientôt il se changera en plaisir.

48. Il lira avec soin et réflexion les ouvrages didactiques des meilleurs auteurs militaires français et étrangers, anciens et modernes, sans craindre de puiser dans un trop grand nombre de sources (1068).

49. Il y apprendra que l'ambition, l'amour de la gloire, passions si funestes à l'humanité dans un chef d'état, ne sont pas de même quand elles sont allumées dans l'âme des défenseurs de la patrie; dans ce cas, elles sont aussi utiles que fatales dans l'autre. L'officier qui ne sera pas sensible à la gloire, que l'ambition des honneurs et des grades n'animera point, en qui les récompenses ne produiront pas un violent enthousiasme, ne sera qu'un immobile automate, qu'un être apathique, incapable de concevoir et d'exécuter de grandes actions.

50. J'ajouterai que l'état militaire est celui qui impose les privations les plus grandes, qui nous expose aux dangers les plus imminens, qui nous soumet aux travaux les plus pénibles : pourquoi donc immoler inconsidérément à la paresse, au plaisir d'un moment, le fruit si chèrement acquis de ses services, et dont l'instruction, au contraire, nous fera tirer tout le parti possible (502)?

NOUVELLE
THÉORIE-PRATIQUE,

POUR

ABRÉGER ET FACILITER L'INSTRUCTION

DES

OFFICIERS ET SOUS-OFFICIERS.

―――――◦―――――

A

51. ABANDON. Chez tous les peuples de l'antiquité on punissait de mort ou d'infamie tout militaire qui *abandonnait*, devant l'ennemi, son poste, son rang, sa troupe, son chef, ses armes, ses drapeaux, livrait la place qu'il commandait, pouvant en prolonger la défense.

52. Chez les Romains, le corps de troupe qui fuyait dans le combat était décimé, et ne recevait que de l'orge au lieu de froment, jusqu'à ce qu'il eût effacé sa honte. C'est à leur excellente discipline qu'ils durent cet empire colossal, qu'ils perdirent sitôt qu'elle fut relâchée.

53. Les Germains étouffaient les poltrons dans la boue. Chez les Français, la mort et l'infamie furent de tout temps le salaire des lâches.

54. Le crime d'abandon peut avoir des suites si funestes, qu'on ne doit pas être étonné si tous les peuples l'ont puni de mort ou d'infamie.

55. ABATIS. Ce retranchement offrait autrefois un grand avantage que l'artillerie lui a fait perdre. Pour l'utiliser de nos jours, il faut le garantir du boulet, (qui le rompt en peu de temps, et couvre la troupe d'éclats de branches) en élevant sur son front un retranchement en terre.

56. Ce sont des arbres avec leurs branches dont on entasse les troncs, le pied en dedans, parallèlement, ou perpendiculairement au front; on les fixe à des piquets fortement plantés en terre, et on les lie les uns aux autres avec des harts, cordes ou chaînes de charrue; on arrange et l'on entasse les branches; souvent on creuse derrière une tranchée dont on peut répandre la terre sur les troncs, pour mieux les assujétir.

57. On les emploie dans les lieux inaccessibles au canon, tels que les escarpemens, les gorges élevées des hautes montagnes, quelques parties rentrantes de retranchemens garnis d'artillerie; pour rompre un gué, barricader un pont, rompre un défilé, etc., etc. (*Voy.* arbre.)

58. — *Attaque de l'Abatis.* Après avoir employé les principes généraux de l'attaque (*voy.* ce mot) on emploiera les trois moyens suivans :

59. Avec l'artillerie, on fera sur les points les plus faibles une brèche de quinze à vingt toises; le boulet culbutera et désunira les troncs, brisera les grosses branches. La trouée suffisamment éclaircie, les assaillans s'y porteront vivement en colonne, tandis que l'artillerie et la mousqueterie continueront un feu très-vif sur tous les points. On peut y mettre le feu avec des boulets rouges, des obus.

60. Si on n'a pas de canon, on se procurera des fascines bien sèches et goudronnées, s'il se peut : les soldats les porteront, allumées par un bout, devant eux, pour s'en couvrir contre les balles, et iront à la course les jeter sur l'abatis; ils ouvriront aussitôt la fusillade la plus vive et la mieux ajustée.

61. Si on ne peut employer ni la force du canon, ni celle du feu, il faut mettre sa confiance dans son courage : on doit être bien convaincu qu'il ôte la

moitié du danger. Il faut alors bien persuader aux soldats que le feu de l'ennemi, dirigé par des hommes obligés de chercher un passage à travers des branches, devient de plus en plus incertain par le trouble et la précipitation, et qu'il y a plus de balles reçues par les branches que par l'assaillant : c'est ce dont il les faut bien convaincre, afin qu'ils s'y portent avec cette ardeur qui franchit tout.

62. — *Défense de l'Abatis.* Une colonne derrière un abatis doit le défendre par un feu bien nourri, bien ajusté. Sitôt que la trouée sera faite, elle doit charger elle-même avant d'être attaquée ; elle tentera de sortir pour aborder brusquement l'ennemi, qu'elle trouvera en désordre, et qu'elle culbutera facilement.

63. Si l'ennemi tente le feu, des travailleurs munis de pelles l'éteindront avec de la terre, pendant que la fusillade se soutiendra.

64. Si l'abatis est embrasé, tout n'est pas perdu, à moins que vos forces ne soient trop inférieures. Jusqu'à ce que tous les arbres soient incendiés, il y a une barrière insurmontable entre tous deux. L'incendie terminé, celui qui franchira le premier ne le fera pas sans désordre ; l'autre doit en profiter pour le charger, après avoir pris de bonnes dispositions relativement au terrain et à l'espèce de troupe. Dirigez sur la trouée votre artillerie, secondée d'un bon feu d'infanterie. Si vous n'avez pas de canon, opposez colonne à colonne, après avoir placé des troupes à droite et à gauche de la trouée, pour charger en flanc pendant que vous chargerez de front.

65. Si vous êtes trop inférieurs en nombre, ou que d'autres raisons vous forcent à la retraite, le brasier qui vous sépare vous donne de l'avance.

66. ACCESSIBLE. Un chef d'armée doit se faire une loi d'être accessible à toute heure et à tout le monde. Cet officier subalterne, ce soldat qui demande à être introduit auprès de lui, a fait peut-être une découverte importante, qu'il ne veut, qu'il ne doit communiquer qu'au chef de l'armée ; cet homme simplement vêtu, ou même

couvert de grossiers haillons, a vu ou peut-être imaginé des choses dont le salut de l'armée dépend, et que dans un quart-d'heure il ne sera plus temps d'apprendre.

67. Le salut public ne dépendît-il point de l'audience que l'on demande au général, il n'en devrait pas moins être accessible à tous les instans. Le chef de l'armée peut-il espérer de captiver l'amour de ses soldats et de ses officiers, si, semblable aux despotes de l'Asie, il ne se montre jamais que du haut de sa gloire?

68. C'est jusqu'au milieu de Paris et de la cour que les militaires doivent être accessibles à toute heure, à tout le monde. Ils sont toujours généraux, colonels, ils doivent donc toujours remplir les fonctions de ces emplois. Avec combien d'aigreur et de raison les officiers ne déclament-ils point contre ceux de leurs chefs qui ne rougissent pas de se faire céler pour eux, ou de les laisser confondus dans une antichambre avec des laquais!

69. ACTION. C'est l'effet réciproque de deux corps de troupes qui se choquent.

70. On ne doit chercher à engager une action que lorsqu'elle peut donner un avantage positif ou l'ôter à l'ennemi. Ainsi, si deux corps ennemis doivent se joindre, il faut marcher au plus proche avant leur jonction (*voyez ce mot*). Si vous croyez qu'une puissance neutre se déclare contre vous, en se joignant à vos ennemis, ou en vous attaquant sur un autre point, il faut alors chercher le combat.

71. Il faut aussi attaquer l'ennemi quand il a trop divisé ses troupes.

72. Vous devez encore livrer bataille, quand vous avez un grand nombre de troupes alliées qui doivent se retirer; leur retraite vous mettrait hors d'état de résister, si vous ne vous empariez de la supériorité par un grand avantage, dont les alliés auront supporté une partie des dangers.

73. Il faut aussi chercher à combattre, si on a des alliés inconstans ou peu attachés.

74. Vous devez chercher l'action quand vous craignez de manquer de vivres.

75. Cherchez le combat, lorsque la défaite de l'ennemi peut déterminer ses alliés à l'abandonner, ou les puissances neutres à se déclarer pour vous.

76. Combattez lorsqu'il est probable que vous le serez avec avantage.

77. — *Moyens d'engager l'Action.* S'il vous est avantageux de combattre, l'ennemi doit l'éviter. Vous pourrez l'y forcer en assiégeant une place qui renferme ses vivres, son trésor, et couvre ses convois, etc., ou bien en ravageant son pays, resserrant ses fourrages; en prenant un poste mauvais en apparence, et qu'en vous retirant vous pouvez changer contre une position avantageuse; ou bien en feignant la crainte, une diminution de force, sous le prétexte d'un fort détachement ou renfort que vous envoyez sur un autre point.

78. — *Raison d'éviter une action.* La loi de l'humanité devant être la loi suprême, que l'action soit évitée lorsque la victoire ne peut donner qu'un léger avantage, ou qu'on peut affaiblir l'ennemi par tous les autres moyens que fournit l'art de la guerre.

79. On évitera l'action par le choix des postes, les retranchemens, les stratagèmes, l'épuisement du pays par où l'ennemi peut suivre, et la division. (*Voyez* Défense.) C'est à l'étude de l'histoire qu'il faut recourir, pour s'instruire par l'exemple.

80. ACTIVITÉ. C'est la qualité la plus nécessaire à tous les militaires.

81. ADMONITION (*Punition militaire*). L'admonition est une punition qui consiste en une réprimande que le juge fait publiquement à un coupable, en l'avertissant de ne plus commettre la faute, à peine d'être plus sévèrement puni.

82. C'est principalement pour les officiers subalternes et les sous-officiers que nous devons établir cette punition; il n'est aucun d'eux qui ne se regardât comme sévèrement puni, s'il était admonété publiquement par un conseil de guerre, par un conseil de régiment, ou même par un conseil de camarades; je dis

plus : il n'est aucun officier français qui ne fît de profondes réflexions, et ne prît des résolutions aussi fermes qu'heureuses, s'il entendait le président d'un conseil que nous venons de nommer, dire publiquement à un de ses compagnons d'armes : « Le Conseil vous avertit d'être à l'avenir plus circonspect dans vos propos, ou plus mesuré dans vos démarches, ou plus régulier dans vos mœurs, ou plus exact dans l'exécution de vos devoirs, ou plus réglé dans l'administration de votre fortune : si vous retombez dans la même faute, vous serez plus sévèrement puni. »

83. En admettant l'admonition, il faut aussi admettre la louange ; par ces deux aiguillons on doit stimuler la garde nationale à l'accomplissement de ses devoirs.

84. ADRESSE. Il est deux espèces d'adresse : celle d'esprit et celle de corps.

85. L'adresse d'esprit est l'art de conduire les entreprises qu'on médite, de manière à les faire réussir, et de tirer des hommes et des événemens tout le parti possible.

86. L'adresse de corps est l'art de faire avec vitesse et précision tous les mouvemens du corps nécessaires à l'objet qu'on a en vue.

87. D'après cette définition, on voit que l'adresse d'esprit est plus nécessaire aux chefs qu'aux soldats, et l'adresse du corps, aux soldats qu'à leurs chefs.

88. L'adresse d'esprit doit être considérée sous deux aspects : adresse avec les ennemis, adresse avec ses subordonnés.

89. L'adresse d'esprit avec les ennemis n'est autre chose que l'art de la guerre lui-même : l'homme le plus habile est toujours le plus adroit.

90. L'adresse avec les subordonnés est cet art que le général Lloyd appelle *philosophie de la guerre*.

91. Elle consiste dans l'art de faire désirer aux hommes ce qu'on veut qu'ils souhaitent, redouter ce qu'on veut qu'ils craignent, sentir ce qu'on veut qu'ils sentent, exécuter ce qu'on veut qu'ils fassent. Cette adresse diffère de la souplesse, en ce qu'elle ne flatte point les passions basses qu'elle veut maîtriser ; elle ne parle

qu'aux passions nobles: de la finesse, en ce qu'elle n'affecte ni de se montrer, ni de se cacher; c'est par son intelligence et sa franchise qu'elle agit: de la ruse; ne trompant point, car elle ne tromperait qu'une fois; de l'artifice; en ce qu'elle est libre et naturelle, noble et généreuse. Elle peut avouer tous les moyens qu'elle emploie; ils sont fondés sur la connaissance du cœur humain, des pensées qui l'affectent, et des mobiles qui le remuent.

92. Il est des hommes qui blâment cette adresse: La vérité, la vérité, disent-ils, doit être montrée aux militaires sans art et sans voile: « *Faites cela, parce que c'est votre devoir de le faire;* » voilà tout ce qu'ils permettent.

93. Si tous les militaires étaient instruits, l'adresse serait aussi inutile dans les armées que l'éloquence au barreau; mais, jusqu'au moment où les guerriers et les juges seront des stoïciens éclairés, les chefs militaires devront recourir à l'adresse, et les orateurs aux élans de la véritable éloquence.

94. Il serait aussi dangereux, sans doute, de faire, pendant la paix, un fréquent usage de l'adresse, que ridicule de recourir, pour de petits objets, aux grands mouvemens de l'art oratoire; on ôterait à ces ressorts toute leur énergie. Mais il ne peut y avoir d'inconvénient à recourir à l'adresse dans les momens décisifs: c'est l'instant de la péroraison.

95. Il y a aussi deux espèces d'adresse de corps: l'une, que j'appellerai civile, qui convient au paisible citoyen, à l'artisan et à presque tous les artistes; l'autre, que je nommerai militaire, et que Montesquieu a sans doute voulu définir par ces mots: *l'adresse n'est que la juste dispensation des forces qu'on a;* celle-là ne peut être acquise que par des hommes forts. Depuis que, dans les batailles, on ne combat plus corps à corps, elle est devenue presque ridicule; et on la regarde, avec raison, comme la science des querelleurs et des poltrons. Il n'en est pas moins vrai qu'elle est utile à nos soldats; celui qui en est dépourvu ne lance guère de coups assurés, et ne pare que difficilement ceux qu'on lui lance; celui qui en manque ne peut souvent remplir qu'imparfaitement les devoirs qui

lui sont imposés. Par la danse, l'escrime, le jeu de barres, on peut rendre nos soldats adroits, agiles.

96. AFFABILITÉ. L'affabilité est une qualité qui fait qu'un homme reçoit et écoute d'une manière gracieuse ceux qui ont quelque affaire à traiter avec lui.

97. Le général et tous les chefs militaires doivent se faire une loi d'être affables; c'est le moyen d'ouvrir jusqu'à soi un chemin facile à la vérité, de se concilier tous les esprits, de gagner tous les cœurs. Celui qui ne prend le masque de l'affabilité que pour se faire des partisans, n'arrache, comme le vil histrion, que des applaudissemens passagers, et finit toujours par être couvert d'un mépris universel.

98. Qu'une petite vanité, qu'un sot orgueil, que la crainte de compromettre sa dignité n'empêche donc jamais le général d'être *affable* et bon avec le soldat et tous ses subordonnés; on ne méprise l'affabilité que lorsqu'elle est jointe à la bassesse, à l'ignorance et au manque de mœurs : alors même ce n'est point l'homme affable qu'on méprise, mais l'homme ignorant, l'homme sans mœurs, en un mot, l'homme vil. (*Voy.* Accessible, Amour du soldat.)

99. AGILITÉ. L'agilité est évidemment utile au soldat et au reste des militaires; on doit la leur faire acquérir, soit en jouant aux barres, soit en franchissant des fossés, en sautant tout armé en croupe; il ne faut pas faire de ces exercices une instruction sérieuse, mais un plaisir que l'on réussit à faire désirer et aimer du soldat, par des prix peu considérables, mais distribués avec un certain apparat. Il vaut mieux que nos soldats s'amusent à voltiger qu'à courir les rues, qu'à hanter les cabarets, ou qu'à périr d'ennui dans leurs casernes.

100. AGUERRIR. C'est accoutumer le militaire à entendre le sifflement des balles sans étonnement, le bruissement du boulet sans frayeur; à voir l'ennemi sans crainte, des blessés, des mourans et des morts sans horreur.

101. Pour y parvenir, il faut agir avec précaution et avec lenteur; ne donner rien au hasard; commencer par montrer de loin l'ennemi à ses soldats; faire ensuite de légères escarmouches (*voyez ce mot*); livrer de petits combats; faire de petits siéges, et surtout combiner toutes ces opérations avec assez de sagesse pour qu'elles soient toujours heureuses. Après ces préliminaires, on peut former les entreprises les plus périlleuses, et espérer de les voir couronnées par la victoire.

102. Pour entretenir un nombre assez considérable d'hommes aguerris, pour entraîner les autres par l'exemple, il faut, en temps de paix, les envoyer dans les guerres étrangères. Ils entretiendront toute une nation dans une émulation de gloire, dit Mentor à Idoménée (*voy*. Télémaque), dans l'amour des armes, dans le mépris des fatigues et de la mort même, enfin dans l'expérience de l'art militaire. Ce sont ceux en qui on a remarqué le génie de la guerre, et qui sont les plus propres à profiter de l'expérience, qu'on enverra de préférence. Quoique vous ayez la paix chez vous, ne laissez pas de traiter avec de grands honneurs ceux qui auront le talent de la guerre; car le vrai moyen de conserver une longue paix, c'est de cultiver les armes, d'honorer les hommes qui excellent dans cette profession.

103. Les hommes ne sont point les seuls êtres qu'il faut aguerrir; il importe encore d'accoutumer les chevaux à l'explosion des armes à feu, aux cris des soldats, à l'odeur de la poudre, au brillant et au cliquetis des armes de main. Pour aguerrir les chevaux pendant la paix, il faut faire manœuvrer la cavalerie pendant l'exercice du canon, et lui faire essuyer des décharges de mousqueterie à des distances peu considérables: c'est ainsi qu'on peut former des chevaux propres à la guerre.

104. AGRESSEUR. Démosthènes disait aux Athéniens: « Celui qui prépare et dresse les piéges fait déjà la guerre, quoiqu'il n'emploie encore ni épée, ni traits. » L'agresseur est donc celui qui prépare l'attaque, et non l'homme qui, informé des desseins de son ennemi, le

prévient et rompt ses projets. Celui-ci est le premier attaquant, et l'autre l'agresseur. Mais l'offensé devient agresseur lui-même, s'il refuse les satisfactions justes et raisonnables qui lui sont offertes, et veut opiniâtrément se venger par les armes, c'est-à-dire par une autre injure. Il pourrait prendre ce parti, s'il était animal entièrement animal, entièrement brute ; mais dans l'état civil, où la réparation suffisante doit être acceptée, il ne peut agir de cette manière sans être coupable d'une véritable agression.

105. AGRESSION ; *Attentat à la propriété*. L'agression la plus criminelle est celle qui attente à l'honneur. Comme c'est le bien le plus précieux, et le seul qui ne souffre aucune diminution, mais qui se conserve ou se perd en entier, le plus cruel de tous les ennemis est celui qui cherche à l'enlever. Dans la guerre particulière, qui n'existe que trop au sein des sociétés, cette espèce d'agression est d'autant plus dangereuse, que le plus souvent elle est secrète, et que la malignité la fomente. La médisance est écoutée avec avidité ; on s'empresse autour du méchant qui la répand ; on l'approuve, on abuse de la raison pour faire accroire que c'est une justice particulière contre les actions qui échapperaient à la justice publique. On encourage ainsi la délation, et on autorise la calomnie. La société, au lieu d'être dans un état de paix et d'harmonie, comme elle l'est de sa nature, se trouve dans état de guerre secrète, plus dangereux que l'attaque à force ouverte.

106. La première de toutes les lois que dicte la justice y est violée : le délateur est caché, l'accusé condamné sans être entendu. L'homme d'honneur et l'homme juste abhorrent cette agression. S'ils croient se devoir une guerre privée, nécessité rare dans la société civile, ils la font directement, seuls et sans alliés, et ne s'abaissent pas au vil rôle de l'histrion qui gagne sa vie en excitant le rire coupable d'une populace corrompue.

107. AIDE-DE-CAMP. Son devoir, en général, est de recevoir et porter les ordres du chef auquel il est attaché.

108. Les qualités essentielles à un aide-de-camp sont : la valeur, la mémoire, l'intelligence, et le degré d'instruction nécessaire pour concevoir nettement les ordres qui lui sont confiés ; la promptitude dans l'exécution de ce dont il est chargé, la fidélité, l'exactitude et la clarté dans l'expression des ordres qu'il communique. Il est comme la voix de son général ; mais il ne doit se faire entendre qu'à celui à qui il est envoyé. La commission dont il est chargé peut être si importante, que s'il en donnait connaissance, il causerait à son pays une perte considérable. Il doit se faire du secret une loi inviolable dans tous les cas.

109. Si, quand il porte des ordres un jour d'action, il est survenu dans l'état respectif des deux armées de tels changemens, que leur exécution en soit devenue difficile et même dangereuse : par exemple, un mouvement des troupes ennemies, la fuite d'un corps, l'abandon d'un poste dont le général, qui ne peut pas tout voir, ne connaît pas les détails, et ne peut prévoir les suites ; dans ce cas, l'aide-de-camp, après avoir communiqué les ordres au général, doit écouter attentivement les raisons que ce dernier lui expose, pour en suspendre l'exécution jusqu'à nouvel ordre ; il doit aller promptement rendre à son général un compte exact de ces raisons, et même de l'état des choses qu'il a pu voir ; mais il doit aussi être prudent, modeste, avoir une défiance honnête de ses lumières, de ses connaissances, et craindre d'altérer les ordres qu'il porte.

110. Il ne faut pas qu'il s'ingère de pénétrer l'esprit de son général, de prévenir ses intentions, de ne communiquer que la substance de ses ordres, encore moins de les modifier.

111. S'il trouve un changement dans les circonstances qui les avaient fait donner, s'il lui paraît qu'ils ne sont plus nécessaires, ce n'est pas à lui à qui il appartient d'en juger ; c'est à l'officier supérieur qu'il instruit de la volonté du général. Il doit communiquer, tant à son général qu'à l'officier à qui il est envoyé, ce qu'il est sûr d'avoir bien vu. Il ne doit pas non plus, en rendant d'une manière trop positive et trop abso-

lue, l'ordre dont il est chargé, forcer pour ainsi dire l'officier qui le reçoit à l'exécuter. Il doit avoir compris l'esprit dans lequel le général l'a donné, et s'en rapporter au jugement de l'officier à qui il le transmet, sans en presser l'exécution.

112. Pour que rien n'empêche les aides-de-camp de porter à leur destination les ordres dont ils ont été chargés, ils doivent être d'une valeur à toute épreuve; cependant ils doivent sentir assez vivement, qu'étant chargés seuls de porter des ordres importans, ils sont des têtes précieuses, et que, par cette raison, ils doivent éviter de s'approcher trop du combat, pour n'être pas exposés aux coups de l'ennemi.

113. C'est parmi les militaires qui joignent l'expérience aux connaissances acquises par l'étude, parmi les officiers du corps du génie, qu'il faut choisir les aides-de-camp, pour trouver les connaissances si nécessaires à cet emploi important, et éviter de nuire au succès d'une affaire, par quelque acte d'étourderie. Un officier de dix-huit à vingt ans, fût-il aussi instruit qu'il est possible de l'être dans un âge si tendre et si peu fait pour des connaissances aussi élevées, par son inexpérience, ne gagnera pas la confiance d'un officier-général, et les ordres dont il sera porteur perdront de leur poids, s'ils contrarient la manière de voir de celui à qui ils sont adressés. Il sera, ce me semble, bien tenté de croire que l'organe des volontés du général ne les a pas bien rendus; alors il obéira négligemment, ou désobéira; et, à la guerre, on sait qu'un instant de délai décide souvent des plus grands intérêts.

114. AILES. Les ailes sont les parties les plus faibles d'une troupe, parce qu'elles ne peuvent s'entre-secourir que difficilement, et sont, par conséquent, exposées à être attaquées, débordées, tournées, enveloppées.

115. Il faut donc suppléer à cette faiblesse naturelle, en les appuyant (*voyez* Flanc) à un village dont la position soit avantageuse, dont l'enceinte soit bien retranchée, défendue par du canon qui puisse faire taire celui de l'ennemi; par des marais, ravins, ou en

les couvrant, faute de meilleures défenses, par des abatis, des retranchemens, ou des troupes.

116. Ce qui est un appui suffisant pour un corps nombreux, ne l'est pas pour une grande armée telle que les nôtres. La faiblesse des ailes augmente en raison de leur éloignement. Un bois bien fourré, bien garni de troupes, sera un bon appui pour un corps de sept à huit mille hommes, et un appui très-faible pour une armée de quatre-vingt mille. (*Voyez* Ordre de bataille.)

117. ALARME. Comme les précautions à prendre en cas d'alarme appartiennent particulièrement à la défense, et sont relatives à l'espèce de poste, on les trouvera détaillées aux articles *Camp*, *Place*, *Poste*.

118. ALERTE. Un général, un gouverneur de place, le commandant d'un poste, quelque petit qu'il soit, doivent donner quelquefois de fausses alertes aux corps qu'ils commandent. Les fausses alertes habituent les troupes à se porter avec ordre, avec promptitude et surtout avec silence, aux endroits qu'on leur a désignés; elles donnent aux chefs la facilité de juger de la bonté de la disposition qu'ils ont faite, et de calculer avec précision le temps nécessaire aux troupes pour se mettre en bataille, border le parapet, etc. On ne doit pas en donner trop souvent; elles finissent par rendre l'officier et le soldat moins actifs, et par exposer le poste à être enlevé, si on lui donne une alerte réelle.

119. AMITIÉ. Il est nécessaire que l'amitié règne entre les généraux des différentes armées d'un même peuple; elle doit aussi régner entre le général d'une armée et ses subordonnés. « Eh! qui a plus besoin, dit M. de Servan, de trouver des amis parmi ses compagnons, que le citoyen qui a pris les armes pour défendre sa patrie? Transporté dans des camps, au milieu des pays étrangers, éloigné de sa province, de sa ville, de son hameau, de sa chaumière, de ses voisins, de ses parens; exposé à toutes les misères de la vie, à toutes les angoisses de la mort; n'ayant devant les yeux que des privations, des malencontres, des blessures, comment résistera-t-il à tant de peines, qui semblent

être au-dessus du peu de forces réparties à la faible humanité ? L'amitié seule pourra le soutenir. En effet, voyez cet homme, il vient de se faire un frère d'armes; ils viennent de se jurer mutuellement intérêt, secours, conseil, défense, amitié enfin, et déjà l'univers s'est agrandi pour eux ; l'un et l'autre ont senti augmenter leur courage et leur sécurité. Ils combattent à côté l'un de l'autre ; ils seront chacun plus fort du secours de chacun d'eux ; malheur à l'ennemi qui osera les combattre, il recevra deux coups au lieu d'un, et la mort seule pourra arrêter les actes réitérés de bravoure, de sensibilité et d'humanité de ces deux individus, dont l'amitié n'a fait qu'un seul homme. »

120. C'est à ce noble et tendre sentiment, si bien et si véridiquement décrit, que l'auteur doit la vie. Privé d'une cuisse, sa plaie ouverte, couché sur son lit de douleur, lorsqu'en 1812, la débâcle de Russie passa à Coveno, il y serait certainement resté, il y aurait indubitablement perdu la vie, si son ami, le lieutenant-colonel Locqueneux, du Quesnoi, alors capitaine de grenadiers au 17ᵉ de ligne, ne l'eût sauvé en lui procurant les moyens de s'échapper : trait d'autant plus remarquable, qu'accablé sous le poids des souffrances (le froid était à trente degrés), des privations de tous genres, l'homme n'avait conservé de l'homme que l'instinct animal de sa propre conservation.

121. Puisse cet exemple décider enfin chaque militaire à se faire un ami : leur bonheur réciproque et le service de l'État en recueilleront des avantages aussi grands que nombreux.

122. APPEL. Ce moyen de discipline étant très-sûr, en ce qu'il fait connaître les soldats qui manquent à leur devoir, on ne saurait trop recommander aux officiers de tout grade d'en surveiller l'exactitude, et d'en faire de temps en temps eux-mêmes pour rendre les sous-officiers plus exacts.

123. APPROVISIONNEMENT. Un des points les plus importans de l'état militaire, c'est la connaissance exacte de l'approvisionnement dans toutes ses parties.

Proportionner la quantité à la grandeur des places, des fortifications, et au nombre de troupes.

124. En campagne, la provision de biscuit est la meilleure que l'on puisse avoir pour les grandes marches.

125. Vauban estimait le nombre de troupes nécessaire à la défense d'une place, à six cents hommes d'infanterie et soixante hommes de cavalerie par bastion, sans compter les officiers d'état-major, ingénieurs, mineurs, etc. Il fixa la ration à deux livres de pain, demi-livre de bœuf, non compris le mouton, veau, etc.

126. ARBRE. On peut, avec des tronc d'arbres, former un ouvrage des plus forts, contre lequel l'ennemi sera obligé d'employer du canon de gros calibre.

127. On choisira d'abord une position heureuse; on en disposera les environs comme si on voulait construire une redoute ordinaire; on tracera, sur cet emplacement la figure la plus convenable à l'objet qu'on aura en vue, au terrain sur lequel on devra opérer, aux hommes et aux armes dont on pourra disposer.

128. On fera coucher, perpendiculairement aux lignes qu'on aura tracées et en dehors, une rangée d'arbres dont on aiguisera et entrelacera les branches (*voyez* Abatis); on placera ensuite en travers sur ces arbres, et selon les lignes tracées, une rangée de troncs que l'on considérera comme de grosses fascines; on remplira les interstices avec d'autres troncs ou de la terre. Sur cette première assise on en fera placer une autre, sur celle-ci une troisième, jusqu'à ce que les troncs entassés couvrent parfaitement l'intérieur du poste.

129. Pour que les arbres restent ainsi entassés, on placera ceux de la seconde assise dans l'intervalle de ceux de la première, etc. Ainsi chaque assise diminuera d'un arbre, en observant que la dernière soit au moins composée de deux troncs, et que celui placé extérieurement soit un peu moins gros que celui de l'intérieur; on mettra extérieurement entre chaque rang d'arbres, des ronces, des épines et des branches d'arbres dont on aiguisera la partie saillante.

130. On observera de mettre les plus gros arbres dans la partie inférieure, et de placer dans la même couche, les arbres qui seront à peu près de la même grosseur.

131. Quand les soldats voudront tirer sur l'ennemi, ils monteront sur les arbres des premières rangées, qui leur serviront de banquettes. Le nombre des couches d'arbres ne peut être déterminé que par la grosseur des troncs ; on pourra encore, en les plaçant, se ménager quelques embrâsures.

132. ARMÉE. C'est un corps de troupes avoué par un État, et envoyé par lui pour faire la guerre. Il est composé d'infanterie, de cavalerie et d'artillerie, le tout réglé d'après la nature topographique du pays où l'on porte la guerre.

133. Dans aucun cas une armée ne doit être commandée par plusieurs chefs, et jamais on ne doit la mettre en campagne sans avoir assuré ses moyens de subsistance.

134. ARME. Par ce mot on désigne les différentes espèces de troupes dont une armée est composée. Dans quelle arme servez-vous ?

135. La première des règles de l'art de disposer les troupes pour les faire combattre, c'est de mettre chaque armée sur le terrain qui lui sera le plus favorable.

136. Les militaires les plus sensés ne peuvent concevoir comment, pendant des siècles entiers, on s'est constamment obstiné à placer la cavalerie aux extrémités. (*Voyez* planche XII. — 1597.)

137. L'expérience des meilleurs généraux confirme la nécessité d'entremêler les armes, pour qu'elles se soutiennent réciproquement.

138. Le maréchal de Saxe pensait que toute troupe qui n'est pas soutenue est une troupe battue. Il est donc nécessaire de placer l'infanterie et la cavalerie à portée de s'appuyer et de se flanquer réciproquement ; de combiner leurs efforts, et de les diriger contre les mêmes points. Voilà en quoi consiste la perfection d'un ordre de bataille : c'est l'unité d'action qui peut seule assurer la victoire.

139. ARMEMENT. C'est tout ce qui compose une armée. Un prince prudent et sage, qui veut maintenir la paix, sera toujours prêt à faire un puissant armement. (*Voyez* préface, développement de cet ouvrage.)

140. ARRIÈRE-GARDE. Corps détaché qui marche derrière le corps principal pour le protéger.

141. Toute troupe, depuis le détachement de cinquante hommes jusqu'à l'armée de cent mille hommes, doit avoir son arrière-garde.

142. Lorsqu'on n'est pas certain que tout sera tranquille à l'arrière-garde, il faut se préparer aux événemens, et la composer d'une partie de ses meilleures troupes. Aucune précaution ne doit être négligée devant un ennemi; il y a de l'imprudence à le tenter, le braver ou le mépriser, quel qu'il soit.

143. La force de l'arrière-garde se règle sur celle du corps qu'elle doit couvrir. Si elle est peu nombreuse, elle marche à peu de distance et toujours en vue du corps principal, parce qu'il faut peu de temps pour battre, disperser ou enlever un détachement faible, et qu'il est aussi plus facile de le surprendre. Mais lorsque l'arrière-garde est assez nombreuse pour résister quelque temps par ses propres forces, et soutenir l'attaque d'un ennemi même supérieur, elle peut suivre à une distance un peu plus grande, telle cependant qu'elle puisse recevoir et donner promptement les avis et secours nécessaires. Dans tous les cas, excepté ceux où elle est trop faible, elle doit avoir elle-même son arrière-garde, et prendre toutes les précautions requises dans les marches.

144. Si elle est attaquée, elle fera les dispositions que l'art de la guerre prescrit pour remplir son objet, qui est de couvrir et de protéger la colonne qu'elle suit. Si la colonne est de bagages, de vivres ou de munitions, l'objet principal est de lui donner le temps de continuer sa route sans danger; cependant elle fera instruire le commandant de l'escorte du parti qu'elle a pris et des forces de l'ennemi. Si, par une bonne disposition et une contenance hardie, elle impose

aux troupes qui sont en présence, elle se retirera en bon ordre vers la colonne. Attaquée faiblement, elle combattra en retraite, en prenant les positions avantageuses que lui offrira la nature des lieux.

145. Si l'attaque est vive, elle la soutiendra en attendant du secours. Lorsqu'elle sera parvenue à la ralentir, elle fera sa retraite; et, si elle avait l'avantage le plus décidé, elle doit se ressouvenir que son objet n'est pas de poursuivre l'ennemi vaincu, mais de protéger la colonne contre de nouveaux ennemis, s'il s'en présente.

146. Lorsque cette colonne est composée de troupes, le danger est moindre, parce que le secours peut être grand, plus prompt, et que la colonne a sa défense en elle-même.

147. On réglera sur la nature du terrain qu'elles doivent traverser, l'espèce des troupes dont seront composées les arrière-gardes : infanterie dans les montagnes, cavalerie en plaine; l'une et l'autre dans les pays mêlés de plaines, de hauteurs, de défilés. Dans le cas de retraite, les précautions deviennent bien plus nombreuses; l'ennemi étant alors bien plus ardent à poursuivre, il faut employer tous les moyens possibles pour retarder sa marche, et lui opposer tous les obstacles.

148. L'arrière-garde fera couper les ponts qu'elle aura passés; détruire, brûler ou couler bas les bateaux sur les grandes rivières; gâter les gués, rompre les défilés. Si on a le temps, on mine les ponts pour les faire sauter quand les troupes sont en-deçà. On peut les abattre aussi avec du canon, et s'ils sont de bois, on y met le feu. On rompt les défilés en abattant sur la route les arbres qui la bordent; si c'est sur le roc, en le rompant ou en le comblant avec de la terre, ce qui retardera la marche de l'ennemi : il faut plusieurs heures pour ouvrir un nouveau passage, et quelques minutes pour couper un chemin en divers endroits.

149. Si on traverse un bois, des broussailles, on y mettra le feu, ce qui retardera encore l'ennemi. Si on passe par un bois où il n'y ait que certains chemins absolument nécessaires, on fait marcher en queue de l'arrière-garde une centaine d'hommes armés de grandes

coignées qui abattront et feront tomber sur les chemins étroits les arbres qui en sont les plus proches. Par cette précaution on arrêtera sûrement la marche de l'ennemi, et principalement celle de la cavalerie et de l'artillerie. Si plusieurs défilés se succèdent, on fait faire volte-face à un détachement de bons soldats qui arrêteront l'ennemi par leur feu, jusqu'à ce que l'arrière-garde ait passé le défilé suivant, ainsi de suite de l'un à l'autre.

150. On se sert d'artillerie, traînée par un double train de chevaux, pour tirer avant que l'ennemi ne s'approche à distance de reconnaître l'armée; on pourra l'induire à croire que c'est le gros, et non un détachement, ce qui fera faire halte à l'avant-garde ennemie pour attendre le reste de l'armée.

151. S'il n'y a pas une grande distance entre le détachement et l'armée, les ennemis n'oseront pas faire avancer de troupes pour le couper, afin de ne pas les mettre entre deux feux. Mais si, au contraire, il se trouve à une certaine distance de l'armée, il faut se couvrir le flanc par de petits détachemens, pour éclairer et prévenir si quelque troupe supérieure de l'ennemi vient pour le couper, afin d'avoir le temps de se retirer.

152. On peut encore retarder la marche de l'ennemi, en faisant de gros tas de bois dans le défilé, auxquels on met le feu; en laissant dans les passages étroits et profonds des chevaux ou mulets auxquels on aura coupé le jarret, un ou deux chariots chargés, dont on aura brisé les roues, etc., etc.

153. Pendant la nuit, le détachement doit mettre en embuscade, sur les flancs de la marche des ennemis, de petits partis d'infanterie, dans les terrains coupés et difficiles, et de cavalerie dans les plaines, avec un tambour et un trompette à chaque parti, afin de donner l'alarme à l'ennemi, qui vraisemblablement suspendra sa marche, jusqu'à ce qu'il ait reconnu si ce n'est point là quelque forte embuscade.

154. Lorsque l'arrière-garde s'arrêtera pendant le jour, on la formera sur un rang, afin de faire croire, par son front, qu'elle est beaucoup plus considérable.

155. Si l'on fait retraite de jour par un terrain propre à dresser des embuscades, le détachement étendra sur ses flancs quelques soldats qui se laisseront voir, comme par mégarde, entre les arbres ou au-dessus des montagnes, afin que les ennemis, qui soupçonneront quelque embuscade, perdent du moins le temps nécessaire à leurs batteurs d'estrade pour aller jusqu'à ce poste, et rapporter qu'ils n'y ont point trouvé d'embuscade.

Le commandant d'un détachement ne doit pas poursuivre l'ennemi battu, ce qui serait contraire à l'intention de ne pas retarder la retraite, et pourrait encore l'exposer à être battu à son tour, s'il le suivait trop loin.

156. Si, pendant une longue retraite, l'arrière-garde est obligée de combattre, on change de temps en temps les troupes qui, prévenues qu'elles n'ont que quelques heures de danger à essuyer, s'y exposeront avec plus de courage. On formera d'avance ces deux ou trois détachemens qui doivent se succéder, afin de ne pas retarder la marche. Ce changement de troupes doit se faire à la sortie d'un défilé, ce qui imposera encore à l'ennemi, en les voyant rangées en bataille.

157. Si ce détachement est inférieur en nombre, on couvre ses flancs et son arrière-garde avec les caissons d'artillerie, des vivres et des équipages : surtout si sa supériorité consiste en cavalerie ; le moindre embarras qu'on lui oppose est une véritable défense contre elle.

158. Il y aurait encore moins d'embarras à entourer l'arrière-garde de chevaux de frise, dont chacun serait porté par deux soldats, au moyen de deux anses adaptées aux extrémités. Il est aisé de régler la marche d'un soldat ou de le remplacer quand il a été tué.

159 Si l'avant-garde de l'ennemi qui vous poursuit est fort supérieure en cavalerie, on place la sienne au centre, quand on se forme en bataille ; on dispose son infanterie avantageusement, ainsi que son artillerie, de manière que le front de la cavalerie soit croisé par les feux, et l'on couvre ses ailes soit par des escarpemens, des haies, fossés, et chevaux de frise. Dans les marches, on dispose ses troupes dans l'ordre que l'on veut pren-

dre, si on est obligé de se former en bataille : et si, dans un pays de plaines et de défilés, on a assez de cavalerie lorsqu'on passe d'un défilé dans une plaine, on la disposera de sorte qu'au moment où l'infanterie quittera le défilé, la cavalerie présente une ligne prête à charger les troupes ennemies qui seraient tentées de déboucher; si l'on présume que l'ennemi a pu faire passer quelques escadrons dans la plaine par un autre endroit, on en garde aussi quelques-uns avec son infanterie; et lorsqu'elle sera assez avancée pour n'avoir plus rien à craindre, on le fait savoir à la cavalerie, pour qu'elle fasse sa retraite.

160. Pour faire croire à l'ennemi dont la colonne est éloignée, que l'armée est toute réunie pour camper, on range sa cavalerie sur un front étendu; on lui fait mettre pied à terre pour donner de l'avoine et soulager les chevaux; on fait dresser un rang de tentes, et tirer quelques volées de canon contre les découvreurs ennemis, pour leur faire connaître que l'on a de l'artillerie; on étend sur les ailes quelques détachemens de cavalerie pour empêcher d'observer ses flancs et ce qui se passe derrière soi. La colonne continuera sa retraite et s'éloignera ; la cavalerie pliera ses tentes en un instant, lèvera le piquet ; fera doubler le pas aux chevaux d'artillerie, et viendra rejoindre l'infanterie; et, si elle en avait avec elle, elle pourrait la mettre en croupe. Pour mieux réussir, il faudrait que ce fût après un ravin, un ruisseau, un défilé. Dans d'autres circonstances, l'ennemi ne s'y prendra point, et fera sans doute charger toute sa cavalerie pour enlever la vôtre; dans le cas où cette cavalerie serait contenue par l'armée, l'ennemi se retirerait vers son gros.

161. Si l'on a de pressans motifs pour éviter d'être joint par l'avant-garde de l'ennemi, et que les moyens proposés ici ne suffisent pas, il ne reste d'autre ressource que d'abandonner des chariots ou mulets chargés de bagages, en divers endroits un peu éloignés les uns des autres, afin que les premières troupes ennemies se débandent et s'arrêtent pour enlever les chevaux et piller les équipages. Dans ce désordre, l'exemple des premières troupes sera bientôt suivi par les autres,

Quelques vigoureuses que soient les défenses, les officiers ne seront plus les maîtres de retenir les soldats, qui voulant tous avoir part au butin, retarderont leur marche, et vous donneront peut-être le temps de leur échapper.

162. Les règles générales pour l'attaque et la défense doivent être employées pour l'arrière-garde; mais il est très-difficile de les appliquer, parce que le terrain change à chaque instant, et demande des dispositions différentes, des mouvemens subtils: ce sont des défilés, des plaines, des villages, des bois, des marais qu'il faut traverser, des surprises auxquelles il faut remédier, une attaque continuelle à supporter, des troupes ennemies à contenir, tromper, fuir, attaquer tour-à-tour, suivant le changement de scène. Le général doit donc avoir une connaissance profonde des principes, une grande habitude de leur application, l'esprit fécond en ressources; il doit être toujours attentif, toujours présent, rapide en ses combinaisons, clair en ses ordres: ses troupes doivent exécuter avec assurance, promptitude et régularité, et tout cela doit exister à la fois dans tous les instans, pendant une longue marche. C'est cette succession, cette continuité et cette exécution rapide, qui font de la conduite d'une arrière-garde une des parties les plus difficiles de la guerre. Ce ne sont pas les règles qui manquent, mais la présence d'esprit nécessaire pour appliquer ces règles à une scène toujours variée.

163. Tout dépend de l'excellence de la marche en ordre, de l'administration de ses colonnes, afin que d'un seul temps et d'une même manœuvre l'armée se trouve en bataille. Dans ces sortes d'affaires, l'avant-garde qui veut attaquer une arrière-garde, doit être suivie de près par toute l'armée, ou de la plus grande partie; sans cette précaution, elle peut se trouver en déroute avant qu'on puisse la secourir. Quand il s'agit de se retirer par un défilé au sortir de la plaine, ces sortes d'entreprises sont les plus aisées et les plus sûres dans l'exécution.

164. La connaissance du pays par où l'ennemi se retire est la chose du monde la plus importante pour tendre ou éviter les piéges. Il faut, après avoir attaqué

une arrière-garde, avoir une exacte connaissance des lieux du défilé où l'on s'engage : car, dans ces sortes de situations, il est aisé à un général habile de semer ou de préparer des piéges ou des embuscades doubles et triples ; et quelquefois l'ennemi qui connaît les lieux où il marche, et où le gros de l'armée a déjà défilé, nous attire dans de mauvais pas par des fuites simulées, ou se poste avantageusement. Voilà bien des choses à observer, à prévoir, et par conséquent, que l'on doit apprendre d'avance plutôt qu'après l'événement, et au dépend de son honneur et de sa patrie.

165. Lorsqu'on a la résolution d'attaquer une arrière-garde, on doit garder le plus profond secret, couvrir son dessein de manière à ce que l'ennemi n'en puisse rien soupçonner, et faire diligence lorsqu'il est en marche.

166. S'il passe un défilé, il faut attendre que sa colonne y soit bien engagée avant d'attaquer son arrière-garde, qu'il ne peut pas secourir promptement. Enfin, différer le moment de l'exécution, pour laisser les colonnes de l'armée s'étendre et s'éloigner ; attaquer à la fois le centre, les ailes, et vivement, pour prévenir l'arrivée des secours. Après la victoire, éviter le danger d'une poursuite inconsidérée ; faire sa retraite en ordre et assez diligemment pour n'être pas joint par des forces supérieures. Mais si on veut engager une action générale avec l'armée, qui la craint et qui se retire, il faut au contraire attaquer l'arrière-garde avant que le gros de l'armée se soit éloigné, qu'il ait eu le temps de passer le défilé ou une rivière qui le mettrait à couvert. Attaquez promptement, afin qu'il ne fasse pas sa retraite derrière le front qu'il présente ; mais ne pas presser vivement, afin de donner le temps à l'armée d'envoyer des secours. Si elle est forcée de combattre, elle doit employer les principes généraux de la défense. (*Voyez ce mot*).

167. ASSEMBLÉE. Le choix du lieu où l'on assemble une armée, soit pour la défensive, soit pour l'offensive, est très-important, et fixe assez ordinairement les résultats de la campagne. Si la guerre est offensive, il faut calculer ses distances de manière que toutes les

troupes puissent arriver le même jour au rendez-vous, et se porter brusquement sur le point le plus avantageux au but qu'on se propose, soit qu'on veuille investir une place, etc. Ce grand mouvement, fait tout d'un coup, prévient l'ennemi et lui donne de la terreur, sentiment qu'il est important de lui inspirer fortement à l'ouverture d'une campagne.

168. Tout chef dont la troupe est dispersée, depuis le chef d'escouade jusqu'au général, doit prescrire un lieu d'assemblée ou de rendez-vous.

169. ASSURANCE. L'assurance est l'effet de la valeur, de la confiance en ses forces et de l'espoir dans la victoire.

170. Tous ceux qui commandent, doivent montrer de l'assurance dans leurs propos, dans leurs regards et dans leur contenance. L'assurance des chefs augmente celle des soldats qui ont de la bravoure, et l'exemple de ceux-ci se communiquant aux autres, tous acquièrent de l'assurance.

171. ASTRONOMIE. Le militaire doit connaître l'heure du lever et du coucher de la lune. (*voyez* Surprise); il doit aussi connaître la saison où les fleuves du pays où il fait la guerre, croissent et décroissent beaucoup. Il serait aussi avantageux de savoir pronostiquer le temps qu'il fera le lendemain, ce qui peut influer sur la réussite de ce qu'il médite.

172. ATTAQUE. Le principe général de l'attaque est de la faire en même temps par le front et par les deux flancs; c'est ce qu'on appelle attaque complète. (1630). Il y a peu de guerriers qui aient conçu toute la généralité de ce principe, et qui en aient fait de grandes applications. Il n'y a guère qu'Alexandre, Gustave-Adolphe et le grand homme moderne qui en aient donné des exemples (37).

173. On doit attaquer de cette manière une troupe de cinquante hommes et une armée de cent mille, une petite province et un grand empire, une redoute et la plus grande place : c'est en appliquant à l'attaque

des places ce principe général, que Vauban l'a porté soudain à sa perfection.

174. On peut nommer *complète* l'attaque faite en pressant le front et les deux flancs en même temps ; et *incomplète* celle qui presse le front seul, ou une partie et un des deux flancs. L'attaque par le centre, ou tout autre point du front, rentre dans celle-ci, parce qu'on ne tente de percer la ligne que pour charger ensuite par leurs flancs les deux parties désunies.

175. L'attaque incomplète peut être mise en usage contre de petits objets, comme un poste, une troupe. Qu'on pénètre dans une redoute par un seul de ses angles, qu'on gagne le flanc d'une troupe, tandis qu'on en occupe le front, le succès peut être très-grand, mais pas aussi complet que lorsqu'on suit le principe en son entier.

176. Quant à l'attaque des grands objets, comme une place considérable, une province, un royaume, comme ce n'est pas l'affaire d'un jour, et que le temps joint à l'habileté de l'ennemi peut y apporter de grands changemens et de puissans obstacles, il faut, dans ce cas, remplir le principe dans toute son étendue. Un général qui a l'ignorance ou la témérité d'attaquer par le centre un pays vaste, c'est-à-dire d'y faire ce que l'on appelle une pointe, s'expose à une défaite presque assurée, à moins qu'il n'ait le rare bonheur de trouver un adversaire plus ignorant que lui.

177. Toute attaque doit être faite comme d'un seul et même effort, en y mettant le plus grand ordre et le plus parfait ensemble : c'est ce qui manque surtout aux nations peu versées et peu exercées dans l'art de la guerre, et c'est ce défaut qui les rend si peu à craindre. Elles mettent en campagne des armées innombrables, mais elles ne les emploient que par petites parties.

Par la même raison, l'attaque successive est toujours faible et rarement suivie d'un heureux succès.

178. Il faut que l'attaque soit faite avec vivacité, mais sans précipitation et sans désordre. Plus un peuple sera éclairé, exercé, savant dans l'art de la guerre, plus

son impétuosité sera contenue par la prudence, son courage conduit et appliqué par le jugement.

179. S'il est nécessaire de régler l'ardeur du soldat en le menant à l'attaque, il ne faut pas apporter moins d'attention à ne la point ralentir : son effort doit être modéré et continu. La suspension du mouvement donne au soldat le temps de s'occuper du danger, et la crainte augmente toujours.

180. Il ne faut pas courir à perdre haleine, mais marcher vivement tant qu'il reste quelques pas à faire, et aborder avec impétuosité.

181. Une cause de désordre très-dangereuse, c'est le mépris de son ennemi, effet ordinaire d'une sotte présomption, en ce qu'il fait négliger toutes les mesures de précaution que l'on doit prendre dans une attaque.

182. Ici, comme en toute autre chose, il faut garder un juste milieu, également éloigné de la confiance téméraire et de la pusillanimité. On ne doit dire au soldat ni qu'il doit redouter son ennemi, ni qu'il va combattre des lâches : l'un abattrait son courage, l'autre lui inspirerait une négligence dangereuse, qui se change bientôt en épouvante et en fuite, quand il trouve de l'erreur et du mécompte. Ce qu'on peut faire de plus utile, c'est de le persuader intimement que la victoire ne sera pas moins l'effet de son obéissance et de l'observation de l'ordre, que de son courage, quelque supérieur qu'il puisse être.

183. On ne doit pas tenter une attaque trop difficile ; et, quand une valeur téméraire a entraîné dans cette faute, il ne faut pas s'y opiniâtrer. Le sang des hommes est précieux ; la guerre fait trop de maux par elle-même, il faut se garder de les augmenter par son imprudence : on doit donner le signal de la retraite, et chercher un autre moyen de franchir l'obstacle.

184. AVANT-GARDE. Détachement qui marche en avant d'une troupe en route.

185. Son objet est de garantir de toute surprise ; et, comme à la guerre on doit toujours craindre la surprise, toute troupe quelconque, depuis celle de douze hommes jusqu'au corps d'armée, doit être précédée

par ce détachement. L'avant-garde d'un corps d'armée ou d'une division considérable, détachée de l'armée, doit-elle-même avoir son avant-garde.

186. L'avant-garde du corps d'armée ou d'un gros corps détaché sera composée d'infanterie, cavalerie et troupes légères en quantité relative à la nature du terrain qu'elle doit traverser, visiter, fouiller, et dans lequel elle peut avoir à combattre. Celui qui la conduit doit être prudent, habile, courageux. On y joindra de l'artillerie.

187. Le chef de l'avant-garde détachera de petits partis de cavalerie dans les plaines, d'infanterie dans les montagnes, pour visiter en avant et sur les flancs de sa marche, les villages hameaux, bois, ravins, digues, enfoncemens de plaine, lieux coupés de haies, bords de rivières, ruisseaux couverts, et autres endroits propres à cacher des troupes (*voy.* Découvreurs); il fera mettre tout le soin possible à cette reconnaissance, se rappelant que les lieux les moins suspects ont toujours été ceux où l'ennemi s'est le plus sûrement embusqué, parce qu'on s'en défiait le moins, et qu'il est arrivé que des digues et quelques haies ont couvert toute une armée.

188. Sa marche doit être lente et circonspecte. Il s'arrêtera de distance en distance pour donner à ses partis le temps de faire avec soin la reconnaissance dont ils sont chargés. Il interrogera les paysans qui viennent du côté de l'ennemi, afin d'en tirer quelques lumières. S'il découvre des partis ennemis, il tâchera dans la même vue de faire des prisonniers; et lorsqu'il apprendra quelque circonstance importante, il en fera donner avis aussitôt à son général, par des cavaliers bien montés, ou par un signal convenu, qui peut être un certain nombre de coups de canon.

189. Il observera de ne pas trop s'écarter du gros de l'armée, afin d'en recevoir des secours à temps, s'il est attaqué par des forces supérieures.

190. Quand une troupe ennemie se présente et se retire précipitamment, il faut se garder de la poursuivre. Ici, comme en toute autre circonstance, un chef doit exactement s'en tenir à ce dont il est chargé :

il se trouve peu d'occasions où il puisse et doive aller au-delà. Si, oubliant les fonctions et l'objet d'une avant-garde, il l'emploie à poursuivre un corps ennemi, il peut tomber dans une embuscade, être enveloppé et défait avant que l'armée puisse le secourir; ou être détourné de la route qu'il doit suivre, et livrer le passage à un autre corps qui viendra attaquer l'armée inopinément et avec avantage.

191. Si l'ennemi se présente en force, on doit faire halte, choisir un poste, y disposer ses troupes, et informer le général de ce qui se passe. S'il l'on s'aperçoit que c'est une partie de l'armée ennemie, que le reste suit, et qu'une affaire générale est inévitable, on soutiendra l'attaque aussi long-temps qu'on le pourra pour donner au général le temps de faire ses dispositions. Si ce n'est au contraire qu'une forte arrière-garde qui veut l'arrêter, à dessein de gagner de l'avance aux siens, qui font retraite, il doit la charger avec tous les avantages qu'il pourra prendre, soit avant qu'elle se soit formée, soit dans un terrain assez serré pour qu'il combatte à front égal et sans crainte pour ses ailes; et lorsque l'objet est important, lorsqu'un avantage sur ce corps et sur l'armée qui se retire, peut en produire de très-grands, il faut alors employer l'audace et même la témérité; mais cependant la seconder par tout ce que l'art peut fournir de ressources pour imposer à l'ennemi. Celui qui se retire a toujours moins d'assurance : on tentera de la diminuer encore par un appareil de forces supérieures, par celui d'un prompt renfort, par des démonstrations qui fassent craindre à la troupe qu'on attaque d'être enveloppée. Si on la contraint à fuir, il faut la poursuivre avec la plus grande vivacité, l'empêcher de se rallier, et tâcher de joindre le gros de l'armée ennemie, de l'attaquer, de l'arrêter, et de donner le temps d'arriver à l'armée qui la poursuit.

192. Quand l'avant-garde, au contraire, est contrainte de plier, si elle n'est attaquée que par un fort détachement, elle fera sa retraite vers le gros de son armée; mais si l'ennemi vient avec toutes ses forces, pour engager une action, elle peut, en se retirant par une route différente de celle qu'elle a tenue, et que son

armée suit, lui donner plus de temps pour se former, en attirant loin d'elle une partie des troupes ennemies.

193. Outre l'avant-garde de toute l'armée, chaque colonne de troupes doit avoir son avant-garde particulière, et les distances de ces avant-gardes, tant de leurs colonnes respectives que de l'avant-garde générale, doivent être réglées de sorte qu'elles puissent toutes recevoir et donner du secours, et que toutes les parties du corps entier se soutiennent et se protégent.

194. AUDACE (*Hardiesse excessive*). Dans les cas extrêmes, les objets changent de face, et on ne doit pas s'attacher à l'exactitude des règles que prescrit la prudence; il faut, au contraire, pousser la résolution au-delà des bornes de la hardiesse; la seule ressource du vaincu est souvent dans le désespoir : *Una salus victis, nullam sperare salutem.* (*V*. En.) Une grande audace, dans ces sortes de cas, est ce qui devient le plus nécessaire. Il faut donner beaucoup à la fortune, se résoudre à tout ce qui peut arriver, quand on n'a rien de mieux à faire, et qu'il n'y a qu'un point entre le mieux et le pire. Dans les entreprises nécessaires, indispensables, on ne conseille pas, on prend sa résolution de la chose même ; on suit le vieil adage : *Audaces fortuna juvat*, et on avise ensuite aux moyens de l'exécuter; car, si l'on veut s'arrêter à tous les obstacles qui se présentent, on ne fait ou on n'exécute rien.

195. AVIS. Il arrive souvent à la guerre des faits dont il faut donner avis; plus ils sont importans, plus il faut les exprimer avec exactitude, précision, clarté, et qu'ils soient rendus avec sûreté. Il est donc important que tous les officiers acquièrent le talent d'en donner de pareils, parce qu'il n'y en a point qui ne puisse se trouver dans la nécessité d'en faire passer. S'ils les envoient verbalement, ils choisiront l'homme le plus capable de les rendre aussi précis, aussi clairs qu'ils les aura reçus, et avec autant de célérité que de sûreté.

197. Lorsqu'ils prévoient que celui qui en est chargé peut être arrêté, ils doivent en faire partir plusieurs par divers chemins.

197. Il est quelquefois impossible de les faire porter par des hommes, alors il faut user de stratagême.

198. Les anciens se servaient de flèches, de balles de plomb lancées avec une fronde ; ne pourrions-nous pas nous servir d'obus, de bombes pour cet objet, en déterminant un lieu pour cet effet ?

199. Lorsqu'on envoie un avis par écrit, il est bon de se servir de caractères inconnus à l'ennemi, ou même d'employer une langue qu'il ignore. On peut imaginer une infinité d'alphabets occultes.

200. On se sert aussi d'un papier découpé, qui, étant appliqué sur celui où l'on veut écrire, n'en laisse découvrir que certaines parties très-distantes entre elles. On écrit sur celles-ci l'avis qu'on veut faire passer, ensuite, levant le papier découpé, on a sur l'autre des mots et des lettres éparses entre lesquelles on a écrit des choses indifférentes. Celui qui reçoit l'avis a un papier découpé tout semblable, qui, étant appliqué sur la lettre, ne lui laise voir que l'avis qu'on a voulu lui transmettre.

201. Il ne faut pas négliger l'avis que l'on reçoit, mais il faut se bien assurer de sa sincérité : il y a eu, depuis le siége de Troie, plus d'un Sinon dont l'imposture a été fatale à plusieurs villes et à plusieurs armées.

202. Ceux que l'on charge de porter un avis doivent être des hommes sûrs, et du pays où l'on est, afin qu'ils paraissent moins suspects. On peut envoyer des paysans, qui cachent les lettres dans leurs vêtemens, leurs boutons, la semelle de leurs souliers, dans un bâton qui a été creusé, et auquel on a remis un bout ferré ; dans un pain, une bougie, une chandelle, etc., etc.

203. AUTORITÉ. — *Ses causes et ses effets.* Le pouvoir ordonne, **commande**, impose ses lois ; l'autorité conseille, prie, conjure, et l'on sait que les hommes redoutent jusqu'à l'air de la contrainte.

204. Le pouvoir semble s'adresser à des esclaves, l'autorité à des égaux ; et l'on sait que l'homme fuit la servitude autant qu'il aime l'égalité.

205. Le pouvoir n'emploie que la force ; il n'agit,

pour ainsi dire, que sur le corps. L'autorité attaque le cœur, l'esprit; elle a recours à la séduction; et l'on sait que les hommes veulent être entraînés et séduits, qu'ils se laissent aller facilement à un penchant insensible, et qu'on ne peut guère les maîtriser que par le cœur.

206. Aussi l'obéissance à l'autorité étant toujours volontaire, est universelle et constante, tandis que l'obéissance au pouvoir n'est presque jamais générale ni durable; on se ferait un reproche, un crime de manquer, même secrètement, de respect, de déférence pour les ordres transmis par l'autorité; au lieu qu'on viole les ordres du pouvoir toutes les fois qu'on espère l'impunité.

207. Le chef qui voudra faire de grandes choses, s'attachera avec soin à réunir en sa personne l'empire que donne l'autorité, à la puissance que donne le pouvoir.

208. Mais qui lui conférera cette autorité? Ce ne sont point les lois; elles la supposent, mais ne la donnent pas; elles ne peuvent même la donner: on ne l'obtient que des hommes à qui l'on commande: les qualités physiques du chef, ses richesses, l'aideront sans doute à se la concilier; mais il ne l'obtiendra d'une manière durable que de ses talens et de ses vertus.

209. Les hommes n'accordent sur eux une autorité constante qu'à ceux de leurs chefs auxquels, malgré les séductions de l'amour-propre, ils ne peuvent refuser une supériorité de qualités aimables, estimables, et surtout respectables; qu'à ceux en qui ils reconnaissent des lumières plus étendues que les leurs, un jugement plus sûr; qu'à ceux qui ont une grande capacité pour découvrir, dans chaque cas, le véritable état des choses, et une sagesse qui, ne se laissant point éblouir par les apparences, prend toujours le parti le meilleur.

210. Ces vérités donnent le mot d'un grand nombre d'énigmes politiques et militaires. Pourquoi l'ordre de tel général, de tel chef de corps, tel capitaine, a-t-il été plus ponctuellement suivi que celui de tel autre? C'est que l'on estime l'un et que l'on a de la confiance en ses lumières, au lieu qu'on méprise et qu'on n'estime pas l'autre.

211. Nous conclucrons que le chef doit, pour obtenir de ses subordonnés une entière confiance, réunir au pouvoir très-étendu qu'il tient de la nation ou de son chef, une souveraine sagesse qui dirige le pouvoir, et une souveraine bonté qui l'anime.

B

212. BAGAGES. Ce qui les compose étant destiné à satisfaire les besoins de la vie, il faut en supporter l'embarras, et le diminuer autant qu'on le peut, en se bornant au strict nécessaire; en retranchant sévèrement tout ce que le luxe, le faste, la mollesse, tentent sans cesse d'y ajouter, et en faisant observer le plus grand ordre dans la marche de ce qui reste.

213. Un jour d'action, on doit se débarrasser des bagages et les envoyer sur les derrières; il faut agir de même, quand on veut faire une marche forcée et secrète; quand on veut opérer une retraite en présence ou à portée de l'ennemi. Si, dans cette circonstance, on ne peut emmener ses bagages avec soi, il vaut mieux les brûler que d'en laisser profiter l'ennemi.

214. Il faut combiner leur marche de manière qu'ils ne puissent jamais nuire à celle des troupes.

215. Si, avant une bataille, on n'a pas eu le temps de s'en débarrasser, il faut, pour ne pas être obligé de leur laisser une garde trop nombreuse, les placer dans un endroit fort de sa nature, et rendu plus fort par l'art.

216. Il est souvent utile, dans une bataille, d'envoyer attaquer ou insulter les équipages de l'ennemi: cette attaque produit presque toujours une diversion heureuse.

217. BARRES (JEU DES). Il est utile de rendre le soldat agile et léger à la course; ce jeu est le plus propre à remplir cet objet, et à le désennuyer.

218. BARRICADES. Retranchement fait avec des

matériaux de toute espèce, comme tonneaux, paniers, sacs remplis de terre, arbres, palissades, solives, poutres, débris de maison, etc. Lorsqu'on défend une maison, on en barricade les portes; dans la défense d'un village, on en barricade les rues, les maisons, etc., etc. (*Voyez* 1319.)

219. BASTINGAGE. Espèce de retranchement ou d'abri fait avec des toiles garnies de bourre, de paille, d'herbage, de linge. On peut se mettre à l'abri de la mousqueterie, par un bon bastingage fait avec les hardes des soldats, leurs sacs de toile, que l'on remplit de paille bien fourrée, de feuilles, de foin, d'herbe, ou de terre ; des matelas peuvent encore atteindre ce but.

220. BASTION DE CAMPAGNE. Une des manières les plus sûres de mettre en état de défense un poste, une maison, un village, consiste à l'entourer d'un parapet tournant; et pour le flanquer, on construit en avant des lignes qu'il forme, des saillans qui lui procurent des feux de flancs et des feux croisés. On nomme ce retranchement bastion de campagne.

221. On les construit en avant de tous les angles saillans ou morts, ainsi appelés, parce que ces angles sont dépourvus de toute défense ; et en avant des lignes droites qui sont assez longues pour que ces bastions élevés à leurs extrémités ne puissent les défendre dans toute leur longueur.

222. Tous les bastions de campagne doivent fournir des feux directs pour leur propre défense, et des feux de flanc pour celle des courtines et des bastions voisins.

223. Ces bastions sont composés de deux faces et de deux flancs (*voy.* planche XVI, fig. 2). Ils peuvent aussi n'avoir que des flancs, et à la place de l'angle flanqué, un ou deux angles rentrans.

224. Ou bien leurs faces sont remplacées par une ligne circulaire. Pour tracer la ligne circulaire, on prend un cordeau dont la longueur est égale aux deux tiers de celle du flanc du bastion ; on porte l'un des bouts de ce cordeau sur l'extrémité extérieure de l'un

des flancs, et de ce point, on trace un arc de cercle vers l'intérieur du bastion : on répète ensuite la même opération sur l'autre flanc; du point où ces deux arcs se coupent, et de la même ouverture de compas, on trace un arc de cercle qui joint les deux extrémités des flancs; cet arc est la ligne circulaire demandée.

225. Les flancs de tous les bastions de campagne formeront un angle droit avec la ligne sur laquelle ils seront placés; ils comprendront entre eux une gorge de trente pieds d'ouverture, et ils seront proportionnés, quant à leur longueur, au nombre d'hommes et à l'espèce des armes destinées à les défendre : ils auront donc trente-deux pieds de longueur quand on voudra y placer deux pièces de canon, vingt-six pour une, et vingt quand on n'aura point d'artillerie.

226. La distance des flancs au sommet de l'angle peut varier depuis seize jusqu'à trente pieds. (3030.)

227. BATAILLE, action d'une armée ou d'une de ses parties contre une autre, avec intention de la défaire.

228. Un général doit employer tout ce qu'il peut réunir de lumières, de connaissances, de réflexions, de ressources, d'études et de travaux pour réduire l'ennemi à livrer ou accepter une bataille dans une position si désavantageuse, que la défaite la plus complète doive en résulter presque nécessairement, et en tirer tous les avantages possibles.

229. — *Dispositions avant une bataille. Reconnaissance.* Le chef de l'armée, ainsi que les autres généraux, doivent, autant que l'ennemi le permettra, reconnaître le terrain où se doit donner la bataille, afin que, durant l'action, il ne se rencontre aucun obstacle qui rende inutile son premier projet, et l'oblige à faire quelque mouvement considérable, toujours dangereux en présence de l'ennemi. Un fossé que M. de Nemours ne reconnut qu'après que la bataille de Cérignole eut commencé, fut cause de la déroute de l'armée française.

230. Il faut aussi reconnaître si, à certaine distance de l'endroit où l'on a dessein de former sa réserve et ses ailes, il n'y a point quelques troupes ennemies

en embuscade qui puissent venir charger quand l'action sera engagée. Minutius, maître de la cavalerie romaine, fut battu pour ne pas avoir pris cette précaution. Annibal, ayant caché, la nuit, dix mille hommes dans les gorges d'une montagne et dans les bois voisins, présenta, le lendemain, le combat à son adversaire. Celui-ci l'ayant accepté sans avoir reconnu le champ de bataille, se vit attaqué par l'endroit où il s'y attendait le moins.

231. Il est important d'avoir reconnu, quelques jours avant le combat, tous les chemins et sentiers que l'on a en tête, sur ses derrières et à ses flancs, afin de pouvoir prendre de justes mesures, soit pour suivre l'ennemi vaincu, soit pour faire retraite. (*Voy.* Guides.)

232. Il faut corriger ce que le terrain a de désavantageux en jetant des ponts sur les fossés; en un mot, en ôtant tous les obstacles qui peuvent empêcher la communication des lignes et de chacune des troupes, suivant le plan de bataille.

233. On doit approprier chaque arme à la nature du terrain : infanterie pour les hauteurs, bois, et plaines coupées de fossés et de haies; cavalerie pour la plaine.

234. Il faudra se faire donner par des espions, le plus promptement possible, l'ordre de bataille de l'ennemi, et aller, en évitant de s'exposer, le reconnaître soi-même, si faire se peut, afin de s'y conformer. Le haut d'un monticule, d'une tour, d'un clocher, avec une bonne lunette, peut faire découvrir toute la ligne de l'ennemi, l'ordre et la nature de ses troupes, sur lesquelles on doit régler l'étendue de sa ligne, ses ailes, et la position que doit occuper l'infanterie et la cavalerie, d'après les principes.

235. — *Conseil, Ordres.* La veille ou le jour de la bataille, le chef communiquera à ses généraux les moyens qu'il veut mettre en œuvre. Après avoir rectifié son projet, il donnera par écrit à chaque général les ordres qu'il doit faire exécuter, afin qu'ils agissent tous ensemble, et soient prévenus de certains mouvemens qui pourraient les étonner et causer de la confusion.

236. Il ne doit pas se contenter d'énoncer ses ordres clairement ; il doit s'assurer que chacun les a bien

compris, et donner à tous, avant de rompre l'assemblée, des éclaircissemens sur toutes les difficultés de l'entreprise, et sur celles qui pourraient survenir, en leur laissant, comme faisait le grand Turenne, la faculté de les modifier d'après les circonstances.

237. Il indiquera ensuite à ses généraux le lieu vers lequel les troupes sous leurs ordres doivent se rallier. En cas de retraite, il les avertira de se diriger de préférence vers un certain lieu plutôt qu'en deux ou trois autres qu'il désignera. (*Voy.* Retraite.)

238. Un jour de combat, il est nécessaire de choisir un officier de chaque corps, qui, bien monté, se tiendra près du chef, pour porter ses ordres.

239. Afin qu'on ne fasse aucune difficulté d'exécuter les ordres qu'ils porteront, les colonels, lieutenans-colonels et officiers d'artillerie auront un mot que ces aides-de-camp leur donneront en même temps que l'ordre. On donnera ce mot le plus tard que l'on pourra; les officiers le tiendront secret; ils ne le recevront pas par des sergens, mais par des majors, et ceux-ci le prendront du major-général. Par là on évitera que quelque personne des ennemis ne s'introduise dans l'armée pour y distribuer des ordres contraires à ceux donnés, en se faisant passer pour aides-de-camp.

240. Afin que les ordres puissent arriver sûrement, il faut envoyer plusieurs aides-de-camp (*voy. ce mot*), de telle sorte que si l'un est tué, l'autre parvienne.

241. Chacun d'eux s'informera de l'état de la troupe à laquelle il a été envoyé, et retournera au plus tôt en porter avis; de cette manière le général aura de fréquens renseignemens; et c'est pour cela qu'un grand nombre d'aides-de-camp est nécessaire.

242. Quelque habiles que soient les aides-de-camp, il est bon de ne rien changer, durant le combat, aux dispositions prises avant de le commencer, à moins que ce changement ne soit indispensable; non-seulement parce qu'il est dangereux de faire des mouvemens considérables devant l'ennemi, mais encore parce que la moindre différence entre l'énoncé d'un aide-de-camp et celui d'un autre, jette l'officier qui reçoit l'ordre dans la plus grande perplexité. Si les événemens de la ba-

taille obligent à quelques changemens, le chef doit s'assurer si, pour ne pas déranger les lignes, il ne suffirait pas de faire agir les réserves, ou quelques régimens détachés de la seconde ligne.

243. — *Retraite ôtée aux troupes.* Il est nécessaire d'ôter aux troupes l'espérance d'une retraite, lorsque l'on est certain que la perte d'une bataille mettra le prince dans l'impossibilité de continuer la guerre, ou lorsqu'on est assuré que la nouvelle de la bataille perdue fera soulever le pays; ou lorsque, n'étant maître d'aucune place, on désespère de sauver les restes de l'armée.

244. Il faut encore ôter à l'armée l'espèce de retraite qui n'en peut mettre en sûreté qu'une très-petite partie : telle, par exemple, que serait un pont; parce que l'avantage qu'on en peut retirer, c'est-à-dire celui de sauver un petit nombre de troupes battues, n'est pas comparable au mal qu'il peut causer à toute l'armée, lorsque les soldats regarderont en même temps l'ennemi et la retraite.

245. Afin d'éviter que les troupes ne soient irritées de ce qu'en leur ôtant toute sorte de retraite, on leur a imposé l'obligation de vaincre, on fait en sorte qu'elles attribuent ce défaut de retraite à un effet du hasard : on répand le bruit que les ponts ont été rompus par les eaux; que les ennemis se sont emparés des défilés; que les gouverneurs n'ouvriront pas les portes aux fuyards, faute de vivres; ou que les provinces qui sont derrière eux prendront les armes contre l'armée, si elle est battue. Il faut persuader au soldat qu'il n'y a point de retraite à espérer; mais on ne doit pas se priver des moyens qui pourront la faciliter, parce que, toute mauvaise qu'elle puisse être, on sauvera toujours quelques corps qui, sans cela, auraient été massacrés ou prisonniers.

246. Concluons enfin qu'il est imprudent de rendre la retraite impossible aux troupes, sur l'espérance d'un courage qui peut manquer ou n'être pas suffisant pour vaincre, parce que les ennemis peuvent montrer un courage égal, accompagné d'un plus grand bonheur.

247. — *Présence du prince.* Quand le prince a lieu

de craindre que, s'il vient à perdre la bataille, il ne puisse conserver ni son armée, ni ses états, il doit se montrer dans le combat à la tête de ses troupes, et les y animer par ses discours et par son exemple.

248. Lorsque l'événement du combat doit décider d'un grand intérêt, on tire les garnisons des places pour renforcer l'armée, en supposant que les habitans de ces places sont fidèles et assez forts pour se défendre contre quelques coups de main; autrement, les ennemis, au lieu d'en venir à une bataille, iraient prendre ces places.

249. — *Dispositions des Troupes et des Généraux*. Si on met son armée en bataille avant que celle de l'ennemi approche, on aura le temps, sans rien précipiter, de rectifier, dans l'ordonnance générale, quelques erreurs commises par des corps qui auraient mal entendu les ordres; et d'exhorter les soldats à combattre avec valeur; on aura encore l'avantage d'éviter le danger des mouvemens considérables en vue de l'ennemi.

250. Pour remédier à l'inconvénient de faciliter l'ennemi à connaître plus tôt son ordre de bataille, et d'en tirer parti, on se réserve, jusqu'à un certain temps, quelque chose d'important et de facile à exécuter, par exemple, de mettre en troisième ligne des régimens qui doivent ensuite être postés ailleurs, et qui peuvent aller occuper en un instant les postes qui leur étaient destinés; par ce moyen, on pourra forcer l'ennemi de changer, *à votre vue*, son ordre de bataille, et le charger dans ce mouvement.

251. Sitôt que les troupes sont en bataille, si on en a le temps, on les fait manger et boire sans quitter les rangs, et se reposer sur leur sac, leur fusil entre les jambes. Donnant moins de prise aux balles et aux boulets, elles sont délassées et plus disposées à recevoir et charger l'ennemi.

252. Il sera avantageux d'avoir tenu l'ennemi en alarme la nuit précédente, parce qu'étant fatigué, on aura moins de peine à le vaincre.

253. Il faut mettre les meilleures troupes et les généraux les plus expérimentés dans les postes où il y a le plus à craindre, et où l'ennemi veut faire son prin-

cipal effort, sans avoir égard à l'ancienneté. De même, il faut placer les officiers généraux à la tête de leurs armes respectives.

254. Il faut attaquer vivement, avec ses meilleures troupes, le plus faible de l'ennemi, tandis qu'on l'amuse sur les autres points; quoiqu'il s'avance, il n'arrivera à l'aile où sont vos plus faibles troupes qu'après que vos meilleures auront combattu. Si celles-ci mettent l'ennemi en déroute, et le prennent en flanc, elles ne lui donneront pas le temps de s'approcher de vos troupes les plus faibles.

255. Sur cet ordre de bataille, il faut observer ce qui suit : commencer de loin à incliner la marche sur l'aile où l'on a ses meilleures troupes, afin de déborder l'aile ennemie.

256. Si vous prévoyez que l'ennemi ait le même but, faites marcher entre vos lignes quelques régimens détachés, qui les prolongeront lorsque l'ennemi n'aura plus le temps de s'y opposer sans renverser son ordre de bataille.

257. Il faut choisir le terrain le plus avantageux pour l'aile qui doit attaquer, et couvrir l'autre, s'il est possible, par un ravin, un canal, un bois, une montagne, afin que ces difficultés détournent l'ennemi de vous attaquer avec avantage; ou couvrir cette aile de chevaux de frise, de tranchées, de charrettes, de beaucoup d'artillerie.

258. Défense sera faite aux soldats de quitter les rangs pour emporter les blessés.

259. — *Choix du terrain.* (*V.* 2065.) Si l'on est inférieur en cavalerie et supérieur en infanterie, il faut choisir un terrain qui ait des montagnes, des bois, des chaussées, des fossés, des haies, des vignes, ou beaucoup de pierres, afin que la cavalerie n'y puisse agir qu'avec embarras et fatigue.

260. Il faut remarquer que ces avantages de terrain doivent être situés entre les deux armes; car il faut, au contraire, applanir et faire disparaître les embarras qui se trouvent entre l'une et l'autre de vos ailes, ou entre votre première et votre seconde ligne. (*V.* Maisons, Barricades.)

261. Si vous êtes supérieur en cavalerie et campé près de l'ennemi, il faut l'attaquer après une grande pluie, et quand elle dure encore; l'eau rendra inutiles les armes à feu de l'ennemi, et votre cavalerie se servira plus avantageusement du sabre. Choisissez encore un jour de pluie pour le combat, lorsque votre infanterie est meilleure pour l'arme blanche, et inférieure pour le feu.

262. — *Supériorité du nombre.* Lorsqu'une armée est supérieure en nombre, on choisit un terrain vaste; on donne à ses lignes la hauteur qu'elles doivent avoir, et on étend son front de manière à déborder l'ennemi, envelopper ses ailes, et le charger par les flancs.

263. Si l'ennemi est plus en force, il vous est alors très-important de le charger en flanc, en plaçant entre les lignes les troupes destinées à prolonger votre front, afin qu'en commençant le combat, elles s'étendent tout-à-coup sur les ailes pour charger en flanc celles de l'ennemi qui sera d'autant plus surpris de ce mouvement, qu'il aurait eu moins de raison de s'y attendre, et que votre dernier ordre de bataille lui aura donné moins de sujet de le soupçonner et de se précautionner.

264. Lorsqu'on détache quelques troupes pour suivre un ennemi en déroute et l'empêcher de se rallier, on fait remplacer ce vide par le corps le plus à portée, de crainte que quelque petite troupe ennemie ne pénètre par l'ouverture, et, par un mouvement de conversion, moitié à gauche et moitié à droite, ne mette le désordre et la confusion dans la ligne.

265. Lorsque l'ennemi aura rompu votre première ligne, remplacez-là par la seconde. Indubitablement, celle-ci, abordant un ennemi en désordre et affaibli, le mettra en fuite; mais il faut avoir grand soin que ce passage de ligne se fasse avec beaucoup d'ordre, et se hâter de rallier cette première ligne, de la former et la préparer à un second passage de ligne, que peut nécessiter la seconde ligne ennemie, abordant et faisant ployer à son tour la vôtre. Calme, sang-froid, ordre et opiniâtreté, et la victoire passera de votre côté.

266. — *Embuscade.* Tâchez de cacher un parti de cavalerie qui, au moment où le combat sera le mieux

engagé, viendra fondre avec grand bruit sur les flancs ou le derrière de l'ennemi; s'il y a plusieurs lignes, ce parti ne doit s'engager que contre le flanc de la ligne que vous attaquez de front.

267. Il faut choisir, pour ces embuscades, les soldats et les officiers les plus intrépides.

268. Si le terrain ne permet pas une embuscade, on peut, pendant la nuit, faire prendre un circuit à un détachement, pour venir tomber le lendemain matin sur les flancs de l'ennemi, au moment où votre armée devra charger.

269. On peut encore poster ce détachement sur le derrière de ses ailes; et, lorsque le combat est bien engagé, à la faveur d'un bois, d'une colline, d'un chemin couvert et profond, de la poussière, il avance vers le flanc pour fondre sur les ennemis, uniquement attentifs à la défense de leur front, et qui, à la faveur de la poussière ou d'un brouillard, ne l'apercevront que quand il sera fort proche.

270. Comme il est très-avantageux de rompre la ligne des ennemis sans rompre la sienne, on peut se servir de bataillons de grenadiers en colonne d'attaque, qui peuvent remplacer le coin des anciens, et charger par le flanc les ennemis rompus.

271. — *Infériorité en troupes.* Si vous êtes inférieur en troupes, choisissez pour le combat un terrain étroit, où les ennemis ne puissent pas trop étendre leur front et envelopper vos ailes.

272. Si l'on ne rencontre pas ce terrain, on assurera une de ses ailes par un obstacle insurmontable par sa nature ou par l'art; on couvrira l'autre par de l'artillerie, des chevaux de frise, une ligne de chariots chargés de pierres, de fumier, etc., et soutenue d'une bonne artillerie et mousqueterie. Si l'on attend de pied ferme on peut faire, depuis le flanc de la première ligne jusqu'à celui de la seconde, un abatis ou un fossé avec son parapet.

273. Si la situation du terrain et les principes de l'art ne vous permettent de couvrir qu'une de vos ailes, il faut mettre à l'autre vos meilleures troupes et votre

cavalerie, ou diminuer le front de votre seconde ligne, pour assurer vos ailes, et prendre toutes vos mesures pour renforcer et protéger la première ligne; car l'expérience nous apprend que la première ligne vaincue ou victorieuse décide du succès.

274. Il faut encore, quand on est inférieur, assurer ses derrières, de crainte qu'un corps de troupes ne vienne fondre sur ce point pendant le combat. Enfin, lorsqu'on est extrêmement inférieur, on doit se couvrir sur tous les points avec tout ce qui, dans une occasion soudaine, peut faire obstacle à l'ennemi, surtout lorsque la supériorité consiste en cavalerie. Pour couvrir votre armée inférieure en nombre, formez toute votre infanterie sur deux lignes, à l'exception de quelques corps que vous mettrez entre ces deux lignes, pour soutenir celle des deux qui pourrait plier. La première fera toujours face à l'avant, et la seconde aura l'ordre de faire face à l'arrière, supposé que l'ennemi y paraisse. On replie aussi sa cavalerie sur deux lignes, depuis le flanc de la première, jusqu'à ceux de la seconde. Les angles du carré long seront couverts avec de l'artillerie et des pelotons de soldats d'élite.

275. On ne doit pas mettre en bataille une armée inférieure, sur un terrain d'où elle puisse découvrir la supériorité de l'ennemi; on ne doit la ranger en bataille, que lorsque, prête à engager le combat, elle n'a pas le temps de penser à son infériorité. On se couvre pour cela de petits partis avancés jusqu'à ce que le combat commence, ayant soin toutefois d'éviter les ravins et autres postes défavorables.

276. Mettez entre vos lignes assez de distance pour que les balles ennemies n'atteignent pas la seconde, et que les réserves puissent manœuvrer avec facilité, la première ligne venir se rallier, sans être obligées de défiler par les vuides.

277. Il ne faut pas non plus que la distance soit trop grande, car la première ligne ne combattrait pas avec autant de courage, et si elle était battue, elle perdrait trop de monde avant de pouvoir se réfugier derrière la seconde.

278. D'après ces observation, on estime à deux cents

vingt cinq pas, la distance d'une ligne à l'autre quand il n'y a point de réserve entre les lignes; et du double de cette distance, quand il en a un bon nombre. Cette distance ne doit pas paraître excessive quand on observera qu'en peu de temps on la diminue beaucoup, lorsque la première ligne se retire vers la seconde, et que la seconde s'avance vers la première. (*Voyez* 1893).

279. — *Avantages de l'attaque*. Il vaut mieux charger que d'être chargé; c'est augmenter le courage de vos soldats et diminuer ceux de l'ennemi. Celui-ci voyant que vous venez l'attaquer, pense que vous êtes supérieur en nombre quand même vous ne le seriez pas.

280. Lorsque vos soldats marchent contre l'ennemi, le mouvement dissipe les appréhensions de la crainte; ils laissent derrière eux le moribond et l'estropié.

281. Il ne faut attendre l'ennemi que lorsque le terrain que vous occupez vous offre un grand avantage que vous ne pourriez rencontrer en marchant à lui; ou qu'il se trouve posté trop avantageusement.

282. Si vous attendez l'ennemi, ayez soin de bien assurer vos ailes, et d'augmenter les avantages du terrain par tout ce que l'art peut vous fournir. (*Voyez* Redoute, Abatis, Chausse-trappe, Trou-de-loup, Chevaux de frise, Défensive).

283. Avant de livrer bataille vous ferez prévenir votre armée que, *sous peine de la vie, il est défendu aux soldats et aux officiers de faire courir la voix pour une nouvelle évolution, ou pour quelqu'autre mouvement de troupe; sous la même peine, de quitter les rangs pour piller.* Si les troupes se débandaient pour piller, elles s'exposeraient à être battues par l'ennemi rallié et qui viendrait les attaquer.

284. — *Exhortations des officiers*. (726—1560,). Il faut que les officiers conseillent ce que le général ordonne; qu'ils tâchent d'insinuer à leurs soldats qu'il y a moins de péril pour eux en faisant face à l'ennemi, qu'en lui tournant le dos; parce qu'en cessant de combattre, on est exposé à toute la fureur de ses coups. Qu'ils leur persuadent bien qu'outre le déshonneur, hors de leurs rangs il n'y a point de salut pour eux,

Si les troupes ennemies ne font point de quartier, ou si dans un autre cas elles n'en ont point fait, prévenez-en vos soldats, pour les exciter à se bien battre.

285. — *Superstition, Présage.* Si avant la bataille, il survient quelque acident dont le soldat pourrait se former un funeste augure, donnez-y promptement une favorable interprétation qui puisse relever son courage.

286. — *Harangue.* (1230). Après avoir pris toutes les dispositions convenables, parlez aux troupes avant le combat, par un ordre du jour que vous faites lire devant le front de chaque compagnie. Rappellez aux soldats le souvenir de leurs victoires et principalement de celles qu'ils ont remportées contre la nation qu'ils vont combattre ; afin que, remplis de cette idée flatteuse, ils marchent à l'ennemi avec cette confiance qui fait vaincre.

287. Si, à pareil jour, ou si sur le même terrain où vous allez combattre, vos troupes ont été précédemment victorieuses des mêmes ennemis ou de tout autre, n'oubliez pas cette circonstance.

288. Si, par des prisonniers faits auparavant, vous savez que les troupes, les armes, ou les chevaux de vos ennemis ne sont pas en bon état, instruisez-en vos soldats.

289. Si les généraux ennemis sont peu habiles, leurs troupes peu aguerries, si cette armée-ci a été battue quelque part ; si votre armée est supérieure en nombre à celle de votre ennemi, faites-en part à vos soldats.

290. On tâchera d'exciter une noble émulation entre les différentes armes.

291. On représentera aux troupes que leur gloire, leurs biens, le salut de leur famille et le terme de leurs fatigues sont le prix de la victoire.

292. On doit prévenir les soldats qu'il se peut faire que l'ennemi ait dans nos rangs quelques personnes de son parti, qui, pour y jeter la confusion et le désordre, crieront peut-être : *Sauve qui peut !* ou *Nous sommes coupés* ; mais que ces cris ne doivent pas faire quitter les rangs. Quand même ils verraient des corps se retirer ou fuir, ils ne doivent qu'exécuter les ordres de leurs chefs.

293. On doit ordonner aux officiers et serre-files

d'observer avec grand soin ceux qui montreront le plus de valeur, afin de leur obtenir des récompenses proportionnées à leur mérite.

294. On ne doit pas haranguer une armée pour des choses de peu d'importance. (*Voyez* Harangue.)

295. — *Dispositions pendant le combat.* Le général doit se placer sur le point d'où il pourra le mieux observer ce qui se passe dans les deux armées, afin de donner plus à propos les ordres convenables.

296. Il doit éviter soigneusement le danger; car le sort de l'affaire, et souvent de son armée, dépend de sa vie ou de ses blessures, ou de sa captivité.

297. Une armée défaite, si le général survit, la fortune peut lui fournir plusieurs moyens de réparer ses pertes; mais s'il est tué, quand même elle serait victorieuse, la victoire sera inutile, parce que lui seul savait ce qu'il avait concerté pour en profiter.

298. Tous les officiers-généraux et colonels seront instruits du poste où le chef aura résolu de se maintenir, afin que les avis lui arrivent promptement.

299. Si le chef quitte ce poste, il y laissera un officier général pour recevoir les avis et ordonner ce qu'il croira convenable, s'il craint qu'il soit dangereux d'attendre ses ordres.

300. Si, de son poste, le général voit que ses troupes ont besoin de sa présence, soit pour attaquer avec plus de vigueur, soit pour se soutenir avec plus de fermeté, il doit aller se mettre à leur tête pour les animer par son exemple et par ses paroles. Il ne doit veiller à sa sûreté, et éviter les périls ordinaires, que pour s'exposer aux plus grands, lorsque le bien de son armée le demande; c'est le moment de penser que la mort arrive tôt ou tard, et qu'une fin glorieuse est ce qu'il y a de plus désirable. Cependant il ne faut pas se faire un faux et dangereux point d'honneur de périr uniquement pour ne pas survivre à une défaite : il n'y aurait dans cette conduite ni jugement, ni héroïsme. On montrera plus de fermeté, de courage et d'amour pour sa patrie, si, après avoir perdu une bataille, on se conserve pour diminuer la perte de l'armée et le massacre des soldats dans la retraite.

301. Immédiatement avant le combat, le général doit changer de cheval et d'habit; que les officiers-généraux gardent le secret sur le poste qu'il occupe, et dont ils doivent seuls être instruits. De cette manière l'ennemi ne pourra profiter de l'avis de ses espions pour le faire enlever ou tuer. (*V.* Mouvement, Ordres.)

302. — *Feu d'artillerie, bruit de guerre.* Jusqu'à ce qu'on en vienne à l'arme blanche, l'artillerie doit chercher à démonter celle de l'ennemi; quand on a grande perte d'artilleurs, on fait venir des soldats de la ligne pour les remplacer et empêcher les bouches à feu de se taire.

303. Sitôt que les armées se joignent pour se battre à l'arme blanche, c'est alors qu'elle doit foudroyer les colonnes.

304. Lorsque les troupes marchent à grands pas pour la charge, les officiers doivent avoir le plus grand soin de faire observer le silence et de maintenir l'alignement, en se réglant sur les autres, en faisant avancer la portion de troupes qui se trouve en arrière de l'alignement, et retenir ceux qui avancent trop. C'est le moment où les serre-files doivent faire tous leurs efforts pour bien maintenir leurs compagnies.

305. — *Remplacement de troupes pliées.* Le passage de ligne est la manœuvre que l'on emploie pour remplacer les troupes fatiguées; les officiers et serre-files ne sauraient trop mettre de soins pour que cette manœuvre s'exécute avec silence, calme, ordre et sang-froid. Chaque peloton de la première ligne doit se diriger, perpendiculairement et par le flanc, sur l'intervalle qu'on lui a destiné à la seconde ligne et qui marche en avant à sa rencontre, sitôt que la première ligne est passée. Les chefs doivent s'occuper sur-le-champ de sa formation en bataille, réorganiser les pelotons et les sections, leur donner des chefs de pelotons et de sections, et marquer celles-ci, afin qu'au besoin, elles puissent recevoir à leur tour la seconde ligne pliée, et la remplacer. Le silence, le calme, le sang-froid, voilà ce que doivent avoir, dans cette circonstance, le bon officier, l'excellent sous-officier ou soldat.

306. Si la première ligne en désordre est poursuivie par la cavalerie ennemie, la seconde ligne, qui a doublé ses sections pour laisser passer la première, doit l'attendre de pied ferme; la deuxième section fait demi-tour, le premier rang croise la baïonnette, les second et troisième rangs tirent sur les cavaliers, et les forceront à la retraite. Les pelotons de la première ligne, en marche par le flanc, quand ils sont chargés par la cavalerie, doivent s'arrêter aussitôt, former le cercle, faire demi-tour et croiser la baïonnette.

307. Si, dans cette conjoncture, la deuxième ligne est en marche à la rencontre de la première, elle fera halte et exécutera ce qui est dit ci-dessus la concernant.

308. Si la première ligne n'est poursuivie que par de l'infanterie, sitôt le passage terminé, la deuxième reformera ses pelotons pour boucher ses intervalles: dans cette circonstance, un feu de bataillon de quinze à vingt pas et une charge à la baïonnette fixent le succès.

309. Si, dans le combat, vous vous apercevez que l'ennemi dégarnisse un point de sa ligne pour secourir l'autre, attaquez promptement ce point dès que les troupes en seront loin; par là, vous les rendrez inutiles; car, étant en mouvement, elles ne servent ni dans l'un ni dans l'autre endroit.

310. — *Moyens d'intimider l'ennemi et d'encourager les troupes.* Faites partir pendant la nuit, un corps de troupes, qui par un circuit, se porte sur les flancs de vos ennemis, et les charge au moment du combat; vos soldats prévenus redoubleront d'efforts.

311. Si vous rompez la ligne ennemie sur un point, faites-en rapidement porter la nouvelle sur toute la vôtre; faites de même, si vous apprenez la mort d'un général ennemi, ou l'arrivée d'un renfort.

312. Réunissez quelques paysans avec des vivandiers, commandés par des officiers sûrs et intelligens; faites-les paraître sur une hauteur en vue des deux armées, et placés sur le flanc ou le derrière de l'armée ennemie, le premier rang armé de fusils brillant au soleil, afin que les ennemis les voient reluire; ils porteront

aussi des morceaux d'étoffes en guise de drapeau et d'étendart; quelques-uns seront à cheval, pour représenter de la cavalerie, et les autres à pied. On fera traîner des branches d'arbre pour faire de la poussière; ils auront plusieurs tambours et trompettes. Ceux du premier rang et de côté auront l'habit de soldat; faites-les couvrir par quelques partis de cavalerie, afin d'empêcher l'ennemi de les reconnaître de près; sitôt que vous les apercevez, publiez que c'est là le secours que vous attendiez. Il est important que les officiers chargés de conduire cette troupe gardent le plus grand secret, et qu'ils en soient les seuls instruits. Engagez aussitôt le combat.

313. Si vos troupes aperçoivent du renfort arriver à l'ennemi, dites que ce sont des troupes que vous avez envoyées pour les prendre en flanc, et faites attaquer avec plus de vigueur.

314. — *Précautions dans la victoire.* Si l'armée ennemie ou une partie plie tout d'un coup, et, sans quelque raison visible, se retire vers un lieu couvert coupé par des défilés, ou qui ne vous est pas connu, ne poursuivez qu'avec beaucoup de circonspection, pour éviter de tomber dans une embuscade, ou d'être attiré sur un terrain désavantageux pour vous, et qui peut décider du succès de la journée.

315. Si le pays par où l'ennemi fait retraite pendant que le combat paraît encore indécis, est un pays uni et découvert, vous devez présumer qu'il manque de munitions, ou qu'il a un avis vrai ou faux que la bataille va mal pour lui sur un autre point de sa ligne. Profitez de sa première frayeur pour le charger avec impétuosité du côté qui plie, avant qu'il puisse être détrompé ou rétablir le combat. Dans l'une ou dans l'autre circonstance, instruisez vos troupes des conjonctures favorables sur lesquelles vous fondez son découragement.

316. Si, pendant le combat, quelques troupes de l'ennemi prennent la fuite, sans leur donner le temps de se rallier et se retirer, faites-les charger par de la cavalerie en plus petit nombre que les fuyards, afin de ne pas vous priver de vos forces.

317. Tandis que l'on poursuit ces fuyards, on fait occuper de suite le point qu'ils ont dégarni, et charger en flanc, par les troupes de réserves, ceux qui tiennent bon, pendant qu'on les presse de front.

318. Il faut faire porter de suite les troupes qui ont vaincu et mis l'ennemi en fuite, sur les points peu éloignés où le succès est douteux.

319. On doit désarmer les prisonniers, et les traiter avec beaucoup de douceur ; faire accompagner par des personnes sûres, incapables de se laisser corrompre, les officiers généraux prisonniers. Il est quelquefois plus avantageux de faire prisonnier un officier général, que de conquérir une province.

320. — *Ressources dans les désavantages.* Le chef d'une troupe battue doit donner avis au général du parti qu'il prend, en recommandant au porteur de ne le communiquer qu'à lui seul, dans la crainte d'intimider les troupes qui l'ignorent encore.

321. Si les ennemis mettent en déroute une de vos ailes, faites que l'autre et le centre redoublent leurs efforts dans l'attaque, et soient victorieux avant de l'apprendre. Lorsque c'est votre centre, hâtez-vous de faire agir vigoureusement vos ailes.

322. Si quelques corps, pendant le combat, veulent enfoncer votre centre, il faut leur ouvrir un passage, et les attaquer par derrière, comme si c'étaient des fuyards, sitôt qu'ils auront passé l'ouverture ; on les défera facilement en employant les réserves. C'est dans ces momens critiques que les réserves doivent donner de très-grandes espérances de rétablir le combat. (*Voyez* Retraite.)

323. — *Général tué ou blessé.* Si un général vient à être blessé, il doit, autant que possible, n'en rien faire connaître ; et, s'il était forcé de se retirer, feindre que c'est pour aller donner des ordres sur un autre point. Il fera ensorte que ce mouvement soit ignoré, dans la crainte de donner l'alarme et d'intimider les soldats ; si ces derniers viennent à connaître la vérité, on leur assurera que la blessure est légère, et qu'au lieu de s'en attrister, on espère qu'ils vengeront leur chef en braves et valeureux soldats.

324. Si vous êtes forcé de vous retirer, prévenez de suite le général qui doit vous remplacer, en choisissant celui qui en est le plus à même, lequel donnera ses ordres en votre nom, s'il n'était pas le plus ancien.

325. Enfin, dès que le général aura été tué ou qu'il se sera retiré, ses aides-de-camp se rendront de suite auprès de son successeur, à qui ils apprendront en secret la disgrâce du premier, et ils préviendront les troupes qu'ils ont eu ordre de venir l'attendre à ce poste. Le nouveau chef donnera ses ordres au nom de son prédécesseur.

326. — *Succès douteux, Précautions.* Le succès de la bataille pourrait avoir été indécis : faites valoir toutes les circonstances qui sont en votre faveur, pour publier que la victoire est à vous, afin de soutenir le courage de vos troupes.

327. Gagner une bataille, ce n'est pas perdre moins de monde que l'ennemi. Les preuves de la victoire, c'est garder son champ de bataille, enlever les bagages ou l'artillerie ennemie; enlever les dépouilles du champ de bataille, enterrer ses morts et ceux des ennemis; c'est présenter la bataille que les ennemis refusent.

328. S'il ne vous reste pas assez de troupes, ou qu'elles soient intimidées, au lieu de vous éloigner du champ de bataille, hâtez-vous de vous fortifier dans l'endroit même ou aux environs, dès que la nuit aura séparé les deux armées.

329. — *Dispositions après la victoire.* — Si, pendant la nuit, on voit plus de feux qu'à l'ordinaire dans le camp ennemi, ou qu'on entende beaucoup de bruit à ses patrouilles ou à ses gardes avancées, c'est une preuve qu'il se retire. Disposez vos espions et vos partis, pour observer la marche qu'il tient, pendant que vous vous préparerez à le suivre.

330. Si le pays vous met à l'abri des embuscades, et qu'au jour vous vous aperceviez de son départ, faites-le suivre par toute votre cavalerie, pour retarder sa marche aux défilés, pendant que le reste de votre armée le suit en bon ordre.

331. Que votre cavalerie porte en croupe de l'infanterie, pour lui servir au besoin.

332. Si l'ennemi, se voyant pressé, s'arrête dans une position avantageuse, mais peu commode pour les convois, l'eau et le bois, il est à présumer que la première ou la seconde nuit, il continuera secrètement sa retraite, et même le jour, s'il y a des ravins ou des vallons qui cachent sa marche ; dans ce cas, vous devez prendre toutes vos mesures pour la poursuite.

333. Pendant la nuit, votre cavalerie doit tenir ses chevaux sellés. Vous devez recommander à vos espions et à vos partis de redoubler de vigilance pour vous prévenir des mouvemens et de la direction de l'ennemi ; qu'ils ne se laissent point tromper par la vue des tentes, etc. Pour mieux cacher leur marche, les ennemis en feront paraître un grande nombre sur leur front, tandis que leur infanterie se retirera par les derrières ou par les côtés.

334. Il faut détacher et étendre vos partis sur leurs derrières, sur leurs flancs, et les faire charger sans relâche, surtout si votre armée suit immédiatement.

335. Après la bataille, débarrassez-vous de tout ce qui peut ralentir votre marche ; harcelez les ennemis sans relâche ; poussez, s'il est possible, des partis devant eux, pour les priver de subsistances, en faisant emmener, à plusieurs lieues de la route qu'ils doivent suivre, les bestiaux, vivres et voitures ; faites brûler et détruire tout ce qu'on ne pourrait pas leur soustraire, promettant aux habitans de les indemniser, et les menaçant de l'incendie et de la perte de leurs biens, s'ils ne veulent pas vous seconder. Donnez à votre armée pour plusieurs jours de vivres, et faites-vous suivre par des convois, afin de ne pas vous trouver au dépourvu.

336. Si l'ennemi se retire sur plusieurs colonnes, tâchez d'en connaître la force, et faites-les poursuivre chacune par un détachement plus fort ; tâchez de leur couper la retraite. Les fuyards, se voyant poursuivis de tous côtés, croiront que chacun de vos détachemens est toute votre armée, et ne feront aucune résistance quand vous les joindrez.

337. Les troupes qui poursuivront l'ennemi durant la nuit doivent aller à petit bruit, n'avoir ni pipe ni

mèche allumée, et ne point battre la caisse. Par vos espions doubles, tâchez de faire croire à l'ennemi que vous tenez une autre route, afin qu'il ne prenne pas un chemin différent, ou qu'il ne vous attende pas en bataille.

438 Si un corps ennemi qui se retire, et que votre cavalerie a joint, tient ferme sur une montagne forte par sa position, emparez-vous des issues par où il pourrait continuer sa retraite, et donnez-en promptement avis, afin qu'en y envoyant de l'artillerie et des forces, on puisse le contraindre à se rendre.

439. — *Vigilance nécessaire après la victoire.* Quoique vous soyez victorieux, craignez d'être battu, si votre armée se débande pour le pillage, surtout si vos ennemis ne sont pas éloignés, et conservent quelques troupes en bataille. Quelle que soit leur confusion dans la fuite, poursuivez-les avec le plus grand ordre; car ils peuvent se rallier, et vous battre d'autant plus facilement qu'ils sont près de leur corps de bataille et que vous en êtes plus éloigné. Vous pouvez cependant détacher à la débandade quelques escadrons de cavalerie légère, afin de ne pas donner à l'ennemi le temps de se rallier; mais, en soutenant ces escadrons de quelques autres en bon ordre, qui seront suivis par de l'infanterie. (*Voyez* Marche.)

440. Prenez de bonnes mesures pour que vos soldats ne s'enivrent pas; faites veiller à ce que les gardes avancées soient vigilantes, et vous fassent prévenir au plus tôt de ce qu'elles pourraient apprendre; craignez d'être attaqué pendant la nuit.

441. Si vous craignez que les alimens trouvés chez l'ennemi soient empoisonnés, faites-en l'essai sur quelques animaux.

442. Afin que toutes ces précautions et cette vigilance soient mieux observées par les troupes victorieuses, dites aux colonels, qui le persuaderont aux soldats, qu'il y a du danger à ne pas prendre toutes ces sûretés. Si un bon général doit ranimer le courage de ses soldats abatus par une trop grande crainte, il doit aussi réprimer une trop grande confiance, afin qu'une apréhension modérée fasse naître en eux la vigilance nécessaire.

343. — *Récompenses.* Dès que les troupes victorieuses sont rassemblées, témoignez leur votre reconnaissance, et donnez-leur la plus flatteuse des récompenses, les louanges et les applaudissemens qu'elles méritent. Il faut les remercier, les exhorter à continuer avec le même courage une guerre qui ne peut plus présenter rien de difficile.

344. Vous récompenserez d'une manière particulière ceux qui se seront distingués dans le combat, et vous flétrirez, par quelques marques ignominieuses ceux qui se seront comportés en lâches.

345. — *Sépulture. Nouvelles de la victoire.* Il faut faire ensevelir par les paysans des villages les plus proches, les cadavres, les chevaux, etc., qui ont été tués, afin d'éviter que l'air ne s'infecte. Il faut faire aussi donner la sépulture aux morts de l'ennemi, autant pour la même raison, que pour se distinguer par l'humanité. Il faut ne s'arrêter sur le champ de bataille et dans les environs, que le temps nécessaire pour s'assurer de la victoire.

346. Sitôt que la bataille est gagnée, on fait partir un officier, avec tous les détails, pour en faire part au souverain, ayant soin de bien circonstancier toute chose; vingt ou trente heures après, lorsqu'on est mieux informé, on en dépêche un second, qui porte la nouvelle plus détaillée, avec les étendards et drapeaux enlevés à l'ennemi. Dès que l'action parait consommée, le général en envoie un troisième pour annoncer les suites de la victoire. Il est bon que le général charge de cette commission des officiers de mérite et de capacité, qui doivent aussi être de ses amis, et qui lui seront utiles près du souverain ou des ministres. Ces officiers doivent être munis des copies des lettres qui auront été écrites aux princes voisins, pour éviter qu'ils ne concluent quelque traité dont ils auraient commencé les négociations avec les ennemis, et qu'ils ne refusent les secours que l'on sera peut-être obligé de leur demander.

347. Il faut employer tout son génie pour tirer de la victoire tout le parti possible, en ne permettant pas à son ennemi de se rallier, et ne lui accorder une

trève que lorsqu'on n'ait plus rien à espérer. Encore faut-il qu'elle soit si courte qu'il n'ait pas le temps de réunir ses corps disséminés, ou faire rejoindre ses renforts.

348. — *Entreprises sur les places. Paix.* Il est quelquefois inutile et même dangereux de continuer la poursuite, parce que l'ennemi a passé une rivière dont il a coupé les ponts, ou pour toute autre raison. Il faut alors, si on est en force, envoyer par le chemin le plus court se saisir des avenues des places sur lesquelles on a dessein d'entreprendre, afin que l'ennemi n'ait pas le temps de les ravitailler et d'y envoyer de l'artillerie et des munitions de guerre.

249. Le meilleur fruit que l'on puisse tirer de la victoire est une paix utile et honorable, parce qu'on n'expose plus au sort des armes et aux événemens douloureux de la guerre, les avantages qu'on a remportés.

350. Les prétentions du vainqueur doivent être proportionnées à la victoire et aux suites que l'ennemi en doit craindre. Cependant il ne doit pas oublier que c'est dans la guerre surtout qu'on éprouve l'inconstance de la fortune; et qu'imposer aux vaincus les conditions les plus dures, c'est les réduire à la nécessité de combattre en désespérés. La valeur que le danger et la nécessité rendent furieuse, peut nous enlever la victoire. Tout ce qui est violent ne peut durer; l'ennemi forcé d'accepter des conditions trop désavantageuses, rompra le traité sitôt qu'il le pourra, et si le vainqueur use modérément de la victoire, s'il consent à adoucir la douleur de la défaite, le vaincu observera fidèlement ses traités.

351. Faites la paix avec ceux que vous avez défaits dans une bataille, si vous avez besoin de vos troupes contre de nouveaux ennemis. Après avoir vaincu ces derniers vous pourrez de nouveau faire la guerre aux autres.

352. Pendant que l'on traite de la paix, continuez vos préparatifs de guerre; si vous les suspendez, les ennemis pourront employer ces momens de repos à rétablir leurs forces, à rendre le courage à leurs troupes, et à prendre des avantages qui pourraient les mettre en état de se faire craindre à leur tour.

353. S'il doit se passer assez de temps depuis la conclusion du traité jusqu'à l'exécution, faites-vous donner quelques places qui puissent vous servir de sûreté pour l'accomplissement du traité.

354. Il faut plutôt user de clémence envers ceux de qui l'on peut espérer obéissance et fidélité, que de ceux qui, en demandant pardon, conservent une disposition hostile. Avec de tels peuples il est bon de démanteler les places. (*Voy*. Suites de la victoire et de la défaite. Surprises, Escarmouches, Embuscades, Aides-de-Camp, Espions, et tout ce qui a rapport à la guerre contenu dans cet ouvrage). (1811).

355. — *Description d'une bataille. Par Lloyd.* « Après bien des marches et des contremarches, qui souvent entraînent la meilleure partie de la campagne, on se détermine à donner bataille. On emploie plusieurs jours à examiner la position de l'ennemi, ce qui devrait être fait en peu de minutes ; car quiconque ne sait pas juger d'un coup d'œil la nature d'un camp et la manière de l'attaquer, doit à jamais renoncer au commandement. Pendant toutes ces longueurs, l'ennemi se prépare à vous recevoir ; il fortifie sa position, ou la change ; souvent il fait sa retraite, de sorte que vous rencontrez des obstacles nouveaux et imprévus ou peut-être toutes vos peines sont perdues, et il faut suivre l'ennemi pour trouver de nouvelles occasions que vous ne rencontrerez peut-être pas dans toute une campagne, surtout si le général ennemi est habile, et qu'il veuille éviter le combat.

356. « Enfin on détermine la manière de former les attaques, et dix fois pour une, il faut apporter des changemens, parce que l'ennemi a fait des dispositions essentiellement différentes pendant que vous perdiez votre temps en préparatifs. Si vous n'êtes pas instruit à temps de ses démarches, et que vous alliez inconsidérément à lui, votre premier plan ne vaut plus rien, et vous n'êtes pas à même d'en former un autre qui soit propre aux circonstances actuelles, car il faudrait déplacer entièrement votre infanterie et votre cavalerie. Cela ne se peut faire devant l'ennemi sans prêter le flanc, et ainsi s'exposer à une entière défaite. Si l'on

veut faire quelques changemens dans la disposition de l'armée, il faut que cela soit fait un jour ou deux avant de quitter le camp, autrement il se met tant de confusion dans l'armée qu'il n'y a plus de remède.

357. « Ordinairement les brigades d'artillerie précèdent les colonnes pour en favoriser le développement, et empêcher l'ennemi de s'opposer à la formation de la ligne. Le général et le soldat sont également persuadés qu'on ne peut rien faire sans cela; et dans le vrai cependant, rien n'est plus inutile : il n'en résulte que du bruit; et l'inconvénient réel, c'est que ce prodigieux train d'artillerie avec tout son attirail avance lentement, s'arrête à tout moment, retarde la marche des troupes par mille accidens, de façon qu'il est rare, et même on pourrait dire presque sans exemple qu'elles arrivent ensemble sur le terrain où elles doivent se développer.

358. « Voilà le moment critique à saisir pour un ennemi intelligent. S'il connaît parfaitement le pays qui est entre son camp et le vôtre, il saura toutes les routes par lesquelles vous marchez, et, par conséquent, il peut aller à vous en bataille, attaquer vos têtes de colonnes et les battre en détail, sans leur donner le temps de se former en ligne, de la même manière qu'on attaque une arrière garde : mais, heureusement pour vous, il a confiance dans sa position, et vous laisse faire toutes vos dispositions comme il vous plaît.

359. « On dirait que cette armée est de porcelaine de la Chine, comme ces garnitures de cheminées qu'on n'ose toucher de peur de les casser. Après trois ou quatre heures de canonnade et d'escarmouches, l'armée est formée et s'avance à l'ennemi, précédée de son train d'artillerie, ce qui retarde la marche excessivement et cause la perte de beaucoup d'hommes, que l'on aurait épargnés si l'on avait rapidement traversé l'espace qui séparait de l'ennemi.

360. « Supposons maintenant que votre armée soit de cinquante mille hommes. Elle occupe un front de deux lieues. Dans une telle étendue de pays, l'art et la nature peuvent opposer mille obstacles qui retardent nécessairement votre marche, parce qu'il faut que

toute la ligne avance en même temps; si quelque partie se séparait le moins du monde, un ennemi actif se jetterait vivement dans cet intervalle, et, coupant ainsi votre armée, vous prendrait en flanc et vous déferait totalement.

361. « Pour éviter ce désastre et se tenir ensemble, on avance sur une ligne parallèle à celle de l'ennemi, et on met quelquefois des heures à gagner un quart de lieue de terrain qu'on aurait dû traverser en peu de minutes. Si la fermeté de vos troupes et l'inactivité de l'ennemi vous le permettent, vous arrivez à lui, et vous réussissez, je suppose, dans un ou deux points d'attaque seulement; c'est avoir gagné la bataille, quoique souvent vous n'ayez déplacé que deux ou trois bataillons. Si vous manquez l'attaque que vous jugez la plus importante, vous vous retirez, et souvent vous êtes suivi ; cela s'appelle avoir perdu la bataille.

366. « Dans le premier cas, l'ennemi n'a aucune ressource dans sa première ligne, puisqu'elle ne peut marcher qu'en avant ou en arrière ; de sorte que si vous avez pu maintenir les postes gagnés, vous êtes resté maître de tout, et votre adversaire n'a plus d'autre parti à prendre que de se replier par échelons, et de s'en aller. C'était cependant encore un moment critique pour vous, si l'ennemi avait su se conduire.

332. « En effet, au lieu de vouloir regagner les points perdus, s'il eût fait avancer une partie de sa seconde ligne pour vous arrêter seulement, et vous obliger d'employer la plus grande partie de vos forces à maintenir les postes occupés, comme on le fait communément, et si en même temps, avec le reste de son armée, il eût fait un effort considérable sur votre ligne, il est vraisemblable qu'il vous aurait forcé de lâcher vos premiers avantages, pour empêcher votre ligne d'être coupée; ce qui serait certainement arrivé s'il y en avait eu une partie de renversée et mise en déroute. Le mouvement que j'indique se fait quelquefois, mais c'est toujours pour favoriser la retraite, et rarement, ou même jamais, dans la vue de gagner la bataille.

364. « Comme vous n'attaquez que successivement, vous réussissez de même, et vos avantages ne se gagnent

4*

ou plutôt ne vous sont abandonnés par l'ennemi, que peu à peu; vous ne pouvez faire aucun effort général en attaquant ou en poursuivant l'ennemi, qui se retire à son aise.

365. Votre armée, qui a peut-être été vingt-quatre heures sous les armes, est si harrassée qu'elle ne peut plus ni marcher, ni agir, encore moins poursuivre ses avantages avec vigueur.

366. On envoie des troupes légères donner chasse à l'ennemi, mais c'est avec peu de succès, parce qu'en général elles ne s'attachent qu'au pillage, et qu'un bataillon jeté dans un bois, ou dans un village, les arrête tout-à-fait. L'ennemi, qui n'a perdu que quelques canons et quelques prisonniers, va occuper un poste avantageux sur les hauteurs voisines, et il ne vous reste de votre victoire qu'un champ de bataille. »

Enfin, par la lecture réfléchie des relations détaillées des batailles et actions qui ont eu lieu jusqu'à nous, on finira par acquérir ce tact qui fait l'habile général.

367. BATARDEAU. Digue construite en gazon, terre ou maçonnerie, pour retenir ou détourner les eaux; au milieu de cette digue, on laisse une ouverture qui se ferme par une vanne. Pour qu'un batardeau soit bien fait et solide, il doit avoir depuis quinze jusqu'à dix-huit pieds d'épaisseur.

368. On s'en sert pour retenir l'eau, inonder des places, faire disparaître des gués, rendre inaccessibles ou noyer les assiégeans, détourner des courans, et dans les fortifications passagères, pour rejeter les eaux autour d'un poste, et en inonder les approches.

369. BISCUIT. Dix-huit onces de biscuit contiennent plus de parties nutritives que vingt-quatre onces de pain de munition. Ainsi les soldats à qui on donnera pour six jours de pain de munition, seront bien moins nourris et cependant beaucoup plus chargés que si on leur donnait pour huit jours de biscuit. Dix-huit onces de biscuit n'occupent pas plus de place que six onces de pain. Le biscuit est donc préférable au pain

370. BLINDE. Châssis composé de quatre pièces de bois rondes ou carrées, dont deux ont cinq ou six pieds de long, et les deux autres environ trois pieds, les unes et les autres de trois à quatre pouces de diamètre; les plus longues sont pointues par leurs deux bouts, et ont quinze pouces de pointe.

On plante ces châssis des deux côtés de la tranchée, ou de tout autre endroit qu'on veut couvrir; on pose dessus des claies ou fascines que l'on recouvre de terre.

371. BOIS. Avant de se déterminer pour la position d'un camp, on doit considérer si les environs offrent le bois nécessaire à la consommation.

Il ne faut jamais placer un camp proche d'un bois sans être assuré que l'ennemi ne peut pas venir à couvert surprendre l'armée.

372. Il faut faire fouiller, et garder avec soin, un bois près d'un camp; couper tout ce qui est à portée du canon, et se servir des arbres pour en former des abatis.

173. Il faut faire fouiller avec soin et au loin, les bois que l'on rencontre sur le front et sur le flanc de sa marche.

374. Il faut garnir avec soin l'entrée et la sortie d'un défilé formé par des bois; les bois favorisent les marches en retraite. Il faut couper des arbres qu'on jette en travers dans le chemin qu'on a suivi.

375. BROUILLARD. On doit se garder avec autant de soin et marcher avec autant de précautions, pendant les jours de brouillard que pendant une nuit épaisse. Les ennemis peuvent en profiter pour surprendre un poste, une ville, un camp. Pour passer une rivière, pour former une grande embuscade, les brouillards sont utiles aux petites armées.

376. BRUSQUER. Brusquer une place c'est l'attaquer d'emblée: ou du moins ne pas suivre, dans la

manière d'en faire le siège, les règles prescrites par l'art.

377. Brusquer une place digne d'un siège en forme, c'est une entreprise que l'épithète de folle ne caractérise que faiblement; brusquer une place médiocre est une témérité : on perd beaucoup de monde, et on donne à une place peu importante les moyens de se défendre comme une bonne. Brusquer une place mauvaise, c'est encore compromettre la vie de beaucoup de monde pour être maître, quelques heures plus tôt, d'une bicoque que la plus petite tranchée, le plus petit appareil d'un siège en forme eût forcée de se rendre. Comme les circonstances peuvent obliger à brusquer une place, voici les règles à suivre en pareil cas.

378. Ces sortes d'entreprise ne peuvent réussir que lorsque la garnison est très-faible; que les défenses de la place sont en mauvais état, que le front attaqué est fort étroit, que les dehors, s'il y en a, sont à fossés secs; qu'il s'en trouve qui sont commencés et non encore achevés; que les glacis ne sont pas rasés de la place; qu'il n'y a point de palissades, ou qu'elles sont mal plantées; enfin qu'il y a au-delà du glacis quelque haie, quelque rideau, ravin, enfoncement, maison, jardin, fossés, etc., qui peuvent faciliter les travaux et les communications aux logemens du glacis.

379. Telles sont les conditions les plus essentielles qui déterminent les cas où l'on peut brusquer une place.

380. Il y a encore d'autres circonstances dans lesquelles on ne doit point balancer; par exemple, si entre une place et une avenue extrêmement étroite il se trouve quelque large espace de terrain rempli de travaux de terre, qu'il s'agisse de franchir pour abréger un chemin également long et pénible. Cependant il ne faudrait pas négliger de bien s'établir au-delà de l'avenue; car si l'ennemi revenait sur ses pas, il y aurait grand risque de payer l'attaque au double.

381. Après avoir reconnu ces défauts en tout ou en partie dans une place, si l'on juge à propos de l'attaquer brusquement, on réunit de grands approvisionnemens d'outils et de matériaux parmi lesquels on met

un grand nombre de fagots d'un pied de diamètre et de quatre de hauteur, ayant chacun un bout de piquet aux deux extrémités, afin de pouvoir le planter facilement à terre et en couvrir les troupes qui auront donné, jusqu'à ce que les logemens soient établis.

382. On fait aussi des échelles pour franchir les fraises des ouvrages que l'on veut insulter; en même temps on règle le nombre de travailleurs à employer tant pour préparer les logemens dans les ouvrages et dans les glacis, que pour tracer la parallèle et établir les communications, et aussi pour préparer les logemens des troupes destinées, les unes à attaquer le chemin couvert et les dehors, et les autres à soutenir les travailleurs dont elles doivent occuper les ouvrages dès qu'ils seront terminés; et enfin celui de la cavalerie, qui sera employée à porter les facines au lieu marqué pour la parallèle, ou placée sur la gauche et sur la droite, pour repousser les sorties de la garnison.

383. Tous ces préparatifs étant achevés, dès que la nuit approche, et que l'ennemi ne peut découvrir la marche de l'assiégeant, celui-ci fait avancer les troupes et les travailleurs, en faisant halte de temps en temps pour ne les pas fatiguer. A cent toises environ du glacis, on fait halte pour la dernière fois.

384. Peu après on donne le signal par un battement de mains ou un coup de sifflet, et chaque corps s'avance, le plus vite et avec le moins de bruit qu'il peut, vers l'endroit qu'il veut insulter. On a soin de tomber tous à la fois sur les angles saillans du chemin couvert, d'où on chasse l'ennemi qu'on poursuit jusqu'aux angles rentrans, pour tâcher de le couper et de l'empêcher de se réfugier dans la place.

385. S'il y a quelque demi-lune, quelque ouvrage à corne, ou autre dehors de simple terre, de gazon, et qu'on veuille les attaquer, il faut en même temps y planter des échelles, et tâcher d'y entrer aussi par la gorge pour s'en rendre maître plutôt, et y faire ses logemens avec beaucoup de promptitude.

386. Cependant les ingénieurs font avancer les travailleurs chacun dans son poste, et leur distribuent le travail, qui doit être fait avec beaucoup de diligence.

les troupes destinées à protéger l'attaque se couchent ventre à terre auprès d'eux, et celles qui ont chassé l'ennemi se mettent à couvert des traversées, s'il y en a, en se retirant derrière la palissade, et en se faisant une espèce de parapet avec des fagots.

387. Ces troupes doivent faire feu le reste de la nuit contre les défenses de l'assiégé, pour l'empêcher de paraître et de tirer sur les travailleurs, en quoi il y a de l'avantage, parce que la lueur du ciel fait découvrir facilement le sommet des parapets, au lieu que l'ennemi, tirant du haut en bas et dans l'obscurité, ne peut le faire qu'à coups perdus.

388. En même temps que l'on travaille aux logemens, à la parallèle et aux communications, il faut aussi faire pousser vers la campagne un ou deux bouts de tranchée pour communiquer au camp avec moins de danger. Tous ces ouvrages doivent être en état de défense au point du jour, ce qui peut se faire aisément, parce que le front de l'attaque n'est pas ordinairement fort large dans ces occasions, et qu'il se trouve toujours quelque couvert, chemin creux, haie, etc., qui facilitent les travaux.

389. Dès que le jour paraît, on fait retirer les troupes dans les logemens et la place d'armes, que l'on perfectionne le jour et la nuit suivante. On amène en même temps du canon pour établir les batteries sur le chemin couvert, et achever le reste du siége à l'ordinaire.

390. Ces sortes d'entreprises doivent se faire avec beaucoup d'ordre et de diligence, et les troupes qu'on y envoie doivent être plus nombreuses que la garnison, pour se trouver en état de la repousser facilement, sans qu'elle puisse endommager les travaux, toutes les fois qu'elle s'avisera de faire des sorties.

C

391. CADRE DE BATAILLON EN CORDE. (*Voy.* pour sa formation, *Camp de paix.*) Au moyen de ce cadre, les officiers et sous-officiers de la garde nationale apprendront en peu de temps l'école de bataillon

et les évolutions de ligne, par la pratique du commandement.

392. Chaque officier ou sous-officier peut aisément former, dans sa commune, son village, son hameau, un, deux ou plusieurs bataillons, en suivant ce qui est prescrit par le règlement concernant l'exercice et les manœuvres de l'infanterie, pour la formation d'un régiment en ordre de bataille. Ils commanderont et feront exécuter, chacun à leur tour, les différentes leçons de chaque école, en s'y conformant littéralement.

393. CAMP. Pour apprendre à bien asseoir un camp, observez chaque terrain, et demandez à des hommes expérimentés dans l'art du campement, combien de troupes ce poste pourrait contenir, quel avantage ou quelle incommodité on y trouverait; par cette fréquente interrogation, vous réussirez à acquérir le coup d'œil, si utile pour faire choix en un instant du terrain le plus favorable.

394. — *Qualités d'un camp.* Un camp doit être placé de manière à fournir les moyens d'empêcher les courses de l'ennemi sur votre pays, et offrir les chemins qui vous sont indispensables pour recevoir des vivres.

395. Si vous êtes supérieur en cavalerie, campez dans un pays plat et découvert; si c'est en infanterie, choisissez un terrain où il y ait des hameaux, haies, murailles, jardins, vignes, petits bois, ravins. Faites vos dispositions de manière à pouvoir changer promptement de position dans le cas où l'ennemi viendrait vous attaquer par derrière ou par le flanc. Applanir tous les obstacles qui pourraient arrêter la formation et la communication facile de vos troupes, doit être votre premier soin.

396. Un camp doit être assis dans un local sain et qui puisse lui offrir de bonnes eaux, des légumes, des fourrages, et qui soit à portée des magasins.

397. Il doit être à l'abri des inondations et des surprises, et sur un point en rapport avec le but que l'on se propose.

398. Un camp doit être, soit par une rivière, un ruisseau, un ravin, à l'abri de toute insulte.

399. **CAMP OFFENSIF.** Il faut prendre pour règle, dans les précautions nécessaires à la sûreté des camps, les moyens d'éviter ou de surmonter les obstacles qui peuvent empêcher de joindre l'ennemi.

400. Il faut assurer les devants et les derrières par des détachemens; se faire éclairer par de petits partis de préférence; ceux-ci, se glissant et se cachant partout, sont-ils découverts, ils s'échappent et reviennent par un autre chemin. C'est à eux seuls qu'il faut se fier pour avoir des nouvelles.

401. Il est important d'occuper et de retrancher les villages qui sont sur la tête ou sur les ailes.

402. Si les maisons qu'on a autour de soi sont de bois ou mal bâties, il faut en retirer les troupes un jour d'action, parce qu'elles seraient perdues, si l'ennemi y mettait le feu. S'il y a des maisons en pierre, ou quelque cimetière qui ne touche point aux maisons en bois, il faut en faire des postes et les garnir de troupes.

403. S'il y a des bois peu éloignés du camp, il faut y placer de l'infanterie; s'il y a entre deux bois une plaine d'où l'on puisse découvrir loin, il faut y établir des postes de cavalerie, et dans les bois de droite et de gauche, des postes d'infanterie pour protéger les premiers.

404. Il faut prendre toutes vos précautions pour que les rivières et les ruisseaux qui vous abreuvent ne soient pas interrompus dans leur cours, pour qu'on n'y jette rien qui gâte ou corrompe les eaux, et avoir une grande attention à rendre les abreuvoirs aisés. S'il est de la dernière importance de se maintenir dans un camp où il n'y ait point d'eau, il faut creuser des puits dans les endroits bas et humides.

405. **CAMP DÉFENSIF.** Toute situation dont le front et les flancs sont d'égale force, et dont les derrières sont libres, est propre au camp de cette espèce.

406. Lorsque ces camps ont une rivière devant leur front, il faut avoir soin de laisser entre la rivière et le front un espace suffisant pour former l'armée en ba-

taille, et pour que les gardes puissent être placées en avant du front sans courir de danger.

421. Si vous êtes inférieur en nombre, postez-vous dans quelque terrain resserré, fortifié par la nature, et où vous n'avez point à craindre d'être enveloppé; si vous ne rencontrez pas ces avantages, et si l'armée ennemie est beaucoup plus nombreuse et voisine, vous garnirez vos flancs et votre parc d'artillerie, de charettes, d'affûts de réserve, de sacs de farine destinés pour la provision, de chevaux de frise, d'abatis ou d'artillerie, quand même vous n'auriez à passer qu'une nuit dans ce camp.

422. Lorsque vous aurez lieu de craindre qu'on ne vienne insulter subitement votre cavalerie, ordonnez-lui de ne pas desseller, ou faites-la camper au centre, ou dans l'endroit le moins exposé aux premiers coups de l'ennemi.

423. Il faut camper selon l'ordre qui s'observe dans la marche, et marcher selon l'ordre dans lequel on doit combattre. Campez toujours de la même manière, afin d'y accoutumer le soldat, qui comprendra plus facilement ce qu'il faudra faire pour camper et décamper.

424. En choisissant un camp, observez si vous pouvez arriver le lendemain à un autre endroit propre à camper, d'assez bonne heure pour avoir le temps de reconnaître les postes convenables aux gardes avancées, et faire, sans prendre sur le repos et le sommeil du soldat, tout ce qui est nécessaire en pareil cas. (*Voyez* Poste.)

425. Lorsqu'il y aura des bois fort près de votre camp, vous en ferez couper la partie que vous jugerez à propos, de crainte que si l'ennemi y met le feu, votre camp ne soit embrasé.

426. Le lieu qu'on a choisi pour camper doit avoir plusieurs retraites, afin que, si les ennemis en occupaient une, on puisse en prendre une autre.

427. Garnissez les défilés et les issues du camp qui vous paraîtront les plus nécessaires et les plus faciles à défendre.

428. Vous devez régler l'étendue de votre camp sur

le nombre de vos soldats, qui seront d'autant plus à couvert qu'il n'y aura point d'endroit où il ne se puisse trouver assez de troupes pour le défendre, sans dégarnir un autre poste.

429. Il faut que le lieu où vous voulez camper longtemps soit aisé à fortifier, ou fort par sa situation.

430. Un camp est fort quand son enceinte est entourée de quelque rivière ou de marais impraticables, parce qu'alors, pour défendre la tête du camp, vous pouvez employer plus de troupes; il est fort lorsqu'en garnissant un petit nombre d'avenues, vous fermez le passage à l'ennemi, ce qui arrive dans les vallées où on ne peut descendre que par quelques petits sentiers, et, pour la même raison, sur les montagnes; il faut, surtout, être parfaitement sûr de la retraite.

431. Il faut bien accueillir et protéger ceux qui apportent des vivres au camp; les bien payer. Accordez des sauve-gardes aux habitans qui sont à une demi-lieue ou plus loin du camp, et défendez, sous peine de mort, de passer ces maisons, d'aller désoler et piller le pays.

432. Evitez de camper dans un champ ensemencé, si vous pouvez faire autrement; et défendez de couper les arbres fruitiers, si vous pouvez vous en procurer d'autres.

— 433. *Espions.* Il faut assigner, hors du camp, un lieu pour les vivandiers et paysans qui apportent des vivres au camp, afin que les officiers ennemis, travestis en paysans, ne viennent pas le reconnaître.

434. Outre cet expédient, placez des gardes autour du camp, consignez tout le monde, et faites faire un appel; tout ce qui sera inconnu devra être arrêté comme espion, ayant eu, auparavant, soin de défendre à tout étranger de mettre le pied dans le camp, sous peine d'être arrêté et jugé comme tel. Ce moyen est certain pour se garantir des espions, en le renouvelant à des heures qui ne sont pas celles des appels ordinaires.

435. Il sera défendu à toute personne d'entrer et de sortir par-dessus les retranchemens. Il faut également ordonner aux troupes, et particulièrement aux sentinelles, d'arrêter toutes personnes inconnues qu'elles verront se promener le long de la ligne, ou s'arrêter

pour considérer avec une attention particulière les dispositions du camp.

436. On arrêtera de même tout étranger qui s'informera avec curiosité du nombre des troupes, de la disposition des gardes, du jour que l'on doit se mettre en marche, aller au fourrage, recevoir un convoi.

437. CAMP RETRANCHÉ. Une armée bien retranchée dans un camp éprouve beaucoup moins de fatigue, il ne lui faut pas un vingtième des postes nécessaires à la garde d'un camp non retranché; elle est à l'abri de toute surprise. Les anciens suivirent toujours l'excellente coutume de se retrancher, même quand ils ne craignaient rien. C'est pour cette raison que, chez les Romains, outre leurs armes, leurs munitions de guerre et de bouche, les soldats portaient encore chacun six, huit, dix, douze palis, pour se retrancher chaque jour dans leur nouvelle position. Aussi étaient-ils moins exposés aux surprises que les modernes.

438. Les camps retranchés doivent être choisis dans un terrain qui ne soit pas dominé, et où les troupes puissent être à couvert du canon ennemi, de manière que son artillerie ne puisse en enfiler aucune partie.

439. Il n'est avantageux de retrancher un camp qu'autant que l'ennemi ne peut entrer dans le pays qu'après l'avoir forcé, que les derrières en sont libres et que la position qu'il occupe ne peut être tournée.

440. Les règles principales d'un camp retranché sont de bien choisir la situation, de profiter des hauteurs, marais et rivières, de former des inondations, de faire des abatis; enfin de rendre l'abord difficile sur toute son étendue, qui ne doit être ni trop grande ni trop petite, parce que ce ne sont pas les retranchemens qui arrêtent l'ennemi, mais les troupes qui les défendent.

441. Il est encore plus important qu'un camp soit bien flanqué, c'est-à-dire qu'il n'y ait aucun point que l'ennemi puisse attaquer sans être exposé à plusieurs feux qui se croisent; que les fossés soient larges et profonds, le parapet assez haut pour résister et mettre les troupes à l'abri du boulet.

442. Il faut creuser des puits dans les endroits les

plus exposés en avant des fossés, et placer des chevaux de frise aux barrières. Il faut bien appuyer les retranchemens : s'ils joignent une rivière, on y conduira le fossé fort avant, et on lui donnera la profondeur nécessaire pour empêcher qu'on ne puisse le passer à gué.

443. S'ils viennent à s'appuyer à un bois, il faut les fermer à cette extrémité par une redoute, et faire dans le bois de bons et grands abatis.

444. Un bois n'est un appui que parce qu'il est facile de le fortifier par un abatis; une rivière n'est un appui que lorsque l'ennemi n'est pas maître de l'autre bord. Il n'y a d'appui sûr qu'un précipice, une montagne ou un marais impraticable.

445. Les retranchemens les plus faciles à défendre et les plus difficiles à forcer, sont ceux que la situation du terrain permet de couvrir en entier de redoutes élevées sur tout le front de la première ligne.

446. Ces redoutes doivent être construites avec soin, et assez grandes pour contenir un bataillon avec son artillerie; elles doivent être placées à quatre-vingts toises de distance l'une de l'autre, et présenter un angle dans la campagne, afin de pouvoir se protéger mutuellement. Elles doivent être fraisées, avec un chemin couvert palissadé, et un fossé aussi large et aussi profond qu'il est nécessaire. On doit creuser des puits sur toute l'étendue de leur glacis, avec un pieu pointu au milieu. Cette méthode demande un grand travail.

447. Un pays de bois entremêlé de petites plaines, forme la situation la plus heureuse pour un retranchement de cette espèce. On construit alors des redoutes dans la plaine, et, dans le bois, des redoutes distantes de cent à cent vingt toises l'une de l'autre, et jointes par des abatis ou par des lignes dont le parapet est fraisé et le fossé palissadé.

448. Derrière la ligne, on fait des abatis et on laisse des ouvertures, afin que les troupes qui gardent les lignes aient des passages pour se retirer au besoin. Ces abatis doivent être à quarante toises derrière les lignes; c'est un obstacle de plus auquel l'ennemi ne s'attend pas : on place du canon vis-à-vis des ouvertures. Le reste de l'armée, qui n'est pas employé aux retranche-

mens, doit être placé à cent cinquante toises derrière les abatis.

449. Il faut bien se garder de faire des retranchemens ou des abatis qu'on ne puisse garder par une chaîne de bataillons soutenue d'une bonne réserve d'infanterie. Les abatis surtout ne sont bons que quand ils sont défendus par beaucoup d'infanterie et d'artillerie. Ils ne peuvent être détruits que par du canon, et cette opération en demande beaucoup.

450. Les retranchemens qui défendent les passages et les gorges exigent beaucoup de soins; le plus essentiel est d'en bien appuyer les flancs, en y établissant des redoutes, en adoptant les dispositions au terrain. Employez les paysans à vos retranchemens. (*Voyez ce mot.*)

451. Si vous vous retranchez en présence de l'ennemi, prenez vos mesures contre ses attaques et ses surprises, et que la portion de l'armée qui ne travaille pas soit toujours sous les armes. L'avantage d'un camp est qu'une armée combat quand il lui plaît, et non quand les ennemis veulent.

452. — *Attaque des Camps.* Pour bien juger d'un camp, il faut tirer une ligne imaginaire d'une aile à l'autre, en la prolongeant d'un quart de lieue de chaque côté, ce qui donnera le front du camp, et présentera d'un seul coup d'œil tous ses avantages, tous ses inconvéniens, et les points qui le commandent.

453. Si l'on peut occuper un seul de ces points, on obligera l'ennemi de se retirer, et on s'assurera de la victoire.

454. Il faut ensuite abaisser à cette ligne trois perpendiculaires qui donnent le front du camp, l'une au centre, et les deux autres aux ailes; par là on aura le profil du terrain qui est en avant du camp: c'est en considérant ces quatre lignes qu'on jugera le mieux sur quels points on doit la conduire, et quelle espèce de troupes on y doit employer.

455. Il arrive souvent qu'une armée n'est pas campée sur une ligne droite, mais qu'elle forme une figure irrégulière. Il est évident que ce sont les points saillans que l'on doit attaquer, parce qu'on peut les envelop-

per, au lieu que si on avance dans les rentrans, on sera enveloppé soi-même et attaqué par les flancs. Cette règle appartient à toute ligne mobile ou à demeure; elle est de principe dans la tactique comme dans la fortification. Il faut commencer par attaquer les bastions; quand ils sont enlevés, les courtines tombent d'elles-mêmes; il en est ainsi de toute ligne courbée en angle.

456. Le plus difficile et le plus dangereux est sans doute le comblement du fossé, pour lequel on se sert de fascines. Chaque soldat en porte une devant soi, ce qui lui sauve bien des coups de balle, quand elles sont bien faites et composées de menu bois.

457. Lorsqu'on est parvenu au bord du fossé, les soldats se passent ordinairement les fascines de main en main pendant qu'on les fusille. Cette méthode est trop meurtrière; le soldat, en prise aux bordées de feux de toute espèce qui l'accablent s'impatiente. Pour s'en garantir, il se jette en confusion dans le fossé, et tâche de monter de là dans le retranchement, aimant mieux combattre avec un extrême désavantage, que de se livrer de sang froid à un ouvrage aussi long et aussi périlleux.

458. Cette audace, ou pour mieux dire cette folle témérité, dont l'ennemi pourrait profiter pour la victoire, produit sa défaite et sa honte. Il perd sa résolution pour en trouver trop dans son adversaire; il ne connaît pas sa force et le peu d'avantage de celui qui l'attaque; il le voit déjà sur le parapet, quoi qu'il soit très-aisé de le repousser. Il n'en faut pas davantage à la guerre pour faire perdre tout courage. Lorsqu'il paraît la moindre ouverture, quelque peu de monde qu'il soit entré, ou qui paraisse vouloir percer, l'épouvante gagne bientôt à cet endroit là; il est rare que l'assaillant soit repoussé. On croit le mal sans remède, lorsqu'il n'y a rien de plus aisé que d'en apporter, que de chasser ceux qui sont entrés, et de les culbuter dans le fossé, sans danger et sans risque contre des gens qui ne sont jamais en ordre et bien assurés, et qui de plus, sont toujours sans avoir un seul coup à tirer. On ne fait rien de ce qu'on est en état de faire, l'ennemi entre en foule et se forme; la troupe se retire; et la

terreur courant le long de la ligne, tout s'en va, tout se débande, et sans savoir même où l'on a percé. Lorsque les deux partis se trouvent de sang-froid, le vainqueur admire son bonheur avec raison; et l'autre n'est pas moins étonné d'avoir été battu, ayant sur son ennemi tant d'avantages dont il n'a pas su profiter : ce qui fait voir sa lâcheté dans toute son étendue.

459. Si, en considérant ses quatre lignes qui représentent le front et le profil du camp ennemi, on le trouve trop fort pour l'emporter de vive force, il faut en abandonner l'idée, mais se porter sur un de ses flancs et étendre sa ligne, de manière à pouvoir entreprendre sur la communication de l'ennemi; il se verra bientôt forcé à quitter sa position et à se retirer. Le moindre retard, la moindre négligence de sa part, donnera le temps de l'attaquer avec avantage, et si on agit avec vigueur on pourra le défaire entièrement, surtout s'il a pris cette précaution, qu'on regarde ordinairement comme si sûre, et qu'on pose comme un principe, d'appuyer ses flancs à une rivière, à un marais ou à un précipice. Cette méthode, selon un bon général, est très-dangereuse, parce que, si l'ennemi vient à se poster sur l'autre aile, il oblige son adversaire à lui faire face, en laissant le précipice derrière lui ; et s'il attaque vivement, on ne peut éviter une perte totale. Ainsi les flancs doivent s'appuyer d'eux-mêmes et tirer leur force de leur propre constitution et de l'arrangement des troupes : et il est plus facile encore de leur donner cette consistance, que de trouver ces positions si précaires et si dangereuses.

460. Si, au lieu d'attaquer l'ennemi sur son flanc et sur sa ligne d'opération, on se présente sur son front, il est clair qu'au cas que le pays soit couvert et avantageux pour lui, quelque supériorité qu'on ait d'ailleurs, on ne trouvera dans toute la campagne aucune occasion de l'attaquer avec avantage, et ainsi on ne peut avoir aucune action générale décisive; ce qui doit être le but de la guerre offensive, comme celui de la guerre défensive est de l'éviter. On doit attaquer un camp deux heures avant le jour.

461. — *Défense des Camps retranchés.* Toutes les fois

qu'on sera en danger d'être attaqué dans un camp, on reconnaîtra le terrain avec un bon ingénieur, pour proportionner le nombre des troupes à l'étendue des lignes, et aux endroits qui sont plus ou moins forts.

462. On désignera à chaque régiment le poste où il doit se rendre et combattre, en cas d'alarme subite, afin d'éviter toute confusion. On exercera ces troupes à se rendre à leur poste le plus promptement possible; tout dépend de leur faire connaître la force des retranchemens et la difficulté de les franchir; on fera descendre un nombre de soldats dans les fossés en présence des autres; on leur ordonnera de les passer et de tâcher de monter sur le parapet : ils verront par expérience la difficulté, la lâcheté et la honte éternelle dont ils se couvriraient en se laissant forcer.

463. On postera l'infanterie aux flancs, aux angles saillans et aux faces des redans.

464. Sitôt que l'ennemi sera à portée, on fera un feu continuel de canon, puis de mitraille et de mousqueterie, le mieux nourri possible et le mieux ajusté. S'il comble le fossé de fascines, on fera en sorte d'y mettre le feu; s'il s'opiniâtre à passer et à monter sur le parapet, on l'attaquera à la baïonnette; si on craint d'être emporté, on fera avancer les réserves.

465. Si l'on s'aperçoit que les troupes se rebutent, et que l'affaire devient fâcheuse, une sortie prompte et subite, par l'endroit où l'on n'est pas attaqué, peut changer la face du combat.

466. Il faut, pendant l'action, avoir une attention particulière à la droite et à la gauche, aux endroits enfin qui paraissent les plus impraticables, pour éviter toute surprise, et y porter aussitôt des réserves.

467. Il n'y a pas de meilleur moyen, pour éviter ces sortes de surprises, que de mettre parmi le peu de troupes et les cavaliers démontés, de faux drapeaux, pour faire croire à l'ennemi qu'il y a beaucoup de monde, et qu'on a été averti de ses projets.

468. Dès que les partis avancés donnent l'alarme pendant la nuit, il faut éclairer de suite son front par des pots-à-feu qu'on lance devant la ligne, pour, à la faveur de cette lumière, se servir de ses canons. Il faut

aussi placer, de distance en distance, des fascines ardentes et autres feux.

469. Si on se détermine à poursuivre avec toutes ses forces un ennemi repoussé, parce qu'on remarque que son armée est entièrement en désordre, on doit commencer par détacher, le plus qu'il se pourra, des partis de cavalerie, pour ne pas lui donner le temps de se remettre de sa frayeur, et de se rallier. Il faut ensuite faire marcher en bon ordre quelques escadrons pour soutenir ces partis, pendant que le gros de la cavalerie et l'artillerie légère sortiront par les brèches, et que l'infanterie passera par-dessus les parapets.

470. La principale attention du général qui voit l'ennemi disposé à l'insulter dans ses retranchemens, est d'observer avec soin l'ordre dans lequel il marche, pour juger quelles peuvent être ses fausses et ses véritables attaques, et de se régler en un moment sur ce qu'il voit. Si, sur quelques points, l'ennemi attaque en colonnes, on doit s'y fortifier plus qu'aux autres endroits, vu la pesanteur et l'impétuosité de ce corps difficile à rompre, et auquel il n'est pas facile de résister. S'il pénètre dans cet ordre, l'unique remède est de l'attaquer dans un ordre semblable, sans délibérer et à l'instant qu'il a percé.

471. Les compagnies de grenadiers formeront un corps à la queue de chaque brigade, et ne seront employées qu'à la dernière extrémité, ainsi que les autres réserves.

472. On doit avoir attention de bien imprimer dans l'esprit du soldat, de ne point s'étonner s'il arrivait que l'ennemi pénétrât par quelqu'une de ses attaques; mais de marcher tout aussitôt, et tomber brusquement sur lui, sans tirer un seul coup, pour ne pas lui donner le temps de se former et de profiter d'un avantage qu'il est aisé de lui enlever par ce coup de résolution. Il suffit quelquefois de trente ou quarante hommes pour jeter l'épouvante, et faire croire qu'il en a passé un grand nombre.

473. Un chef d'armée qui s'est porté sur le sommet des montagnes pour en défendre les gorges et les entrées, doit, avant toute chose, examiner très-attenti-

vement le terrain et les endroits très-difficiles, comme les plus aisés, de même que les postes de revers, dont l'ennemi pourrait s'emparer. Il doit aussi, avant que de se fixer au poste qu'il veut occuper, consulter les gens du pays, et particulièrement les préposés des douanes et les contrebandiers, si c'est sur la frontière. Ensuite il reconnaîtra lui-même sa ligne de communication avec les autres vallées, tâchant de mettre derrière lui celles qui versent dans celles qu'il veut défendre. Son parti pris et son camp formé, il se retranchera sur les hauteurs qu'il veut garder, et tirera une ligne qu'il fera passer sur les endroits les plus avantageux d'une montagne à l'autre, passant au travers de la vallée. Il fera abattre les arbres et couper les haies, pour ne rien laisser devant lui qui puisse servir à l'ennemi. En un mot, il rasera toute la montagne jusque dans la plaine. Il fera en même temps rompre les chemins par où l'ennemi pourrait se glisser, et fermer par des abatis, ou par de bonnes redoutes, les vallons d'un accès facile. Il n'oubliera rien de ce que l'art peut lui suggérer pour rendre tout son front impraticable et pour se bien retrancher, profitant de tous les avantages que le terrain pourra lui offrir, observant, sur toutes choses, de pratiquer, à trente ou quarante pas de ses retranchemens, et d'espace en espace, des redoutes ou des flèches avancées, avec des communications pratiquées entre deux, bien palissadées de tous côtés, et où il puisse passer quatre hommes de front entre les deux banquettes; car il faut nécessairement que l'ennemi attaque ces ouvrages avant d'aborder les retranchemens, ce qui n'est pas la chose la plus facile à exécuter, si ces flèches se trouvent soutenues et flanquées de tout le feu de la ligne. Si l'ennemi les laisse derrière lui, il s'expose à une tempête de feux qui le foudroient de la tête aux pieds, de flanc et à dos, pour peu qu'il s'engage dans ces coupe-gorges.

474. On placera ensuite chaque arme au poste qui lui convient, en faisant soutenir l'une par l'autre. Que les chefs, sans réfléchir au petit nombre de troupes qu'ils ont à opposer à un ennemi très-supérieur, apprécient les avantages qui suppléent à leur faiblesse,

en se défendant à couvert d'un bon retranchement, qui doit nécessairement leur faire surmonter les efforts de l'ennemi, pour peu qu'ils montrent du courage et de la fermeté.

475. — *Camp de paix. Bataillon de cordes appliqué aux évolutions de ligne, pour l'instruction des officiers généraux supérieurs.* Les camps de paix ont pour but l'instruction des officiers généraux et supérieurs : car l'instruction du régiment suffit à celle des officiers, sous-officiers et soldats.

476. On ne saurait donc trop multiplier et répéter ces camps pour ces messieurs, qui, la plupart, oublient en temps de paix ce qu'ils ont appris en campagne, ou ne se donnent souvent pas la peine de s'instruire dans cette partie la plus difficile de l'art militaire, la grande tactique. Marche des armées à un champ de bataille; développement des colonnes, formation en ligne, connaissance et choix du terrain ; placement des grandes et petites gardes, pour la sûreté du front, des flancs et des derrières de l'armée; l'art de prendre les camps; de marcher; de faire des dispositions pour l'attaque et la défense; passer des défilés et des rivières; passage de ligne en avant, en arrière; déborder l'ennemi; prendre tantôt l'offensive, tantôt la défensive; pratiquer enfin toute la partie sublime de l'art qui donne ou ôte les couronnes, voilà ce qu'un camp de paix, divisé en deux armées, offre d'instruction. »

477. Sa formation, très-onéreuse à l'État, ne peut assez se multiplier pour procurer cette instruction à tous les officiers généraux et supérieurs à-la-fois. Ces messieurs l'obtiendront par l'usage des bataillons de cordes, applicables aux plus petites garnisons.

478. En effet, quatre hommes, avec deux cordes de la grosseur du petit doigt, de la longueur de vingt-sept pieds, et terminées aux deux bouts par un nœud coulant, pour s'adapter au coude gauche de l'homme de la droite de chaque section, et au coude droit de celui de la gauche (*), forment une compagnie d'un front de

---

(*) Afin que le nœud ne serre pas trop le bras, on fixe une petite

dix toises deux pieds environ, y compris le chef de peloton, représentant l'étendue de trente-six files ou quatre-vingt-dix-huit hommes. Comptant à peu près vingt pouces par homme d'un coude à l'autre, les huit compagnies donneront un bataillon de quatre-vingts toises et quelques pieds de front : la corde de la compagnie du drapeau doit avoir en moins la longueur du front des trois files. (*Voyez* planche 1re.) Y compris les sous-officiers de remplacement, les guides de gauche et généraux, chefs de section, la formation de ce bataillon s'effectuera avec cinquante-huit hommes, sans comprendre les six hommes du drapeau ; total : soixante-quatre hommes.

479. Ainsi, avec cent quatre-vingt-douze hommes, vous formez un régiment de trois bataillons, chacun de huit pelotons divisés par sections.

480. Chaque officier, chaque sous-officier occupe le rang prescrit pour la formation d'un régiment en ordre de bataille.

481. Le chef de bataillon exécutera et fera exécuter à chacun des officiers et sous-officiers, les divers feux de pied ferme, ainsi que les quatre autres parties de l'école de bataillon, en se conformant littéralement à ce qu'elle prescrit, s'attachant à faire exécuter tous les mouvemens avec le plus grand calme, sang-froid et régularité.

482. Dans les demi-tours, chaque soldat changera sa corde de bras, ce qui est très-facile, au moyen du nœud coulant.

483. Quand il s'agira d'un passage de défilé ou d'obstacle, le soldat du côté opposé au guide diminuera sa corde de la quantité nécesssaire, *et vice versá*.

484. Depuis la garnison composée d'une compagnie jusqu'à celle formée par un régiment, le gouvernement aura l'important avantage de faire instruire sur tous les points de la France, dans la petite commune comme dans la grande ville, la totalité de ses officiers géné-

---

cheville de bois dur au point où le nœud est assez serré sans gêner l'homme. Au moyen du nœud coulant, on ôte et remet facilement ces cordes.

raux, supérieurs, subalternes et de ses sous-officiers.

485. Le soldat même, non distrait par la multitude, et à qui on fait exécuter le maniement des armes et les divers feux, apprend, par la pratique, toutes les évolutions.

486. Avec douze cents quatre-vingts soldats ou caporaux, vous formez vingt bataillons, que vous divisez en deux armées opposées, chacune de dix bataillons sur deux lignes de quatre, et un bataillon sur chaque aile, pour l'appuyer.

487. Chaque ligne formera une division de deux brigades.

488. Un demi-régiment suffira donc pour procurer la pratique de la grande tactique à deux généraux en chef, deux généraux de division, sept colonels, vingt chefs de bataillons; cent soixante capitaines, et ainsi de suite, jusqu'au caporal et à l'appointé.

489. Tous les jours de l'année, quand le temps et le terrain le permettront, et sur tous les points, sans aucuns frais pour le gouvernement, ces messieurs pourront pratiquer toutes les parties de la grande tactique, acquérir le coup d'œil, exercer l'imagination, régler, approprier leurs manœuvres aux diverses positions du sol, telles que plaines unes, coupées de haies, fossés, etc., vallées, montagnes, côteaux, défilés, etc.

490. Cette nouvelle méthode offrira donc à l'armée une instruction appropriée à toute espèce de terrain.

491. On adjoindra à chaque bataillon une compagnie complète pour former les grandes et petites gardes, les découvreurs, les tirailleurs, etc.

492. Avec trente-deux bataillons, on formera quatre lignes de sept cent trois toises de front.

493. C'est donc le moyen le plus prompt et le plus sûr de former partout, en même temps et sans frais, les officiers de tous les grades qui, toujours novices dans les premières campagnes, n'apprennent leur métier qu'aux dépens de l'Etat, et ne parviennent à connaître quelque chose qu'à la fin d'une guerre. (*Voyez* Principes des manœuvres de guerre, etc.)

494. CAMPAGNE. Le plan d'une campagne doit

être mûri dans le conseil, s'accorder avec la politique, et se régler sur les conjonctures.

495. On examine si on peut agir offensivement partout ou sur un seul point, pour y frapper des coups plus forts, tandis qu'on garde la défensive ailleurs.

496. Il faut s'assurer des puissances qui peuvent prendre de la jalousie et s'opposer à la conquête qu'on médite.

497. La prudence demande qu'on prévoie et qu'on suppose tout ce qui peut arriver, pour en profiter; si c'est avantageux, si ce ne l'est pas, y porter de prompts remèdes.

498. Ce qu'on peut faire de mieux, c'est de porter la guerre sur le pays ennemi.

499. Si un État soutient une guerre défensive, à cause de son infériorité, il doit éviter de partager ses forces, mais les réunir autant qu'il le peut sur les points où il a le plus à craindre, afin de combattre, s'il est nécessaire, avec tout l'effort dont il est capable.

500. On ne doit pas secourir un allié avant de s'être fait remettre quelques places de sûreté, pour qu'il ne puisse conclure une paix séparée, ou pour s'assurer un passage en cas de retraite.

501. Il est nécessaire d'avoir une idée complètement exacte de ses forces; il faut les comparer scrupuleusement à celles de l'ennemi, ayant égard à l'espèce d'hommes qui composent votre armée, surtout à l'habileté et aux talens du général, au plus ou moins d'expérience des troupes et au caractère de leurs chefs supérieurs.

502. Il faut considérer la nature du pays où l'on veut faire la guerre; si c'est un pays de plaine, on emploiera une cavalerie nombreuse; si, au contraire, le pays est coupé par des défilés, des montagnes, des bois, la principale force de l'armée doit consister en infanterie.

503. Il ne faut confier le commandement supérieur de l'armée qu'à un seul chef, qui doit saisir les occasions favorables de prévenir les ennemis et de les attaquer avant qu'ils aient fini leurs préparatifs.

504. Une ou plusieurs diversions, préparées à l'avance, peuvent produire de bons effets.

505. Il faut tout disposer le plus secrètement possible, et faire toujours en sorte d'ouvrir la campagne par quelque coup d'éclat. C'était la tactique de Napoléon.

506. Le général, chargé de l'offensive, doit connaître avec toute l'exactitude possible la situation, l'état et la nature de la frontière et du pays où il doit porter la guerre; ne négliger aucun moyen pour venir à bout de son entreprise le plus promptement et le plus heureusement possible.

507. Il en est de même de celui qui est chargé de la défensive; ce n'est que par la connaissance parfaite de la topographie du pays où il doit agir, qu'il pourra parvenir à suivre de positions en positions avantageuses la marche de l'ennemi, et le contraindre par des combats heureux à renoncer à ses projets.

508. C'est aux généraux de premier ordre à régler un plan de campagne sur des bases fixes et sûres, et c'est à l'habileté du général commandant de le modifier selon les circonstances.

509. — *Maximes générales pour une campagne offensive.* 1° Le conseil est la base des actions. Il faut toujours délibérer avant d'agir, et ne consulter que ceux qui ont le plus d'expérience, de capacité, d'intelligence, et ensuite agir par soi-même.

510. 2° Les meilleurs desseins sont ceux qui sont absolument ignorés de l'ennemi. Observez le plus grand secret dans ce qui a été arrêté; en un mot, concevez rapidement et exécutez de même : si on apprend que l'ennemi ait connaissance des projets qu'on a formés, on doit les changer aussitôt.

511. 3° La célérité est la vertu particulière des héros. Se précipiter à l'improviste sur l'ennemi qui n'est pas sur ses gardes, le surprendre, le frapper de la foudre avant qu'il ait vu l'éclair, voilà un des plus puissans moyens de succès. L'interposition d'un obstacle difficile, l'éloignement, servent à rendre l'attaqué négligent, dans la fausse confiance qu'il n'a rien à craindre.

512. Débarrassez-vous de tout ce qui peut entraver

votre marche, faites transporter, s'il est possible, l'infanterie en voiture; marchez vivement la nuit par des chemins secrets et peu fréquentés.

513. Lorsque les ennemis rassemblent les forces de plusieurs provinces pour en faire une armée, il ne faut point attendre qu'elles soient réunies pour les combattre. Si les corps sont dispersés et qu'on les surprenne dans leur marche, on est sûr de les défaire entièrement.

514. 4° Tout ce qui se fait avec précipitation et témérité réussit rarement. Il faut donc que toutes les démarches soient mesurées, combinées, et les accidens prévus.

515. 5° La prudence pèse tous les moyens, voit tous les obstacles, et y compare les chances de succès. Mais il y a des bornes à la prudence : on ne doit pas se laisser arrêter par mille petites probabilités. Concevez donc rapidement et exécutez avec audace et promptitude. L'excès de circonspection rend timide et fait manquer, par la lenteur, les plus belles occasions. La hardiesse et la prudence doivent toujours aller de concert; mais il est des cas où la prudence consiste à supprimer des précautions nécessaires en d'autres cas.

516. 6° Un général, un officier, doivent joindre à la capacité cette audace que donne le désir de la gloire, et cette philosophie qui résigne à tout événement.

517. 7° Il faut, avant de rien entreprendre, former ses magasins en plusieurs endroits voisins de l'armée, et se procurer les moyens de transport nécessaires, avoir des guides qui aient une connaissance exacte du pays, qui s'accordent sur les chemins, passages, débouchés, etc. Il faut les distribuer partout où ils sont nécessaires, et les faire garder soigneusement. Il faut avoir des espions qui soient tous gens de confiance, et qui ne se connaissent point les uns et les autres pour ce qu'ils sont.

518. 8° Quand on porte la guerre chez l'ennemi, la règle est de s'emparer des premières forteresses, pour ne rien laisser derrière soi. Néanmoins on a vu, pour ne pas perdre de temps, ni se consumer à l'attaque de plusieurs places, aller droit à la capitale : cette

marche hardie demande une armée puissante, et si l'ennemi a des forces en campagne, on risque d'échouer, à cause de la difficulté de garder ses communications.

519. 9° Une armée ne doit jamais se porter en avant sans avoir ses communications assurées avec les places d'où elle tire ses convois. Il est très-avantageux d'avoir une rivière navigable pour le transport des munitions et des subsistances.

520. 10° Lorsqu'on entre dans un pays, on doit faire en sorte d'y répandre la terreur, en donnant une opinion même exagérée des forces dont on dispose, en entreprenant plusieurs choses à la fois, lorsqu'on peut le faire sans risque, surtout après une bataille.

521. 11° Un général doit s'étudier à connaître le degré de courage et de talent des officiers et soldats de son armée, pour les employer où ils peuvent rendre le plus de services : un officier vif, impétueux, plein d'ambition, est excellent pour un coup de main, une attaque de vive force ; mais si on l'emploie pour une occasion où il faut beaucoup de prudence et de retenue, il ne pourra se modérer, il passera les bornes qui lui sont prescrites, et déconcertera les projets du général.

522. 12° Il est essentiel de donner ses ordres le plus clairement et le plus succinctement possible, toujours par écrit, à moins que l'occasion et le temps ne le permettent pas.

523. 13° Il faut que les soldats soient contens, qu'ils remplissent leurs devoirs avec gaîté, qu'ils aient de la patience dans les travaux. Ces dispositions sont l'augure le plus certain des bons succès. La présence du général, son air gai, quelques mots flatteurs et persuasifs prononcés à propos, inspirent de l'ardeur aux officiers et aux soldats, et ce sont des moyens admirables que les généraux ne sauraient trop souvent employer, et qu'ils n'emploient pas toujours. Combien y en a-t-il qui appesantissent inutilement le joug, et rendent le service dur et fâcheux.

524. 14° On fera cependant observer la discipline la plus exacte et la plus sévère, sans la rendre insup-

portable; mais on maintiendra les troupes dans un exercice continuel: une armée se fortifie par le travail, et s'énerve par désœuvrement.

525. 15° Quand on a des troupes nouvelles, le moyen de les aguerrir est de ne faire avec elles que des marches sûres, et de les accoutumer peu à peu à voir l'ennemi. Cependant, bien exercées et mêlées avec de vieux soldats, elles prennent de la confiance, elles sont plus dociles aux commandemens, et se conduisent bien enfin; mais il faut prendre garde de les faire battre dans une première affaire: un échec les jetterait dans l'abattement.

526. 16° Il est bon de tâter son ennemi pour connaître son caractère: s'il est audacieux, il faut faire en sorte de l'irriter et de l'engager à quelque mouvement hasardeux dont on le punira; s'il est timide et craintif, l'étonner par des attaques vives et inopinées.

527. 17° Il ne faut jamais faire de mouvement avec une armée pour obliger l'ennemi d'en faire aussi. Ce n'est pas le mouvement seul qui l'y forcera, mais l'objet de ce mouvement et la manière dont il sera opéré. Des mouvemens spécieux ne feront pas prendre le change à un ennemi savant. Il faut prendre des positions solides qui lui donnent lieu de réfléchir, et le réduisent à la nécessité de quitter son poste: il faut, par exemple, se camper sur un de ses flancs, s'approcher de la province d'où il tire ses vivres, se mettre entre lui et ses places, menacer sa capitale, lui retrancher ses subsistances, etc., ou faire quelque diversion importante qui le force de marcher avec toute son armée. On ne doit jamais faire de mouvement sans avoir en vue un but utile et glorieux.

528. 18° Il ne faut jamais confier la sûreté de l'armée à la seule vigilance des gardes. Les partis et les patrouilles qu'on envoie en reconnaissance, ne doivent même être regardées que comme des précautions accessoires. Il faut acquérir toutes les connaissances que l'on peut par soi-même, par ses espions, par des déserteurs, des prisonniers, par quelqu'un d'adroit et d'intelligent, qui, à la faveur du terrain, s'est glissé dans un lieu d'où il a pu découvrir et observer ce qui se

passe chez l'ennemi. On ne saurait trop, surtout, se méfier des transfuges : souvent ils sont envoyés exprès pour tromper par leurs rapports, ou pour préparer quelque projet dangereux.

529. 19° On jugera du nombre d'ennemis, non par l'étendue de leur armée, mais en considérant avec attention sa profondeur.

530. 2° Un général expérimenté prévoit les desseins et les stratagèmes de son adversaire ; il le juge d'après ce que lui-même aurait imaginé, s'il eût été à sa place.

Il faut varier son jeu pour embarrasser son adversaire, et le tenir toujours dans l'incertitude ; une conduite uniforme est bientôt connue, et peut donner occasion à l'ennemi de tendre des piéges où l'on sera pris.

531. 21° Vouloir tout faire par soi-même est d'un homme mal habile ; on consomme tout son temps dans des détails : il ne faut donc pas se mêler des fonctions de ceux qui sont en sous-ordre, mais veiller à ce qu'ils les remplissent exactement.

532. 22° Celui qui pense à tout ne consomme rien ; celui qui pense à trop peu de chose est souvent trompé. On doit tenir le milieu entre le trop et le peu ; s'occuper des choses les plus essentielles, des moyens à employer, et des obstacles à vaincre pour en venir à bout.

533. 23° Il faut dormir comme le lion, sans fermer les yeux, et prévoir, de nuit comme de jour, les inconvéniens qui peuvent arriver.

524. 24. Il faut toujours aller en avant, par des siéges ou par des batailles, couper les vivres à l'ennemi ; enlever ses magasins ou par surprise, ou par force ; lui faire tête de près et le resserrer, se mettre entre lui et ses places de communication, jeter des garnisons dans les lieux d'alentour, l'enfermer dans des fortifications, le détruire peu à peu en battant ses partis, ses fourrageurs, ses convois, brûler son camp et ses munitions, ruiner les campagnes autour des villes, abattre les moulins ; semer des divisions entre ses gens, lever des contributions, prendre des ôtages dans les endroits qu'on ne peut garder ; bien traiter ceux qui se rendent ; être sévère avec ceux qui résistent ; enlever

les principaux du pays qui peuvent être suspects, en usant avec eux des meilleurs procédés; ne perdre ni négliger aucune occasion favorable; donner quelque chose au hasard, mais; en tout se faire loi suprême du salut de l'armée.

535. 25° Il vaut mieux réduire l'ennemi par la faim, par les ruses, par des terreurs, que par des batailles, où la fortune a souvent plus de part que la valeur. Les téméraires qui réussissent par des coups de main n'ont que l'admiration du vulgaire; ceux qui ne doivent leurs succès qu'à leur habileté méritent seuls d'être loués.

536. Un général d'armée ne donnera jamais une bataille, s'il n'a pas quelque dessein important. Lorsqu'il y sera contraint par l'ennemi, ce sera certainement parce qu'il aura commis quelques fautes qui l'obligent de recevoir la loi de son adversaire. Les meilleures batailles sont celles que l'on force l'ennemi à recevoir. C'est une règle constante, qu'il faut obliger l'ennemi à ce qu'il n'avait pas envie de faire; et, comme votre intérêt est diamétralement opposé au sien, il vous faut vouloir ce que l'ennemi ne veut pas. Il faut tout essayer, tout imaginer, tout calculer, avant d'entreprendre une affaire générale. C'est dans ces grandes circonstances que les généraux doivent prendre d'autant plus de mesures qu'une plus grande gloire est attachée à leur bonne conduite, et un plus grand danger à leurs fautes. C'est le moment où le talent, l'expérience, l'art de combattre, et la prudence triomphent au grand jour.

537. 27° Il est essentiel de cacher le plus que l'on peut à l'ennemi, la disposition avec laquelle on va le combattre, pour qu'il ne puisse en faire perdre les avantages par des dispositions contraires.

538. 28° Dès qu'on a bien pris ses mesures, suivi en tout les règles de l'art, qu'on est convaincu qu'on n'a rien oublié de ce qui peut contribuer à l'heureux succès d'une entreprise, et qu'on a préparé sa retraite, en cas de non réussite, il faut être tranquille sur ce qui peut arriver; user de tous ses talens et de toutes ses ressources pour se procurer la victoire.

S'il arrive quelque chose de fâcheux, il faut se garder de le faire connaître : il est de la prudence du général de cacher aux troupes ce qui peut abattre leur courage.

539. 29° Un jour d'action, on encourage les troupes en leur inspirant du mépris pour leurs ennemis; en rappelant leurs victoires précédentes; en les intéressant par les motifs de l'honneur, du salut de la patrie; en leur faisant envisager la victoire comme le terme de leurs travaux. Souvent une plaisanterie, un bon mot dit d'un air de gaîté enflamment le courage. Il y a des temps où les troupes sont animées par des motifs de vengeance ou par un ressentiment national : il est important alors de profiter de la première chaleur des esprits qui ne manquent pas de se ralentir. N'engagez jamais une affaire générale que vous ne voyiez les soldats se promettre la victoire.

540. 30° Quand une troupe est emportée par la terreur, c'est en vain qu'on veut l'arrêter : les soldats n'écoutent, dans ce premier instant, ni reproches, ni menaces. Il vaut mieux les suivre, tâcher de leur persuader de se retirer plus en ordre, les rallier insensiblement; et dès qu'on les voit un peu calmés, réveiller en eux l'honneur militaire et les ramener au combat.

541. 31° Lorsque les troupes ont été battues; il ne faut pas les avilir par des reproches qui leur donnent du mépris d'elles-mêmes. S'il y a de leur faute, on punit les plus coupables, et l'on exhorte les autres à rétablir leur honneur.

Quand le général est aimé, les troupes sont jalouses de regagner son estime; elles en demandent avec ardeur les occasions; mais s'il a perdu leur confiance, les harangues les plus persuasives ne les ramèneront point. César n'imputait jamais aux troupes ses mauvais succès; s'il leur faisait des reproches, il ne les accusait que de trop de vivacité, et de n'avoir pas bien suivi ses ordres. Il punissait seulement quelques chefs des plus coupables.

542. 32° Quoi qu'il puisse arriver, il faut être ferme et constant, garder toujours une grande égalité d'âme, éviter avec soin de s'enfler dans la pospérité, et de

s'abattre dans les revers, parce que les bons et les mauvais succès se suivent de fort près, et sont un flux et reflux continuel : c'est pourquoi on ne doit ni se repentir, ni s'affliger d'une entreprise qui a mal réussi lorsqu'après avoir bien examiné et pesé toute chose, il était vraisemblable qu'elle devait avoir un succès heureux; surtout quand il est vrai que, si elle était encore à faire, et que toutes les circonstances fussent les mêmes, on agirait comme on a fait.

543. 33° S'il arrive qu'on tienne l'ennemi renfermé dans une gorge, et qu'il ne puisse échapper que par des ruses, il faut se méfier de toutes celles qu'il peut employer. Il se sert quelquefois de la négociation pour gagner du temps. En pareil cas, on doit donner ses conditions avec un temps très-court pour les accepter : si la réponse ne convient pas, on n'écoute plus rien.

544. 34° Les suspensions d'armes ou les traités qu'on peut faire, ne doivent pas porter un général à la négligence : il doit au contraire redoubler de vigilance et se garder avec soin. S'il n'est pas capable de manquer à ses engagemens, l'ennemi peut être perfide. Il est honteux en pareil cas de dire : Je ne l'aurais pas cru.

545. 35° Le devoir d'un général, comme de tout autre chef, est de faire valoir les actions de ceux qui se sont distingués sous ses ordres, ou qui lui ont donné des avis utiles. Mais comme il y a des ames basses et fausses dans toutes les professions, on trouve des militaires qui osent cacher la lumière qui les a guidés et étouffer le mérite, en faisant servir le talent des autres à leur propre avancement : ils oublient tout, excepté eux.

546. — *Maximes générales pour une campagne de défense.* Outre les maximes d'attaque, un général doit connaître les maximes suivantes de défense.

547. On peut juger de la partie de la frontière où l'ennemi doit s'assembler, et du but qu'il se propose, en observant les lieux, le nombre et la force de ses dépôts, on se mettra en état de s'opposer à ses desseins, et de les faire échouer, en approvisionnant de son côté les places les plus exposées et les plus importantes, en reconnaissant d'excellentes positions, et en prenant

toutes les mesures possibles pour n'être point prévenu en campagne.

538. 2° Un général qui est sur la défensive doit éviter toute occasion de combattre sur les terrains où la supériorité du nombre peut beaucoup. Il doit chercher à harceler l'ennemi, à l'affamer, à ruiner son armée en détail, en se tenant toujours à portée de profiter de ses fautes, en occupant des postes sûrs et avantageux; en l'attirant dans quelque défilé ou lieu resserré, où il puisse se ranger sur un front égal au sien, où le nombre perde son utilité, et où la victoire dépende des bonnes dispositions qu'il fera, et de la valeur de ses troupes.

549. 3° Il faut qu'il soit actif, hardi, entreprenant, que jamais il ne se règle sur la conduite de l'ennemi, pour agir ou ne pas agir; mais uniquement sur ce qui intéresse essentiellement son pays : car on commence à agir contre soi-même dès qu'on imite une démarche que l'ennemi a faite pour son avantage.

550. 4° Il y en a qui laissent avancer l'ennemi dans le pays, afin que son armée étant affaiblie par les garnisons qu'il est obligé de mettre de côté et d'autre, ils puissent ensuite le combattre avec plus d'avantage; d'autres feignent de la crainte, pour rendre l'ennemi plus assuré et plus négligent, et, en se retirant, ils le conduisent vers des lieux désavantageux, et vers leurs secours qui avancent; puis ils tournent tête tout d'un coup, et combattent. Les autres marchent continuellement, ou pour tirer l'ennemi de ses postes et l'assaillir, ou pour le ruiner par des marches auxquelles il n'est pas accoutumé.

551. 5° Quand on est sans armée, quand on a des troupes peu nombreuses, ou enfin quand on n'aura que de la cavalerie, il faut :

1° Sauver tout ce qu'on peut dans les places; ruiner le reste, et particulièrement les lieux où l'ennemi pourrait se poster.

2° S'étendre avec des retranchemens, quand on s'aperçoit que l'ennemi veut vous renfermer. Il ne faut pas rester dans les lieux où l'on peut être enveloppé, sans pouvoir ni combattre, ni se retirer.

3° Empêcher les desseins de son ennemi, en jetant de main en main, du secours dans les places dont il s'approche; distribuant la cavalerie en des lieux séparés, pour l'incommoder sans cesse; se saisir des passages; rompre les ponts et les moulins; faire enfler les eaux; couper les forêts pour s'en faire des barricades.

On ne garde que les places les plus importantes, et on abandonne les autres; on consume par le feu les fourrages qu'on ne peut mettre en lieu de sûreté; on envoie au loin les bestiaux, à couvert des grandes rivières, où ils soient en sûreté; enfin en incommodant son ennemi de toute manière, on empêche surtout que ses partis s'écartent trop de l'armée, et jettent la terreur dans le pays.

552. 6° L'ennemi a quelquefois espéré de finir bientôt une expédition; mais, si l'on parvient à la faire traîner en longueur, la disette le consume, ou le dépit de ne rien faire de considérable le rebute et l'oblige à se retirer, les soldats désertent, ou tombent malades et périssent, et une armée qui était nombreuse en entrant en campagne, se fond insensiblement elle-même.

553. 7° Lorsqu'on a agi offensivement, et que l'on a fait des conquêtes, il faut songer aux moyens de s'y maintenir, et, pour cela, considérer les places que l'on doit conserver ou démolir; les postes que l'on doit fortifier; les passages et les rivières dont il faut s'assurer. Si on ne peut pas conserver ses conquêtes, on doit tirer de grosses contributions, appauvrir le pays de manière à ne laisser que peu de ressources à l'ennemi. Si on est sur la défensive, il faut s'occuper de tout ce qui peut assurer sa tranquillité; et s'il ne reste aucun moyen pour repousser l'ennemi, demander un armistice, et traiter de la paix.

554. 8° Lorsque le temps ou la mauvaise saison séparent les armées, on fait une trêve de plusieurs mois, pendant laquelle on répare ses pertes en hommes et munitions. On ne saurait prendre trop de précautions pour que l'ennemi ne puisse rassembler ses troupes, et vous attaquer avant que vous ayez rassemblé les vôtres.

555. — *Campagne d'hiver.* Il est des circonstances qui les rendent nécessaires, et d'autres où elles présentent tant d'avantages qu'on n'hésite point à les entreprendre.

556. Dans les campagnes d'hiver, on fait toujours marcher les troupes en des cantonnemens bien serrés ; on loge dans un village deux ou trois régimens de cavalerie mêlés d'infanterie, s'il peut les recevoir ; on fait quelquefois entrer toute l'infanterie dans une ville.

557. Lorsqu'on s'approche de l'ennemi, on assigne des rendez-vous aux troupes, et on marche sur plusieurs colonnes comme à l'ordinaire. Quand vient le mouvement décisif de la campagne, c'est-à-dire, quand on est à portée de forcer les quartiers de l'ennemi, ou de marcher à lui pour le combattre, on met les troupes en bataille. Si le jour n'est plus assez long pour entamer l'affaire, on passe la nuit en cet ordre ; mais, alors, chaque compagnie doit avoir de grands feux.

558. Le soldat ne pouvant, à la longue, resister à de telles fatigues, il est nécessaire d'employer, dans ces sortes d'entreprises, toute la célérité possible ; il ne faut point envisager le danger, ni balancer, mais prendre une vive résolution, et la soutenir avec fermeté.

559. CAPITAINE. Après des journées célèbres, la renommée ne proclame ordinairement que les noms des officiers supérieurs ; ce n'est donc que lorsqu'il est détaché, et qu'il commande en chef une troupe, que l'officier particulier, à même de faire une attaque vigoureuse, une défense opiniâtre, une retraite savante, peut fixer sur lui les yeux de l'armée, mériter les éloges de ses chefs, les grâces de son prince, et les applaudissemens de ses concitoyens.

560. Dans ces momens, la bravoure ne lui suffit pas : il doit encore combiner son plan avec sagesse, juger sainement, exécuter avec suite, découvrir du premier coup d'œil les desseins de l'ennemi, et la meilleure manière de les faire échouer. Il doit vaincre, et il en

est incapable, s'il ne joint la réflexion à la valeur, la théorie à la pratique, et l'étude aux observations. Le militaire qui ne réunit pas tous ces objets compromet sa gloire, sa fortune, sa vie; d'ailleurs, sans ces connaissances, comment parvenir aux honneurs et aux grades?...

561. Ainsi, le capitaine doit connaître les ordonnances ou code militaire, pour les observer littéralement, et ne pas s'exposer à commettre à chaque instant des fautes très-préjudiciables au bien du service. Il doit avoir acquis la science militaire, en lisant et relisant avec soin et réflexion tous les articles de grande et de petite tactique contenus dans cet abrégé de stratégie, et en suppléant à sa concision par les ouvrages didactiques anciens et modernes.

562. Il doit apprendre l'histoire, pour suivre pied à pied les guerriers anciens, et surtout les modernes, et tirer une moralité de chacune de leurs actions; il doit classer et rassembler sous un même point de vue les objets qui peuvent naturellement s'éclairer les uns par les autres. Voilà, pour lui, le moyen d'acquérir chaque jour des idées grandes, nouvelles, heureuses, qu'il sera heureux de retrouver quand se présentera l'occasion de les développer. Voici les sciences que nous lui recommandons :

564. — *Topographie*. Celle qui est le plus nécessaire à un capitaine est l'art de deviner la forme que doit avoir une montagne dont il ne voit qu'une partie; la profondeur d'une rivière dont il ne découvre que les bords; les détours et débouchés d'un vallon dont il ne connaît que l'entrée; les petites variétés d'un pays qui paraît uni et de plaine; la distance d'un point à un autre, le temps que la cavalerie peut mettre à la franchir, et l'infanterie à la parcourir.

565. On se rend habile dans cet art conjectural, en faisant pendant la paix de fréquentes observations, en s'assurant de la vérité de chacun des jugemens qu'on a portés; en se formant un coup d'œil assez juste et assez sûr, pour estimer de loin la force d'une troupe, la direction qu'elle prend; pour savoir utiliser la pente

d'un rideau de monticules, pour garantir sa troupe du feu de l'ennemi sans préjudicier au sien.

566. Combien d'avantages n'aura pas sur ses ennemis, et sur ses camarades, le capitaine qui aura fait des progrès dans cet art!.. et quand il sera chargé de quelque reconnaissance militaire, avec quelle facilité ne devinera-t-il pas quels sont les endroits les plus propres à former une embuscade, à attaquer un convoi, etc., etc.!

567. — *Langues.* Il est heureux pour un capitaine de parler plusieurs langues, s'il veut prendre, auprès des habitans du pays, des informations relatives à une expédition qu'il médite; interroger des prisonniers, des transfuges; tromper par une réponse adroite une sentinelle ennemie, une garde; conférer avec des bourgmestre. Combien dans toutes ces occasions ne doit-il pas employer d'art, pour n'être pas la dupe de ces interprètes, ou pour ne pas divulguer ce qu'il médite. Se trouve-t-il, après un combat sanglant, abandonné sur le champ de bataille, quelques mots, qu'il adresse au soldat le plus farouche, le touchent plus que les signes les plus énergiques.

568. Ainsi, parler la langue de son pays avec concision et pureté; l'allemand, parce que long-temps nous aurons la guerre avec l'Allemagne; l'anglais, parce que ce peuple, selon sa politique, est notre ennemi naturel, l'italien et l'espagnol : voilà à quoi doit s'appliquer un capitaine.

469. — *Droit de la guerre.* Le capitaine doit connaître quels sont les droits que donne la victoire, pour empêcher ses soldats et subordonnés d'abuser de leurs avantages. (*Voyez* Humanité.)

570. — *Mathématiques.* Il doit se borner à posséder la géométrie élémentaire, et à faire, avec précision sur le terrain, les opérations qu'elle enseigne.

471. — *Dessin.* La connaissance de cet art et sa pratique sont indispensables au capitaine. (*Voyez* Dessin, Reconnaissance militaire.)

572. — *Arts usuels.* Les officiers doivent avoir une idée assez grande de ceux qui ont rapport à l'état militaire, pour s'éclairer sur la conduite des fournisseurs,

Nous devons posséder, non seulement les connaissances nécessaires à notre rang, mais encore toutes celles qui sont exigées des grades supérieurs : souvenons-nous toujours que *nous manquons plus souvent à l'occasion de parvenir, que l'occasion ne nous manque.*

573. Loin de nous l'idée qu'un capitaine ne doive s'occuper que de l'art militaire. Il peut, il doit même, pour donner du ressort, de l'activité et de l'agrément à son esprit, chercher dans la littérature, dans les beaux-arts ou dans les sciences, des délassemens agréables.

Mais fût-il occupé de résoudre un problème important, sa palette fût-elle chargée des couleurs les plus fraîches, se trouvât-il dans l'accès d'un enthousiasme heureux, si le tambour l'appelle au quartier, il doit jeter plume, compas, pinceaux, et aller commander avec plaisir quelques temps de l'exercice, visiter les effets de ses soldats, calculer les dépenses des chefs de chambrées pendant la durée d'un prêt; en un mot, subordonner l'agréable à l'utile.

574. — *Connaissance du cœur humain.* Les capitaines doivent aussi acquérir la connaissance du cœur humain. Ceux qui la posséderont sauront la manière de tirer un parti avantageux des passions qui dominent les hommes. (*Voyez* Général, 1560.)

575. — *Connaissance de soi-même.* Ils doivent aussi se connaître eux-mêmes. Qui ne se connaît pas est sans cesse exposé à commettre des fautes grossières, à se laisser emporter par ses goûts, conduire par la prévention et aveugler par l'amour-propre.

576. — *Connaissance de sa nation.* Le Français diffère autant de l'Allemand que ce dernier de l'Italien, et que celui-ci diffère de l'Anglais : chacun de ces peuples a son caractère et sa valeur. Le capitaine qui n'aura pas acquis sur tous ces objets des connaissances étendues, tombera dans des erreurs préjudiciables au service de sa patrie.

577. — *Connaissance de sa compagnie.* Le capitaine s'attachera à connaître à fond l'esprit général de sa compagnie; et quand il l'aura saisi, il étudiera en détail celui de tous les hommes qui la composent.

578. Il commencera son cours d'observations par

son sergent-major : il verra s'il est plus sensible aux récompenses qu'aux punitions; s'il a besoin d'être excité ou retenu; il examinera quels sont ses goûts, ses talens, ses mœurs, ses passions, son génie et son genre de courage. Il descendra ensuite de sergent à sergent, de caporal à caporal, de soldat à soldat. Cette étude demande des soins continus, de la patience, de la sagesse; mais que ne peut le zèle soutenu? Un capitaine qui possédera bien sa compagnie pourra, dans les plus grands dangers, en tirer tout le parti qu'il voudra. (*V.* 1566.)

579. — *Qualités morales, Sentimens et Passions auxquelles un capitaine doit être sensible.* Pour être compté au rang des guerriers respectables, pour obtenir des jours heureux, jouir d'une réputation flatteuse, et laisser après soi un nom glorieux, il faut que le capitaine aime sa patrie : c'est le premier des sentimens qui doivent l'animer. S'il aime sa patrie comme elle doit être aimée, il obéit avec soumission aux ordres qu'elle donne, accomplit à la lettre ce que commandent ses lois, est prêt à lui sacrifier non seulement sa vie, mais à lui consacrer tout le cours de ses années; à lui soumettre sa volonté, ses goûts, ses plaisirs et ses passions.

580. Celui qui aime sa patrie d'un amour réel, sincère et persévérant, ne fait rien qui puisse nuire à son pays, et n'omet aucun des devoirs que le service de l'état impose; il prévient, il cherche, il prévoit ce qui peut être utile à sa nation; et, pour l'exécuter, il surmonte les difficultés les plus grandes, il supporte les fatigues les plus pénibles, il brave les dangers les plus imminens, et ne demande pour récompense que l'occasion de rendre des services plus grands encore. Ce sentiment énergique, à qui la sage antiquité doit tous les hommes célèbres qui l'ont illustrée, peut produire toutes les vertus, et ne peut être remplacé par aucune d'elles, pas même par l'honneur.

581. — *De l'Honneur.* Le véritable honneur apprend au capitaine à ne rougir que de ce qui est véritablement honteux, à ne chérir que ses devoirs, à distinguer la vertu d'avec ses apparences; à priser le

contentement intérieur plus que les louanges de la multitude. (*Voyez* Général.)

582. — *Estime publique*. On doit développer de bonne heure dans l'âme des militaires, cette passion précieuse de l'estime public; si nous y parvenons, nous les verrons remplir leurs devoirs dans toute leur étendue, et réunir toutes ces vertus qui constituent l'honnête homme, le bon citoyen et le guerrier respectable.

583. — *Estime de ses chefs*. On doit animer ce désir dans l'âme des militaires. (*Voyez* 1558.)

584. — *Amitié de ses égaux*. Le capitaine doit priser l'amitié de ses compagnons d'armes, et s'étudier à la mériter; elle le dédommagera de tous les sacrifices que son état lui impose, et bannira loin de lui l'ennui qui poursuit ordinairement avec tant de constance le militaire.

585. — *Amour du soldat*. Non, les soldats n'accordent leur amour ni à l'officier ignorant, ni au capitaine dont les mœurs sont dépravées, ni au chef qui laisse flotter les rênes de la discipline, ni à celui qui montre peu de goût pour son métier, ni à celui dont la parure annonce plutôt un Sybarite qu'un Spartiate. Ils n'accordent ce sentiment précieux qu'au capitaine qui sait les punir avec justice et fermeté, quand ils ont mal fait, et leur donner des louanges quand ils se sont conduits en gens de cœur; qui leur parle avec dignité, avec politesse et avec bonté; qui cherche à les élever à leurs propres yeux; qui leur prodigue les soins les plus tendres quand ils sont malades; qui allége leurs travaux quand ils sont faibles; qui est leur protecteur, leur défenseur, leur père, qui, toujours calme et réfléchi, ne se laisse ni emporter à la colère, ni séduire par la prévention; en un mot, ils n'accordent leur amour qu'au capitaine qui remplit ses devoirs dans toute leur étendue.

586. Ils peuvent bien prendre un air de gaîté, de familiarité avec un capitaine qui ne ressemble en rien à celui que nous venons de peindre; mais l'observateur attentif reconnaît que l'ironie tient sur leurs lèvres la place d'une sincère approbation; et au lieu de la sérénité que donne le vrai contentement, il découvre sur

leurs fronts les indices d'un mépris, qui, pour être masqué, n'en a pas une existence moins réelle et moins profonde.

— *Esprit de corps.* (*Voyez ce mot.*)

587. — *Bravoure.* La bravoure dépourvue de lumières peut être quelquefois utile, mais les connaissances et les talens que la bravoure n'accompagne pas sont toujours stériles. Il faut donc que le capitaine soit brave; il faut plus encore, il faut que ses soldats soient convaincus de sa valeur. Si la bravoure du capitaine était soupçonnée, le mépris le plus grand l'accablerait bientôt, et ses ordres perdraient, même en temps de paix, une grande partie de leur poids. La valeur du capitaine, pour être grande, ne doit cependant pas être emportée; si elle l'empêche de réfléchir et de raisonner sa conduite, si elle lui ôte la liberté d'esprit et le sang-froid qui sont nécessaires pour donner des ordres sages et pour profiter des occasions favorables, elle n'est plus une qualité précieuse. Celui qui la possède pourrait être un bon soldat; mais il ne sera jamais un bon capitaine : la valeur du soldat et celle de son chef diffèrent beaucoup.

588. — *Du Courage.* On peut être valeureux et n'avoir point le courage qui fait supporter sans broncher les coups de la fortune, les intempéries des saisons, la disette des vivres. On peut être valeureux et n'avoir point cette fermeté d'âme qui fait qu'on se roidit contre les sollicitations des femmes, qu'on brave les menaces des grands, qu'on s'oppose à toutes les injustices, et qu'on s'élève au-dessus de toutes les considérations personnelles. On peut être très-valeureux, et n'avoir point ce courage qui règle les goûts, asservit les plaisirs et dompte les passions. On peut être très-brave, et ne savoir pas supporter une disgrâce sans s'avilir, une défaite sans tomber dans l'abattement, et remporter une victoire sans s'énorgueillir. Le capitaine s'exercera de bonne heure à fortifier son âme contre les divers coups qui peuvent l'atteindre ; plus il sera affermi contre eux, plus il sera maître de lui-même, et plus il approchera de la perfection.

589. — *De la Justice.* Un code qui infligera des

peines proportionnées à la gravité des délits, facilitera la justice au capitaine, en bannissant tous les abus que produit le pouvoir arbitraire.

Le peuple qui décernerait une récompense nationale à chaque action utile, et qui réglerait si bien la manière de parvenir aux grades élevés, que la prévention et les considérations particulières ne puissent jamais influer sur la nomination des officiers, et empêcher le mérite dépourvu de protecteurs, méconnu par la fortune, et traité peu favorablement par la nature à l'égard des qualités du corps, d'être élevé à ces places plus importantes qu'on ne le croit communément, procurerait sans peine le titre d'équitable au capitaine.

590. Un capitaine, enfin, serait juste plus facilement dans un corps militaire composé de sous-officiers instruits et éclairés, parce qu'il ne serait jamais induit en erreur par les comptes qu'ils lui rendent dans des instans où ils sont égarés par leurs animosités particulières, et aveuglés par leurs petits intérêts. Mais, en attendant ce bienfait, exigeons qu'un capitaine soit juste, et nous lui imposerons les plus grands travaux, nous le soumettrons à une vigilance perpétuelle; il faudra qu'il voie tout par lui-même, qu'il vérifie un rapport par un autre, et malgré tous ses soins, il sera encore exposé fort souvent à commettre des injustices. Si, en interrogeant sur le même fait plusieurs personnes, il parvient à découvrir la vérité, il courra le risque de transformer la vigilance en espionnage, et de faire naître la méfiance, la haine et plusieurs autres fléaux aussi cruels. En attendant un bon code militaire, le capitaine veillera sans cesse sur lui-même, pour tenir un juste milieu entre les deux extrêmes. Il pesera au poids de l'équité toutes les peines qu'il infligera; il recevra toutes les plaintes que ses soldats lui porteront; il forcera ses subordonnés à réparer les torts qu'ils auront eus; mais il punira doublement le soldat qui aura joint le mensonge à une faute. Il écoutera tous les rapports que ses sous-officiers lui feront; mais il les vérifiera avec soin, sans cependant compromettre l'autorité et la réputation de ceux qui les auront faits.

Il les éclairera quand ils se seront laissés emporter par un zèle trop grand, par une sévérité outrée, ou par quelque intérêt particulier : la grande justice, dans un capitaine, consiste à obliger ses sous-officiers à être justes et vrais.

591. Nous recommandons à un capitaine de rendre justice à ceux de ses subalternes auxquels il devra des conseils; à ceux qui auront exécuté, sous ses ordres, quelque opération difficile, qui auront fait quelque action d'éclat. Cette conduite généreuse lui vaudra les éloges les plus flatteurs de la part de son prince, de sa nation et de la postérité.

592. — *Obéissance*. On trouve dans les armées bien peu d'officiers qui refusent formellement d'obéir aux ordres de leurs chefs; mais on en trouve souvent qui se permettent de blâmer hautement la conduite militaire de leurs supérieurs, de faire la critique de leurs opinions, et de censurer les actions ordinaires de leur vie. Les Français tombent plus souvent que tous les autres peuples dans cette espèce d'insubordination, plus dangereuse que la révolte ouverte.

593. Un chef à qui on désobéit avec éclat fait aisément rentrer dans les bornes de l'obéissance et de la discipline ceux que leurs passions en ont fait sortir; il prévient avec facilité les désordres que peuvent causer ces frondeurs publics, qui croient se faire un nom en blâmant tout ce qui émane de l'autorité. Mais il est presque impossible à celui qui commande de parer les coups que lui portent ces détracteurs hypocrites, qui, obéissant eux-mêmes servilement, veulent éloigner les autres d'une obéissance noble et généreuse; qui flattent leur chef en sa présence, et le dénigrent quand il est absent, qui ont l'art de donner à la noire calomnie les dehors d'une médisance légère; qui font naître des soupçons dangereux, en ayant l'air de faire des observations triviales ou des questions innocentes; qui accablent un chef sous le poids du ridicule, en employant une plaisanterie fine et agréable en apparence, mais mordante et cruelle en réalité; qui finissent enfin par détruire les ressorts de la discipline, après

les avoir affaiblis par leurs insinuations dangereuses et leur ironie piquante.

594. Le capitaine sage fuira loin de ces hommes dangereux, et tiendra une conduite entièrement opposée. Quel que soit le chef que son prince lui ait donné, il lui obéira avec la soumission qu'il doit aux organes de la loi. S'il est forcé de donner dans son cœur une place au mépris, il ne permettra jamais qu'il en sorte. S'il croit que son chef, par impéritie, peut compromettre les intérêts de l'Etat, ou faire souffrir quelques branches de son administration, il l'avertira, mais en secret, des suites que sa conduite peut avoir; il lui parlera avec franchise, mais cependant avec ménagement. La vérité, quand nous l'offrons aux hommes, surtout à ceux qui sont plus élevés que nous, a presque toujours besoin d'un voile.

595. — *Désintéressement.* L'éducation que les officiers ont reçue, les exemples qu'ils ont sous les yeux depuis qu'ils servent, leur ont suffisamment prouvé qu'ils doivent non-seulement conserver leurs mains pures, mais même se mettre à l'abri du soupçon le plus léger. Nous dirons seulement que le capitaine est responsable de la probité de ses sous-officiers et caporaux; qu'il est coupable toutes les fois que ses sergens ou fourriers commettent des erreurs dans leurs comptes, parce qu'ils sont assurés qu'on ne les vérifiera pas, toutes les fois que leur chef ne veille pas avec assez de soin sur les marchands et fournisseurs qui traitent avec eux. Il doit faire venir les marchandises de la première main, pour les avoir à meilleur marché. Il doit veiller au choix et à la confection des effets à l'usage de ses soldats, avec plus d'attention encore qu'il ne pourrait en apporter pour lui-même.

596. — *Fidélité à sa parole.* Le militaire le moins délicat ne se permettra jamais de violer la parole qu'il aura donnée à qui que ce soit. Il ne fera jamais aux uns et aux autres des promesses qu'il lui sera impossible de tenir.

597. Les promesses agréables que le capitaine fait à ses soldats ne doivent jamais être vaines; et celles qui leur font entrevoir des punitions sévères ne doivent

pas non plus être frivoles. Avec un capitaine irrésolu, et qui se laisse gagner par de belles promesses, le soldat est inexact et quelquefois sans discipline; mais avec un commandant ferme, et qui tient exactement toutes les paroles qu'il a données, le soldat ne s'éloigne jamais des règles du devoir, et fait souvent mieux qu'on aurait osé l'espérer.

597. — *Humanité.* Que ce mot vienne souvent, surtout en temps de guerre, se présenter à l'esprit du capitaine. Là, le soldat furieux ne respire que le sang et le carnage; chacun bannit loin de lui la pitié pour les maux d'autrui; l'humanité gémissante ne peut espérer d'être puissamment secourue que par les capitaines. Quoi qu'il arrive, qu'ils s'empressent de la soulager. Si l'amour de la patrie nous force, dans le champ de Mars, d'être prodigues de sang, que l'amour des hommes nous en rende avares, sitôt que nous avons déposé les armes; que notre conscience ne nous dise jamais : *Barbare, tu as pu conserver la vie à un homme, à un soldat, à un de tes compagnons, et tu ne l'as pas fait !....*

598. Le soldat à qui, pendant sa maladie, nous aurons montré un tendre intérêt, à qui nous aurons donné des soins empressés, s'exposera, dans le combat, avec la plus grande ardeur pour notre gloire, et sacrifiera la vie avec plaisir pour conserver la nôtre.

599. Montrons une tendre compassion pour les maux de nos compagnons d'armes; soyons économes de leurs forces; ménageons leur sang dans toutes les occasions; mais veillons avec plus de soin encore sur leurs jours, lorsque nous avons quitté le champ de bataille, que sur ce théâtre du tumulte et de l'horreur. S'ils perdent ici la vie, leur mort est du moins utile à la patrie, et partout ailleurs, nous perdons et leur vie et leur mort.

600. Le capitaine doit aller au secours de celui de ses soldats dont l'estomac très-actif ne trouve pas une nourriture suffisante dans sa ration. Il doit diminuer les travaux de celui à qui l'âge n'a pas donné les forces dont il aurait besoin, ou à qui une maladie longue et cruelle les a enlevées.

601. Il doit être tour-à-tour compâtissant, généreux,

honnête, facile, bon, mais jamais faible. Qu'il ait pour les prisonniers qu'il aura faits toutes les attentions compatibles avec le besoin de s'assurer de leurs personnes.

601. — *De la Modestie et de la Politesse.* Il importe aux guerriers d'être modestes dans les succès, affables avec leurs soldats; d'avoir un caractère doux et une humeur égale; d'éviter avec un soin extrême la hauteur dans le ton, la fierté dans les manières, l'ironie: l'épigramme et la dureté dans les propos; enfin de ne tirer jamais vanité ni de leur naissance ni de leur fortune.

502. Il ne reste plus qu'à assurer au capitaine qui réunira les traits divers que nous venons de rassembler, qu'il parviendra certainement et avec promptitude aux premiers grades. Les injustices dont les militaires se plaignent quelquefois sont moins fréquentes qu'on ne fait semblant de le croire. Discutez la conduite de ceux qui prétendent avoir éprouvé des injustices: vous verrez qu'ils ont moins manqué de protecteurs que de mérite; que la jalousie et l'envie les ont moins desservis que leur ignorance ou leurs mœurs, et qu'en ne leur accordant pas le grade d'officier supérieur, on leur a rendu service. Dans le poste élevé où on les aurait placés, ils auraient attiré vers eux les regards du public, et ils ne peuvent être observés de près sans y perdre.

603. CAPITALE. Ligne droite comprise entre le point de réunion des deux demi-gorges d'une pièce de fortification, et l'angle saillant de cette pièce. Comme le soldat tire devant lui, il y a, devant chaque angle carré, un secteur de cercle de 90 degrés sans défense, ce qui est un très-grand défaut.

604. CAPITULATION. Les articles de la capitulation d'une place sont proposés par l'assiégé, qui reçoit des ôtages pour la sûreté de ceux qu'il envoie vers le général ennemi. Ordinairement, ces ôtages se donnent réciproquement et de dignité égale.

605. La stipulation des articles proposés, la modi-

fication ou le refus de quelques-uns, se règlent sur un grand nombre de considérations dépendant des vues et des connaissances du général qui fait le siége.

606. Les articles étant signés, les assiégeans prennent possession d'un poste ou d'un front attaqué, selon ce dont on est convenu.

607. Le temps où la garnison doit sortir étant arrivé, on introduit, dans la place, ordinairement par honneur, le plus ancien corps de l'armée, qui prend les postes pour la garde de la place; et, après que les troupes ennemies sont sorties, on y fait entrer celles qu'on y destine pour garnison.

608. La visite de ce qui doit rester dans la place, suivant la capitulation, précède la sortie de la garnison et se fait toujours de concert avec les officiers d'artillerie et les préposés pour les vivres, qui s'en donnent réciproquement des états signés et des décharges, sur lesquels états le général donne des ordres afin de pourvoir la place de ce qui lui manque.

609. On donne aux troupes qui sortent une escorte suffisante pour les conduire sûrement au lieu marqué par la capitulation, de laquelle sur toute chose on doit être religieux observateur.

610. Les premiers soins qui doivent suivre la sortie de la garnison, sont la destruction de tous les ouvrages extérieurs qu'on a faits pour l'attaque, et la réparation de ce qui a été endommagé par le siége.

611. Un gouverneur ne doit rendre sa place qu'après avoir épuisé tous les moyens de défense que l'art et son génie peuvent lui fournir, et que lorsqu'il ne lui reste plus aucun moyen d'éviter d'être forcé.

612. Les capitulations sont relatives aux circonstances. Souvent celui qui assiége, ne voulant pas être arrêté par une longue défense, accorde sans difficulté les honneurs militaires aux garnisons qui se rendent. D'autrefois les places ne manquant de rien, si les gouverneurs sont incapables, les habitans effrayés les forcent à se rendre.

613. Cette facilité à prendre les places est quelquefois un stratagème de l'ennemi, pour diminuer vos forces et tomber sur vous avec avantage.

7

614. Lorsqu'on écoute les propositions d'un général assiégé, on doit, pour régler les articles de la capitulation, avoir autant d'attention à la constitution générale de la guerre qu'à l'état de l'armée et de la place assiégée.

615. Pour capituler, on arbore, par l'ordre du commandant de la place, sur la muraille, un pavillon blanc; ou, ce qui est la même chose, un tambour vient sur le rempart, bat la chamade, et crie à haute voix que ceux de la place demandent à traiter.

616. Dès ce moment, le gouverneur fait cesser la réparation des brèches et les autres travaux, et fait défense de tirer sous peine de la vie.

617. Dès la chamade battue, le général des assiégeans fait sortir de la tranchée l'officier qui la commande. Cet officier va seul, et ne porte point d'autre arme que son épée; il ne passe pas le lieu que le tambour lui marque. Le général de l'armée assemble son conseil de guerre pour délibérer si l'on traitera; et, pour l'ordinaire, l'on conclut à attendre les propositions du commandant. Le général, pour ne point laisser aux assiégés le temps de reprendre haleine ou de recevoir du secours, lui envoie des députés.

618. Le gouverneur de la place n'est jamais du nombre de ceux qui viennent pour traiter; c'est une chose établie, qu'il ne sort jamais de sa place tant qu'elle est assiégée, non-seulement pour capituler, mais encore à la tête de ses sorties. Quant à la députation, elle sort par un des guichets d'une porte, ou quelquefois par la brèche; en certain cas, on l'a fait descendre par les remparts avec des cordes.

619. Le général envoie en même temps un ou deux officiers dans la ville, en ôtage pour la sûreté des députés. Ceux-ci font les propositions et les mettent par écrit.

620. Le général les examine dans le conseil, accorde les unes, refuse les autres; on dispute de part et d'autre, chacun pour ses avantages; enfin, on conclut, ou, les députés étant renvoyés et les ôtages rendus, on recommence à attaquer et à se défendre. On est fort exact à peser tous les termes d'une capitulation, pour

n'y laisser aucune équivoque qui puisse donner lieu au général et au gouvernement de chicaner sur l'exécution. Dans l'article où l'on marque le lieu où la garnison devra se rendre, on ne doit pas oublier que ce sera par le chemin le plus court.

621. Quand le général est assuré que la place ne peut lui échapper, il prescrit les conditions telles qu'il lui plaît. Pour l'ordinaire, il accorde des marques d'estime au gouverneur qui s'est bien défendu; et, si les ennemis en ont mal usé en pareille rencontre, il les traite de même.

622. Voici les conditions que demande ordinairement le gouverneur qui ne peut plus se défendre.

1° Que la garnison sortira par la brèche avec armes et bagages, chevaux, tambours battant, mèche allumée par les deux bouts, balle en bouche, drapeaux déployés, un certain nombre de canons et mortiers, avec leurs armes et affûts de rechange; des munitions de guerre pour tirer un certain nombre de coups; pour être conduits, par le chemin le plus court, au lieu indiqué. Si la garnison doit être plusieurs jours en marche, on demande les provisions de bouche nécessaires.

623. 2° Que les assiégeans fourniront un certain nombre de chariots couverts, c'est-à-dire qui ne seront pas visités, et, en outre, des chariots pour conduire les malades et les blessés en état d'être transportés, et en général toutes les voitures nécessaires pour emporter les bagages de la garnison.

624. 3° Que les malades et blessés obligés de rester dans la ville pourront en sortir avec tout ce qui leur appartient, lorsqu'ils seront en état de le faire, et qu'en attendant, il leur sera fourni gratis, ou autrement, logement et nourriture.

625. 4° Qu'il ne sera réclamé aucune indemnité contre les assiégés pour chevaux pris chez le bourgeois, et pour les maisons qui ont été brûlées et démolies pendant le siége.

626. 5° Que le gouverneur, tous les officiers de l'état-major et de troupes, et les troupes elles-mêmes et tout ce qui est au service du roi, sortiront de la place

sans être sujets à aucun acte de représailles, de quelque nature que ce puisse être, et sous quelque prétexte que ce soit.

627. 6° Que les habitans seront maintenus dans leurs droits et prérogatives.

7° Qu'il sera libre à ceux qui voudront sortir de la ville, de s'établir dans les lieux qu'ils jugeront à propos. Qu'ils ne seront ni inquiétés, ni recherchés pour aucune des choses qu'ils auront pu faire avant ou pendant le siége.

628. 8° Que les prisonniers faits de part et d'autre seront rendus. Observez que, pour qu'une place soit reçue à composition, il faut qu'elle ait encore des vivres et des munitions de guerre pour trois jours; sans quoi la garnison se trouverait obligée de se rendre prisonnière de guerre.

629. Quand l'ennemi ne veut point accorder de capitulation, et qu'on est forcé de subir la loi, on tâche de l'adoucir et d'obtenir ce qui suit:

630. 1° Que le gouverneur et les principaux officiers garderont leurs épées, pistolets et bagages, etc.

2°. Que les officiers subalternes garderont leurs épées et leurs bagages.

3° Que les soldats ne seront ni dépouillés, ni dispersés.

4° Que la garnison sera conduite à tel endroit, pour y demeurer prisonnière de guerre.

5° Que les officiers principaux auront la faculté d'aller vaquer à leurs affaires pendant un certain nombre de jours.

631. Lorsqu'on prévoit la nécessité de se rendre, et que l'on a de grands magasins de munitions de guerre, etc., on gâte et détruit tout ce qu'on peut, avant de capituler, pour que l'ennemi n'en profite pas.

632. CAPONNIÈRE *casematée*. On ne peut construire une caponnière casematée que dans les fossés qui ont au moins douze pieds de largeur. Elle est ou générale, ce qui signifie qu'elle règne tout autour du poste; ou partielle, c'est-à-dire qu'elle n'occupe qu'un

seul point. Elle peut être à un ou deux étages; le second peut être ou non couvert.

633. Toute caponnière doit avoir une poterne de quatre à cinq pieds de largeur, placée sur le côté qui ne doit point éprouver les efforts de l'ennemi, et qui est destinée à ouvrir une communication de l'intérieur du poste dans le fossé.

634. On doit avoir préparé, dans l'intérieur de l'ouvrage, des arbres taillés en abatis, ou quelques autres objets capables de boucher la poterne, afin d'empêcher l'ennemi qui aurait gagné le fond du fossé, d'entrer dans l'ouvrage en passant par cette poterne.

635. Pour construire une caponnière casematée à deux étages, il faut rassembler des arbres, des poutres et des solives qui aient au moins six pouces d'équarrissage, et au plus un pied; et longs d'au moins trois pieds de plus que le fossé n'a de profondeur, y compris la hauteur du glacis.

636. Il faut diviser par deux tiers le nombre de pieds du pourtour du poste, et le quotient indique le nombre d'arbres, de poutres ou solives nécessaires à la construction d'une caponnière, en les supposant de six pouces d'équarrissage, pour les placer à deux pouces les unes des autres.

637. Pour une caponnière à deux étages couverts, il faut aussi se procurer des solives de quatre à cinq pieds de longueur; il en faut autant que de palissades. On doit encore rassembler un grand nombre de planches ou madriers, pour plancheïer les deux étages.

638. Quand on ne veut construire qu'une caponnière à un seul étage, on n'emploie que des arbres de huit pieds de longueur.

639. — *Construction.* On fait aiguiser les palissades par un de leurs bouts, de manière qu'elles puissent entrer de deux pieds en terre.

On trace à trois pieds de l'escarpe une rigole dans laquelle la pointe de la palissade doit être placée. On plante les palis le plus perpendiculairement possible, à deux pouces les uns des autres. On place les solives portant par un bout sur la palissade, et de l'autre dans le parapet. On recouvre les solives de planches, sur lesquelles on met des fascines que l'on charge d'un ou deux pieds de terre. On cloue ensuite sur les palissades les planches qui doivent empêcher l'ennemi de voir l'intérieur de cette galerie. De deux en deux planches, on laisse un intervalle de deux pouces, qui fait, avec celui qui se trouve entre les palissades, un vrai créneau, par lequel les soldats passent le fusil et font feu.

640. Quand la caponnière a deux étages, on cloue contre les palissades perpendiculaires, et à six pieds de terre, une poutre de six à huit pouces d'équarrissage : c'est sur cette poutre et sur les terres du parapet que portent les solives sur lesquelles on établit le plancher du premier étage. Le toit se construit comme dans celles qui n'en ont qu'un; et pour communiquer du premier étage au second, on laisse dans le plancher des trous assez grands pour qu'un homme puisse y passer commodément au moyen d'une petite échelle. Les soldats du second étage peuvent tirer sur l'ennemi lorsqu'il commence à s'approcher de la crête du glacis.

641. Le second étage, ne dépassant le glacis que d'un pied tout au plus, ne peut être vu par le canon de l'ennemi que lorsqu'il a été conduit sur le bord de la contre-escarpe.

642. Quoique l'ennemi parvienne à gagner le fond du fossé, il n'est pas maître de l'ouvrage. Il faut qu'il coupe des solives de six pouces d'équarrissage, ou qu'il gravisse contre les palissades plantées perpendiculairement, et cela sous un feu à bout portant.

643. Une caponnière casematée, bien faite, offre à l'assaillant l'obstacle le plus difficile qu'il ait à surmonter. Ce n'est pas en l'attaquant qu'on la vaincra, mais en éludant les difficultés qu'elle oppose.

644. On peut s'en servir sur une élévation, même sans ouvrage intérieur, pour former un poste bon contre un ennemi qui n'aurait point de canon.

645. On ne peut enlever une caponnière casematée qu'en comblant le fossé avec les gros sacs à terre, à laine, fascines, etc., après avoir éteint les feux directs du parapet, et ceux du second étage de la caponnière.

646. CAPORAL. Qu'on ne s'abuse pas : c'est le bon caporal qui fait l'excellent soldat. Messieurs les officiers ne sauraient donc trop s'attacher à lui procurer toutes les connaissances et les qualités que réclame si impérieusement l'importance de ses fonctions. Un chef de corps, s'il est porté pour le bien du service, et jaloux de la gloire de sa patrie, ne saurait trop, non plus, y tenir la main.

647. C'est en effet des caporaux que dépendent principalement l'exactitude de la discipline, la bonté de l'instruction, la solidité de la tenue, et la précision des manœuvres.

648. Ce sont eux qui rendent adroit le laboureur vigoureux, qui font acquérir de la force à l'artisan efféminé, et qui donnent de la docilité au citadin indépendant. Ils animent du même esprit tous ces êtres différens; ils rendent leurs âmes accessibles aux impressions de la gloire; ils leur inspirent un courage qui peut tout entreprendre, et une constance qui peut tout exécuter; ils leur rendent l'obéissance facile et le joug léger; ils leur font aimer leurs chefs et chérir leurs devoirs : en un mot, d'un assemblage confus d'hommes, pour la plupart, mercenaires, libertins, lâches ou téméraires, ils font une troupe brave, vigoureuse, bien disciplinée et bien exercée.

639. Le caporal, n'ayant à surveiller qu'un petit nombre d'hommes qu'il ne perd jamais de vue, parce qu'ils couchent dans la même chambrée et vivent au même ordinaire, a beaucoup d'avantage sur l'officier, pour communiquer aux soldats les impressions que nous voulons leur donner. Il peut prévenir les fautes légères, en donnant à celui qui pourrait les commettre, des conseils sages et des exemples salutaires; remédier aux abus les moins considérables, en reprenant ou en punissant ceux qui en sont les auteurs; distinguer celui qui a manqué à ses devoirs, parce qu'il n'était pas instruit, d'avec celui qui a péché par défaut d'attention ou de volonté; animer celui-ci, retenir celui-là, soutenir un autre. Et qui ne sait que ce sont ces soins qui entretiennent l'ordre et l'harmonie dans tous

les corps, et que toutes ces petites causes produisent les grands effets qui étonnent quiconque ne connaît pas les détails militaires?

650. Je n'hésite pas à le dire, un régiment qui serait dépourvu de bons officiers particuliers et de sous-officiers, mais dont les caporaux répondraient à l'idée qu'on doit en concevoir, serait mieux tenu, mieux discipliné que celui dont les officiers et sous-officiers seraient excellens, mais dont les caporaux seraient mauvais. Pour nous en convaincre, parcourons les devoirs qui sont imposés au caporal.

651. — *Devoirs des Caporaux*. Les devoirs du caporal commencent avec le jour, et ne finissent que long-temps après le commencement de la nuit. A peine est-il levé, a-t-il donné quelques soins à sa personne, qu'il doit obliger tous ses soldats à se lever, faire l'appel, et rendre compte à son sergent. Il fait aussitôt ouvrir les fenêtres pour renouveler l'air de la chambre, faire les lits, balayer, et remettre tout en bon ordre. Il veille ensuite à ce que les soldats se peignent et s'habillent. Les anciens soldats ne lui donnent pas de peine, mais les recrues nouvellement arrivées exigent de sa part une surveillance continue. Ils ne savent, pour la plupart, ni se peigner, ni se chausser, ni s'habiller. Il faut donc qu'il examine soigneusement chacune des différentes parties de leur habillement, pour s'assurer qu'ils les ont mises comme elles doivent l'être, qu'ils en ont secoué la poussière, enlevé les taches, réparé les trous et les décousures.

652. Il va au râtelier des armes ; il examine si elles sont en bon état ; s'il y a quelques réparations à y faire, il en rend compte à son sergent.

653. Il apprend à ses hommes à monter et démonter leurs armes, les nettoyer, pour prévenir les effets de la rouille ; à blanchir leur buffleterie, cirer leur giberne, et réparer les différentes parties de l'armement. Pendant ces leçons, il leur parle de la force de la sainteté de leur engagement, de l'amour que méritent la patrie et son chef, de l'obéissance complète qu'ils doivent à leurs officiers et sous-officiers, et des égards que leurs camarades ont droit d'attendre d'eux,

Il leur indique la conduite qui leur est ordonnée dans les différentes circonstances de l'état qu'ils ont embrassé, et leur fait connaître les punitions auxquelles ils s'exposent en manquant à la discipline. Il leur apprend les devoirs du soldat, quand il est de garde, et ceux de la faction. Combien de détails, tous intéressans, tous indispensables!

654. Quand il a touché le prêt, il va, avec un homme de son escouade, chercher les denrées qui lui sont nécessaires; il choisit les vivres avec discernement; il les achète avec économie. Il varie, autant qu'il le peut, les mets destinés à ses hommes, pour prévenir le dégoût. Il ne mène jamais deux fois de suite le même homme avec lui, afin qu'on ne puisse pas le soupçonner de détourner à son profit la plus légère partie de la subsistance de ses subordonnés. Il inscrit sur un livre destiné à cet objet, en présence du soldat qui l'accompagne, la quantité et le prix des denrées qu'il a achetées; et, pour que ses officiers puissent aisément vérifier si son état est juste, il met aussi par écrit le nom du soldat témoin des achats. Cela fait, il lui reste encore à veiller à ce que celui qui, à son tour, est chargé de préparer les alimens, y apporte le soin nécessaire, et la propreté, si essentielle à la santé.

Les hommes de son escouade, qui doivent ce jour-là être de service, fixent ensuite son attention; il veille à ce que leur armement et leur habillement soient dans le plus grand ordre, ce dont il s'assure par une inspection rigoureuse.

655. Le repas militaire fini, il oblige celui qui est de cuisine à faire disparaître jusqu'à la trace la plus légère de l'espèce de désordre que ce repas a occasionné.

656. A la descente de la garde, il oblige les soldats à remettre en bon ordre leurs personnes, leurs habits et leurs armes. Après le second repas, il fait porter à ceux qui sont de service les vivres qu'il leur a conservés; il leur envoie aussi les objets dont ils peuvent avoir besoin.

657. La nuit arrive, la retraite sonne, il fait l'appel de son escouade, en rend compte, et oblige ses soldats

de se coucher, éteint la chandelle, et se livre enfin au repos quand il croit tout tranquille. Cependant, il a l'œil et l'oreille au guet; au moindre bruit, il examine ce qui se passe dans sa chambre. Aux actions du soldat qui va sortir, il devine les projets qu'il a formés; il entend les hommes de son escouade parler très-bas, il redouble d'attention, et, s'il parvient à surprendre la confidence de quelque projet dangereux, il en prévient l'exécution. Est-ce une action criminelle que l'on médite, il exerce une surveillance plus active que de coutume; il épie toutes les démarches de celui qu'il soupçonne; il visite souvent son sac, s'informe des sociétés qu'il fréquente, et fait part de toutes ses observations à son sergent, et, de concert avec lui, il prend les mesures les plus propres à rompre les projets dant il se défie.

658. Il n'est jamais oisif: aujourd'hui il visite les effets du petit équipement, en constate le nombre et la qualité; il donne, sur leur durée, et sur le moment où ils auront besoin d'être remplacés, des conjectures que l'expérience lui a apprises à former, et il annonce quels sont ceux qui ont besoin d'être remplacés dans l'instant.

659. Pendant cette visite, il apprend à ses soldats comment ils peuvent empêcher la détérioration des objets de première nécessité, et dont le remplacement consume une somme considérable pour eux; il leur fournit, par une sage distribution, des corvées, qu'il leur fait faire pour les hommes absens, ou qui ont obtenu la permission de travailler, une manière simple et facile de se procurer les effets qui leur manquent; il en paie le prix, et il fait faire tout de suite les réparations qui sont nécessaires.

660. Le caporal s'aperçoit-il qu'un de ses soldats mange peu, que sa gaîté a disparu, que son visage est flétri, il l'interroge, et rend compte de son état, et, avant que la maladie ait fait des progrès, il le conduit au chirurgien-major et de là à l'hôpital.

661. Il étudie le caractère de ses soldats, et distingue celui qui, par paresse, feint d'être malade, de celui qui l'est réellement: l'un veut reprendre le cours

de ses devoirs quand sa santé n'est pas encore affermie; il l'en empêche; l'autre veut prolonger sa convalescence, pour faire durer son oisiveté; il l'en empêche aussi.

662. Si un de ses jeunes soldats nouvellement arrivés, s'abandonne à une mélancolie funeste, et se dégoûte de son nouveau métier, le caporal, loin d'appesantir sur lui le joug de la discipline, si pesant quand on n'y est pas façonné, l'allége autant qu'il le peut: il cherche à lui faire oublier tout ce qu'il a quitté; il veut, par les soins qu'il lui prodigue, lui faire perdre le souvenir de sa mère et de sa famille; il cherche à gagner sa confiance, à devenir le dépositaire de ses peines; il lui tend une main secourable: il le retire de l'accablement où ses chagrins le plongent; il verse un baume adoucissant sur ses maux, et il le met pour jamais à l'abri d'une situation aussi cruelle.

663. Il peut prévenir les disputes, par une attention empressée à terminer les plus petites discussions qui s'élèvent dans la chambrée, et en empêchant ses soldats de jouer à des jeux animés par un intérêt plus vif que la gloire de vaincre, et la peine d'être vaincu. Il peut prévoir les voies de fait, par une vigilance active. C'est du défaut d'attention des officiers et sous-officiers que naissent la plupart des combats singuliers que se livrent les soldats.

664. Le caporal conserve la discipline dans toute sa vigueur, empêche les progrès de la corruption, en réprimant les propos licencieux, qui pourraient donner aux nouveaux soldats des idées d'indiscipline ou de libertinage, et en inspirant à ces derniers de la méfiance pour ceux de leurs camarades dont les conseils et les exemples pourraient être dangereux.

665. Un caporal doit redoubler de vigilance la veille qui précède un grand exercice ou une revue. Ce n'est qu'après avoir fait subir à chaque soldat une inspection plus sévère qu'à l'ordinaire, qu'il peut leur donner quelques instans de loisir. Il visite de nouveau, le jo de la revue, les armes et les habits. A
il fait remettre les uns et les autres d

preté où ils étaient avant. Pendant la marche, il veille à ce que les soldats exécutent les ordres qu'ils ont reçus. Arrivé au logement, il distribue les billets que lui a remis le fourrier, ayant soin de loger avec lui le soldat qu'il croit devoir surveiller avec le plus d'attention, soit à cause de son inexpérience, soit parce qu'il le soupçonne de projets dangereux Il continue ainsi d'asseoir son logement, de manière à ce que les sujets qui méritent le plus de confiance soient avec ceux qui en méritent le moins. Il visite, pendant la journée, les logemens de son escouade, et veille à ce que les soldats réparent les dégradations que leurs armes, leurs habits, ou leur équipement ont pu éprouver.

666. Les devoirs du caporal de service, tant pendant la guerre, que pendant la paix, sont aussi essentiels au moins que ceux qu'il doit remplir dans sa chambrée. C'est de sa vigilance, c'est de son adresse à poser les sentinelles, et de son attention à les instruire, que dépendent la tranquillité et la sûreté d'un poste.

Le caporal, dans toutes les occasions, doit à son escouade l'exemple de la perfection; s'il se mettait souvent dans le cas de recevoir des réprimandes, ou de subir des punitions, il perdrait la considération de ses soldats. Il doit, avant de monter la garde, leur procurer tout ce dont ils pourraient avoir besoin en son absence.

667. Lorsqu'il est arrrivé au poste, il doit visiter le corps-de-garde avec le caporal de la garde descendante, et examiner si tous les objets qu'on lui consigne sont en bon ordre. Si quelques-unes ont éprouvé des dégradations, il en rend compte au chef du poste, pour ne pas s'exposer de remplacer ceux qui manqueraient. Il numérote son poste, retire les sentinelles en silence; examine, dans la guérite et aux environs, si les précédentes n'ont pas porté des pierres ou des bancs pour s'asseoir; si elles n'ont pas bouché les fenêtres des guérites; si elles n'ont pas commis ou laissé commettre des dégradations aux environs de leur

*ste. Il *ȯl* *e chaque soldat à l'endroit qui lui a été
commandant, et d'après les principes
Sentinelle.

668. Dès que la pose est finie, le caporal retourne à son poste, et rend compte à son commandant de tout ce qu'il a observé. Quand la garde est rentrée, il égalise le service avec les autres caporaux, répartit avec justice celui des soldats, les fait tirer au sort pour savoir quels seront ceux qui iront chercher le bois et la chandelle, etc., et qui feront les autres corvées. Pendant la durée de la garde, il veille à ce qu'aucun des soldats ne s'écarte du poste; il maintient parmi eux l'ordre et la discipline, sort souvent du corps-de-garde pour observer ce qui se passe dans les environs, visite les sentinelles, leur fait répéter leur consigne, et leur donne toutes les instructions qu'il croit nécessaire.

669. Après la descente de sa garde, il remet en ordre toutes les parties de son habillement, de son armement, de son équipement, et reprend ensuite le cours de ses devoirs journaliers.

670. D'après cet exposé succinct des devoirs du caporal, on ne sera pas étonné qu'on ait regardé le sous-officier comme la base sur laquelle repose le grand édifice de la discipline militaire, et conséquemment qu'il ait été expressément recommandé aux officiers supérieurs et subalternes de fixer sur eux toute leur attention, tous leurs soins, et d'apporter dans le choix de ces hommes si essentiels, tout le discernement qu'exige son importance, sans avoir égard ni à la taille, ni à la figure, ni à l'ancienneté de service, ni aux désirs des capitaines. L'ancienneté, le désir du capitaine, une figure heureuse, ne doivent influer sur le choix qu'autant qu'ils sont accompagnés du mérite voulu.

671. Il est indispensable que les caporaux sachent lire et écrire, pour tenir avec exactitude le livre de prêt, rendre un compte fidèle des effets à l'usage de leur escouade, rendre compte, après une reconnaissance des découvertes importantes, pour les ordres qu'ils ont reçus par écrit et qu'ils doivent tenir secrets, etc.

672. — *Qualités morales nécessaires aux Caporaux et Sous-Officiers.* La bravoure, la probité, l'obéissance, l'amour de la gloire, de la patrie, du chef de son gouvernement, de ses drapeaux, de ses chefs, sont les

qualités morales indispensables aux soldats. Il faut sans doute que le caporal réunisse toutes ces vertus, il faut de plus que l'ambition des grades plus élevés que le sien, et le désir des distinctions l'animent.

673. S'il n'est pas enflammé par ces passions fécondes en effets heureux, il languira dans une stérile apathie.

674. Le caporal doit être actif, discret, prévoyant; sans ces vertus, il commettra chaque jour des fautes qui pourront avoir de funestes conséquences.

675. Sans une justice impartiale, mais tempérée par la douceur, l'affabilité et une sorte de politesse; sans une grande patience, le caporal dégoûtera les jeunes soldats qu'il est chargé d'habituer au service.

676. S'il ne sait réprouver les mouvemens de la colère et vaincre sa prévention, il punira mal à propos ou avec humeur, et les punitions qu'il infligera révolteront au lieu de corriger.

677. Si le caporal ignore l'art de se faire aimer, sans descendre cependant à cette familiarité qui relâche ou brise même les liens de la discipline, il est ou méprisé, ou haï des soldats; et ces deux manières d'être sont également dangereuses. S'il est dominé par l'amour du vin, qui osera lui confier la commission la moins importante? Ses mœurs sont-elles relâchées? celles de ses soldats seront dissolues. Est-il sans humanité? ses soldats seront barbares; ils voudront toujours se baigner dans le sang, ils ne se plairont qu'à détruire; les incendies et la dévastation seront pour eux les spectacles les plus agréables. En un mot, comme les exemples des caporaux sont tout-puissans sur leur escouade, nous devons faire germer dans leurs âmes toutes les vertus que nous voulons propager dans nos armées, et en arracher tous les vices que nous voulons déraciner du cœur des soldats.

678. C'est encore par leurs discours, par leurs conseils qu'ils parviennent à éclairer le soldat sur ses devoirs et sur les véritables intérêts de sa conservation en temps de guerre. Les caporaux et les sous-officiers seuls peuvent persuader à leur escouade cette vérité aussi frappante qu'utile : qu'en quittant leurs rangs

CEL 123

dans le combat, qu'en abandonnant leur drapeau, leurs chefs, qu'en prenant la fuite enfin, ils donnent à leur ennemi toute la facilité qu'il peut désirer de les exterminer avec le moins de danger possible pour lui, et que par cette pusillanimité ils impriment sur leurs fronts une honte éternelle; tandis que combattre avec audace et sang-froid, soutenir avec fermeté un choc violent, rendre balle pour balle, coup de baïonnette pour coup de baïonnette, sans jamais abandonner son rang dans aucun cas, ne cédant à la force qu'avec l'ordre le plus parfait, est de tous les moyens le plus certain de perdre le moins de monde, de se faire redouter des ennemis et de se couvrir de gloire. (*V*. 1127.)

679. CAVALERIE. Je voudrais que le sabre du garde national à cheval fût droit, très-long, tranchant des deux côtés, et contenant dans sa poignée un petit pistolet qu'il déchargerait à bout portant, en pointant son ennemi.

680 Je voudrais encore qu'on l'exerçât à arriver sur un carré d'infanterie en masquant plusieurs pièces d'artillerie chargées à mitraille, à les démasquer à portée, et à charger au galop aussitôt après le feu du canon.

681. CÉLÉRITÉ. C'est une des principales qualités d'un homme de guerre; elle assure les succès. Sans elle il n'y a point de grand général; c'est par elle qu'on prévient son ennemi en tous lieux, qu'on entre le premier en campagne, qu'on s'empare le premier d'un poste important, qu'on prend, avant l'armée ennemie, une position avantageuse, qu'on est plus tôt qu'elle en bataille un jour d'action, qu'on prend l'attaque, qu'on coupe la retraite aux fuyards, qu'on les poursuit vivement, et qu'on tire d'une victoire tous les avantages qu'elle peut donner.

682. Dès que la célérité devenait nécessaire à César, il bravait toutes les intempéries du ciel et des saisons, toute la fureur des mers et des tempêtes : aucun obstacle, aucune fatigue ne pouvaient l'arrêter.

683. Tous les grands hommes ont donné l'exemple de cette vertu guerrière, et plusieurs généraux se sont

perdus, parce qu'ils ne la possédaient pas. La célérité de Charlemagne, de Bonaparte, sont aussi célèbres que celle d'Alexandre, de César. On les voit se transporter sans cesse d'une extrémité de l'Europe à l'autre, avec une promptitude étonnante pour tous les hommes, et foudroyante pour leurs ennemis. Les difficultés des chemins, celles du ciel, les monts, les rivières ne semblaient pas ralentir leur course : les obstacles insidieux que faisait naître sur leurs pas un ennemi faible ou surpris, n'avaient aucune puissance ; ils allaient toujours droit à leur but, sans perdre un instant.

684. CENTRE *d'une Troupe:* Le centre d'une ligne, en général, est sa partie la plus forte. C'est pourquoi, dans l'attaque, il faut assaillir vivement l'une ou l'autre aile, ou toutes les deux ; contenir seulement le centre, et le presser à mesure que l'attaque des ailes réussit.

685. CHAUSSETRAPE, arme défensive, composée de quatre pointes de fer d'environ quatre pouces de longueur, dont l'une se présente en l'air, tandis que les trois autres portent à terre. On en sème sur les brèches, dans les gués, dans les défilés où doivent passer les troupes et surtout la cavalerie. (1321.)

686. CHEMIN. Un général sage doit connaître lui-même, et de la manière la plus détaillée, les chemins qui conduisent au but de son expédition ; ou, s'il est obligé de s'en rapporter à d'autres, il doit consulter des personnes d'une fidélité éprouvée, et particulièrement des gens du pays.

687. Avant de se déterminer pour un champ de bataille, il faut avoir bien reconnu les chemins et même les sentiers qu'on a en tête, en queue, en flanc ; il en est de même pour le choix du camp. On doit se rappeler qu'ils ne sont pas tous propres à tel ou tel objet particulier.

688. Il faut, dans une guerre défensive, rompre les chemins par où l'ennemi peut arriver ; y faire des coupures de distance en distance ; y creuser des trous, des fossés ; les embarrasser par des abatis, par des

chariots dont on a enfoncé les roues, et qu'on a liés fortement ensemble.

689. C'est surtout pour les marches de nuit que les chemins doivent être bien reconnus et bien ouverts; on doit barrer avec des arbres ceux qui aboutissent à la route que les colonnes auront à tenir. Quand on ne peut pas barrer ainsi les chemins, il faut y laisser des marques de convention, ou plutôt des hommes chargés d'empêcher les traîneurs de s'égarer.

690. On doit, quand on fait une retraite, prendre, autant qu'il est possible, un chemin contraire à celui que l'ennemi croit que vous suivez.

691. Le meilleur chemin, pour une retraite, n'est pas toujours le plus facile, mais celui où l'ennemi peut craindre une embuscade, et qui est, par conséquent, couvert ou coupé.

692. Il faut, dans une retraite, multiplier le nombre des chemins et des colonnes; laisser des gardes aux passages et aux défilés; fermer les entrées et les issues avec des charrettes et des arbres; choisir le chemin le plus court; envoyer devant soi des pionniers pour le raccommoder.

694. Quand on est inférieur à l'ennemi, il faut encore choisir des chemins détournés et inconnus. On doit gâter le plus qu'on le peut ceux par lesquels on se retire.

695. Le meilleur moyen pour surprendre l'ennemi est celui qui paraît le moins propre à cet objet. Chaque fois qu'on est résolu de marcher en avant, il faut envoyer des détachemens s'emparer du chemin que doit suivre l'armée, et des pionniers pour le faire réparer: en général, il faut avoir des pionniers à la tête de chaque colonne. (1814.)

696. Il faut, dans un projet de marche, calculer le nombre d'hommes, de chevaux, de chariots qui peuvent passer de front par les chemins qu'on doit tenir.

697. **CHEVAL DE FRISE**, arme défensive. C'est une pièce de bois de douze à quinze pieds, de six à dix pouces de diamètre, taillée à pans, et traversée de chevilles de bois longues de cinq à six pieds, aiguisées

en pointe, et quelquefois garnies de fer. Cette arme sert à fermer des passages étroits, comme chemins creux, ravins, gorges de montagnes, brèches, etc. On peut même en rouler du haut en bas d'une brèche sur les troupes qui montent à l'assaut. Mais sa principale utilité consiste à mettre l'infanterie à l'abri du choc de la cavalerie. Lorsqu'une armée est très-inférieure en cavalerie, soit pour la qualité, soit pour le nombre, il faut la munir de chevaux de frise portatifs, qui puissent être joints solidement ensemble, et former partout un retranchement devant l'infanterie.

698. CHEVALET, assemblage de plusieurs pièces de bois, qui sert à porter un pont. On en fait usage en campagne pour jeter, sur une petite rivière, des ponts de madriers ou de fascines.

699. CLAIE, tissu de branches d'arbre entrelacées sur des bâtons. On s'en sert dans les endroits marécageux, pour y marcher sans enfoncer.

700. CLÉMENCE. La clémence envers les ennemis vaincus est la vertu des grands hommes. Elle doit engager les militaires à modérer, sans que le bien du service en puisse souffrir, les châtimens que leurs inférieurs ont mérités.

701. COLÈRE. Les guerriers que la contradiction la plus légère irrite, que les plus petits obstacles rendent furieux, qui ne savent point commander à leur colère, ne sont point faits pour commander à des hommes.

702. COLONEL. C'est le chef immédiat d'un régiment, celui d'où émanent ou du moins par lequel doivent passer tous les ordres. Il est le canal par où doivent arriver les récompenses d'un régiment; il en est le solliciteur et le médiateur né, et décide presque toujours de la longueur et de la sévérité des punitions. Il est chargé de l'instruction, de la discipline, de la police du corps.

703. C'est enfin à lui qu'est spécialement confié le soin de faire observer à chacun des membres de son

régiment, les lois militaires, les lois civiles, et les conventions sociales non écrites.

704. Aux qualités réunies du capitaine et du général (*voyez ces deux mots*), il doit joindre les suivantes :

705. Un colonel, pour réussir dans les choses les plus difficiles, doit mériter l'amour de son régiment ; car celui qui ne le possède pas a de grandes difficultés à atteindre aux plus aisées.

706. Il faut qu'il ait pour ses officiers supérieurs la déférence la plus grande ; pour ses anciens capitaines, des égards marqués. Il doit leur témoigner de l'amitié et de la confiance ; il doit être le soutien, l'ami, le père des jeunes officiers. Il doit aimer ses sous-officiers et ses soldats, leur parler souvent, et avec bonté : cette espèce de popularité est toujours avantageuse à un chef.

707. Il doit étudier et connaître à fond tous les officiers de son régiment, pour ne pas confondre la modestie avec un manque de talens ; la confiance qu'inspire la connaissance de ses forces, avec une vaine suffisance ; le désir du bon ordre avec une critique maligne ; l'amour de la justice et du bien avec la délation ; la modération avec l'apathie ou l'indifférence, et la sévérité avec la raideur : pour éviter de prendre des conseils donnés par l'intérêt ou la flatterie, pour ceux que dicte la vérité ; de croire verser des récompenses sur la vertu, lorsqu'elles tombent sur l'intrigue ; de croire protéger des talens réels, lorsqu'il ne protége que des connaissances apparentes et factices.

709. Quand le colonel connaît parfaitement son régiment, il se peut choisir, parmi les plus anciens, deux amis particuliers en qui il aura rencontré de la vertu, des connaissances, de l'amour pour la vérité et le bon ordre ; il se les attachera intimement, leur confiera l'emploi important de lui parler de ses défauts avec franchise, et de lui montrer ses fautes toutes nues. Il les écoutera avec attention et docilité, en se gardant cependant d'accorder à ses deux amis une confiance ou exclusive ou aveugle, et de faire connaître au reste du corps la préférence qu'il donne à ces

officiers : cette connaissance pourrait devenir la source d'inimitiés funestes.

710. Qu'il n'emploie jamais avec ses soldats des expressions dures, des épithètes flétrissantes et des propos ignobles ou bas, pour ne pas s'avilir lui-même : qu'il ne les adresse pas à des officiers, sous peine de se compromettre de la manière la plus évidente.

711. Qu'il n'oublie pas de prendre un ton poli, et de n'employer que des expressions convenables avec ses officiers, qui sont des personnes dont l'honneur est le mobile.

712. Quand il punit, on doit lire sur sa figure la peine qu'il éprouve d'en venir à cette extrémité. Il ne doit jamais laisser échapper l'occasion de rendre de petits services aux officiers de son corps. Comme ce sont les petites précautions qui conservent les vertus, ce sont les petits services qui gagnent les cœurs.

713. Qu'il sollicite avec autant de suite que d'ardeur, toutes les grâces qu'auront méritées les officiers, sous-officiers et soldats ; son régiment l'en aimera davantage.

714. Qu'il ne fasse jamais concevoir à aucun de ses subordonnés des espérances qu'il ne sera pas assuré de réaliser : les personnes qui les auraient conçues, et qui les verraient détruites, pourraient l'accuser d'avoir négligé leurs intérêts.

715. Pour pouvoir bien juger des talens de ses caporaux, sous-officiers et officiers (*voyez ces mots*), il faut qu'il connaisse parfaitement lui-même les fonctions de chacun de ces grades ; il pourra alors forcer les titulaires à s'acquitter de leurs devoirs.

716. S'il y a, dans le régiment quelqu'abus, il faut l'abolir avec prudence et sagesse. Un colonel doit être brave, mais sa bravoure être subordonnée à la prudence.

717. Il doit bannir avec soin, de son régiment, le jeu, qui perd la plupart des militaires.

718. Sa table doit être bonne, mais jamais délicate ; il doit y admettre alternativement ses officiers.

719. Si jamais il commet des fautes, il doit se hâter d'en convenir, et surtout de les réparer.

720. Il doit aimer et distinguer les officiers qui annonceront quelque talent pour la guerre, ou qui, sans négliger leurs devoirs, s'adonneraient à la culture des lettres ou des beaux-arts.

721. Il doit s'occuper beaucoup des jeunes officiers, veiller lui-même à leur conduite, à leur instruction, à leurs mœurs. Il doit faire ensorte que les vieux officiers conçoivent pour les jeunes l'affection qu'un père a pour ses enfans, ou du moins qu'un mentor porte à son élève, et que les jeunes aient pour les anciens les égards, la condescendance et le respect que des enfans bien élevés ont pour leur père.

722. Il n'aura un bon régiment qu'autant que ses officiers seront instruits, que la bonne intelligence sera constante entre eux, et que leur zèle pour le service ne se démentira jamais.

723. Hâtez-vous d'étouffer les divisions naissantes, de déraciner les inimitiés, ou du moins d'en prévenir les effets destructeurs. C'est là une des premières et des plus essentielles obligations imposées aux colonels.

724. Que le chef supérieur sache tout ce qui se passe dans son régiment, mais sans jamais employer le vil espionnage. Celui qui fait le métier de délateur ou d'espion de ses camarades, est un malhonnête homme, et ne mérite aucune confiance. Que le colonel recourre à d'autres yeux, à d'autres bras, lorsqu'il lui sera impossible de tout voir de tout faire par lui-même.

725. Qu'il descende dans tous les détails. On ne fait bien les choses que quand on en connaît jusqu'à la dernière, toutes les particularités ; ce n'est pas aux colonels à voir en grand ; qu'ils ne cherchent cependant point à attirer à eux les attributions [que la loi confie à leurs subordonnés, mais qu'ils se contentent de les surveiller tous], et de faire remplir à chacun ses devoirs.

726. Qu'il se serve de tout son ascendant pour bien pénétrer ses officiers de la très-haute importance de leurs devoirs, pour s'occuper soigneusement, en temps de paix, à préparer, développer et tremper vigoureusement la force morale du soldat. Soit avec le concours des sous-officiers et caporaux qui y auront été prépa-

rés, soit par des paroles persuasives des officiers supérieurs et subalternes, un colonel doit employer tous les moyens possibles pour élever l'âme de ses soldats, leur inspirer l'amour de la gloire, de l'honneur du régiment, pour rehausser leur patriotisme et gagner leur confiance. (*V.* 1057.) Rien de plus facile et de plus important à obtenir que ces résultats. Un colonel doit être bien convaincu que, du moment où il sera parvenu à agrandir la force morale de son régiment, il en aura triplé la force physique sur le champ de bataille.

727. Enfin qu'il se pénètre bien qu'il n'a été fait colonel que pour le bien du service, l'avantage du régiment, la gloire de l'État, et le bonheur de ses subordonnés. S'il réussit à prouver à son régiment que ce sont ces motifs qui l'animent, chacun des hommes qui le composent se fera un devoir, un plaisir de concourir à ses vues; alors toutes les difficultés disparaîtront; il obtiendra une gloire pure, parce qu'il l'aura méritée; il jouira de l'estime publique et des faveurs de l'État.

728. **COLONNE.** Dans les plaines, dans les pays ouverts, il faut multiplier les colonnes autant qu'on le peut. Plus elles sont nombreuses, moins elles sont longues, plus les officiers généraux qui les conduisent ont de facilité à prévenir les désordres et à les réparer; plus la marche est rapide et régulière, et plus tôt l'armée est en bataille. Tout cela est vrai, mais il est vrai aussi que plus les colonnes sont multipliées, plus il faut ouvrir de marches, plus on détruit de grains, plus on gâte un pays, plus on donne de peine aux pionniers. Il résulte de ces observations, qu'il y a des avantages et des inconvéniens partout: c'est aux généraux à en juger; nous croyons cependant qu'il est presque toujours avantageux de multiplier le nombre des colonnes.

729. Plus le front des colonnes de marche sera considérable, moins leur profondeur sera grande, mais plus il faudra de temps pour ouvrir les chemins des colonnes, et plus il sera difficile de combler les ravins, de jeter les ponts; ainsi le nombre et le front des

colonnes ne peuvent être déterminés que par la nature des chemins et les combinaisons que les circonstances obligent de faire.

730. L'infanterie, pour résister et vaincre de l'infanterie, doit se former en colonnes et prendre un ordre plus profond qu'étendu; pour résister à un corps de cavalerie, il lui faut aussi se ployer en colonne; il faut qu'elle soit en colonne dans l'intervalle de deux lignes d'une armée en bataille; en colonne pour couvrir les flancs de la cavalerie; il faut encore qu'elle soit en colonne pour attaquer des retranchemens, pour passer un défilé, etc., etc.

731. Une colonne doit, pour être parfaite contre la cavalerie, 1° se former avec *une grande promptitude et avec une extrême facilité*. Avec une grande promptitude, car les ennemis marchent rapidement contre elle; avec une extrême facilité, car ceux qui doivent se former sont quelquefois ou peu habiles, ou troublés par la vue d'un danger imminent. 2° *Elle doit avoir la faculté de faire face partout*, car elle peut être investie. 3° De marcher sur toute espèce de terrain et par toutes ses faces, car elle a presque toujours besoin d'avancer, et peut être obligée de suivre tous les rayons du cercle dont elle est comme le centre. 4° *Elle doit n'avoir que peu de pourtour et aucun côté faible*: plus son périmètre est considérable, plus elle offre de points d'attaque; et l'on sait qu'un seul endroit faible la rendrait la proie de l'ennemi. 5° *Elle doit pouvoir se couvrir de beaucoup de feux;* car ce n'est que par des armes de jet qu'elle peut espérer de tenir son ennemi éloigné d'elle. 6° *Elle doit être facilement formée par un corps suivi de son canon et de ses équipages, par un corps dépourvu de l'un et de l'autre de ces objets, par un corps composé de plusieurs bataillons ou d'un seul, et même par un détachement de deux ou trois cents hommes.* De l'infanterie peut se trouver en effet dans ces diverses circonstances. 7° *Elle doit pouvoir se remettre en bataille avec facilité, ou former avec promptitude une colonne d'attaque;* car elle peut être obligée de faire un grand feu, ou d'attaquer de l'infanterie. 8° *Elle doit enfin pouvoir réparer aisément les désordres occasionnés*

dans son intérieur, ou par le canon de l'ennemi, ou par d'autres causes que l'on ne peut prévoir, parce que c'est de l'ordre qui regne dans son intérieur que dépend son salut. (*Voyez* 1641 et suivans.)

732. L'auteur propose aux tacticiens, comme réunissant toutes les qualités sus-énoncées, la formation hexagone sur cinq rangs, par division, applicable à un bataillon comme à plusieurs. On l'exécutera par les commandemens suivans.

733. 1° Dispositions contre la cavalerie; 2° formation hexagone sur cinq rangs par bataillon, même direction que la ligne; 3° commencez le mouvement.

734. Au deuxième commandement, chaque sergent-major compte les files de son peloton, et pour trouver rapidement la quantité nécessaire à la formation des quatrième et cinquième rangs; il divise le nombre d'homme par 5, et multiplie le quotient par 2, ce qui lui donne le nombre des files qui doivent se porter derrière le troisième rang. Par exemple, je suppose le peloton de 35 files ou 95 hommes divisés par 5; le quotient multiplié par 2, donne 12 files et 2 hommes. Ainsi, le chef de bataillon sait qu'en faisant passer 12 files par peloton en arrière, il formera ses cinq rangs; ce qui s'exécutera en même temps que le ploiement en colonne par division, à distance de peloton, sur celle des divisions de droite, de gauche, ou du centre qui sera désignée, ou, ce qui vaut encore mieux, en formant la colonne d'attaque. On verra qu'après un peu d'expérience, cette formation sur cinq rangs, que l'on fera d'abord de pied ferme, ensuite en marchant s'exécute et se rompt avec toute la rapidité possible, soit en ployant, soit en déployant.

735. Au troisième commandement, chaque chef de bataillon, après avoir répété le commandement général, commandera: 1° Colonne d'attaque (ou par divisions à distance de pelotons); 2° par pelotons de droite et de gauche sur le centre en colonne; 3° bataillon, à gauche et à droite; 4° pas accéléré, marche; 5° sur cinq rangs formez le peloton; 6° par peloton, demi bataillon de droite, 12 files de droite; demi bataillon de gauche, 12 files de gauche, par deux sur la droite

et la gauche en arrière en bataille, 7° pas redoublé: marche.

736. Le quatrième commandement s'exécute comme il est prescrit à l'école de bataillon.

737. Au cinquième commandement, les sous-officiers en serre-files les plus anciens, comptent ceux des pelotons de droite, 12 files à droite, et ceux des pelotons de gauche, 12 files à gauche, que l'on prévient et fait déboiter en arrière.

738. Au sixième commandement, chacune des files désignées se porte rapidement et sans confusion en arrière de leur peloton, de manière à ce que chaque file de trois hommes forme une file et demie, savoir: l'homme de la première file, déboité du troisième rang, couvre le troisième homme de la file de droite ou de gauche; l'homme du second rang de la même file se place derrière cet homme; enfin, l'homme du premier rang de la seconde file, déboité, se place derrière lui, ainsi de suite. Les serre-files surveillent et dirigent ce mouvement.

739. Dans les pelotons qui marchent, les files de droite et de gauche se portent rapidement sur deux rangs et coude à coude du troisième, de manière à ce que cette formation soit terminée avant d'arriver en colonne. Ce qui paraît, au premier coup d'œil, confusion, devient une opération très-simple et très-rapide après quelques jours d'expérience.

740 La colonne d'attaque étant formée, ainsi que les pelotons, sur cinq rangs, pour se disposer contre la cavalerie, le chef de bataillon commandera.

741. 1° Formation hexagone; 2° à droite et à gauche en bataille; 3° marche.

742. Au premier commandement, l'adjudant-major se portera à six pas sur la droite et dans le prolongement de la ligne formée par la deuxième division, et à distance de peloton de l'homme du troisième rang de la droite de cette division; l'adjudant sous-officier à pareille distance, sur la gauche de la même division: c'est sur ces messieurs et les flancs des divisions de la tête et de la gauche que s'aligneront les pelotons du centre, en se mettant à droite et à gauche en bataille.

8

La dernière division se porte en avant pour fermer l'hexagone.

743. Des six faces de l'hexagone, trois battent la ligne de bataille par des feux perpendiculaires et d'écharpe, et trois sur les derrières de la même ligne.

744. La capitale de chaque angle des façades de flanc, se trouvant parallèle à la ligne de bataille, les hexagones de plusieurs régimens sont flanqués sans crainte de tirer les uns sur les autres; sans être obligés de se mettre en échiquier, ou, enfin, sans prendre la défectueuse position de présenter un angle à l'ennemi (*Voyez* 603), et des baïonnettes placées obliquement à son front.

745. Ainsi, chaque bataillon se flanquera mutuellement par le feu d'écharpe des pelotons de flanc, et chaque bataillon recevra en même temps l'ennemi par un feu perpendiculaire et une baïonnette perpendiculaire à son front de bataille. (planche 2.)

746. L'hexagone sera divisé en façades de tête et façades de gauche. Le chef de bataillon voulant faire exécuter ces feux, commandera:

747. 1° Feu de bataillon; 2° bataillon, arme; 3° trois premiers rangs des façades de la tête: joue, feu. 4° fraisez; 5° feu par rang.

748. 6° Cinquième rang de la tête, joue, feu. Puis au quatrième, ensuite au troisième, et, revenant au cinquième, il continuera, ayant soin d'attendre que le rang qui a tiré ait passé l'arme à gauche avant de faire exécuter le feu au rang suivant.

749. Au deuxième commandement, le bataillon apprêtera les armes, le premier rang genou à terre, le troisième et cinquième rang déboiteront.

750. Au troisième commandement, les façades de la tête feront feu des trois premiers rangs seulement, les deux autres resteront dans la position d'apprêter les armes.

751. Au quatrième commandement, l'homme du premier rang restera dans cette position, appuyant sa crosse en terre vis-à-vis son genou, la baïonnette penchée vers la cavalerie. Celui du deuxième rang prendra aussi la position du premier rang, en mettant le genou

en terre, la crosse vis-à-vis, et la baïonnette penchée en avant entre les deux hommes du premier rang, l'homme du troisième rang reprendra sa position. Chaque façade sera donc défendue par une double fraise qui présentera de deux à trois baïonnettes par cheval, soutenues par un feu continuel de rang. L'artillerie se placera près et dans le prolongement de la capitale de chaque angle de flanc; les canonniers prêts à entrer dans l'hexagone par l'intervalle des pelotons de flanc, qui mettront chacun deux files en arrière pour laisser entrer les chevaux.

752. Si la charge s'exécute à fond, les trois hommes qui restent debout se serreront sur les premiers, croiseront la baïonnette en avançant le haut du corps, et les rangs, dont les armes seront chargées, tireront à bout portant. Le commandant fera fraiser les façades de gauche, qui tireront également à bout portant, si la cavalerie l'enveloppe.

753. Cette muraille de fer doit résister contre toute espèce de choc; le commandant, maître de ses feux, peut les faire exécuter par celles des façades qu'il jugera à propos; les feux par rang ne discontinueront pas, quelle que soit la proximité de l'ennemi, et l'on peut sans crainte le laisser approcher pour l'accabler plus sûrement de projectiles. On aura soin de charger à deux balles et d'ajuster les chevaux.

754. On se déploiera, comme il est prescrit dans le réglement, et l'on se reformera sur trois rangs, par les commandemens suivans : 1° Sur trois rangs formez le peloton; 2° quatrième et cinquième rangs par le flanc droit et le flanc gauche à vos chefs de file; 3° pas redoublé, marche.

755. Au troisième commandement, les hommes qui formaient le premier rang se porteront lestement à leur numéro ou rang de taille; ceux du deuxième et troisième rang se placeront immédiatement à leur chef de file. On ne doit pas craindre d'exécuter cette manœuvre à la course et pendant le déploiement.

756. Les pelotons de flanc, pour marcher, se remettront, pendant le mouvement, dans une direction perpendiculaire à la division de la tête et de la gauche,

qui marquera le pas pendant que la division de la tête parcourra la distance nécessaire au redressement des divisions de flanc, et lorsqu'on s'arrêtera pour résister à la cavalerie; les adjudans-majors et sous-officiers se porteront, comme il a été dit, à six pas vis-à-vis l'intervalle des pelotons de flanc, qui s'aligneront aussitôt sur eux et le flanc des divisions de la tête et de la gauche (*Voyez* 742.), cette dernière servant à la distance avant de faire demi-tour. Ces mouvemens s'exécuteront au commandement de rectifiez l'alignement fait par le chef de bataillon. Les adjudans ayant soin de tracer un angle d'autant plus ou moins ouvert que les autres bataillons, placés dans le prolongement de leur capitale, se seront plus ou moins éloignés de la ligne; ce qui s'effectue facilement en augmentant ou diminuant le nombre de pas.

EXPLICATION DE LA PLANCHE II.

On voit que chaque hexagone reçoit la cavalerie par un feu perpendiculaire A, et deux feux d'écharpe, qui se croisent en D et en E, flanquant mutuellement chaque bataillon; que l'artillerie, placée aux angles C, peut continuer son feu jusqu'au dernier moment, les canonniers pouvant se réfugier en un clin d'œil dans l'hexagone, par l'intervalle C des deux pelotons de flanc.

757. **COMMUNICATION.** On établit une communication entre l'armée et le pays d'où l'on tire les munitions de guerre et les vivres; il faut porter une grande attention à ne la jamais laisser à découvert, comme il faut tenter tous les moyens possibles pour inquiéter et attaquer son ennemi sur la sienne. C'est en lui inspirant de la crainte à cet égard, qu'on parvient à lui faire quitter un poste avantageux, à se retirer et à découvrir des provinces qu'il avait intérêt de protéger.

758. **CONFIANCE.** Un chef sage ne doit rien négliger pour inspirer à ses troupes une grande confiance. Des soldats qui ont accordé à leur général une con-

fiance méritée, n'entrevoient point de danger que leur chef ne puisse leur faire surmonter; ils les bravent tous, et voient presque toujours le succès couronner leurs efforts, tandis que, sous un chef qui n'a pu l'obtenir, il leur semble que chacun de leurs mouvemens doit les conduire à la mort ou à la honte, et comme cette image est la seule que leur imagination troublée leur présente, ils marchent avec crainte, combattent avec répugnance, et voient presque toujours leurs pressentimens se vérifier.

759. CONQUÊTE. L'art militaire fait les conquêtes, mais il n'est pas suffisant pour atteindre à ce but : on n'y parvient que par la prudence, la justice et toutes les autres vertus. C'est pour cette raison qu'il est plus facile de les faire que de les garder. Un conquérant doit conserver la faveur du peuple qui l'a secondé, et, ce qui est plus difficile, de celui qu'il a soumis.

760. CORDEAU. Comme il est difficile de tracer l'ouvrage même le plus simple sans employer un cordeau, tout officier particulier qui va en détachement doit en porter un avec lui. Ce cordeau doit avoir au moins six toises de longueur; chaque toise doit être distinguée par un nœud, ou mieux encore par un petit morceau d'étoffe de couleur saillante. La première toise de chaque extrémité du cordeau doit être divisée en pieds, et le premier pied en pouces.

761. COUP D'ŒIL. Nous avons tous le coup d'œil plus ou moins rapide, plus ou moins juste, selon la portion d'esprit et de bon sens dont nous avons été dotés : il naît de l'un et de l'autre, mais l'usage le perfectionne et l'expérience l'assure.

762. Le coup d'œil militaire n'est autre chose que l'art de connaître la nature et les différentes positions du pays où l'on fait et où l'on veut porter la guerre, et deviner les avantages ou les inconvéniens de campemens et des postes que l'on veut occuper, de reconnaître ceux qui peuvent être favorables ou désavantageux à l'ennemi, eu égard à la position des nôtres.

Par la conséquence que nous tirons de nos observations nous jugerons sûrement des desseins présens et de ceux que nous pourrons former dans la suite.

763. C'est uniquement par la connaissance de tout le pays où l'on porte la guerre, qu'un grand capitaine peut prévoir les événemens de toute une campagne, et s'en rendre pour ainsi dire le maître; car jugeant par ce qu'il fait, de ce que l'ennemi doit nécessairement faire, et obligé, par la nature des lieux, à se régler sur ses mouvemens, pour s'opposer à ses desseins, il le conduit ainsi de camp en camp et de poste en poste sur le terrain où il s'est proposé de le vaincre.

764. Voilà en peu de mots ce que c'est que le coup d'œil militaire, sans lequel il est impossible qu'un général, même instruit, puisse éviter une infinité de fautes d'une extrême conséquence; en un mot, il n'y a rien à espérer pour la victoire, si l'on est dépourvu de ce qu'on appelle coup d'œil à la guerre; et comme la science militaire, de même que toutes les autres, demande l'usage pour être bien possédée dans les différentes parties qui la composent, elle exige la pratique la plus attentive et la plus longue.

765. Il y a plusieurs choses nécessaires pour parvenir à acquérir le coup d'œil: une très-grande application à son métier en est la base. Il est urgent d'étudier la guerre avant que de la faire, et de s'appliquer toujours lorsqu'on la fait.

766. Avec les secours de l'esprit et de l'imagination, on se perfectionne le jugement et la vue. On apprend à la chasse mille ruses et mille finesses qui ont rapport à la guerre; mais dont la principale est la connaissance des lieux qui forme le coup d'œil, sans qu'on y prenne garde; si l'on s'y exerce dans cette intention, pour peu de réflexions qu'on y ajoute, on pourra acquérir la plus grande et la plus importante des qualités d'un général d'armée.

767. Pour se former et s'avancer dans cette connaissance, il faut que l'imagination travaille toujours à la guerre, à la chasse, en voyage ou dans des promenades à pied ou à cheval. Dès qu'on est arrivé dans un camp, on doit examiner avec beaucoup d'atten-

tion, en repos, et dans sa tente, la carte du pays où l'on est, et le poste que l'on occupe; considérer aussi où l'ennemi est campé, si l'une ou l'autre des armées couvre ses places, si la ligne de communication est bien observée, pour la suivre et couler sur la même parallèle, selon les mouvemens que chacun peut faire, et si l'on peut se saisir d'un poste important plutôt que d'un autre; si les deux armées sont assurées à leurs ailes, et sur quoi; si l'une doit entreprendre sur l'autre, le chemin qu'elle a à faire, les obstacles qu'elle peut rencontrer dans sa marche, le temps qu'il lui faut pour venir à nous, ou à nous pour aller à elle; d'où chacun tire ses vivres; si nous pouvons intercepter ses convois, ou si elle peut nous couper les nôtres. Si nous faisons tel ou tel mouvement sur notre droite ou sur notre gauche, où cela nous mènera, où nous irons nous-mêmes, si l'ennemi s'en avise plus tôt que nous, ou s'il remue son camp d'une toute autre manière. Rien de plus instructif que ces réflexions, et rien qui forme davantage l'esprit et le jugement: c'est la logique militaire, au moins le commencement de cette science importante.

768. On doit d'abord commencer par bien reconnaître la position du camp, et tout le terrain que l'armée occupe, et en étudier les avantages et les défauts. On passe de là au champ de bataille; on le parcourt en gros, ensuite on l'examine en détail et par parties: on observe d'abord si les ailes sont appuyées; les moyens de retraite, si l'on était attaqué par les flancs; on observe le terrain qui est au-delà, s'il est couvert ou pelé; s'il y a des hauteurs qui commandent le camp, et s'il est nécessaire de s'y établir pour se couvrir de ce côté, ou si l'on peut s'en prévaloir contre l'ennemi. Si c'est un marais qui couvre cette aile, on doit examiner si le fond est de bonne tenue; on doit le sonder, et s'informer des gens du pays, si l'on peut en faire gonfler les eaux pour le rendre moins praticable. On écrit tout ce que l'on remarque, pour y méditer à loisir, et en tirer des conséquences par l'inspection du terrain.

769. On passera de là à la gauche: si elle se trouve fermée par un village, on en fera le tour pour le

reconnaître avec toute l'exactitude militaire; on examinera les maisons qui le bordent, si elles sont bonnes, ou de bois, ou de chaume, s'il y en a qui soient éloignées, et dont l'ennemi puisse se servir; s'il est important de fortifier le village, ou de faire des coupures dans les rues; si l'église est bonne, si le village n'est pas commandé par quelque hauteur; et, s'il peut être tourné, on l'attaquera par imagination, on le défendra de même. Rien ne me paraît plus capable de former le coup d'œil et le jugement que cette méthode. Après avoir mûrement examiné et écrit ce qu'on aura remarqué et observé du côté des ailes, on doit parcourir tout le front du champ de bataille d'une aile à l'autre.

Si l'armée est campée selon la coutume ordinaire, la cavalerie sur les ailes et l'infanterie au centre, on doit examiner le terrain que la première a devant elle, et s'il est propre à cette arme, s'il est ouvert, et forme une plaine assez spacieuse pour contenir cette aile de cavalerie, celui qui l'examinera ne doit pas se régler là-dessus; il doit observer le terrain qui est au-delà, et que l'ennemi doit occuper, car le poste de l'un doit servir de règle à l'autre pour la disposition des armes. En effet, si l'ennemi qu'on vient combattre, ou qui cherche à nous attaquer, a derrière ou devant lui un terrain tout différent et favorable à l'infanterie, il est aisé de comprendre, par le raisonnement et les règles de la guerre, que s'il est poussé jusqu'à l'endroit qu'il aura derrière lui, la cavalerie devient alors inutile: elle ne pourra pousser plus loin son avantage, et elle sera chassée par l'infanterie que l'ennemi, plus habile et plus sensé, aura logée dans ces lieux couverts pour soutenir sa cavalerie.

770. Cette observation doit faire connaître la nécessité de soutenir cette aile par de l'infanterie placée en seconde ligne; car, si la cavalerie de la première ligne est poussée jusqu'à l'infanterie ennemie logée dans ces endroits couverts, il ne faut pas douter qu'elle ne se rallie sous le feu de cette infanterie; qu'elle ne revienne ensuite à la charge, et que l'infanterie ne s'introduise dans les escadrons : on juge de ce qui peut

arriver, si l'on n'a pas d'infanterie à lui opposer; au lieu qu'en faisant soutenir une aile de cavalerie par une aile d'infanterie à la seconde ligne, et des pelotons entrelacés et emboîtés dans les escadrons, on se trouve en état, après avoir battu l'ennemi, de le culbuter sur son infanterie, et de l'attaquer à l'instant par les fusiliers que l'on peut faire passer promptement entre les distances des escadrons. Ces raisonnemens naissent aisément de l'inspection du terrain. On juge qu'une aile de cavalerie soutenue par elle seule ne vaut rien, et que le général aurait dû faire camper de l'infanterie où il a mis de la cavalerie. On remarque cette faute pour en faire usage, et en avertir le général, s'il est capable de recevoir un avis de cette importance. Qu'on ne nous dise pas qu'on tombe rarement dans ces sortes de fautes; nous répondrons qu'on les remarque tous les jours dans les campemens, et qu'on est obligé, quand on se trouve attaqué, de faire devant l'ennemi une infinité de manœuvres toujours dangereuses, en changeant une arme, et la remplaçant par une autre.

771. Tout le terrain du front de cette aile étant bien observé, on passe vers l'infanterie que nous supposons au centre; on jette les yeux sur le terrain, on s'aperçoit qu'il est varié et mêlé en certains endroits de chicanes et d'obstacles très-propres pour l'infanterie, et qu'il est quelques points où la cavalerie peut être d'un très-grand effet, soutenue par l'autre.

772. Après avoir examiné le terrain de la droite de l'infanterie, si l'on trouve qu'il est aussi avantageux d'un côté que de l'autre, ou du moins propre à cette sorte d'armes, on avancera plus avant sur le champ de bataille, ou sur le terrain que les armées doivent occuper des deux côtés. Supposons qu'il est différent de celui qu'on vient d'observer; supposons une petite élévation de terre qui va se perdre en pente douce jusqu'aux ennemis : on doit l'observer avec soin. Si le terrain qui leur est opposé est une plaine, on juge que l'endroit est propre à recevoir une batterie que l'ennemi n'aura garde de laisser en repos, de peur d'en être long-temps incommodé, et que, pour s'en déli-

vrer par un grand effort de ce côté-là, il l'attaquera et s'en rendra maître, pour séparer les deux ailes des deux autres; il ne pourra faire le coup que par l'infanterie, soutenue d'autant d'escadrons que la petite plaine pourra en contenir. On jugera alors qu'il faut poster sur cette petite éminence de l'infanterie soutenue par de la cavalerie, pour opposer des armes semblables.

773. S'il se présente ensuite des terrains variés et mêlés de petites plaines, des champs clos, des maisons, tant d'un côté que de l'autre, sur tout le front de l'infanterie, on les observera avec attention. S'il y en a qui paraissent difficiles à forcer du côté de l'ennemi, on jugera bien que ce dernier s'y postera, qu'il n'abandonnera pas un tel avantage, et qu'il y aurait trop de témérité à l'y attaquer.

774. On doit donc, en imagination, fortifier ces endroits moins que les autres, c'est-à-dire qu'on doit les tenir un peu moins garnis d'infanterie que ceux qui paraissent plus faibles, où on doit approcher les réserves, et observer les emplacemens les plus commodes et les plus avantageux pour y établir des batteries.

775. Si, en s'avançant plus avant jusqu'à la gauche et au ruisseau qui la couvre, on voit que le pays est ras et ouvert, et propre aux manœuvres de cavalerie, on trouvera que la cavalerie est bien placée, selon la méthode ordinaire, observant pourtant si les bords du ruisseau sont bordés de haies et d'arbres touffus.

776. Si les bords de l'autre côté ne sont pas garnis comme ceux d'en-deçà, on jugera alors que l'ennemi pourra y loger de l'infanterie, y établir un feu sur le flanc de cette aile, et la prendre même à revers; on pensera alors à lui enlever cet avantage, non-seulement en proposant de raser et de couper ces haies, ces taillis ou ces arbres, mais en portant de l'infanterie ou des dragons sur les flancs des deux ailes de la cavalerie.

777. Par ces observations, on comprendra bientôt qu'on s'est campé en bien des endroits d'une manière toute contraire à celle qu'on doit pratiquer selon les règles de la guerre; qu'une partie de la cavalerie qui

se trouve portée à une aile aurait dû être placée ou à l'autre ou vers le centre, et l'infanterie occuper son terrain.

778. C'est la nature des lieux qui doit régler le campement et l'emplacement de chaque armée. On ne peut pas camper partout et dans toutes sortes de situations, selon l'ordre ordinaire de bataille; car lorsqu'on se trouve l'ennemi sur les bras, on se voit obligé de changer tout l'ordre; et un tel remuement d'armes est très-dangereux : on fait tout à la hâte.

779. Un champ de bataille, quelque bon et quelque avantageux qu'il soit, perd tout le mérite de sa situation, si chaque arme n'est pas à sa place, c'est-à-dire postée sur le terrain qui lui convient.

780. Les généraux qui élèvent un peu la tête au-dessus du commun, contens de suivre ces règles, croient avoir avancé de beaucoup; mais ceux qui excellent dans le coup d'œil, qui l'ont fin et prompt, vont fort au-delà : ils s'aperçoivent bientôt, par les observations qu'ils font sur la nature des lieux, qu'il faut qu'une arme soit soutenue par l'autre, et cela partout et dans toutes sortes de terrains. (*Voyez* planche XII.)

781. Ce serait ne faire les choses qu'à demi, que de s'en tenir à ce que je viens de dire. On doit se retirer dans sa tente, méditer très-profondément sur ce qu'on aura remarqué, former un projet et un ordre de bataille selon la nature du terrain : c'est la première journée; on ne s'instruit pas moins la seconde. On monte à cheval pour reconnaître le pays jusqu'aux grandes gardes; on s'informe des noms de villages, des hameaux, des maisons; on remarque les chemins, les ruisseaux, les bois, les marais, les hauteurs; enfin, on ne laisse rien échapper, et l'on médite sur tout ce qui peut être favorable ou désavantageux à l'ennemi, s'il marchait à nous, ou si nous avions dessein d'aller à lui. On examine si l'on n'aurait pas mieux fait de se poster ailleurs; ce qui n'est pas difficile à remarquer: car il y a certains camps où l'on va quelquefois plutôt par coutume que par raison, parce qu'un grand capitaine les a occupés, sans savoir que ce qui était bon dans un temps ne vaut rien dans un autre.

782. Si l'armée décampe et se met en pleine marche, on doit examiner l'ordre des colonnes, le pays qu'elles traversent, et à peu près l'espace qu'il y a de l'une à l'autre. On se demande si l'ennemi, par une marche secrète et accélérée, venant tout-à-coup à tomber sur la tête de nos colonnes, quel parti prendrait le général, ou quelle résolution prendrais-je moi-même, si j'étais à sa place? Voilà une colonne de cavalerie engagée dans un pays brouillé et parsemé de défilés, où elle ne saurait agir, si l'ennemi lui opposait de l'infanterie : que ferais-je ? comment m'y prendrais-je pour la tirer d'un tel coupe-gorge et d'un pays si dangereux, pour la transporter dans un autre lieu où elle pût être de quelque usage.

783. De l'autre côté, je n'aperçois qu'une colonne d'infanterie marcher tranquillement à travers la plaine où elle aura peut-être en tête de la cavalerie ennemie; ce n'est pas la faute du général, le pays changeant à tout moment. Peut-être ferait-on mieux, dans les marches, de partager les deux armes dans les colonnes ; c'est-à-dire mêler l'infanterie avec la cavalerie, afin que l'une ne marchât jamais sans l'autre, et que toutes deux puissent s'appuyer et être préparées à tout événement.

Cela me semble dans les règles ; sans cette précaution tout est perdu. (1596 *et suivans.*)

784. Si l'ennemi profite d'une marche pour engager une affaire, on est d'autant plus surpris que ces sortes de coups de main sont très-rares et toujours sûrs. Dans ces cas inopinés, il faut se ranger, se mettre en bataille. La situation des lieux doit me régler, dira cet officier appliqué et méditatif; cette situation est maîtresse de l'ordre à adopter pour placer chaque arme sur le sol qui lui convient. Comment s'y prendre, puisque la cavalerie est engagée dans un terrain qui n'est propre qu'à l'infanterie ; comment faire ? C'est ce qu'on dira dans le cours de cet ouvrage.

685. Si on n'est pas chasseur, on s'exerce en voyageant. On examine tout le pays qui se trouve à portée de la vue, toute la ligne du terrain le plus éloigné, comme toute l'étendue de celui où l'on est.

786. On campe par imagination une armée sur le terrain qui se découvre le plus et qu'on voit en face; on en considère les avantages et les défauts : on voit ce qui peut être favorable à la cavalerie, ce qui n'est propre qu'à l'infanterie. Je fais la même chose dans le pays qui est en-deçà; je forme imaginairement les deux ordres de bataille, et je mets en œuvre tout ce que je sais de tactique et de ruses de guerre. Par ce moyen, on s'assure le coup d'œil, on se rend le pays familier, on se fortifie dans l'art de saisir promptement les avantages des lieux.

787. Le coup d'œil proprement dit se divise en deux points : le premier est d'avoir le talent de juger combien un terrain peut contenir d'hommes. C'est une habitude qui ne s'acquiert que par la pratique; après avoir marqué plusieurs camps, l'œil s'accoutume à la fin à une dimension si précise, qu'on ne manquera que de peu de chose dans les estimations.

788. L'autre talent, beaucoup supérieur à celui-ci, est de savoir distinguer au premier moment tous les avantages que l'on peut obtenir du terrain. On peut acquérir ce talent et le perfectionner, pour peu qu'on soit né avec un génie heureux pour la guerre. La base de ce coup d'œil est sans contredit la fortification des positions d'une armée. Un guerrier habile saura profiter de la moindre hauteur, d'un défilé, d'un chemin creux, d'un marais, etc.

789. Dans l'espace d'un carré de deux lieues, on peut quelquefois prendre deux cents positions. Un général, à la première vue, saura choisir la plus avantageuse; il se sera prudemment porté sur les moindres éminences, pour découvrir le terain et le reconnaître; les mêmes règles de la fortification lui feront voir le fort et le faible de l'ordre de bataille de l'ennemi. Il est encore d'une très-grande importance, à un général, s'il en a le temps, de compter les pas de son terrain, lorsqu'il a pris la position générale.

790. On peut tirer beaucoup d'avantages des règles de la fortification; par exemple, pour occuper les hauteurs et les choisir de façon qu'elles ne soient pas commandées par d'autres, pour prendre des dispositions

qui soient susceptibles de défense, et d'éviter celles où un homme de réputation ne pourrait se maintenir sans risquer de se perdre. Selon les mêmes règles, on jugera des endroits faibles de l'ennemi, soit par la situation désavantageuse qu'il aura prise, soit par la mauvaise distribution de ses troupes, ou par le peu de défense que la situation lui procure.

791. COUPURE, retranchement fait dans l'intérieur d'un lieu que l'on veut défendre. C'est quelquefois un simple fossé : on y fait le plus souvent un parapet en terre, et l'on y construit un revêtement en maçonnerie. On pratique des coupures dans l'intérieur d'un ouvrage de fortification, pour en prolonger la défense derrière le front attaqué ; dans les rues d'une ville, dans celles d'un village, pour disputer le terrain.

792. COURAGE. (*Voyez* Capitaine.) La nation la plus courageuse est celle où la valeur est la mieux récompensée, et la lâcheté la plus sévèrement punie. C'est donc à des causes morales, et non à la température de certains climats, que l'on peut attribuer cette supériorité de certaines nations sur d'autres.

793. COURSE. Il serait utile d'exercer les troupes à prendre le pas de course, en conservant le plus possible leurs rangs. Cette marche peut servir à saisir avant l'ennemi un poste, un passage, une position favorable ; à attaquer un retranchement, une maison, un poste ; à être moins long-temps exposé au feu, lorsqu'il devient plus dangereux ; à charger une troupe ébranlée ou en désordre, et la déterminer à prendre la fuite ; à fuir méthodiquement pour se reformer avec promptitude sur un point avantageux, afin d'éviter les grandes pertes qu'une retraite lente ferait éprouver. On envoie quelquefois, dans ce cas, les drapeaux et guides généraux, conduits par des officiers d'état-major, tracer une nouvelle ligne sur la position que l'on veut occuper, et, un instant après, on renvoie les bataillons à la course s'encadrer dans cette ligne. On peut encore se former à la course sur un des flancs de l'ennemi,

dans l'ordre inverse : il est évident que ces manœuvres ne peuvent être employées quand on redoute la cavalerie ; il faut alors accélérer le pas, en conservant un ordre respectable.

794. CRÉNEAU, ouverture pratiquée dans un mur pour y passer le fusil et tirer au dehors. Elle doit avoir, à la partie extérieure de la muraille, deux à trois pouces de largeur, et beaucoup plus à la partie intérieure, proportionnellement à l'épaisseur du mur, de sorte qu'on puisse découvrir au dehors autant d'étendue qu'il est possible.

D

795. DÉBORDER, *dépasser*. Le débordement est si dangereux pour le général qui l'éprouve, qu'il se regarde presque comme vaincu quand il se voit déborder. Toute armée dont les ailes ne sont pas bien appuyées, et qui se trouvent dépassées, doit nécessairement avoir le dessous. Une armée est tournée dès que des troupes ennemies se trouvent sur son flanc, même à une très-grande distance. La lenteur avec laquelle des troupes postées, et qui se battent, changent leur ordonnance, fait que l'ennemi peut parcourir un grand espace avant qu'elles l'aient changée. Si, pendant ce temps-là, il a pu s'approcher à portée du feu, la chose devient impossible. Voilà pourquoi une armée, sitôt qu'elle reçoit la nouvelle qu'un corps détaché s'est porté ainsi sur son flanc, ne songe d'abord qu'à la retraite ; parce qu'elle ne voit pas de moyen de parer à cet inconvénient avant que l'ennemi ne tombe sur elle. Le second principe, c'est qu'on peut compter qu'un ennemi posté, et attendant l'attaque, ne pourra tomber ni sur l'armée, ni sur le corps détaché, pour peu que leurs mouvemens soient combinés avec réflexion. On pourra toujours ou se rejoindre avant qu'il ait exécuté ce mouvement, ou, ce qui vaut bien mieux, tomber avec le corps qu'il laisserait au repos pour accabler l'autre sur son mouvement, et le prendre en flanc,

tandis qu'il l'exécuterait, ce qui ne pourrait manquer de causer sa perte totale.

796. Il y a deux causes, entièrement relatives à nos armes, qui facilitent à un point extrême une telle entreprise contre une armée dont le flanc n'est pas à l'abri de toute insulte. Des corps, qui forment un crochet, peuvent s'étendre, se séparer même à la très-grande portée du fusil, sans rien craindre, parce que les feux croisés de l'artillerie et de la mousqueterie couvrent la trouée tellement, que l'ennemi ne saurait tenter d'y entrer.

797. Une armée qui se place en potence, et qui forme quelque grand saillant dans son ordre de bataille, offre, par là même, un endroit très-faible. Les troupes placées ainsi ne sauraient résister aux feux croisés, à ceux d'enfilade, d'écharpe et de revers, dont un ennemi qui sait profiter de ses avantages peut les accabler dans cette situation. Voilà pourquoi une armée tournée ainsi par l'ennemi n'a pas même la ressource de lui faire face en jetant des troupes en potence sur son flanc. Il faut qu'elle cherche une position en arrière. Il est douteux qu'elle en trouve tout de suite une aussi avantageuse que celle qu'on l'a forcé ainsi d'abandonner ; mais, quand il y en aurait une à portée, ce serait toujours un mouvement rétrograde qui, par son impression, peut avoir de mauvaises suites. Tout cela ne serait pourtant que peu de chose : le principal est d'avoir le temps d'exécuter ce mouvement rétrograde, sans être au moins entamé, et même sans recevoir un échec considérable, et c'est ce qui devient presque impossible avec la pesanteur de nos armées, d'autant plus que la promptitude, qui est excellente pour un mouvement en avant, est ce qu'il y a de plus dangereux pour un mouvement rétrograde, qui peut avoir de funestes conséquences, et se changer en fuite. Il faudrait donc exécuter son changement de position en arrière avec lenteur, tandis que l'ennemi mettrait dans sa marche toute la célérité possible. Qu'on songe donc à l'avance qu'il faudrait avoir sur lui pour avoir achevé son mouvement, et s'il est prudent de s'exposer à une pareille nécessité.

798. Je conclus qu'il est d'une haute importance de bien couvrir les flancs.

799. DÉCAMPER. C'est une chose aisée, quand on est éloigné de l'ennemi : quand on en est proche, mais séparé par quelque grand obstacle, ce n'est point non plus une opération difficile ; elle est même aisée quand on est supérieur en force ; mais quand on est en face de l'ennemi, quand on est plus faible, et qu'aucun obstacle ne sépare les deux armées, c'est sans doute une opération des plus difficiles et des plus périlleuses.

800. Celui qui, dans cette circonstance, ne recourt pas à la ruse, aux stratagèmes, qui ne s'enveloppe pas des ombres du secret et de la nuit, est un imprudent qu'une défaite complète punit presque toujours.

Le général que des circonstances forceront à décamper emploiera donc, pour cacher son projet, des précautions plus grandes encore que celles qu'il prendrait, s'il voulait aller surprendre son adversaire. (*Voyez* Camp, Surprise, Secret). C'est pendant la nuit que l'on doit décamper : celui-là est indigne de la place qu'il occupe, qui, par vanité, entreprend de faire cette opération pendant le jour devant un adversaire plus fort que lui.

801. Il faut essayer de retenir l'ennemi dans son camp, en lui faisant donner une chaude alarme par un corps de troupes légères conduites par un chef plein de valeur et de sang-froid.

802. Il faut que dans votre camp rien n'annonce que vous ayez le projet de changer de position ; vos gardes, vos feux, vos signaux militaires, tout, en un mot, doit cette nuit-là paraître à l'ennemi tel que la veille.

803. Il faut bien se garder de donner à son décampement l'air d'une fuite : du calme, de l'ordre, du silence et de la fermeté, avec ces précautions, on décampe en présence de l'ennemi comme on changerait de position loin de lui.

804. Les maximes que nous venons d'établir doivent être suivies, soit qu'on évite un ennemi en campagne, soit qu'on lève un siége. Quant à la manière dont on

doit disposer ses troupes pour un décampement, (*voy.* Retraite.)

805. DÉCOUVREURS, hommes chargés de faire une découverte.

806. Les découvreurs qui sortent d'une place ou d'un fort, pour s'assurer que l'ennemi n'est point embusqué dans les environs, ont des devoirs à remplir qui ne sont pas si difficiles que ceux qui sont confiés aux découvreurs chargés d'éclairer la marche d'une troupe, fouiller les maisons, visiter les chemins creux et tous les objets qui entourent la place de très-près, car voilà à quoi s'étendent leurs fonctions.

807. Celles des derniers, surtout d'un corps peu nombreux, sont bien plus difficiles : de nouveaux objets se présentent à chaque instant à leurs yeux, et chaque objet exige d'eux une conduite différente.

808. Les découvreurs seront composés de cavalerie et d'infanterie, suivant la nature du pays qu'on devra parcourir.

809. Quand un officier particulier n'aura point de cavalerie, ses découvreurs seront choisis parmi ce qu'il aura de plus sûr, de plus brave, de plus intelligent et de plus leste dans son détachement. On doit toujours mettre parmi les découvreurs des hommes qui connaissent à fond le pays où l'on fait la guerre, et qui en sachent le langage.

810. Comme il ne suffit pas de fouiller le terrain qu'on a devant soi, et qu'il faut encore s'assurer de ses flancs, les découvreurs seront divisés en trois parties : une éclairera le front de la marche, la seconde le flanc droit, et la troisième le flanc gauche. On se règlera, pour l'espèce d'arme, sur la nature du terrain.

811. Comme les découvreurs doivent toujours être au moins deux ensemble, le plus petit détachement en aura au moins six : ainsi, la plus petite avant-garde sera composée de douze hommes.

Une nécessité absolue peut seule contraindre de se borner à n'avoir que six découvreurs. Quand la force du détachement le permettra, on en multipliera le nombre, de manière à ce qu'ils forment une espèce de cercle autour du corps de bataille. Tous les découvreurs marcheront à cent cinquante ou deux cents pas du corps de l'avant-garde; ils observeront continuellement ce qui se passera en avant d'eux; ils ne perdront jamais de vue ni les autres découvreurs, ni le corps d'avant-garde; ils obéiront à tous les ordres que ce corps leur donnera, à tous les signaux qu'il leur fera; ils se conformeront à tous ses mouvemens, ils s'arrêteront quand il fera halte; ils changeront de direction quand il changera de point de vue, et ils se retireront quand il fera retraite.

812. Les découvreurs marcheront toujours à couvert par quelques haies ou autres objets, s'il est possible, tels qu'arbres, broussailles, éminences, etc., en un mot, de manière à voir sans être vus. Les découvreurs à cheval se pencheront sur le cou de leurs chevaux, pour n'être point aperçus de loin.

813. Aussitôt que les découvreurs verront une troupe, un d'eux viendra en avertir le chef de l'avant-garde. Quand ils auront découvert la force et la qualité de la troupe aperçue, il feront donner un nouvel avis au commandant de l'avant-garde : ils resteront cependant toujours à leurs postes pour continuer à observer l'ennemi; ils donneront ces divers avis sans bruit, et toujours en se couchant avec soin.

814. Si les découvreurs ne sont que deux à chaque découverte, le chef de l'avant-garde recevra tout de suite après son arrivée celui qui sera venu lui donner le premier avis, ou bien il le fera remplacer par quelqu'autre soldat moins fatigué.

815. Les découvreurs se rappelleront sans cesse qu'ils ne sont pas destinés à combattre, mais à éclairer les marches de l'ennemi; qu'ils ne doivent faire usage de leurs armes à feu que lorsqu'ils tombent dans une embuscade, que lorsqu'ils ne peuvent donner autrement l'alarme à l'avant-garde et au corps de bataille, et enfin que lorsqu'une troupe de cavaliers, qu'ils ont vu avancer trop tard, marche sur le détachement avec beaucoup de rapidité.

816. Quand les découvreurs rencontreront un bois,

ils le fouilleront avec le plus grand soin, et n'avanceront qu'après s'être bien assurés qu'il ne renferme ni parti ennemi, ni embuscade. Ils fouilleront les fossés, les ravins, les chemins creux, les revers des chaussées très-élevées et des fossés, des haies très-fourrées, les champs clos de murs, ceux qui seront couverts d'une haute moisson, en un mot, tous les objets qui se présenteront devant eux ou sur les flancs, et qui pourraient servir à cacher, ne fût-ce même que quatre hommes.

817. Quand les découvreurs rencontreront des maisons éparses, des moulins, ou d'autres édifices, ils les fouilleront avec le plus grand soin ; s'ils ne sont que deux à chaque découverte, un d'eux entrera dans le bâtiment, pendant que l'autre restera éloigné de la portée de fusil. Si le découvreur entré dans la maison ne revient pas après le temps nécessaire pour la fouiller, on prendra pour une preuve, ou du moins pour une présomption, que la maison recèle des ennemis ; en conséquence, le second découvreur ira avertir le commandant de l'avant-garde ; celui-ci se conduira d'après les circonstances et les ordres qu'il aura reçus. Quoique les découvreurs soient plus de deux ensemble, ils n'entreront jamais tous en même temps dans les bois, les ravins, les maisons, etc.

818. S'il rencontre un village, et s'ils ne sont que deux à chaque division, une entrera dans le village, tandis que l'autre restera en dehors ; celui qui sera entré s'arrêtera aux premières maisons ; il prendra auprès des premiers paysans qu'il rencontrera, les informations suivantes ; il demandera. L'ennemi est-il dans le village ? a-t-il paru dans les environs ? quelle espèce de troupes s'est montrées ; quelle était sa force ? qu'est-elle devenue ? etc. S'il apprend que l'ennemi n'est pas dans le village, et qu'il peut y entrer en sûreté, il le fouillera en grand, c'est-à-dire qu'il parcourra les places et les principales rues ; il ira chez le premier magistrat, et lui fera les mêmes questions qu'il aura déjà faites aux premiers paysans qu'il aura rencontrés ; il emploiera ensuite les menaces et les promesses pour en obtenir des otages, des guides, et tous les rensei-

gnemens dont il aura besoin. Aussitôt qu'il sera assuré des bonnes dispositions des habitans, et qu'il aura obtenu d'eux ce qu'il désirait, il rejoindra son camarade; celui-ci entrera à son tour dans le village, le traversera, ira se placer en dehors, du côté de l'ennemi; le découvreur qui aura pris les informations, les ôtages et les guides, ira rendre compte au chef de l'avant-garde de ce qu'il aura remarqué, et lui amènera les ôtages et tous les habitans dont il aura cru pouvoir tirer quelques renseignemens.

819. Les découvreurs qui entrent dans une maison ou dans un village doivent se garder d'y commettre aucune violence envers les habitans, et de s'y amuser à boire : par l'une et l'autre conduite, ils retarderaient la marche du détachement, et s'exposeraient à être pris ou tués ou par les troupes ennemies, ou par les paysans du lieu.

820. S'ils aperçoivent des hauteurs d'où ils pourraient voir une grande étendue de pays, ils s'en approcheront avec précaution, y monteront avec prudence, examineront ensuite tous les penchans de la montagne, et en feront le tour, pour s'assurer que l'ennemi n'a point dressé d'embuscade dans cet endroit. Quelques découvreurs resteront sur le sommet de la hauteur, jusqu'à ce que l'avant-garde les ait rejoint; alors ils se remettront en marche.

821. Quand ils rencontrent un défilé formé par deux montagnes, ils se conduisent comme dans la supposition précédente. S'ils trouvent sur leurs pas un marais non traversé par un chemin frayé, et dont le fond ne soit pas connu, ils chercheront à savoir, par le moyen de quelques paysans des environs, quel est l'endroit où le fond est meilleur; ils le sonderont ensuite eux-mêmes, pour s'assurer de la vérité des rapports; ils planteront des jalons ou quelques branches d'arbres sur les deux côtés du chemin qu'ils auront parcouru, et qui serviront à diriger la marche du détachement.

822. Ils en agiront de même sur le bord d'une rivière ou d'un ruisseau que le détachement devra passer à gué, ayant bien soin d'observer leurs revers.

823. Toutes les fois que les découvreurs rencontreront dans la campagne des paysans et des voyageurs, ils leur feront beaucoup de questions pour en obtenir des éclaircissemens sur le compte des ennemis, mettant cependant assez d'art dans leurs demandes pour ne pas faire deviner quel est l'objet de la marche du détachement; ils arrêteront toutes les personnes qui suivront la même route qu'eux ou qui voudront les dépasser.

824. Les découvreurs observeront avec attention la direction que les partis ennemis prendront, et ils en rendront compte au chef de l'avant-garde; celui-ci, d'après leurs rapports, formera des conjectures vraisemblables sur la position qu'occupe le corps dont ces partis sont détachés.

825. Les découvreurs doivent être exercés à reconnaître, comme les sentinelles, à la poussière qui s'élève, l'espèce de troupe qui marche, et à juger de la direction et de la force des colonnes par la direction et la quantité de la poussière; ils doivent examiner les traces qu'ont laissées les chevaux et gens de pieds, ils peuvent connaitre, à peu de chose près, par la façon dont le terrain est battu et dont l'herbe est foulée, quelle est la force et la qualité de la troupe qui a passé. (*Voyez* Indices.)

826. Pour que les découvreurs puissent rendre de très-grands services, il faut qu'ils soient travestis en gardes-chasse, ou autrement, afin de pouvoir éclairer de très-loin le détachement.

827. Il est quelquefois utile de donner des chiens aux découvreurs, surtout pendant la nuit; leurs aboiemens pourront faire découvrir les ambuscades. Pendant la nuit, ils redoubleront de soins et d'attentions, tant pour n'être point découverts que pour arrêter les paysans ou autres personnes qui voudraient les dépasser; ils ne s'éloigneront pas de l'avant-garde au-delà de la portée ordinaire de la voix; ils marcheront tous lentement, s'arrêteront de cinquante à cinquante pas, mettront de temps en temps l'oreille contre terre, garderont le plus profond silence, observeront avec at-

tention les signaux qu'on leur fera, et leur obéiront avec promptitude.

828. Quand ils passeront près d'une maison, un d'eux se placera auprès de la porte pour empêcher les habitans d'en sortir; ils tueront à coup d'arme blanche les chiens qui pourraient les faire découvrir.

829. Quand le détachement voudra découvrir un village, une partie des découvreurs ira, comme pendant le jour, s'emparer de l'issue pour empêcher les habitans d'en sortir et d'aller avertir l'ennemi. Si quelques habitans cherchaient à s'évader, le plus leste des éclaireurs courrait après lui, l'engagerait à s'arrêter, et l'y forcerait par un coup d'arme blanche.

830. Quand les découvreurs rencontreront une patrouille ennemie, il se blotiront dans un sillon ou dans un fossé; ils se tapiront derrière un arbre, une haie ou des broussailles, et ils attendront là que la patrouille les ait dépassés; alors ils iront avertir le chef d'avant-garde. Lorsqu'ils apercevront une troupe considérable, ils feront le signal convenu, et le donneront assez à temps pour que l'avant-garde puisse se mettre en état de défense (*Voyez* 1577 *et suivans.*)

831. Quand une patrouille ennemie, après avoir aperçu les *découvreurs*, criera sur eux, ils répondront: *Déserteurs*, et marcheront comme pour se rendre à la patrouille; s'ils voient jour à pouvoir être vainqueurs, ils profiteront de sa sécurité pour l'en punir à coup d'arme blanche; s'ils sont moins forts que la patrouille, ils se rendront à elle, et tâcheront de retarder sa marche jusqu'à l'arrivée de l'avant-garde.

832. Dans toutes les autres circonstances, les découvreurs se conduiront pendant la nuit comme pendant le jour.

833. D'après tout ce que nous venons de dire, on voit aisément combien le rôle de découvreur est important, et combien il est difficile de le bien jouer; aussi est-il très-nécessaire d'y bien exercer les soldats les plus intelligens.

834. DÉFENSE. Le principe général de la défense est le contraire de celui de l'attaque: il consiste à

maintenir ses flancs : il ne faut pas les laisser embrasser, presser, déplacer. Ce principe s'applique à la défense d'une armée, d'un royaume, d'une province; car une province, un royaume et une armée, ont leurs flancs, que l'attaquant tente d'embrasser quand il connait le secret de l'art.

835. Ainsi, un général doit assurer les flancs d'une armée, comme on l'a dit ailleurs; mais on n'a point encore étendu ce principe à la protection d'un pays, et cependant il est le même. Il faut, soit par des places fortes, ou par des troupes, empêcher que l'attaquant ne l'embrasse, et prendre partout, devant lui, une telle position que l'on puisse toujours être plutôt que lui sur les points du front que l'on a à défendre.

836. C'est en cela que consiste tout l'art de la défense. (*Voyez* Guerre défensive.)

837. La défense d'un poste fermé diffère de celle d'une ligne, en ce que celui-là peut toujours être embrassé de toutes parts. Voilà pourquoi l'art de la défense y est et sera toujours très-inférieur à celui de l'attaque.

838. On peut dire, en général, que tout poste fermé, soit ville, citadelle, château, bourg, obligé de subsister par lui-même devant un attaquant, est un poste pris.

839. On nomme défense de front le feu dirigé perpendiculairement au poste défendu; défense de flanc, celle qu'une partie du poste tire des flancs qui la voient

840. La défense de flanc est infiniment préférable à celle de front, en ce qu'elle défend tous les points que celle-ci ne peut protéger.

841. La défense directe est de deux espèces, directe ou oblique. Elle est directe quand elle est perpendiculaire aux parties défendues, et oblique quand ces parties sont dans une situation inclinée ou oblique.

842. La défense oblique ne doit être employée que quand on ne peut pas faire autrement ou que le soldat est peu exposé à l'ennemi.

843. DÉFILÉ. Passage resserré entre des bois ou

des coteaux, qui ne peut recevoir qu'un front de troupes peu étendu.

844. Défendre un défilé se réduit à fermer à l'ennemi le chemin qu'il veut suivre.

845. Pour fermer militairement un passage, il faut élever des ouvrages qui, par leur disposition, les couvrent de feux croisés et rasans, il faut creuser des fossés qui empêchent l'ennemi d'approcher; il faut multiplier les obstacles qui peuvent retarder sa marche; il faut enfin couvrir ses propres flancs de manière que l'assaillant, en se plaçant sur la droite et sur la gauche du défilé, ne puisse obliger les défenseurs à abandonner leur poste.

846. Un officier chargé de garder un défilé se portera sur le chemin qu'on lui aura nommé, et vers le point qu'on lui aura indiqué; il reconnaîtra quelle est la position la plus propre à être mise en état de défense; il se déterminera pour celle où le chemin passera entre deux montagnes, au milieu d'un bois, d'un marais, sur le bord d'une rivière; objets dont la rencontre forme des défilés.

847. S'il a à choisir entre plusieurs situations également importantes, il donnera la préférence à celle qui ne sera point dominée, ou dont il sera aisé de garder le commandement, qui ne pourra être tournée en flanc, qui lui procurera le plus de feux croisés sur les points qu'il veut défendre; à celle enfin dont il pourra embarrasser les avenues avec plus de facilité.

848. Si l'on est chargé de garder un défilé entre deux montagnes qui ne sont pas à plus de quatre-vingt-dix toises l'une de l'autre, le commandant de la troupe, après avoir bien reconnu les environs de ces montagnes, après avoir examiné avec soin les endroits d'un accès très-facile, et après s'être assuré qu'on ne peut les tourner sans faire un grand circuit, s'emparera du sommet des deux montagnes; il y établira quelques hommes qui s'y couvriront d'un abatis ou d'un simple fossé, il tracera ensuite au milieu du défilé une redoute à crémaillère, ou une redoute à saillans perpendiculaires.

849. Une de ces deux redoutes étant construite

(*Voyez ce mot*). Le défilé sera déjà en état de faire quelque défense; pour le rendre plus difficile à forcer, on fera élever au pied de chaque montagne une redoute ouverte à côtés brisés, qu'on adossera au pied de la hauteur; les flancs intérieurs de ces redoutes à côtés brisés, étant prolongés, doivent former un angle droit, et la redoute à crémaillère ou à saillans doit être placée de manière que l'angle diamétralement opposé à celui qu'elle présente à l'ennemi, se trouve formé par le prolongement des côtés des redoutes latérales.

850. Si les montagnes sont à plus de quatre-vingt-dix toises de distance, au lieu d'une seule redoute placée dans le milieu du défilé, on en construit deux ou trois, et on les place de manière qu'il n'y ait jamais plus de quatre-vingt-dix toises d'une redoute à l'autre.

851. Quand l'endroit par lequel l'ennemi peut traverser le défilé est plus rapproché d'un défilé que de l'autre, on construit toujours une redoute dans le milieu du passage, le reste de la position n'éprouve aucun changement.

852. Quand on a le temps, on élève des courtines qui doivent lier ensemble les différentes redoutes; si on ne l'a pas, on se contente de creuser à droite et à gauche de chaque redoute un large fossé long de vingt pieds; on jette les terres qui proviennent du déblaiement dans l'intérieur du défilé : on peut encore remplacer ce fossé par un fort abatis de la longueur du fossé. On augmentera la force des redoutes par les moyens de l'art.

853. On rend ensuite l'accès des montagnes difficile en entaillant le roc autant à pic qu'on le peut; en plantant des palissades et des piquets dans les endroits où la rampe est douce, et des arbres taillés en abatis dans ceux où elle est le plus accessible; on fait des coupures au-dessus des redoutes ouvertes que l'on couvre d'un faible parapet, d'un blindage ou d'un éventail. (*V. ces mots.*) Ces coupures sont disposées de manière qu'on ne puisse y entrer que du sommet de la montagne, ou qu'en suivant des sentiers très-escarpés. On place des tirailleurs dans ces coupures; on y assemble des amas de pierres et de gros quartiers de rocs qu'on

se propose de faire rouler sur les assaillans; on a le soin de multiplier ce genre de défense dans la partie de la montagne qui commande le défilé.

854. Si l'on a plusieurs pièces de canon, on les place de manière à ce qu'elles procurent des feux croisés sur le défilé. Si l'on n'a pas une assez grande quantité d'artillerie pour en armer les redoutes latérales, on la met dans la redoute qui occupe le milieu du défilé, et on la dispose de manière que le feu en soit rasant.

855. Quand le défilé sera formé par des bois, on fera couper les arbres à deux pieds de hauteur, jusqu'à la hauteur du canon; les arbres ainsi coupés font une espèce d'abatis : il en est de même des haies, des buissons. On forme encore un abatis des plus épais autour des ouvrages qu'on a élevés.

856. Un marais au milieu duquel passe un chemin forme encore un défilé : il peut être impraticable ou ne l'être pas ; il peut être assez large pour que l'ennemi ne puisse pas incommoder l'ouvrage, ou il peut ne pas le mettre à l'abri du canon de l'ennemi. Avant d'agir comme si le marais était impraticable, vous prendrez la précaution de le sonder vous-même dans toutes ses parties, et si vous reconnaissez qu'il est absolument impossible de le traverser, vous pourrez vous borner à couvrir vos flancs par un parapet léger ou par un éventail. Vous construirez vis-à-vis le débouché du défilé un fort parapet auquel vous donnerez la forme la plus propre à multiplier votre feu. En avant de ce parapet, vous creuserez autant de fossés que vous le pourrez, et vous prodiguerez les moyens d'augmenter la force de votre ouvrage.

857. Quand le marais sera praticable en quelques endroits, on construira vis-à-vis des avenues un parapet semblable à celui dont nous venons de parler; dans tous les cas, on prendra la précaution d'augmenter autant qu'on le pourra le volume des eaux.

858. Quand on gardera, pendant l'hiver et dans un pays froid, un défilé formé par un marais, on construira des ouvrages, comme si l'on était sûr que l'ennemi pourrait, à la faveur d'une forte gelée, arriver aisément aux pieds des retranchemens.

859. Quand le marais sera peu large, mais impraticable, on se mettra à l'abri du canon ennemi en élevant un bon parapet.

860. Un chemin qui côtoie une rivière peut encore être considéré comme un défilé. Si l'ennemi peut vous incommoder avec son canon, vous élevez un épaulement; si c'est uniquement avec de la mousqueterie qu'il peut vous forcer à abandonner vos ouvrages, vous construirez un évantail ou un léger parapet.

861. Si le défilé est formé d'un côté par un marais et de l'autre par un bois ou une montagne, on emploie pour défendre chaque côté les moyens précités.

862. Un chemin qui traverse une vaste plaine peut être considéré comme un défilé toutes les fois qu'il est très-avantageux à l'ennemi de le suivre; dans ce cas, où rien ne favorise le défenseur du défilé, ce n'est qu'à force d'art qu'il peut sauver son honneur et sa gloire. S'il n'a que le temps et les bras nécessaires pour construire un ouvrage, et les soldats qu'il faut pour le garder et le défendre, il tracera au milieu du chemin une redoute à crémaillère, à côtés brisés ou à angles saillans. S'il a le temps et les moyens nécessaires pour constituer, garder et défendre deux redoutes, il tracera à droite et à gauche du chemin, à environ quarante-cinq toises de son milieu, et sur la même ligne, une redoute à côtés brisés ou à saillans; il liera ces deux ouvrages par un parapet, un abatis ou un simple fossé; il en élevera une à crémaillère dans le milieu du chemin, et deux à côtés brisés ou à saillans sur les flancs et à quatre-vingt-dix toises de celui-ci.

863. Pour défendre la sortie d'un défilé, empêcher l'ennemi de déboucher dans une plaine, et passer par une gorge étroite de l'entrée de laquelle il est maître, on construira en dehors du défilé, et vis-à-vis de son milieu, hors de la portée du mousquet, une redoute à crémaillère ou saillant: cette redoute, ainsi placée, battra avec son artillerie les troupes qui viendront à déboucher, et avec sa mousqueterie celles qui se formeront dans la plaine. On tâchera d'embarrasser le défilé avec des abatis, et de le couper avec de larges fossés. Si l'on a beaucoup de temps et de grands moyens, on

construira, en avant et de chaque côté de la redoute à crémaillère ou à saillans, un autre ouvrage du même genre qui, par son feu, puisse empêcher l'ennemi de se former dans la plaine, afin de venir attaquer la redoute du milieu. On liera tant qu'on le pourra ces trois redoutes avec des fossés ou des abatis, ou des lignes.

864. Les principes pour garder, défendre, attaquer un défilé, sont les mêmes que ceux indiqués à *marches*, *stratagèmes*, *attaques*, *défenses*, etc.

865. DEMI-LUNE. Pièce de fortification composée de deux faces et quelquefois d'un ou deux flancs. (Planche XVI).

866. DERRIÈRES. Il n'y a de bon poste ni de bon champ de bataille que celui dont les flancs et les derrières sont couverts, et dont les communications ne peuvent être coupées : or elles peuvent être coupées, et les derrières découverts, toutes les fois que l'on a sur ses flancs et sur ses derrières une ville forte et un corps ennemi considérable. Donc celui qui s'avancera en laissant derrière lui ou une ville ou un corps de troupes, est un imprudent presque toujours puni par la défaite. Les écrivains militaires conviennent de cette vérité, et conseillent aux généraux d'attaquer pendant un combat, toutes les fois qu'il le peuvent, l'ennemi sur ses derrières; ils ajoutent encore, avec raison, que c'est lorsque la mêlée est bien engagée que les corps détachés doivent se montrer; ils disent enfin : C'est la cavalerie qui est la plus propre à ce genre de combat.

867. DESCENTE. Pour l'exécuter, il faut avoir une connaissance exacte de la côte où l'on prend terre, y faire choix d'un point où l'on puisse promptement développer les troupes débarquées, et trouver une position avantageuse. Cela fait, il faut mettre à terre les troupes les plus résolues, les protéger par l'artillerie d'une flotte; marcher avec assurance aux premiers ennemis qui se présentent, les surprendre s'il se peut, les étonner par l'audace, leur ôter, par la vivacité de l'attaque, le temps de se reconnaître; aller sans aucun délai au point principal, et employer le genre

d'attaque le plus expédient. En général, les attaques doivent être brusques; il ne faut en charger que des officiers actifs et entreprenans, des troupes aguerries et formées.

868. Le général doit, avec un soin scrupuleux, assurer ses communications, ses derrières. (*Voy.* Ligne d'opération.) Il amassera autant de munitions que le pays peut lui en fournir, ne tolérant ni fraude, ni pillage: il doit se hâter sans violer les règles. Un moment perdu dans cette position, plus critique que toute autre, pourrait compromettre son armée.

869. Les descentes faites dans un grand pays avec peu de force, pour piller ou incendier quelques maisons et villages, coûtent toujours plus à celui qui les fait qu'à celui qui les supporte.

870. — *Exécution.* Aussitôt que les chaloupes sont arrivées aussi près du rivage qu'elles le peuvent, et que le signal est donné, l'officier qui commande, sachant que l'exemple du chef peut tout sur les soldats, saute le premier à terre; son détachement l'imite, et se forme en colonne serrée, la baïonnette au bout du canon; il marche avec vivacité et sans perdre de temps; quoique les troupes opposées soient nombreuses et braves, sa résolution leur en imposera; elles flotteront d'abord et prendront bientôt la fuite, ou bien elles ne feront qu'une résistance molle et sans effet. S'il trouve sur la rive un ennemi très-supérieur, il se couvre avec des chevaux de frise qu'il a apportés, avec des abatis, ou il supplée à sa faiblesse par une position avantageuse.

871. Les principales attentions que l'on doit avoir dans un débarquement sont d'empêcher les soldats de sauter à terre avant le moment ordonné, et d'y sauter en tourbe; un silence profond, un grand ordre et une valeur calme, assurent le succès des débarquemens. Les radeaux sont beaucoup plus favorables pour un débarquement que les bateaux ordinaires, et même que les bateaux plats.

872. — *Fortifier un endroit propre à un débarquement.* On commencera par couper la plage aussi à pic qu'on le pourra; on creusera sur le rivage, et même

dans le lit des eaux, des fossés larges et profonds ; on cachera autant que possible l'endroit où ces fossés seront creusés: (Vigné). On embarrassera avec des arbres taillés en abatis, des piquets, des pieux, etc., l'endroit le plus favorable à la descente des troupes; on élevera sur la rive des ouvrages qui, en fournissant beaucoup de feux directs, croisés et rasans, puissent causer beaucoup de mal à l'ennemi. On restera derrière ces retranchemens, d'où l'on tirera sur les bateaux et les conducteurs, jusqu'au moment où quelques troupes ennemies auront gagné le rivage, et mis par-là les bateaux ou les vaisseaux chargés de protéger la descente dans l'impossibilité de faire feu; on fondra sur l'ennemi avec vivacité, et à l'arme blanche. Quand on agit avec ordre et avec vigueur, quand on ne permet pas à un trop grand nombre de troupes de gagner la terre, on réussit à repousser l'ennemi.

873. La meilleure manière d'empêcher un debarquement sur le bord d'une rivière dont on défend le passage (*voyez ce mot*), consiste à prévenir les embarquemens, en enlevant, sur l'une et l'autre rive, tous les bateaux, barques et bacs, les poutres, planches et madriers qui peuvent servir à construire des radeaux.

874. DÉSESPOIR. *C'est rendre à un ennemi affaibli une partie de sa force, que de le réduire au désespoir.* Le général sage se gardera donc de mettre l'ennemi dans la cruelle nécessité de vaincre ou de mourir; il se gardera encore de ne lui laisser de choix qu'entre la honte et la victoire, car la honte paraît à quelques hommes plus cruelle que la mort.

875. DESSIN *Militaire.* Un militaire qui ne connaît pas le dessin pour retracer les objets que la nature lui présente, peut s'y prendre de la manière qui suit:

876. Quand il est en marche, il commence à tirer sur le papier une ligne qui indique le chemin qu'il tient.

877. Il fait une clé, par des marques différentes, tels que points, croix, lettres, etc., pour désigner tout

ce qu'il peut rencontrer dans un pays, comme villages, ville, bourg, hameau, chapelle, croix, rivière, fossé praticable ou impraticable, bois, prés, terres moulins, enfin tout ce qu'on remarque en voyageant.

878. Lorsqu'il passe un village, il le note par la marque convenue de sa clé, et y ajoute le nom; il s'assure s'il y a des rivières ou de grands chemins à droite ou à gauche, et, quand cela a lieu, tire une ligne qui les indique, en remarquant l'endroit où les chemins aboutissent. Quand on en a le temps, on fait des mémoires. Il est même bien d'indiquer sur son papier, par les marques de la clé, les endroits où l'on pourrait mettre de la troupe, les chemins par où l'ennemi peut venir, les endroits où il y a des fourrages, ceux où il n'y en a pas.

879. C'est de cette manière que l'on prendra des mesures justes, que l'on obtiendra l'estime d'un général, en lui faisant des rapports exacts et lumineux.

880. DÉTACHEMENT. Un officier chargé d'un détachement, pour quelque objet que ce soit, ne saurait apporter trop de soin à prévenir les surprises de l'ennemi (1777), et à se trouver toujours en état de le recevoir. Il faut qu'il sache choisir un terrain propre à s'y défendre avantageusement, et se ménager, en cas de besoin, une retraite assurée. (*Voyez* découvreurs.) C'est à lui à se régler d'après ses instructions; mais il faut qu'il se replie contre des forces supérieures, et qu'il profite des siennes lorsque celles de l'ennemi lui sont inférieures.

881. Quelquefois il se retirera dans la nuit, à l'approche de l'ennemi, et lorsqu'il aura assez marché pour lui donner une fausse idée de ses desseins, et lui faire négliger les précautions que l'on cesse de prendre lorsque l'on croit l'ennemi éloigné, il viendra brusquement le charger et le repousser.

882. Il s'attachera à former des entreprises sur l'ennemi, à l'inquiéter, le harceler de toutes les manières, afin de l'obliger à se tenir sur la défensive, et pour se procurer du repos soi-même.

883. Un général ne saurait être trop attentif à ne

confier des détachemens qu'à des officiers bien capables. (*Voyez* 1468 *et suivans*.)

884. Il est des objets qu'un officier particulier doit porter avec lui toutes les fois qu'il va en détachement : une demi-toise, ou un objet qui puisse la remplacer, tel que chaîne ou cordeau, papier, crayon, encre. (*Voyez* Dessin militaire, Pays, Marches, Avant-Garde, Arrrière-Garde, Retraite, Guide, etc.)

885. DISCIPLINE. La discipline militaire doit descendre dans tous les détails relatifs à l'éducation, à l'institution et à l'instruction des gens de guerre ; elle doit régler leur conduite, fixer leurs opinions, et modifier leurs préjugés.

886. Aucune des actions des gens de guerre n'est indifférente : la discipline doit les peser toutes avec soin, et placer conséquemment leurs auteurs dans la liste de ceux qui doivent être récompensés ou qui méritent d'être punis.

887. La plus importante des leçons que donne la discipline est celle-ci : OBÉISSEZ ! c'est la première que l'on doit donner à tout militaire ; elle serait la seule, si ce qu'elle commande pouvait s'exécuter sans apprentissage (1550).

888. On dit qu'une armée sans discipline ne peut point remporter de victoires ; n'aurait-on pas dû dire : Sans discipline point d'armée.

889. Il n'est pas très-difficile de discipliner un corps nouvellement formé ; mais il l'est infiniment de faire rentrer sous le joug de l'obéissance un corps qui l'a secouée.

890. Voyez une armée bien disciplinée, elle vous paraît entièrement composée d'hommes vertueux et braves ; voyez au contraire une armée indisciplinée, vous croyez être au milieu de lâches brigands.

891. Voulez-vous avoir une idée juste de la discipline ? Rappelez-vous qu'une armée romaine avait, dans l'enceinte de son camp, un arbre chargé de fruits murs, que le propriétaire retrouva intact quand elle eut décampé. Souvenez-vous encore qu'un légionnaire qui trouvait un effet, quel qu'il fût, ne se l'appropriait

pas, et qu'il le portait à son tribun avant qu'on l'eût réclamé. (1551 et suivans).

892. Le nombre et la valeur ne peuvent remplacer la discipline. Quel peuple devrait en être plus persuadé que le Français? Les funestes résultats de l'absence de discipline sont tracés en caractères sanglans dans plus d'une page de ses annales. On ne citera, pour ne point rouvrir un trop grand nombre de plaies, que Crécy, Poitiers et Azincourt.

893. Un jour ne suffit point pour créer une bonne discipline, un jour ne suffit point pour l'établir : ces deux opérations sont l'œuvre du temps ; on ne peut les exécuter sans quelques erreurs, mais ces erreurs mêmes sont utiles : elles rendent les chefs et les subordonnés moins confians, plus actifs et plus soigneux.

894. C'est beaucoup que d'avoir discipliné le soldat, mais il est bien plus essentiel de discipliner les officiers. Il ne suffit pas que l'officier subalterne observe les lois de la discipline, il faut encore qu'il se garde de leur porter atteinte par des murmures indiscrets. Le soldat ne brise, en effet, les liens qu'il doit toujours respecter, que lorsque les officiers lui en ont donné l'exemple, et lorsqu'ils l'y ont engagé par des propos peu mesurés.

895. Une bonne discipline descend du général au soldat par des degrés égaux ; elle est toujours la même.

896. Une armée sans discipline pourra peut-être remporter une victoire, mais elle ne peut en profiter.

897. Une armée disciplinée peut être battue, mais elle n'est jamais défaite, ou au moins prendra-t-elle bientôt sa revanche.

898. Une armée disciplinée peut être surprise, mais pour cela elle n'est pas battue ; une armée sans discipline qui est surprise est ordinairement détruite.

899. Une armée sans discipline, disait le maréchal de Saxe, est plus dangereuse à l'État qu'à l'ennemi.

900. Un régiment bien discipliné est aguerri dès le premier coup de canon; celui qui ne l'est pas ne s'aguerrit jamais, ou se conduit comme s'il ne l'était pas.

901. Voulez-vous savoir si un régiment est bien discipliné? voyez-le quand les compagnies se forment;

suivez les détachemens qui montent et descendent la garde : si le silence et l'ordre n'y règnent pas, assurez hardiment que la discipline est mauvaise.

902. Voulez-vous rétablir la discipline? punissez les chefs, et jamais les subordonnés. Un officier fait-il quelque faute, que le colonel l'expie ; un soldat manque-t-il à ses devoirs, que son capitaine en porte la peine : que l'âge, le rang, la naissance, ne mettent personne à l'abri des punitions méritées, et la discipline acquerra chaque jour de nouvelles forces. La gravité et la durée des peines sont toujours en raison inverse de l'élévation ; elles devraient être, au contraire, en raison composée.

903. Quelque utile que soit la discipline militaire, les guerriers qui n'auraient que ce frein seraient encore bien loin de la supériorité que l'on doit désirer en eux ; par elle, ils seraient valeureux et obéissans, mais elle ne leur rappellerait pas qu'ils sont hommes, qu'ils sont citoyens, et qu'à ces deux titres ils doivent avoir des vertus sociales : c'est à la morale à leur donner ces vertus essentielles à leur félicité, à leur gloire et à celle du peuple qu'ils servent.

904. DISPOSITIONS DE GUERRE. L'art militaire n'a aucune partie plus étendue, plus importante, et qui exige plus de connaissances profondes et générales, et dont ceux qui veulent parvenir au commandement des armées doivent le plus s'occuper. (*Voyez* Plan de campagne.)

905. Les meilleures dispositions de guerre ne sont pas tant celles qui nous mettent en état de battre l'ennemi, que celles qui l'affament et le ruinent à la longue.

906. Il ne faut pas hasarder de braves soldats, ni se mettre au pouvoir de la fortune, quand on peut aussi sûrement vaincre son ennemi par adresse que par force.

907. DIVERSION, attaque faite dans un point pour empêcher l'ennemi d'agir dans un autre avec des forces supérieures.

908. Dans l'attaque d'une armée ou d'une place, on

fait diversion en menaçant plusieurs points par des attaques, soit feintes, soit réelles. Lorsque l'ennemi assiége une ville, on fait diversion en attaquant une de ses places, lorsqu'il est plus avantageux pour lui de la conserver que de prendre celle qu'il environne. S'il a pénétré dans une province, on fait diversion en entrant dans son propre pays, et le rappelant à sa défense.

909. ÉCHARPE (*Feu d'*), feu qui bat par un angle moindre que de vingt degrés. Le feu d'écharpe et rasant est le plus meurtrier.

E

910. EMBUSCADE, poste ignoré où l'on a caché des troupes, à dessein de surprendre l'ennemi.

911. — *Des embuscades en général.* Les principale précautions à prendre, pour dresser une embuscade, sont d'en bien reconnaître le lieu, d'y arriver par l'endroit qui peut être le moins aperçu, d'avoir plusieurs sorties, soit pour attaquer, soit pour se retirer.

912. Si l'on est découvert, il faut changer le lieu des embuscades, avoir beaucoup de sentinelles, qu'il faut visiter et faire visiter souvent; partager les troupes sur chaque avenue ou sortie; laisser engager l'ennemi dans l'embuscade avant de l'attaquer; le charger vigoureusement; l'exécution faite, se retirer promptement, en s'éloignant le plus possible du chemin par où l'ennemi peut venir au secours; mettre les prisonniers et le butin à la tête; les faire marcher diligemment, et avoir le gros de la troupe à la queue, afin de soutenir les premiers efforts de l'ennemi, qui presque toujours arrive en désordre, et ne songe d'abord qu'à arrêter la retraite, pour donner le temps d'arriver aux troupes qui marchent ensemble.

913. Lorsqu'il n'est pas aisé de faire à-la-fois plusieurs embuscades, dont chacune soit aussi forte que la troupe des ennemis qui peuvent survenir, il suffit de les composer de petits partis de cavalerie, et de donner ordre à tous les commandans de faire retraite jusqu'à un certain endroit désigné où le gros de vos troupes est resté caché, ce qui vaut une seconde ambuscade.

914. Formez une embuscade lorsque, par de bons espions, vous aurez avis du jour que doit être en marche et du chemin que doit tenir un convoi de chevaux de remonte, de munitions, d'armes, de soldats, de recrues, escorté de moins de troupes que celles que vous pouvez détacher d'un des corps principaux.

915. Vos intelligences peuvent vous donner la facilité d'enlever dans une embuscade un général ou un prince ennemi qui se détache de son armée pour reconnaître quelque terrain ou quelque place, pour aller se faire traiter de quelque blessure ou recevoir un personnage de distinction; pour chasser, etc., enlever des fourrages.

916. Lorsque l'ennemi va prendre ses quartiers, ou lorsque les troupes en sortent pour aller au printemps former l'armée, on détache quelquefois à l'avanture de petits partis, pour faire des prisonniers, enlever de petits convois entre l'armée et les villes.

917. Il faut pour ces expéditions qu'il y ait avec ces partis de très-bons guides qui connaissent tous les petits ponts, tous les ruisseaux, les passages de marais et les sentiers des bois, afin de pouvoir se retirer par des voies inconnues à l'ennemi.

918. Si vous ne fondez pas la sûreté de votre retraite sur la force de vos combattans, mais uniquement sur leur adresse et leur vitesse, composez votre embuscade de la cavalerie la plus légère, et du nombre seulement que vous croirez suffisant pour défaire la troupe ennemie contre laquelle l'embuscade est formée; mais si vous êtes supérieur en cavalerie, et s'il ne se rencontre point de défilé sur votre retraite, alors, quoique le gros de l'armée opposée soit plus considérable, vous devez former l'embuscade de toute votre cavalerie, pour battre celle de l'ennemi qui peut venir au secours, car l'infanterie ne pourra faire obstacle à la retraite de votre cavalerie ou de vos dragons.

919. Quand la retraite peut être courte et par un chemin rude, l'embuscade se compose de plus d'infanterie que de cavalerie; mais si la retraite doit être longue et par un chemin plat et découvert, ne prenez d'autre infanterie que celle que la moitié de la cavale-

rie peut porter en croupe, tandis que l'autre moitié non chargée de ce poids couvre l'arrière-garde.

920. Si vous faites de petites mais fréquentes embuscades pour incommoder l'ennemi, formez-en de temps en temps une grosse, afin qu'il craigne de faire des détachemens contre vos partis.

921. La marche pour les embuscades se fait secrètement et ordinairement de nuit. (*Voyez* Surprise.) Vous ne permettrez pas que, dans cette marche, il y ait des chevaux qui hennissent, ni des jumens, mules, chevaux hongres, parce qu'ils feraient hennir presque tous les chevaux entiers. (3076 *et suivans*.)

922. Vous préviendrez vos troupes que, si, à l'endroit de l'embuscade, il part quelque gibier, personne ne doit courir après ni tirer dessus, afin de ne pas se faire découvrir. Vous préviendrez également de ne laisser aucun cheval détaché, parce que s'il vient à s'effaroucher, il se met à courir et peut être rencontré par quelques paysans, qui donneraient probablement avis aux partis ennemis.

923. Si vous avez à passer un petit terrain sablonneux, afin que l'ennemi ne découvre pas votre embuscade par la trace des hommes ou des chevaux, vous devez mettre des fantassins à l'arrière-garde, qui marchent en traînant par derrière des rameaux ou une sorte de rouleau, qui effaceront l'empreinte des pas même sur la boue.

924. Tâchez d'entrer dans l'embuscade par un petit endroit où il ne reste aucune trace. Lorsque vous quitterez le chemin, faites continuer la trace par un parti qui marchera sur un plus grand front que les troupes qui vont se mettre en embuscade, et se retirera ensuite d'un autre côté. S'il est nécessaire que ce parti revienne à l'embuscade, il commencera sa contre-marche de quelque endroit où le terrain se trouvera dur, et la continuera avec moins de front que celui qu'il a tenu en assant. Quelquefois les anciens ont fait ferrer à revers les chevaux qui composaient l'arrière-garde.

925. — *De l'heure et des lieux propres aux Embuscades.* N'arrivez pas à l'embuscade beaucoup avant

l'heure que les ennemis y viendront donner, parce qu'en moins d'heures il peut survenir moins d'accidens qui la fasse découvrir.

926. Les grandes embuscades, faute de bois, se forment dans les vallons, ayant soin d'en mettre de très-petites sur les éminences voisines, pour arrêter les chasseurs ou autres passans qui, de ces hauteurs, pourraient découvrir vos troupes et en donner avis à vos ennemis.

927. Evitez de mettre des embuscades près des chemins trop fréquentés et dans le voisinage des champs où des paysans travaillent.

928. Ne vous fiez pas sur ce que les bois et les ravins cachent bien vos troupes; car elles ne garderont jamais assez le silence que vous souhaiteriez. Les chiens des paysans découvriront l'embuscade, si elle n'est pas plus loin que le point où les chiens ont coutume de s'écarter du chemin pour chasser.

629. On forme très-commodément les petites embuscades dans les grottes des montagnes et dans les enceintes, murailles, les ruches à miel qui, dans plusieurs pays, se trouvent dans des endroits déserts.

930. Les maisons de campagne, quoique habitées, leurs basses-cours, les jardins fermés de murailles, sont aussi propres aux embuscades, pourvu que des montagnes voisines et fréquentées on ne puisse pas voir ce qui s'y passe. Vous ne permettrez pas qu'aucun des habitans sorte.

931. Saisissez-vous des passages, pour empêcher que personne ne s'échappe? Pour réussir dans cette entreprise, faites avancer de nuit un parti qui investisse le lieu; de jour, que des soldats, vêtus en paysans, marchent un peu loin les uns des autres, et qu'ils s'approchent autant qu'il faut pour occuper toutes les avenues, avant que de ce lieu on découvre votre détachement.

932. Pendant que ce détachement se tient caché, vous placerez des sentinelles tout autour, avec défense, sous peine de la vie, de passer au-delà.

933. Sur le clocher ou la tour la plus haute du lieu, vous mettrez en sentinelle un officier qui, avec de

bonnes lunettes d'approche, observera et vous fera connaître par quel chemin et en quel nombre les ennemis viennent, afin que vous commenciez vos dispositions de manière à ce que vos troupes ne soient ni dominées ni enfilées.

134. Si le commandant ennemi connaît son métier, il ne passera pas auprès de ce lieu sans faire avancer un parti pour prendre langue. Dans ce cas, si votre sentinelle du clocher vous avertit, faites retirer vos troupes dans les rues opposées, et postez seulement, dans celles par où le parti entre, quelques soldats travestis, pour empêcher qu'aucun habitant n'avertisse l'ennemi de ce qui se passe.

935. Les plaines couvertes de glands, bleds, ou de bois-taillis, sont très-commodes pour les embuscades d'infanterie seule, parce que l'on voit de loin de quelle manière et en quel nombre les ennemis viennent, parce qu'on peut sortir en ordre de bataille pour les attaquer; et si l'on a reconnu qu'ils soient trop forts, on a une retraite libre de tous côtés; d'ailleurs, les ennemis se défieront beaucoup moins en marchant par des plaines, que par des terrains coupés ou couverts de grands bois.

936. Lorsque l'ennemi doit marcher, surtout dans une saison chaude, par un chemin où l'on trouve rarement de l'eau, si le terrain vous permet de dresser une embuscade auprès de quelque fontaine ou d'un ruisseau, vous pouvez en attendre un heureux succès, quand même vous vous trouveriez inférieur en troupes : car les soldats ennemis, fatigués par la marche, ne manqueront pas de se débander, comme nous le voyons arriver tous les jours en semblable occasion, sans que les officiers le puissent empêcher.

937. Si vous devez vous tenir plus d'un jour en embuscade, choisissez un endroit où il y ait de l'eau, de peur qu'on découvre vos soldats qui sortiront pour en aller chercher. S'il n'y en avait point, faites en porter pour le temps que vous devez rester en embuscade.

938. Placez votre embuscade à une distance qui ne soit pas trop grande du chemin, de manière à tomber sur l'ennemi, avant qu'il ait le temps de se former.

939. Plus l'embuscade sera loin de vos places ou de votre armée, moins les ennemis se défieront, surtout si, après avoir divisé vos troupes, vous savez les rassembler secrètement.

940. — *Dispositions des embuscades.* Avant d'entrer dans l'embuscade, il est important de bien fouiller les environs pour s'assurer s'il n'y a point d'embuscade des ennemis. On doit ensuite distribuer les troupes sans confusion, de manière qu'elles puissent sortir en ordre sans se pousser les unes les autres.

941. Dès qu'on arrive à l'embuscade, le chef de chaque troupe doit faire l'appel; s'il manque quelqu'un, il en donne de suite avis au chef de l'expédition, qui examine quel parti on doit prendre; de temps en temps on renouvelle cet appel pour éviter la désertion ou empêcher les maraudeurs d'aller dans la campagne. Vous défendez, sous peine de vie, de passer les sentinelles que vous placez près les unes des autres, et que vous avez choisies dans les soldats en qui vous avez une grande confiance.

942. Vous faites attacher ou tuer les chiens; quant aux chevaux qui hennissent, on leur met une balle de plomb dans l'oreille.

943. Placez les sentinelles destinées à découvrir loin à travers les feuillages et les arbrisseaux, de l'éminence sur laquelle elles sont postées; car un homme sur une colline, à la faveur de la clarté de l'horizon, se voit de plus d'un quart de lieue. A défaut d'un terrain élevé, vous pouvez placer les sentinelles au haut des arbres bien touffus, ou derrière un peu de broussailles que l'on fait apporter pour les cacher; et, afin qu'on ne reconnaisse pas les sentinelles à leur uniforme à boutons de métal, on les déguise en paysan du lieu, ayant aussi soin de faire poser leurs armes à terre, pour que leur éclat ne les fasse pas reconnaître.

944. Si ces sentinelles sont beaucoup trop éloignées de l'embuscade pour être entendues, ou que les avis ne puissent y être apportés sans qu'il faille traverser une campagne découverte, et être aperçu, mettez entre deux, à une moindre distance, d'autres sentinelles bien cachées; et, pour éviter la confusion ou l'inexac-

titude dans les avis, choisissez, pour ces sortes de sentinelles, des officiers ou sous-officiers et caporaux intelligens.

945. Les sentinelles laisseront passer toutes les personnes par qui elles croiront qu'elles et les embuscades n'auront pas été découvertes, et arrêteront toutes celles qu'elles pourraient soupçonner de s'être aperçu de quelque chose; si elles n'y peuvent parvenir, elles en donneront avis, afin qu'on détache à leur poursuite un des trois petits partis de cavalerie que l'on aura à la droite, à la gauche et au centre de l'embuscade, pour que, sur l'avis des sentinelles, ils soient prêts à courir sur les déserteurs et sur ceux qui auraient pu découvrir l'embuscade.

946. On aura soin de travestir les soldats de ces partis, afin que, de loin, on les prenne pour des paysans, des chasseurs ou des bergers.

947. Tenez de nuit les soldats éveillés, et le jour, sitôt que les sentinelles vous auront annoncé l'approche de l'ennemi.

948. Vous pouvez affaiblir le gros des troupes ennemies, en dispersant sur les montagnes ou coteaux en vue de l'embuscade, quelques troupeaux gardés par des soldats déguisés en bergers. Le désir qui prendra à l'ennemi de s'en emparer, vous facilitera une attaque avec moins de risque. (*Voyez* Espions.)

949. — *Moyens de faire donner l'ennemi dans une Embuscade.* Pour éviter que l'embuscade ne soit découverte avant le temps, exigez de vos troupes la plus grande tranquillité; qu'elles restent cachées jusqu'au signal convenu, lequel sera donné par des personnes intelligentes, placées en vue de l'embuscade, au moment où le gros de l'ennemi sera en présence. Ces signaux peuvent être un certain nombre de coups de fusils, ou un feu de paille, ou un étendard qu'on arborera.

950. Si vous êtes assez nombreux pour faire deux embuscades, n'attaquez l'ennemi que lorsqu'il se trouvera entre elles deux.

951. Laissez toujours dans l'embuscade une petite réserve destinée à attaquer l'arrière-garde ennemie, si

EMB 175

elle venait au secours du gros, ou l'avant-garde, s'il y en avait,

952. Choisissez un certain nombre de bons tireurs qui seront chargés de tirer sur ceux qu'ils reconnaîtront pour officiers; car vous trouverez peu de résistance de la part de l'ennemi, si au désordre et à la confusion se joint la perte de ses officiers.

953. Si les officiers placés en sentinelles vous annoncent plus de monde que vous n'en attendiez, et si vous ne pouvez le battre, allez vous-même le reconnaître, et si avec de bonnes lunettes vous l'apercevez; hâtez-vous de faire retraite, car vous devez présumer que l'ennemi, averti, vient en force pour vous surprendre.

954. Vous devez aussi vous retirer au plus tôt, si l'ennemi a des troupes supérieures aux vôtres à portée de tomber sur vous, et lorsque, malgré vos précautions, vous aurez été aperçu, ou qu'il vous sera déserté quelqu'un. Si malgré votre promptitude à faire retraite vous êtes atteint par des troupes supérieures, prenez les précautions indiquées à l'art. Retraite de Troupes. (*Voyez ce mot.*)

955. Afin de ne pas perdre vos partis, vous détacherez quelqu'un pour les prévenir de votre retraite et du lieu où ils devront vous rejoindre, en leur indiquant les chemins qu'ils auront à tenir. Les paysans qui connaissent tous les sentiers, tous les endroits où ils peuvent se cacher dans les ravins et les bois, échappent ordinairement, quoiqu'ils découvrent de loin une troupe supérieure d'ennemis. Les paysans, à moins qu'ils ne voient qu'on fait des détachemens, pour les couper, ont contume de se tenir cachés dans l'embuscade, et de laisser passer l'ennemi, pour ensuite prendre les traîneurs ou maraudeurs.

956. — *Des embuscades contre une garnison, un camp volant, une armée.* Pour faire donner dans une embuscade une partie de la garnison d'une place, cachez au-delà de cette embuscade, plus près de la place, un petit parti de cavalerie qui, un matin, prendra les troupeaux de la ville, les chevaux des officiers qui vont paître, et qui, le soir, à l'heure ordinaire de la pro-

menade, tâchera d'enlever le gouverneur, des officiers ou principaux citoyens ou dames. On peut choisir, pour ce dernier cas, un jour de fête ou de foire. Plus le parti enlevera de personnes de distinction, plus les parens et amis feront d'instances auprès du gouverneur pour l'obliger à envoyer un détachement contre ce parti. Si la garnison sort pour le charger, il se retirera sur le lieu où vos troupes sont en embuscade.

957. Le parti ne doit pas se retirer précipitamment, pour ne pas faire abandonner la résolution de le poursuivre. Il doit envoyer au plus tôt les prises vers l'embuscade, pour empêcher l'ennemi de les recouvrer. L'embuscade ne doit pas être trop près de la place, afin que la retraite soit plus difficile aux ennemis qu'elle aura mis en déroute.

958. Embusquez un corps de cavalerie pour couper le chemin à la garnison battue.

959. Si vous avez assez de troupes, et que vous présumiez que le gouverneur soit assez mal avisé pour dégarnir sa place par une forte sortie, vous pouvez mettre plus près, de l'autre côté de la place, une seconde embuscade, qui portera les préparatifs nécessaires à une surprise, soit pour donner une escalade, soit pour appliquer le pétard à une des portes, tandis que les ennemis se sont éloignés pour aller charger un parti plus considérable de vos troupes qui a paru plus loin. Il est bon, quelques jours avant la grande embuscade, d'en avoir formé de peu considérables, ou d'avoir fait de petites courses pour que le gouverneur, se persuadant toujours qu'il n'y a que peu de monde et se détermine plus facilement à détacher une partie de sa garnison. Il faut cependant que ces courses soient un peu éloignées; car si elles étaient fort proches, l'ennemi, par ses fréquentes patrouilles et ses gardes avancées, vous empêcherait de faire le coup qui est le plus capable de porter le gouverneur à détacher les troupes de la place.

960. Afin que l'armée ennemie, ou du moins un détachement de cette armée donne dans votre embuscade, marchez avec votre armée vers les ennemis, jusqu'au point où vous n'aurez pas lieu de craindre d'être

découvert par leurs partis ou par leurs gardes avancées : là, faites halte avec tout le silence possible, et détachez une bonne partie de votre cavalerie, qui, sans s'arrêter, enfonce le flanc ennemi qui regarde votre embuscade, et qu'après le premier carnage qu'elle aura fait, sans donner le temps à l'ennemi de la charger avec trop de troupes, elle se retire vers le gros de votre armée, pour que, si l'ennemi vient inconsidérément à la suivre, il tombe dans votre embuscade.

961. Afin que le général ennemi ne prenne pas beaucoup de précautions contre les embuscades, feignez la crainte dans diverses occasions; s'il est arrogant, intrépide, vindicatif, affectez de mépriser sa conduite; faites surtout paraître ce mépris quelques jours avant l'expédition que je viens de proposer, afin d'éprouver si le ressentiment qu'il aura d'avoir surpris une aile de son armée, ne le portera pas à poursuivre votre détachement sans beaucoup de précautions.

962. Sitôt la réussite d'une embuscade, retirez-vous, à moins que l'ennemi ne soit en pleine déroute; alors vous devez profiter de la victoire, en ne négligeant aucune précaution de prudence.

963. ÉMULATION. L'amour de la patrie peut, jusqu'à un certain point, suppléer à l'émulation; mais même dans les gouvernemens les plus heureux, dont les sujets sont le plus animés par l'esprit public, où tout bon citoyen doit, au nom de la patrie, se sentir transporté par un vif enthousiasme, il serait imprudent de ne point employer ce ressort tout-puissant.

964. Tous les hommes dont une nation, une armée sont composées, sont-ils susceptibles de ces passions nobles, de ces sentimens généreux? Non, certes; et c'est pourquoi les Grecs et les Romains, ces peuples qui avaient porté l'amour de la patrie aussi loin qu'il pouvait aller, ont multiplié presqu'à l'excès les moyens d'exciter l'émulation parmi leurs défenseurs.

965. C'est pendant la paix que le gouvernement doit s'occuper des moyens d'entretenir l'émulation, en évitant de faire naître la vanité, l'orgueil, la jalousie et l'envie.

966. La nature n'est point avare d'hommes faits pour devenir illustres. Les grands guerriers, les guerriers estimables paraissent partout où les honneurs, la gloire et les récompenses leur sont réservés, partout où l'on sait exciter l'émulation, en honorant les talens et les vertus. Mais les talens s'enfuiront partout où ils ne seront pas une source d'avantages réels, et le feu du génie s'éteindra là où les honneurs ne lui serviront point d'aliment.

967. Pendant la guerre, l'amour de la gloire, la crainte de la honte, l'exemple, le préjugé, un reste d'enthousiasme, tout cela agite le cœur des militaires, et supplée à l'émulation. Pendant la paix, il n'en est pas de même ; il n'y a point de gloire à acquérir en se livrant obscurément à des détails subalternes ; il n'y a point de honte à craindre en n'étudiant pas l'art militaire ; les préjugés se taisent, les exemples sont pervers, et l'enthousiasme ne se montre point. Cependant, si les militaires ne se sont pas instruits pendant la paix, ils ne peuvent être que braves pendant la guerre, et la bravoure ne suffit point.

968. Il est donc de l'intérêt bien entendu du gouvernement de s'occuper avec soin des moyens d'exciter l'émulation dans nos armées, pendant la paix, ainsi que dans la garde nationale, qui doit garantir notre sol de toute invasion.

969 ENCOURAGEMENT. Les moyens qu'un général habile peut employer pour encourager ses soldats, sont en grand nombre.

970. L'amour de la patrie, de la liberté, la justice de la cause, peuvent être considérés comme les plus puissans.

971. Les soins qu'on prodigue aux blessés, les secours qu'on accorde aux veuves et aux enfans de ceux qui ont succombé sous les coups de l'ennemi, sont des moyens assurés d'encourager une armée.

972. Si l'on a montré de loin des distinctions honorables à celui qui en est avide, des éloges à l'homme vain, des grades à l'ambitieux, du butin à l'avare, tous combattent avec ardeur.

973. Que la crainte des peines ne soit employée qu'à la dernière extrémité : elle ne peut être mise au nombre des moyens d'encouragemens; elle peut tout au plus empêcher la lâcheté de se montrer.

974. Que le général fasse voir sur son front, dans ses yeux, dans son maintien, par ses propos, qu'il regarde la victoire comme assurée; il doublera le courage de ses soldats.

975. Inspirer du mépris pour la composition de l'armée qu'on va combattre; faire remarquer des prisonniers faibles, alarmés; montrer les horreurs d'une longue prison, sont des moyens pour donner du courage aux plus timides.

976. Parler à une armée de la supériorité de sa discipline, de son instruction; avoir l'air d'agir offensivement, quoiqu'on soit résolu de garder la défensive; présenter la bataille à l'ennemi, faire des retraites qui aient l'apparence d'une marche en avant; annoncer un secours prochain; jeter dans les retranchemens ennemis un enseigne, un bâton de commandement, ou quelques marques de distinction : tous les soldats, encouragés par le désir de le reprendre, se précipitent aveuglément dans le danger. Faites paraître pendant la mêlée un détachement qu'on a fait soi-même, et que l'on annonce comme secours considérable, ayez l'air d'avoir placé plus de confiance dans un corps que dans un autre, sans cependant paraître vous défier de ce dernier, vous les encouragerez tous.

977. Généraux, faites-vous aimer de vos soldats; gagnez leur confiance, et il vous sera facile de les enflammer de quelque passion violente.

978. L'exemple est cependant le moyen le plus actif auquel un général puisse recourir pour encourager ses troupes; mais il ne doit en faire usage qu'à la dernière extrémité, et lorsque tous les autres ont été vains : il perdrait de sa force s'il était trop fréquemment employé.

979. ENFILADE. Feu de l'ennemi qui parcourt dans toute sa longueur le terrain, la tranchée, le chemin, le passage, etc., que vous occupez.

980. ENSEIGNE. Les anciens Gaulois avaient pour enseigne des figures d'animaux, et principalement le taureau, le lion et l'ours.

981. ENTÊTEMENT, constance, opiniâtreté, dans beaucoup de circonstances, donnent la victoire.

982. ENTHOUSIASME. L'éducation est le vrai moyen de rendre les hommes braves, c'est-à-dire, de leur faire mépriser la douleur et la mort; mais pour rendre braves des hommes que l'éducation n'a pas faits tels, il faut allumer en eux les passions les plus capables d'exciter un enthousiasme aussi violent que durable. (*Voy*. pour le choix de ces passions : Philosophie de la guerre, Encouragement, patrie, etc.)

983. ENTREPRENEURS et *Fournisseurs* (*Lloyd*). Les gens qui prennent les entreprises des fournitures de l'armée, ne font rien que des officiers intelligens ne puissent faire beaucoup mieux.

984. Je réformerais ces gens de finances pour trois motifs :

1°. Ils font, aux dépens de l'État, des fortunes scandaleuses qu'il est bon d'économiser;

2°. Ils détruisent les armées, hommes et chevaux, et font plus périr de soldats dans les hôpitaux qu'il n'en meurt sur les champs de bataille, en fournissant toujours ce qu'il y a de pire dans chaque espèce;

3°. Il est toujours au pouvoir de ces gens-là d'arrêter ou de faire manquer absolument les opérations.

985. Enfin, des hommes si avides, si intéressés peuvent bien prendre de l'argent de l'ennemi pour lui dire le secret des mouvemens, ou le lui indiquer par la disposition des magasins, ou enfin pour faire manquer les fournitures au moment.

986. On trouvera toujours dans les armées des gens d'honneur qui auront du zèle et de l'activité, et qui remplaceront avec avantage les entrepreneurs dans toutes leurs fonctions : en les employant, on épargnera bien des millions et bien des hommes; voilà ceux dont il se faut servir, et ce sont les seuls.

987. ENTREPRISE, résolution d'une attaque. Il est important que les officiers et soldats même ignorent le pour et le contre d'une entreprise; car il y en a toujours un grand nombre qui comptent les voix plutôt qu'ils ne les pèsent.

988. Souvent, dans un conseil, ce ne sont pas les sages qui sont les plus écoutés et qui décident, mais ceux à qui il est permis de dire et de faire ce qui leur plaît; en outre, on a de l'éloignement, dans ces sortes d'assemblées, pour tout ce qui tend à éviter ou retarder le combat, de peur de faire douter de son courage. Il est donc important que ceux qui ont été d'un sentiment contraire, paraissent approuver ce qui s'y est déterminé; quelque mauvais qu'il puisse être, il faut qu'il le maintienne publiquement; ce qui fait que le général ou celui qui en est l'auteur, perd cette crainte que cause ordinairement le doute où l'on est de ne pas réussir, et qui est toujours dangereuse.

989. ENVELOPPE, retranchement ayant bastion, courtine, demi-lune, et redans, dont on couvre un poste. (*Voyez* 3030.)

990. EPAULEMENT, ouvrage construit en terre et fascines pour mettre une troupe ou une batterie à l'abri du canon ennemi.

991. EQUIPAGE. Les équipages de guerre des officiers doivent être les moins nombreux et les plus simples possibles.

992. Les enlèvemens de bagages sont d'éclat et d'utilité, parce qu'ils jettent les officiers qui les ont perdus dans de grandes nécessités, et leur ôtent la confiance en leur général, qui ne peut jamais tomber dans cet inconvénient que par sa faute et le manque de précaution dans les marches.

993. Ces enlèvemens se font ou loin, ou proche de l'armée ennemie.

994. Dans le premier cas, il suffit d'enlever les chevaux et les mulets des chariots qui, abandonnés, se-

ront très-sûrement pillés, et leurs charges sont perdues pour les ennemis.

995. Dans le second cas, lorsqu'une armée a une marche longue et vive à faire, qu'elle s'est débarrassée de ses gros bagages, qu'elle croit assez couvrir par sa marche, on prend la colonne de bagages par la tête, on en détourne la direction; on garnit ses flancs de petits détachemens, pour empêcher les conducteurs de dételer et emmener les chevaux en abandonnant les chariots, ce qui causerait beaucoup d'embarras dans la marche pour s'éloigner de l'ennemi; tenir à la queue des bagages tout le gros du corps, et défendre le pillage.

996. ESCALADE, attaque d'une place, d'un poste, qu'on exécute en gagnant le haut des murs et des remparts par le moyen d'échelles. Ces sortes d'entreprises ne réussissent que quand les garnisons sont faibles et ne peuvent bien garnir et défendre leurs postes. Le peu d'élévation des remparts, leur largeur, le peu de profondeur des fossés, le peu d'usage que l'on fait de ce genre d'attaque, qui rend les garnisons peu attentives à cet égard, me persuadent que l'on pourrait se rendre maître d'une place en moins de temps, avec moins de dépenses et moins de sang, en les escaladant en cinq à six endroits différens, qu'en l'attaquant en forme. C'est pour ces raisons qu'on va exposer les règles militaires de l'escalade.

997. Il faut commencer par se procurer toutes les connaissances nécessaires aux surprises et reconnaissances (*voyez ces mots*), et prendre tous les moyens pour éviter d'être induit en erreur.

998. Il faut ensuite faire construire, le plus secrètement possible, les échelles dans des endroits clos où les ouvriers seuls entreront; on prendra les plus grandes précautions pour qu'ils ne puissent pas éventer le secret. On peut choisir des lieux éloignés et séparés les uns des autres.

999. Les montans des échelles doivent être d'un bois léger, mais solide, avoir environ six pouces d'é-

quarrissage; les plus longs doivent être de quinze à dix-huit pieds.

1000. Les échelons doivent être d'un bois dur et fort; ils auront au moins dix-huit lignes de diamètre et la partie supérieure sera plate.

1001. On doit connaître parfaitement la hauteur des remparts, afin de ne faire les échelles ni trop courtes ni trop longues; dans le premier cas, elles seraient inutiles et l'escalade manquée; dans le second, elles sont dangereuses en donnant à l'ennemi la facilité de les renverser; cependant, il vaut mieux pécher par cet excès.

1002. Pour juger de la hauteur des remparts, on emploie les moyens géométriques dont on se sert pour trouver la hauteur d'un mur dont on ne peut approcher. A défaut, on s'en tient aux rapports des déserteurs et des espions, et à celui-ci: on multiplie le nombre de pieds et de pouces de l'épaisseur d'une assise de pierres des remparts par le nombre total des assises. Le produit est égal à la hauteur du mur; il en est de même pour les briques. On donne à l'échelle un huitième de plus que le mur n'a de hauteur.

1003. Cette connaissance acquise, vous ajoutez deux échelles, dont l'une est plus étroite par un bout que l'autre, pour se marier avec elle au moyen de deux cercles en fer larges de deux pouces, par montant, et de deux chevilles en fer à tête d'un bout et à clavettes de l'autre, que l'on entre dans les trous percés à égale distance des autres échelons. Ces chevilles en fer et les clavettes sont suspendues aux bouts des échelles par une corde.

1004. On porte ces échelles séparées jusqu'au pied de la muraille; et, quand on veut les joindre, on n'a qu'à faire entrer la partie inférieure de la seconde échelle dans les collets en fer fixés à la partie supérieure de la première, et à placer l'échelon dans les trous. On peut encore consolider cette échelle par un arc-boutant dont l'une des extrémités pose à terre, et l'autre, au moyen d'un trou du diamètre de l'échelon en fer, qui est fixé par cet échelon au point de la jonction des deux échelles.

1005. Les échelles construites, on les dirige, avec toutes les précautions capables de déguiser leur transport, sur le point dont l'on veut partir.

1006. Il faut ensuite s'occuper des moyens de détourner l'attention de l'ennemi, ou d'endormir sa vigilance; s'occuper du choix de la saison (*voy.* Surprise), du temps et du moment le plus favorable aux escalades. On fixera ensuite le nombre et l'espèce d'hommes que l'on doit mener avec soi, les chemins que l'on doit suivre, etc., etc.

1007. Pourvu de tous ces objets, on divisera ses troupes en autant de corps séparés qu'on voudra donner d'escalades différentes. On doit se rappeler que c'est en multipliant les points d'attaque qu'on peut parvenir à détourner l'attention de l'ennemi et à gagner le haut du rempart. (Pour la marche, *voyez* Surprise.)

1008. Arrivé à une petite distance de la place, on fait halte, on distribue les échelles, et chaque détachement se dirige vers l'endroit qu'il doit escalader.

1009. Le choix de cet endroit est important : c'est toujours vers les points qui ne sont pas flanqués, ou qui le sont moins, qu'il faut se diriger. On doit, tout égal d'ailleurs, choisir les endroits les plus éloignés des quartiers, des gardes, des sentinelles. On fait précéder chaque détachement par une très-petite avant-garde qui essaie de se glisser dans les fossés par le moyen de cordes ou d'échelles.

1010. Dès que cet avant-garde en a gagné le fond, on lui tend les échelles que les hommes dressent le long de la contrescarpe, et dont ils assujétissent le pied. Les échelles placées, la portion de la troupe qui doit monter dans la place descend en silence dans le fossé. Si les soldats peuvent sauter dans le fossé, on leur recommande de le faire à petit bruit, de ne pas se blesser, ni blesser leurs camarades.

1011. On dresse les échelles contre le parapet dès qu'une partie du détachement qui doit escalader est dans le fossé. Les officiers veillent à ce qu'on ne place pas les échelles ni trop loin, ni trop près du mur.

1012. On les dresse à deux pieds de distance les unes des autres; c'est par cet intervalle qu'on fait descendre les soldats mis hors de combat. Les officiers et sous-officiers, qui doivent se tenir au bas des l'échelles, ont soin de ne laisser monter sur chacune que le nombre d'hommes qu'elle est capable de porter. On laisse trois échelons d'intervalle entre chaque soldat. Ceux qui montent à l'escalade doivent prendre garde de n'être pas entraînés par ceux qui sont tués ou renversés.

1013. Pendant que cette première portion de chaque détachement monte à l'escalade, la seconde reste sur la crête du glacis pour faire feu, si l'ennemi s'approche pour disputer le haut du parapet.

1014. Dès l'instant où quelques hommes sont entrés dans la place, l'escalade est terminée, et l'on se conduit d'après les maximes de guerre relatives à l'art. *Surprise.*

1015. Pour prévenir une escalade, on recourra aux moyens indiqués pour prévenir une surprise. On y ajoutera les suivans : creuser une cunette profonde (fossé) à l'endroit où les pieds des échelles doivent être placés; plantez des palissades dans le milieu du fossé et au pied du mur; fraiser le parapet; placer des chevaux de frise à la hauteur du cordon, des abatis sur la plongée; semer des chausse-trapes dans le fossé; y creuser des puits; y planter des piquets, des vignes militaires; porter, sur les endroits les plus propres aux escalades, des troncs d'arbres, des poutres, des quartiers de pierre; faire dans les environs des provisions d'armes de longueur, de faux emmanchées à l'envers; de grenades, de fascines goudronnées ou bien sèches; faire rompre la glace pendant les fortes gelées; faire faire beaucoup de rondes; placer beaucoup d'artillerie sur les flancs des bastions, dont les courtines doivent, selon les apparences, être escaladées; et enfin exercer ses troupes à repousser les escalades : tels sont les moyens à employer. Si, malgré toutes ces précautions, l'ennemi tente une escalade, et s'il parvient à appliquer ses échelles, on borde le parapet, on lance sur les assaillans tous les objets qu'on a rassemblés, on fait un grand feu d'artillerie et de mousqueterie, on essaie de renverser les échelles; et si, malgré tous ces efforts, il parvient à entrer dans la place, on se conduit d'après les principes de surprise. (*Voyez ce mot.*)

1016. ESCARMOUCHE, combat irrégulier et sans ordre entre de petits corps de troupes qui se détachent du principal.

1017. Il faut faire cesser avec le plus de diligence possible celles qui s'engagent mal à propos, attendu qu'elles peuvent attirer des affaires désagréables, et qu'elles n'aboutissent à rien qu'à faire malheureusement tuer des hommes qu'on regrette en vain.

1018. Celles qu'on engage à dessein sont pour reconnaître un terrain, pour amuser l'ennemi, lui cacher un travail, pour lui ôter la connaissance d'un mouvement, l'arrêter dans sa marche, et donner le temps au gros de la troupe d'arriver, ou simplement pour faire des prisonniers et avoir des nouvelles.

1019. La maxime générale des escarmouches est de les faire engager par peu de troupes, de les soutenir avec beaucoup, parce qu'il est d'une grande conséquence de ne point accoutumer l'ennemi à ramener impunément ceux par qui on a fait engager l'escarmouche, qu'il faut toujours soutenir par un corps plus considérable que celui de l'ennemi.

C'est la nature du terrain qui décide de celle des troupes que l'on fait escarmoucher.

1020. ESCORTE, troupe qui accompagne un convoi ou un officier, pour les empêcher d'être pris par l'ennemi.

1021. Les escortes doivent être proportionnées aux différens corps de troupes qu'elles peuvent avoir à combattre. (*Voyez* Convoi.)

1022. ESCOUADE. (*Voyez* Caporal.)

1023. ESCRIME. L'art de l'escrime fortifie le soldat, lui donne de la légèreté, de l'adresse, de la grâce; lui fait concevoir une opinion avantageuse de lui-même, et peut lui faciliter les moyens de vaincre son ennemi; peut-être même augmente-t-il son courage; mais il faut multiplier les précautions contre les inconvéniens dont il peut être suivi.

1024. ESPÉRANCE. Tous les genres d'espérance doivent briller aux yeux du guerrier, excepté celle de l'argent, qui rabaisse, rapetisse l'âme. On ne doit mettre aucune borne aux espérances des militaires, en n'exceptant pas même le maréchal de France. Il faudrait qu'il vît encore au-delà de son titre celui de maréchal-général, de connétable, de généralissime, et qu'il pût se dire, en redoublant de talens et d'efforts, j'y parviendrai.

1025. ESPION, personne envoyée par un chef militaire pour examiner les mouvemens de l'ennemi, pénétrer ses projets et en rendre compte.

1026. Les espions sont de plusieurs espèces : il s'en trouve dans les conseils du prince, dans les bureaux des ministres, parmi les officiers des armées, dans les cabinets des généraux, dans les villes ennemies, dans le plat pays, et même dans les monastères.

1027. Les uns s'offrent d'eux-mêmes, les autres se forment par les soins du ministre, du général, ou de ceux qui sont chargés des affaires en détail. C'est au général et à ceux qui concourent avec lui au bien des affaires, à corrompre ou à former des espions ; au prince ou à ses ministres, à corrompre le conseil de son ennemi. En général, il faut toujours tirer des instructions des espions, et ne jamais s'ouvrir à eux. Il faut, pour les mêmes renseignemens, en employer plusieurs qui ne se connaissent point ; ne communiquer avec eux qu'en secret ; les entretenir souvent de choses sur lesquelles on ne se soucie pas d'être éclairci ; les faire parler beaucoup et leur dire peu de choses, afin de connaître le genre et la portée de leur esprit ; les faire espionner eux-mêmes, après qu'on s'en sera séparé, pour savoir s'ils ne servent pas l'ennemi, ce qui arrive souvent. Lorsque, sur les rapports séparés de plusieurs espions, on se croira certain qu'ils ont dit la vérité, il faut encore les faire garder séparément, et si on a pour but une entreprise, il faut les y mener tous séparément, les questionner souvent, et voir s'ils se rapportent sur les mêmes faits.

1028. Il y a encore une autre espèce d'espions, ou au moins de gens de qui on tire des connaissances certaines par les conversations qu'on a avec eux : ce sont les hommes du pays et les prisonniers.

1029. Il faut les entretenir ou les faire entretenir par les gens d'esprit qui, sans affecter de curiosité, les font assez parler sur des sujets différens, pour tirer d'eux ce qu'on veut savoir.

1030. On peut questionner les prisonniers un peu plus ou un peu moins durement, mais toujours séparément, et il faut toujours arriver à la connaissance de ce qu'on veut savoir par de longs détours, afin qu'ils ne prennent point garde eux-mêmes à ce qu'ils ont dit, et qu'après être renvoyés, ils ne puissent instruire leur général des projets que l'on peut avoir. En ce cas, le général ennemi ne manquera pas de lâcher des espions doubles ou des transfuges, pour donner des notions différentes sur ce qu'on a voulu pénétrer, et faire ainsi prendre de fausses mesures.

1031. Il est des pays où les espions que l'on peut avoir dans les monastères sont les meilleurs et les plus sûrs. On se sert aussi de femmes, parce qu'elles sont moins soupçonnées que les hommes.

1032. On ne saurait trop avoir d'espions de toutes espèces et pour toutes sortes d'usages.

1033. — *Moyens d'éviter que les Espions ne soient arrêtés ou découverts.* La première maxime pour entretenir des espions, est que peu de personnes sachent quels sont ceux dont vous vous servez, parce que l'ennemi les connaîtrait bientôt, et les ferait pendre.

1034. Ne leur témoignez pas en public de l'affection; ne leur faites pas des dons qui puissent être connus, et ne leur parlez que dans un lieu secret : si cela vous paraît trop embarrassant, un officier de confiance peut aller prendre leurs rapports dans un endroit écarté, et vous les rapporter.

1035. Défiez-vous de vos propres domestiques, qui ne sont peut-être entrés à votre service que pour vous espionner.

Ne faites pas connaître que vous êtes fréquemment et ponctuellement informé des desseins et des mouvemens de l'ennemi, afin qu'il ne tâche pas de découvrir d'où vous viennent les avis que vous recevez.

1036. — *De l'espèce des Espions.* Les espions qui peuvent parcourir le pays ennemi avec le plus de sûreté, sont ceux qui ont des biens et des parens chez les deux puissances. Ils peuvent, par des chemins inconnus, passer d'une frontière à l'autre, être cachés par des parens, et, s'ils sont pris, dire qu'ils ne se mêlent pas de la guerre, et qu'ils ne sont restés quelque temps chez l'ennemi, que pour vaquer à leurs affaires.

1037. — *Des précautions que doivent prendre les Espions.* Dans les matières dont le secret et la réussite sont d'une extrême importance, il faudrait que l'espion fût assez intelligent pour pouvoir s'acquitter de vive voix de sa commission. On lui donne un mot du guet qui lui sert de lettre de créance auprès de la personne avec qui on est d'intelligence : alors, quand même l'espion tomberait entre les mains des ennemis, le projet ne serait pas découvert; au lieu qu'avec un espion qui porte une lettre, outre le danger qu'on ne la lui enlève, il y a encore à craindre qu'il ne la perde ou qu'il ne la déchire sitôt qu'il apercevra quelqu'un des ennemis; et, s'il ne sait pas ce qu'elle contient, comment pourra-t-il instruire celui à qui elle est adressée ?

1038. Choisissez des espions qui aient de la présence d'esprit, qui soient instruits, et sachent répondre promptement aux demandes que pourrait leur faire un parti ennemi, afin que leur trouble n'augmente pas le soupçon qu'on pourrait avoir sur leur compte.

1039. Vous défendrez à vos espions de communiquer à nul autre qu'à vous les nouvelles qu'ils apprennent par eux-mêmes ou autrement, parce qu'il est à propos, dans certains cas, de cacher celles qui pourraient diminuer le courage des troupes, l'obéissance des sujets. Souvent même il faut taire les bonnes nouvelles, pour qu'on puisse d'autant moins prévoir les mouvemens que vous pourrez faire en conséquence, et pour que les ennemis puissent d'autant moins prendre de nouvelles précautions.

1040. Pour ne pas exposer votre secret à être découvert, n'instruisez jamais l'espion du contenu de la lettre que vous lui confiez, et ne lui donnez point la clé du chiffre dont vous vous servez.

1041. Pour les moyens de cacher les lettres que l'on envoie (voyez *Avis*), on peut porter une lettre divisée en plusieurs bandes, contenant chacune deux lignes, et qu'on roulera dans les moules de boutons d'habit. On peut encore cacher une lettre sur la charge d'un fusil, la renfermer dans une balle de plomb que le porteur avale, et rend ensuite par le bas. Il y a beaucoup de procédés chimiques que l'on peut employer.

1032. — *De la manière d'instruire les Espions*. Faites apprendre à vos espions à connaître comment une place, un retranchement, sont forts par l'art ou par la nature; quelle étendue de terrain un corps d'infanterie ou de cavalerie occupe dans un camp ou en marche, afin que, d'un coup d'œil, ils puissent juger de la force d'un camp, d'un poste; le nombre de régimens d'infanterie ou de cavalerie, sans être obligés de compter les tentes, et de s'exposer à des démarches périlleuses qui peuvent les faire découvrir.

1033. — *Correspondance avec les personnes affidées*. Votre affidé ne doit vous donner avis que d'objets importans, tels qu'un fourrage général, la facilité de surprendre un poste marquant, une grosse embuscade, le jour de l'arrivée d'un convoi par un chemin où l'on peut l'enlever, ou quelque mouvement important à connaître. Car, en multipliant la correspondance pour des bagatelles, on expose l'espion à être pris, et l'intelligence à être rompue.

1034. Ayez un chiffre différent pour chacun de ceux avec qui vous êtes en intelligence, afin que, si l'un d'eux devient infidèle, la clé de son chiffre ne puisse servir à lire les autres lettres.

1035. — *Expédiens pour faire parvenir les avis*. Lorsque celui qui vous donne des avis ne trouve personne pour vous les envoyer, faites déserter dix ou douze de vos soldats en qui vous avez de la confiance, et qui vous laissent une garantie, soit par leur femme, soit par leurs biens; désignez-leur le régiment ennemi où ils prendront chacun parti, en les avertissant que toutes les fois qu'un homme leur prononcera un tel mot, ils viennent vous apporter la lettre ou l'avis dont ce même homme les aura chargés.

1036. Il faut que ces soldats ignorent le nom et les moyens de reconnaître celui avec qui vous correspondez; il suffit que chacun ait ordre de venir lorsqu'on lui aura donné le mot du guet. Vous faites ensuite part à votre affidé que dans tel régiment et à telle marque, il reconnaîtra celui que vous avez envoyé à cet effet. Il serait utile que ces faux déserteurs parlassent la langue du pays, et que votre affidé eût des habits du pays à leur prêter pour leurs courses.

1037. Si votre affidé est à résidence fixe dans un lieu, vous conviendrez avec lui d'un endroit près d'un arbre, sous une pierre, où il apportera en chassant, ou sous tout autre prétexte, sa lettre, avec la marque convenue; que vous ferez prendre en y faisant placer la vôtre ou une réponse à une précédente.

1038. — *Des Intelligences.* Avec beaucoup d'or, vous gagnerez, dans les bureaux du prince, des ministres ou des généraux ennemis, des affidés qui vous mettront au fait des résolutions qu'ils prendront. C'est ce qui fait voir clairement que vous ne devez admettre dans votre bureau que des personnes qui puissent vous donner toute la garantie possible.

1039. Tâchez d'engager des paysans de confiance à se mettre parmi les guides des ennemis, afin que, par un chemin qu'ils ne connaîtront pas, ces guides puissent les conduire, de concert avec vous, dans quelques mauvais pas dont vous puissiez tirer avantage.

1040. — *Des Espions doubles.* Ayez des espions qui, en s'offrant comme par hasard aux ennemis pour leur donner avis de ce qui se passe dans votre camp, se facilitent auprès d'eux les moyens d'entrer chez les généraux, observent ce qui se dit et se fait, vous en informent en temps utile, et soient hors de danger d'être punis, quand même on les découvrirait venant de votre pays.

1041. Ces affidés seront autorisés à prévenir l'ennemi de ce qui ne saurait vous porter préjudice, et même à les empêcher de faire une perte légère, en les avertissant, par exemple, d'éviter qu'un petit parti, un convoi de peu d'importance, ou quelques fourrageurs, ne prennent pas un chemin sur lequel, ce jour-là, vos troupes se trouvent en nombre supérieur.

1042. L'espion double ne doit jamais entrer qu'en secret dans la maison du général ennemi, feignant toujours de craindre d'être vu. Pour mieux abuser votre ennemi, vous ferez arrêter cet espion, sous prétexte que vous le soupçonnez d'être allé dans l'armée ennemie; vous le faites élargir ensuite, en disant que cela n'a pu se justifier. Cet espion, retournant alors chez les ennemis, témoignera davantage la crainte d'être découvert même par quelqu'un des domestiques du commandant. Les ennemis se défieront moins de votre espion double, s'il est né sujet de leur souverain.

1043. Pour ne pas vous laisser tromper par vos espions, payez-les mieux que l'ennemi, et choisissez-les de manière qu'ils aient leur famille et leurs biens dans votre pays, afin de pouvoir aussi les retenir par la crainte.

1044. Quand vous doutez de la fidélité de votre affidé, examinez s'il vous donne des avis dont vous puissiez tirer de grands avantages sur l'ennemi. Dans ce cas, il ne vous trahit pas pour le servir; mais s'il ne vous informe pas dans son temps de certaines choses qu'il est à présumer qu'il doit savoir, défiez-vous de sa fidélité; donnez-lui à entendre tout le contraire de ce que vous avez le dessein de faire, afin que, s'il vous trahit, il trompe le général ennemi par l'avis même qu'il lui donnera pour le servir.

1045. Si l'espion dont vous vous défiez facilite une entreprise qui vous paraît avantageuse, ne vous y engagez pas, à moins qu'après l'avoir bien examinée vous n'y trouviez aucun risque.

1046. — *Moyens de suppléer aux Espions.* S'il vous est impossible de vous procurer des espions, faites déserter quelques hommes de confiance, ayant des parens dans le pays occupé par les ennemis, et qui arriveront à leur camp avec armes et bagage : ils demanderont aux premières troupes qu'ils rencontreront, un passe-port pour aller servir dans un régiment qui sera à l'autre extrémité de la frontière. Par ce moyen, ils examineront tout ce qui se passe sur leur route, et viendront vous en donner avis.

1047. — *Des Avis donnés par les Déserteurs et les Prisonniers.* Si on vous amène plusieurs prisonniers, vous les séparerez, après avoir pris le numéro de leurs régimens. Faites-les entretenir par un homme intelligent, habillé en prisonnier, mais dont l'uniforme ne soit pas le même que le leur. Comparant les différentes narrations, vous apprendrez au plus tôt ce qu'ils savent.

1048. Lorsque ces déserteurs vous portent à faire une entreprise, mettez-les aux arrêts, en les prévenant qu'ils seront pendus s'ils vous trompent ; promettez de leur pardonner s'ils avouent qu'ils ont menti. Si ce que des déserteurs et des prisonniers vous ont dit se trouve conforme, vous pouvez y croire.

1049. — *Des Espions qu'il faut laisser dans le pays que vous abandonnez.* Les propriétaires et les domestiques où logeront les commandans et les officiers ennemis se tiendront facilement au courant de tout, en prêtant l'oreille et examinant les préparatifs de marche. En les écoutant quand ils sont à table, ils recueilleront des renseignemens qu'ils communiqueront aussitôt à l'homme chargé de vous en donner connaissance. Ces personnes observeront encore si le commandant ne s'enferme pas de temps en temps pour parler avec quelqu'un qui sorte fréquemment du lieu, sans qu'on puisse découvrir précisément où il va ; parce qu'alors, si ce quelqu'un vient souvent à votre camp ou dans vos places, vous devez soupçonner que c'est un espion.

1050. — *Précautions que le général doit prendre quand un officier habile passe à l'ennemi.* Sitôt que vous apprendrez cette désertion, changez de suite votre ordre de campement, les chemins de vos patrouilles, de vos postes, de vos gardes, afin que si l'ennemi, sous la conduite de ce bon guide, veut tenter quelque surprise, il éprouve que vous avez fait d'autres dispositions, et qu'il s'est trompé, ainsi que l'officier transfuge, dans les mesures qu'ils avaient prises.

1051. — *Lettres interceptées.* Si vous arrêtez quelque espion ou soldat ennemi avec des lettres de son général, ou des missives qui lui soient adressées, ayez soin de cacher que vous avez intercepté ces lettres. Ouvrez-les de manière à ce que le cachet et le dessus ne soient pas endommagés, qu'il n'y ait rien de déchiré. Si ces lettres demandent réponse, envoyez-les à celui pour qui elles sont, mais que ce soit par un autre homme que les ennemis ne puissent pas connaître, afin que cet homme vous rapportant la réponse, vous soyez mieux éclairci sur l'affaire dont il s'agit. Si le porteur n'est arrêté qu'à son retour, tenez la chose secrète, si vous croyez que le secret puisse préjudicier à l'ennemi. On doit conclure de là que lorsque les avis sont importans, il faut les envoyer par plusieurs émissaires.

1052. Si un espion double, qui vous sert véritablement, vous apporte des lettres de l'ennemi, recevez-les en secret, et renvoyez-les par ce même espion, qui vous en apportera la réponse avec moins de difficulté.

1053. — *Des Espions de l'ennemi.* Si vous découvrez quelqu'un, dans votre pays ou dans votre armée, qui soit en intelligence avec les ennemis, faites-le arrêter en secret, et obligez-le d'écrire au général ennemi ce qui pourra le mieux l'engager à faire un mouvement dont vous pouvez profiter; en attendant la réussite, tenez toujours votre homme au secret; et si l'on demande ce qu'il est devenu, vous faites courir le bruit qu'il est allé pour ses affaires dans tel ou tel endroit.

1054. Si cet espion est convenu avec l'ennemi qu'il ne sera pas ajouté foi aux lettres qui ne contiendront pas certains signes convenus, faites-lui bien entendre que vous lui pardonnerez, si, par sa lettre, vous réussissez dans vos desseins contre l'ennemi; mais qu'il peut compter de perdre la vie, si la lettre ne produit pas son effet.

1055. Lorsque vous présumez que la nouvelle du bon état de votre armée peut intimider vos ennemis, et que vous avez arrêté un de leurs espions, renvoyez-le, après lui avoir fait reconnaître toutes vos troupes, afin que cette confiance que vous paraissez avoir, et le bon état de votre armée, donne de la crainte.

1056. — *Des Avis que donnent les Espions.* De quelque part que vous vienne un avis important, et quelque vil que soit le sujet qui vous le donne, vous ne devez pas le mépriser, mais l'examiner et l'utiliser, s'il y a lieu, après avoir pris les précautions nécessaires.

Quelques bons et fidèles que soient vos espions, ne vous fiez pas tant à leurs avis qu'à votre prévoyance, contre ce que les ennemis oseraient entreprendre; car, outre que les espions peuvent se tromper et ne pas comprendre les desseins de l'ennemi, un accident peut les empêcher d'apporter une nouvelle à temps, et, sur cette attente d'un avis, vous auriez tort de ne pas vous tenir sur vos gardes.

1057. ESPRIT DE CORPS, manière de penser commune à tous les individus dont un corps est composé.

1058. Cet esprit peut remplacer jusqu'à un certain point le patriotisme et l'amour de la liberté. Il peut ajouter une force nouvelle à la puissance qu'ont déjà les ressorts énergiques que nous venons de nommer; il a une très-grande influence sur les succès et les défaites; il a cela de singulier qu'il devient plus fort et plus actif, à mesure qu'il descend vers les classes les plus nombreuses. Partout où il n'y aura pas d'esprit de corps, on verra l'esprit de coterie faire des ravages; et partout où régnera l'esprit de corps, on verra l'esprit de parti disparaître. L'esprit de corps peut essayer de planter des bornes autour d'une autorité subalterne qui voudrait arriver au despotisme, mais jamais il n'a lutté contre l'autorité supérieure, quelque étendus que fussent ses droits; que dit-il, qu'inspire-t-il à ceux qui en sont le plus pénétrés? « L'armée dans laquelle vous servez est la plus belle; le régiment dans lequel vous êtes inscrit est le plus vaillant; le bataillon dont vous faites partie est le mieux composé; la compagnie dans laquelle vous êtes compris est la plus instruite; les officiers de votre corps sont les plus valeureux, les plus honnêtes, etc. Pour conserver à votre armée la supériorité, à votre régiment son surnom, à votre bataillon l'estime dont il jouit, à votre compagnie, à vos camarades, la renommée qu'ils ont acquise, soyez braves, dociles, instruits, honnêtes, etc.? »

1059. Veut-on savoir pourquoi de deux paysans que le sort a faits soldats, l'un devient brave et l'autre lâche? C'est que le premier, d'une taille avantageuse, est entré dans une troupe qui a l'esprit de corps (dans les grenadiers), tandis que l'autre est aux fusiliers.

1060. Veut-on savoir pourquoi de deux volontaires, l'un est valeureux et l'autre timide? C'est que le premier est entré dans un régiment renommé par ses hauts-faits, et que l'autre est entré dans un corps nouvellement formé, ou qui n'a pas eu l'occasion d'acquérir une grande renommée. C'est toujours l'esprit de corps qui opère; c'est par un effet de cet esprit que chaque régiment s'impose à lui-même l'obligation de mieux faire que les autres. (1566)

1061. Pour faire naître l'esprit de corps, il faut que chacun regarde son régiment comme sa famille, ses camarades comme ses frères; que chacun, jaloux de l'honneur, cherche à prévenir, par de sages conseils, les fautes dans lesquelles les jeunes gens tombent trop souvent; à remédier aux suites funestes qu'elles peuvent avoir; que les anciens surveillent en mentor ceux de leurs jeunes camarades que maîtrisent des passions fougueuses; punissent en père ceux qu'elles aveuglent. Encourager le zèle de celui-ci, retenir celui d'un autre, remplacer celui qui manque de force, instruire celui qui manque de lumières, sont autant de moyens de faire naître l'esprit de corps.

1062. Pour l'entretenir quand il existe, il faudrait bannir des régimens tous ceux qui, par leurs vices, peuvent porter atteinte à la réputation dont il jouit; censurer et punir, même avec sévérité, ceux dont la conduite ne serait pas conforme à l'esprit de corps.

ESTIME. (*Voyez* Capitaine.)

EXACTITUDE. (*Voyez idem.*)

1063. ÉVENTAIL. Pour construire un éventail dans un ouvrage que l'on veut défendre, et qui est dominé par le fusil ou par l'œil, on plante perpendiculairement, et sur le bord du parapet, des chevrons de deux ou trois pouces d'équarrissage, et longs de sept à huit pieds au moins ; on place ces chevrons à un pied de distance les uns des autres. Sur la partie extérieure de ces chevrons, on cloue transversalement des planches ou des madriers. Toutes ces planches doivent se joindre exactement, excepté celles qui se trouvent à un demi-pied de la plongée du parapet : entre celles-ci on laisse une ouverture de 5 à 6 pouces, par laquelle les soldats passent leur fusil et font feu sur l'ennemi.

Quand on veut employer un éventail à la défense d'une maison, on le fixe contre le mur à l'étage le plus élevé qu'on a communément découvert ; on le construit comme nous venons de le dire, avec cette différence que l'ouverture pour le fusil doit se trouver à quatre pieds et demi au-dessus du sol du dernier plancher.

1064. EXEMPLE. C'est ce qui peut et doit être imité. D'après cette définition, on sentira facilement combien il est important dans le militaire de voir donner l'exemple par tous les chefs indistinctement. Mais cet exemple, le bornera-t-on à remplir scrupuleusement ses devoirs ? Non, sans doute ; cela ne peut pas suffire pour exciter, encourager, décider le soldat, je ne dis pas seulement à faire ce qu'il doit, mais encore à aller au-delà, comme cela est souvent nécessaire à la guerre.

1065. Ce ne sont pas à de stériles encouragemens qu'il faut se borner : ce ne sont pas des ordres, des paroles, des exhortations, ce sont des exemples qu'il faut donner.

Autant les bons exemples ont un heureux empire sur les officiers et les soldats, autant les mauvais sont pernicieux ; et malheureusement on est bien plus enclin à suivre ces derniers qu'à imiter les premiers. Il y a, dit Montesquieu, de mauvais exemples qui sont pires que des crimes, et plus d'états ont péri parce qu'on a violé les mœurs, que parce qu'on a violé les lois.

1066. Si la force des lois militaires est un effet de l'exemple, pour en faciliter l'exécution, le général doit commencer par en être le disciple.

1067. Si quelque part il existe sur la terre une égalité à peu près parfaite, n'est-ce pas dans le métier des armes? Si la discipline exige des nuances dans la différence des grades, tous les combattans, depuis le général jusqu'au simple soldat, ne deviennent-ils pas égaux devant la mort qui préside si impérieusement au combat, et moissonne aussi aveuglément l'officier supérieur que le sous-officier, le dernier soldat que le général en chef, l'homme de recrue que le vétéran? Oh! combien alors il est doux pour le fantassin qui expose courageusement sa vie pour sa patrie, sans avoir l'espérance d'être seulement aperçu, de trouver dans son officier un frère, un ami, un modèle, un soutien! combien son exemple lui donne de forces! combien il se croirait coupable s'il ne l'égalait pas en bravoure, en patience, en soumission; et combien il est loin de voir du danger là où ses supérieurs sont les premiers à marcher! Ne pas les suivre serait pour lui le comble de l'infamie.

1068. EXPÉRIENCE. L'expérience est l'effet de l'emploi du temps et non de sa durée. Le jeune guerrier, amoureux de son métier et de sa gloire, qui, dans la guerre, toujours inspiré par sa noble passion, toujours éclairé par la raison, voit, observe, médite et combat; celui qui, pendant la paix, parcourt nos frontières pour y reconnaître les terrains sur lesquels Turenne, Condé, Luxembourg, Maurice, ont fait mouvoir leurs armées, ont préparé ou remporté des victoires; celui qui, après avoir vu dans le même esprit la Bohême, la Silésie, passe les jours de son repos à lire César, et qui se transporte avec les historiens aux champs de Leuctre et de Mantinée, voilà celui qui a de l'expérience.

F

1069. FACE. Les faces d'un bastion sont les deux côtés qui forment un angle saillant en dehors; elles doivent avoir de quarante à cinquante toises, pour que le bastion ne soit pas trop petit.

1070. FAGOTS. Il est avantageux d'en avoir de petits dans les redoutes, postes ou maisons dans le cas d'être défendus. On pourrait, au moment de l'attaque, en jeter de tout allumés sur l'ennemi. Lorsqu'il s'agit de passer un fossé plein d'eau, à plus de trois pieds de hauteur, on doit avoir eu la précaution de faire préparer aux soldats des fagots les plus gros possibles avec des menues branches bien serrées, afin de les jeter dans le fossé pour le combler, ou faire une espèce de gué. Les soldats portent ces fagots devant eux pour se garantir de quelques balles. Les fagots de sape ont deux pieds et demi à trois pieds de long, et un pied et demi de diamètre.

1071. FASCINE. La fascine a environ six pieds de longueur et huit pouces de diamètre. Elle est contenue par deux liens placés à peu près à un pied de distance des extrémités. Elle est d'un grand usage à la guerre: on s'en sert pour construire des retranchemens, des épaulemens, des bastions; pour tracer des ouvrages, combler les fossés d'un retranchement qu'on attaque, faire le passage du fossé d'une place qu'on assiège, construire des digues, des ponts sur les ruisseaux pour les communications. Il faut, pour donner plus de solidité aux fascines, arranger les branchages de sorte qu'il reste le moins de vide possible, les serrer fortement et les bien lier.

1072. Un homme peut faire deux fascines dans une heure. Celles qu'on emploie à la construction des batteries ou des brèches ont de dix à douze pieds. On l'appelle saucisson. Pour le serrer, on l'entoure avec une chaîne ou une corde à chaque bout de laquelle est attaché par le milieu un bâton de trois à quatre pieds (fig. V, pl. 16.), qui servent de levier à deux hommes; un troisième met la hart quand il est bien serré. Les moyennes branches servent à faire des piquets pour les fixer, et les troncs des abatis. On devrait habituer les soldats à en faire de toutes ces dimensions, en les instruisant des divers usages qu'on peut en faire.

1073. FATIGUE. La guerre étant une fatigue continuelle, on devrait mettre au rang des premiers devoirs du soldat de s'habituer constamment pendant la paix à toutes sortes de fatigues.

1074. FAUSSE ATTAQUE, attaque feinte pour diviser les forces de l'ennemi, les contenir, les attirer loin de l'attaque véritable, ou empêcher qu'elles ne se portent toutes sur un point. On fait usage de cette ruse dans l'attaque d'un poste ou d'une place de guerre.

1075. S'il arrive dans l'attaque d'un poste que l'ennemi méprise trop la fausse attaque, on peut la changer en attaque véritable, et celle-ci réussit quelquefois. On fait faire les fausses attaques par les troupes les moins bonnes, et en petit nombre.

1076 FER-A-CHEVAL, ouvrage de figure à peu près ronde ou ovale, formé d'un rempart et d'un parapet.

1077. FEU. Il y a le feu rasant, le feu fichant, le feu perpendiculaire et l'oblique. Le feu rasant a lieu lorsque celui qui tire ajuste un objet qui est à peu près à même hauteur que lui. Il est préférable au feu fichant, en ce que, s'il n'atteint pas l'objet ajusté, il peut en atteindre un autre plus éloigné. Le feu rasant et oblique ou en écharpe est le plus meurtrier, en ce qu'aucune balle dirigée obliquement sur une ligne parallèle à la vôtre ne trouve de passage vide, tandis que, perpendiculairement, elle peut passer par les intervalles de la tête ou des jambes des files. (*Voy.* Écharpe, Feu d'.) Le feu fichant se perd en l'air ou s'enfonce dans la terre s'il n'est pas bien ajusté. Le feu perpendiculaire se tire droit devant soi, sans effacer ou avancer une épaule plus que l'autre; et le feu oblique, quand on avance l'une ou l'autre épaule pour diriger son feu vers la droite ou vers la gauche.

1078. Il faut bien imprimer dans l'esprit du sous-officier et du soldat, qu'on ne doit jamais s'amuser à faire feu que lorsqu'il est absolument impossible, par rapport à des obstacles insurmontables du terrain, de charger l'ennemi à la baïonnette; que la vrai force de l'infanterie consiste dans son impulsion et à joindre promptement les ennemis sans tirer, et qu'il n'y a rien dont la nation française ne vienne aisément à bout en suivant cette méthode. Il est donc constant qu'on ne doit faire feu que lorsque l'on ne peut joindre l'ennemi à l'arme blanche.

1079. Cependant le militaire sage dira que, de deux armées également braves et nombreuses, celle qui attendra l'autre de pied ferme, et qui la recevra avec sang-froid par un feu bien nourri, ajusté avec calme, par une bonne mitraillade, et qui, à quinze ou vingt pas, s'élancera sur elle avec impétuosité à l'arme blanche, sera plutôt victorieuse que la seconde. Le bataillon qui se dirigera vers la troupe qui fera feu, arrivera moins nombreux et moins bien ordonné que l'autre, et il aura à combattre une troupe fortifiée par la certitude d'avoir fait éprouver de grandes pertes à ses adversaires. La frayeur devra donc s'emparer de l'un, tandis que l'autre sentira son courage se fortifier. C'est sur ce raisonnement qu'est fondé l'ordre de bataille proposé par l'auteur pour la garde nationale. (*Voyez* 1579.)

1080. Une troupe doit faire usage de son feu sitôt que cela lui est possible: il n'y a point de meilleur précepte à la guerre, quand on ne peut pas aborder l'ennemi à l'arme blanche, que de le battre incessamment de son feu, dès le moment où on l'a découvert, jusqu'à celui où il est entièrement défait; conséquemment, on doit se garder de lui laisser l'avantage du premier feu, et faire feu le premier. (*Voyez* 1579.)

1081. FIDÉLITÉ. La fidélité ne peut être, de la part d'un militaire, que celle à sa patrie, à sa parole. C'est par l'éducation, les fêtes, les spectacles, les habitudes, les bonnes lois, les institutions douces, qu'on attache les citoyens les uns aux autres, et tous à leur patrie. Ce furent ces moyens qui portèrent les anciens à ces sacrifices, à cette fidélité pour leur patrie, dont rien aujourd'hui ne nous donne l'idée, et qu'il nous appartient à peine de croire.

1082. FLANC. Le flanc d'une troupe étant sans défense, elle est battue quand elle est prise en flanc. Il faut donc couvrir ses flancs, non pas par la méthode tant prônée des anciens, en les appuyant à une rivière non-guéable, à des marais impraticables, à un escarpement difficile à gravir, etc., qui complètent la perte de l'armée par le manque de retraite, si un ennemi actif et puissant vient à rompre une aile, et à la prendre par le flanc, à moins qu'elle soit à l'abri de ces dangers imminens qui l'accompagnent; mais par des retranchemens, des troupes, de l'artillerie, que l'on calcule sur le choc que l'ennemi peut y faire. (*Voyez* 1669, 70, 71, 75, 1692.

1083. FLANQUER. Une troupe en flanque une autre, quand elle est placée à son flanc, et que, par son feu, elle empêche l'ennemi de l'aborder.

1084. FLATTEURS. Racine appelle avec raison les flatteurs :

> .... Le présent le plus funeste
> Que puisse faire aux rois la colère céleste.

Cependant les flatteurs sont caressés, recherchés, préférés : on accueille le méchant parce qu'on le craint, mais on va au-devant du flatteur, parce qu'on a besoin d'être loué, flatté, trompé sur ses défauts, et même sur ses vices.

1085. Ce malheureux penchant à croire avec tant de facilité et d'aveuglement les louanges qu'on nous donne, est une des causes les plus actives des fautes que nous commettons. Et combien la flatterie n'est-elle pas plus dangereuse pour les hommes chargés d'un commandement d'armée? Dans l'impossibilité de tout voir par eux-mêmes, ils sont forcés de se fier aux rapports des autres, quelquefois même à leur jugement. S'ils se sont trompés dans leurs ordres, s'ils ont mal vu ou mal saisi l'ensemble ou les détails d'une opération; s'il faut rectifier leurs idées, à quelles fautes énormes ne seront-ils pas exposés avec des flatteurs qui affaibliront leurs rapports, pallieront la vérité ou la coloreront de manière à ne pas choquer, certains de déplaire, s'ils osent parler des erreurs où l'on est tombé, et dont l'événement démontrera la réalité, les conséquences et les dangers.

1086. La flatterie cependant, quand elle a un prétexte plausible, n'est pas toujours aussi pernicieuse qu'on peut le craindre. Elle porte quelquefois aux grandes choses; mais l'excès en est vicieux, comme celui de la satire.

1087. FLÈCHE. C'est de tous les ouvrages en terre le plus simple et le plus facile à construire; elle est composée de deux lignes qui se rencontrent en un point tourné du côté de l'ennemi. (*Pl.* 16, *fig.* 1.)

On donne aux faces de la flèche un pied pour chacun des hommes qui doivent la garder. Ainsi, chacune des faces qui doit être défendue par trente hommes doit avoir quinze pieds de longueur. L'angle qu'une flèche forme ne doit jamais avoir moins de soixante degrés, ni plus de cent. Elle est composée, comme tous les ouvrages en terre, d'une banquette, d'un parapet, d'une berme, d'un fossé et d'un glacis.

1088. La flèche n'étant point fermée par ses derrières ou sa gorge, il faut la placer de manière qu'elle ne puisse être tournée.

1088. Les flèches sont destinées à couvrir une grand'garde, ou à fermer l'entrée d'une redoute ou d'un autre ouvrage. On peut augmenter sa force en l'entourant de palissades, de fraises, de chevaux de frise, de puits, de piquets, de chausse-trapes, de planches armées de clous, de vignes militaires, de herses de laboureurs, de ronces, d'épines, de petits fossés, d'abatis, de caponnières casematées, de fossés pleins d'eau et de fougasses. (*Voyez ces mots.*)

1089. FOUGASSES, petites mines dont les fourneaux ne sont enfoncés que de quelques pieds, et dont l'emploi judicieux peut rendre impossible la réussite d'une attaque de retranchement.

1090. FOUILLER. Les ruses et les surprises faisant une partie essentielle de l'art de la guerre, il faut donc sans cesse faire reconnaître et fouiller le pays que doit traverser votre armée, ou même un simple détachement; les gorges; les issues, les ravins, les bois, les villages, les chemins, en avant, en arrière et sur les flancs : tous les objets enfin qui peuvent cacher des ennemis, doivent être scrupuleusement visités. (*V.* 808 *et suivans.*)

1091. FOURCHES. On peut s'en servir avantageusement pour repousser l'ennemi dans une surprise par escalade, et comme armes de longueur, en les ajustant à un long manche. (*Voyez* Utilisation de la Garde nationale en masse.)

1092. FOURRAGER, aller chercher dans la campagnes et les villages les grains et les herbes propres à la nourriture des chevaux.

1093. — *Exécution du fourrage.* Les fourrages se font en avant ou en arrière de l'armée, ou sur ses ailes. Ils sont ou verts ou secs, ou généraux ou particuliers.

1094. On commence par bien faire visiter le terrain, pour connaître sa nature et y approprier l'arme qui lui convient le mieux, et l'on règle le nombre de troupes sur les inconvéniens à éviter.

1095. Les escortes partent toujours quelque temps avant les fourrageurs, afin qu'elles puissent former la chaîne ou l'enceinte des fourrages avant leur arrivée, et s'assurer des postes qu'elles doivent garder.

1096. Les escortes partent sur deux colonnes, dont l'une sort à droite, et l'autre à gauche du camp. Elles marchent, chacune de leur côté, vers le fourrage, et se réunissent au lieu le plus avancé, en formant chacune la moitié de la chaîne qui doit le renfermer; ce qui se fait de cette manière :

1097. A mesure que chaque commandant passe à portée de l'endroit où il doit poster une troupe, il en donne ordre à l'officier qui la commande, lequel va prendre la position qu'il doit occuper, afin que les têtes de colonnes ne souffrent point de retardement dans leur marche; ces détachemens sont pris à la queue.

1098. L'officier qui commande le fourrage établira son poste au point de réunion des têtes de colonne: c'est là qu'on doit le trouver pour l'informer de tout ce qui peut arriver pendant cette opération. S'il veut se promener dans l'enceinte des fourrages, pour inspecter les postes, il laissera un officier, qui lui transmettra les avis qu'il recevra.

1099. Sitôt que les fourrageurs sont arrivés au lieu du fourrage, ils se transportent au galop aux endroits fixés, se répandent comme un torrent, se jettent à terre, et marquent avec la faux le terrain qui leur est assigné. Tout endroit ainsi marqué appartient à celui ou ceux qui en ont pris possession.

1100. Après que les commandans des petites escortes ont reconnu toute la disposition intérieure du fourrage, ils placent les escortes dans les lieux les plus propres à découvrir tout ce qui se passe dans l'étendue, afin de pouvoir se transporter promptement où on peut avoir besoin d'eux, et d'agir même contre l'ennemi, s'il vient pour inquiéter les fourrageurs.

1101. Les fourrageurs fauchent le plus promptement possible, pendant que leurs chevaux paissent et se reposent; ils font leurs trousses, les chargent sur leurs chevaux, montent dessus pour regagner tranquillement leur camp. Cette opération doit se terminer dans environ deux heures. Les petites troupes de chaque régiment se mettent en mouvement dès que leurs fourrages commencent à défiler; quand ils sont entièrement sortis du lieu où l'on a fourragé, elles les suivent pour y entretenir l'ordre et les empêcher de s'amuser en chemin.

1102. Les fourrageurs étant tous retirés, le commandant du fourrage donne des ordres pour réunir les troupes qui ont formé la chaîne; il fait enfin sa retraite, observant de ne laisser aucun fourrageur ou traîneur en arrière.

1103. Dans les fourrages au sec, au lieu de laisser les fourrageurs se répandre dans le village, on ordonne au chef du lieu de faire amener à la tête du village tout ce qu'on peut en tirer. On évite alors le pillage, qui n'arrive que trop fréquemment. Il faut d'ailleurs avoir les mêmes précautions que dans le fourrage verd.

1104. — *Principes pour la sûreté des Fourrages.* Il faut observer le secret sur le jour et le lieu du fourrage, pour empêcher que l'ennemi ne prenne des mesures pour le faire échouer.

1105. On fait ensorte de savoir le jour où l'ennemi va lui-même au fourrage, parce qu'on peut être sûr qu'il ne viendra pas vous inquiéter ce jour-là.

1106. Vos espions doivent observer les divers détachemens qui sortent du camp ennemi, et vous en donner avis au plus tôt, en vous désignant les chemins qu'ils auront pris. Par ce moyen, vous jugerez s'il a dessein de tomber sur vos fourrageurs : dans ce cas, vous les faites retirer de suite par des signaux, qui sont ordinairement un certain nombre de coups de canon.

1107. Si le commandant du fourrage est informé par ses postes que l'ennemi s'avance en bon ordre pour l'attaquer avec des forces supérieures aux siennes, il fait promptement retirer les fourrageurs, et envoie au camp pour demander du secours. En attendant, il rassemble toutes ses escortes, et fait prendre le chemin du camp dans le meilleur ordre qui lui est possible.

1107. Si l'ennemi détache quelques troupes pour commencer l'attaque et retarder la retraite, le commandant doit faire ses efforts pour que la retraite ne soit pas interrompue ; et pour se débarrasser des ennemis qui le harcèlent, il doit réunir, à la queue des fourrageurs, un nombre de troupes de l'escorte, supérieur aux détachemens ennemis qu'il fait charger, en recommandant expressément de ne pas s'abandonner, mais de rejoindre sitôt que les ennemis auront été rompus de manière à ne pas se rallier aisément.

1108. Si vous êtes plus fort en cavalerie que l'ennemi, et si vous ne craignez pas d'engager un combat, vous pouvez vous hasarder davantage dans les fourrages. Portez votre cavalerie près de l'ennemi, et si vous ne voyez pas de mouvement dans son camp, faites mettre pied à terre à une partie de votre monde pour fourrager, pendant que l'autre, qui est sous les armes tient l'ennemi en respect. S'il vous attaque, les fourrageurs abandonnent leur fourrage, montent en selle, et se présentent avec les autres pour combattre. Si vous ne voulez pas engager une action, garnissez d'avance, avec de gros détachemens d'infanterie munis de canon, les bois, les villages, les différens défilés par où l'on doit se retirer.

1110. Le général se campera toujours de manière que les ennemis ne puissent ni lui ôter ses fourrages, ni les lui rendre trop difficiles.

1110. — *De l'Attaque des Fourrages.* Les fourrageurs et pâtureurs d'une armée s'enlèvent en détail ou en général. Si c'est en détail, cela s'exécute par de petits partis qui, à la faveur des pays couverts, pénètrent dans les fourrages et pâtures, et enlèvent quelques chevaux.

1111. Pour enlever de grands fourrages, il faut attaquer avec un corps fort supérieur, qui oblige l'ennemi à abandonner ses fourrageurs, dont on ramène les chevaux avec des gens détachés que vous ayez destinés à cet effet, et qui sont armés de couteaux et de fouets.

1112. Une maxime générale est de ne jamais attaquer les fourrageurs que lorsque les cavaliers sont occupés à lier leurs trousses, et que leurs chevaux paissent.

1113. Ceux destinés à ramasser les chevaux doivent couper les longes qui entravent les chevaux, et les chasser devant eux à coups de fouets, parce que les chevaux se suivent les uns et les autres.

1114. FRAISER, se dit d'une espèce de palissade qui, au lieu d'être plantée verticalement, l'est horizontalement. On peut fraiser un bataillon, une colonne avec un double rang de baïonnettes (*voy.* 732), des chevaux de frise.

1115. FRANÇAIS. Il est reconnu que la nation française n'est pas propre à se battre de loin, sans aborder l'ennemi ; ceux qui la font combattre ainsi ne la connaissent pas ; s'ils sont battus, ils méritent de l'être.

1116. Le Français étant de tous les peuples celui

qui est le plus fait pour les actions vives et impétueuses, c'est avec lui que l'on doit mettre à exécution cette maxime de César : *L'audace et la diligence étonnent souvent plus que les préparatifs de la force.*

1117. C'est le propre de la nation française d'attaquer ; la valeur et le feu qui l'animent ne se sont jamais démentis : son premier choc est terrible. Il est donc important pour le général de savoir faire naître des occasions conformes à son caractère ; rien n'y est si propre que des affaires de détail. Une disposition couverte de redoutes est celle qui convient le mieux à l'impétuosité française. On y envoie toujours de nouvelles troupes pour repousser l'ennemi, s'il attaque ; ou, si vous attaquez vous-même, vos troupes, qui sentent leur retraite assurée, en combattent avec bien plus de valeur.

1118. Avec une nation vive, active, ardente et fougueuse comme la nation française, on doit, dans les combats, toujours chercher à aborder l'ennemi ; sans cela, on coupe bras et jambes aux soldats.

1119. C'est à la charge à la baïonnette que nous devons nos victoires. (*Voyez* Utilisation de la Garde nationale en masse.)

1120. Les nations qui vivent sous un climat tempéré sont plus propres pour la guerre dans les différens climats.

1121. Le soldat français est de la meilleure espèce possible ; il est plein d'intelligence, de bonne volonté, de courage, et naturellement porté à l'obéissance ; il peut aussi bien que les autres nations soutenir une retraite en ordre ; et ses désastres n'ont jamais eu d'autre cause que l'impéritie de ses officiers, ou leur provocation à mal faire, leurs mauvais exemples ou leurs funestes discours. (*Voyez* Fidélité, 1565.)

1122. FRONT *d'une Troupe*. Le nombre d'hommes qui forment le front d'une troupe étant connu, on a le nombre de pieds qu'il occupe ; chaque soldat remplit un espace de dix-huit pouces carré ; ainsi, en multipliant dix-huit par le nombre d'hommes, comme en prenant la moitié du nombre d'hommes donné, et ajoutant cette moitié au nombre total, vous avez, à très-peu près, la somme et le nombre cherchés.

1123. Le cavalier occupe environ trois pieds, c'est-à-dire le double du fantassin.

1124. Ainsi, pour un front de vingt bataillons de six cents hommes chacun, chaque bataillon occupera trois cents pieds; les 29 intervalles à 8 toises chacun feront 1392 pieds et toute la ligne d'infanterie occupera 7392 pieds, ou douze cent trente-deux toises.

1125. Connaissant le nombre de cavaliers de chaque escadron, le nombre d'escadrons, et les intervalles, on pourra promptement déterminer le front d'une ligne de bataille.

1126. FUYARDS, soldats qui, après un combat désavantageux, quittent le champ de bataille en désordre, et se retirent en foule en fuyant de tous côtés.

1127. Le plus grand malheur qui puisse arriver à des troupes battues, c'est de se retirer ainsi; car en gardant leur ordre de bataille, elles se font toujours respecter de l'ennemi, qui n'ose s'en approcher qu'avec circonspection.

1128. Si les différentes tentatives qu'elles doivent faire pour lui échapper sont infructueuses, il est toujours prêt à les recevoir à composition; mais en fuyant sans ordre, on s'expose à périr presque indubitablement. Loin de songer à se défendre, on jette ses armes pour courir plus légèrement. Tous les fuyards étant saisis du même esprit de crainte, s'embarrassent les uns et les autres, de manière que l'ennemi qui est à leur trousse en fait, sans effort et sans danger, tel carnage qu'il juge à propos. Ajoutez à cela que lorsque la frayeur s'est une fois emparé d'une troupe, elle se précipite elle-même dans les plus grands dangers: rivières, marais impraticables, rien ne l'arrête. Elle court aveuglément à une mort certaine et honteuse, plutôt que de s'arrêter pour regarder l'ennemi en face, et lui imposer par une contenance assurée, qui suffit seule pour modérer l'activité de sa poursuite, et quelquefois même pour le faire fuir lui-même, comme il y en a eu plusieurs exemples, si l'on est capable de faire quelques

12*

efforts pour profiter du désordre dans lequel la poursuite doit l'avoir mis.

1129. En combattant vaillamment, on perd beaucoup moins de monde, et la perte d'hommes est bien plus grande dans la déroute : les officiers, sous-officiers, et caporaux ne sauraient trop, et long-temps d'avance (*voyez* Caporal), pénétrer leurs soldats de cette importante vérité.

1130. Si la poursuite des fuyards peut être susceptible de quelque inconvénient, lorsqu'on s'y abandonne inconsidérément, c'est surtout lorsqu'une aile ou une autre partie de l'armée a battu celle de l'armée ennemie qui lui était opposée; car si la partie victorieuse s'attache trop opiniâtrement à la poursuite des fuyards, elle laisse sans défense le flanc des troupes qu'elle couvrait dans l'ordre de bataille; alors si l'ennemi peut tomber dessus, et qu'il attaque en même temps ces troupes et par le flanc et par le front, il les mettra bientôt en désordre, ainsi que le reste de l'armée, malgré la victoire de l'une des parties de l'armée.

FUITE. Elle peut être vraie ou simulée. Vraie, elle peut entraîner les plus grands maux; simulée, elle peut être le stratagême le plus heureux pour s'assurer de la victoire.

1131. On peut encore laisser pénétrer l'ennemi pour qu'il s'affaiblisse par des garnisons; se retirer devant lui pour l'attirer dans des embuscades; le harceler sans cesse : trois manières de se tenir avantageusement sur la défensive.

1132. FUSIL. Pour obvier au manque de fusil, et apprendre également les charges, les feux et autres mouvemens de cette arme, le garde national se munira d'un fusil en bois, qui sera tout simplement une barre de chêne ou autre bois dur et pesant, ayant autant que possible la courbure de la poignée de l'arme à feu.

1133. Pour en faciliter les mouvemens, il plombera la partie où se trouve la culasse dans le fusil de munition, c'est-à-dire à environ treize à quatorze pouces du bout qui doit servir de crosse, au centre de gravité. Cette barre aura le poids et la longueur du fusil de munition. Ainsi jusqu'au hameau le plus reculé, le garde national apprendra la manœuvre du fusil en même temps que l'école du soldat et du peloton.

G

1134. GABION, espèce de panier cylindrique, sans fond, qui sert, dans les siéges, à former le parapet des sapes, tranchées, logement, etc.

1135. Les gabions de sapes ou de tranchées ont deux pieds et demi de haut et autant de diamètre : ils doivent avoir huit, neuf ou dix piquets, chacun de quatre à cinq pouces de tour, serrés et bien bridés en haut et en bas, avec de menus brins de fascines élagués en partie.

1136. Les gabions se posent le long de la ligne sur laquelle on veut former ou élever un parapet. On creuse le fossé de la sape ou de la tranchée derrière, et l'on prend la terre pour le remplir.

On s'en sert aussi pour faire des batteries; mais alors ils sont beaucoup plus grands et ont cinq à six pieds de large, et huit de hauteur.

1137. — *Gabion farci*. C'est un gros gabion rempli de différentes choses qui empêchent qu'il ne puisse être percé ou traversé par la balle du fusil.

1138. GARDE, troupe destinée à garder. Il y a deux espèces de gardes : l'une pour la sureté du dedans, et l'autre pour celle du dehors du camp. Nous ne parlerons pas de la première.

1139. La seconde espèce de garde se tire de l'infanterie et de la cavalerie; elle est destinée pour garder les approches du camp, et avertir de ce qui se passe au dehors.

1140. Les gardes de cavalerie se placent sur les grands chemins autant que l'on peut, en lieux ouverts et élevés pour découvrir de plus loin.

1141. Elles doivent être placées de manière qu'elles se voient entre elles, et s'il se peut, qu'elles soient vues de l'armée, selon les occasions.

1142. Celles de l'infanterie sont destinées à plusieurs usages, et par conséquent se placent de diverses manières. Leur objet est de recueillir les partis de cavalerie, s'ils étaient repoussés, et même les gardes de cavalerie qui peuvent avoir été quelquefois placées loin du camp. Elles doivent encore protéger les gens qui vont au bois, etc., et empêcher les petits partis ennemis d'approcher de l'armée. Pour cet effet, on en met dans les églises et clochers des villages voisins; dans les châteaux et maisons fortes; dans les avenues et passages qui se trouvent dans les bois; sur le bord des ruisseaux, et partout où la sureté et la tranquillité du camp l'exigent.

1143. Tous ces postes doivent, autant qu'il est possible, être vus de l'armée ou de quelques gardes; et les officiers qui les commandent, seront chargés de faire les signaux dont on sera convenu pour avertir qu'ils sont attaqués ou que l'ennemi approche.

1144. Celles qui sont placées dans les bois doivent se garantir des partis ennemis par quelques abatis; avoir durant le jour des sentinelles sur les arbres, et être fort alertes la nuit; avoir autour d'elles des sentinelles aux écoutes, et de fréquentes petites patrouilles qui les visitent souvent. (1778 et suivans.)

1145. GRANDE GARDE. Ces gardes sont d'infanterie ou de cavalerie. Celles d'infanterie se placent toujours dans quelque lieu défendu par une espèce de fortification, soit naturelle, soit artificielle.

1146. On appelle fortification naturelle, une église, un cimetière, un jardin fermé de tous côtés, un endroit entouré de haies fortes et difficiles à percer; et l'on regarde comme artificielles celles dans lesquelles il est besoin de quelques précautions pour les former: comme un abatis dont on fait une espèce d'enceinte, un fossé dont la terre sert de parapet, etc. Tous les hommes qui les composent doivent se tenir absolument dans leurs postes, et n'en sortir que par la permission du chef. Les fusils doivent être placés de manière que tous les soldats puissent les prendre ensemble et commodément; pour cet effet, on les dispose dans le lieu que chaque homme doit occuper en cas d'attaque.

1147. Ces gardes ont des sentinelles de tous les côtés par où les ennemis peuvent pénétrer. Elles avertissent sitôt qu'elles aperçoivent quelque chose dans la campagne : alors tout le monde prend les armes pour être en état de combattre en moins de temps qu'il n'en faut à l'ennemi pour arriver au poste.

1148. Les gardes doivent rester fermes et tenir dans l'endroit où elles sont placées jusqu'à ce qu'elles soient secourues du camp. C'est pour favoriser cette défense qu'on les place dans les villages et autres lieux fourrés où il est aisé, avec quelques connaissances de fortification, de se mettre en état de soutenir les attaques des partis qui veulent les enlever.

1149. — *Gardes de Cavalerie.* Pouvant se mouvoir avec plus de vitesse que l'infanterie, on les place ordinairement dans des plaines et d'autres endroits découverts, ayant encore en avant des védettes qui découvrent au loin tous les objets de la campagne.

1150. On les avance quelquefois à une très-grande distance de la troupe, sur les lieux les plus avantageux pour la découverte. Pour leur sûreté, on place entre elles et la garde un corps de garde d'environ huit cavaliers, qui sont destinés à les secourir. Ce corps doit être toujours à cheval, et très-attentif aux védettes ; mais il n'est pas nécessaire qu'il découvre lui-même le terrain comme elles ; il est destiné à les soutenir et à veiller à ce qu'elles fassent leur devoir.

1151. On éloigne les védettes les unes des autres, pour qu'elles soient à portée de découvrir plus de terrain, sans qu'il soit besoin de trop avancer les troupes de la garde. Lorsqu'elles sont dans des endroits dangereux, il faut les doubler.

1152. S'il paraît des ennemis, les védettes en avertissent : le commandant, selon qu'il le juge à propos, ou selon les ordres qu'il a reçus, il les fait rester à leur poste et les soutient par le corps de garde ; et lui-même s'avance avec sa troupe pour s'opposer ensemble à l'ennemi, ou bien il les fait replier sur le poste.

1153. Le commandant peut faire mettre pied à terre

à un rang de sa troupe, et faire manger les chevaux pendant que l'autre reste; mais il faut toujours que chaque cheval soit prêt à être bridé; la distance de l'ennemi permet quelquefois de faire reposer les deux rangs; mais, dans toutes les circonstances, il faut avoir pour première règle de placer les védettes de manière qu'après avoir averti, elles aient le temps de se mettre en état de combattre avant l'approche de l'ennemi, d'où il suit que moins une troupe ou ses védettes découvre de terrain, et plus elle doit redoubler d'attention, *et vice versâ*, de manière à avoir toujours le temps de se reformer avant que l'ennemi puisse parcourir l'espace qui le sépare de la garde.

1154. GARDE NATIONALE. Dans l'acception technique, liberté, ordre public, intégrité du sol sacré. La garde nationale est l'institution la plus heureuse dont la France puisse être dotée; c'est le corps armé dont les devoirs sont les plus grands, les plus généreux, les plus honorables.

1155. Palladium de notre indépendance, de nos libertés, de l'inviolabilité de notre territoire, en nous garantissant de toute invasion étrangère, elle atteint encore le triple but de mettre tout ce que nous avons de plus cher à l'abri de la licence, de l'anarchie ou du despotime, fléaux destructeurs de tout bonheur social.

1156. Pour remplir dignement d'aussi belles fonctions, la garde nationale doit rester vierge de tout esprit de parti, être sourde à toute autre voix que celle de la patrie, ne connaître que la noble devise dont elle doit consciencieusement accomplir le sens littéral. Elle sera certaine alors de combler le pays de tout ce que la Grèce et Rome ont de plus grand et de plus sublime dans leurs patriotiques annales, de rendre à la France le titre de grande nation, dont elle est si digne, et de devenir en un mot l'orgueil et la joie de la mère commune.

1157. Le citoyen soldat doit s'occuper de son éducation militaire, suppléer à l'inexpérience par l'étude de l'art : qu'il y consacre régulièrement quelques heures prises sur ses repos, et il parviendra à acquérir ces connaisances si nécessaires, quoique n'ayant jamais fait la guerre.

1158. L'officier et le sous-officier de la garde nationale doivent bien se pénétrer que c'est de l'instruction particulière qu'ils recevront en temps de paix, que dépendra le bonheur de nos armes, le salut de la patrie en cas de guerre. C'est encore d'après cette instruction qu'il sera possible au gouvernement de diminuer le nombre des années de service actif, de réduire la force des armées de paix, tout en reconstituant fortement notre état militaire, et de diminuer conséquemment nos impôts.

1159. De tels résultats sont bien faits pour engager le véritable amant de la gloire, de la puissance, du bonheur de son pays, à prendre quelques heures sur ses plaisirs pour les consacrer à ses devoirs patriotiques. Je dis quelques heures, car, au moyen de ma méthode, ce ne sera point un travail, mais un amusement, que de faire deux heures de théorie et deux heures d'exercice par semaine, pour apprendre facilement et en peu de temps tout ce qui est relatif à la guerre, aux champs de bataille, etc.

1160. Le *Vade mecum* du jeune officier, devenu le *Vade mecum* de la garde nationale, suppléera en tout au manque d'expérience. Quelques ovations civiques dans chaque bataillon, le choix des gardes nationaux, qui ne se fixera que sur les sujets instruits, et quelques récompenses, serviront d'émulation aux bons citoyens.

1161. Je dois, avant de terminer cet article, signaler l'écueil contre lequel se briseraient toutes les espérances de la patrie, si la garde nationale oubliait son mandat de liberté, d'ordre public, pour passer sous quelque influence occulte.

1162. L'institution la plus heureuse se transformerait en une troupe de Janissaires, de Strélitz; elle deviendrait un corps semblable aux armées romaines du troisième siècle, résistant à toute espèce d'autorité, vendant le pouvoir suprême au plus offrant et dernier enchérisseur, et qui, dans cinquante ans, proclamèrent et massacrèrent cinquante Césars. Monstre exterminateur de nos libertés, de notre gloire, de nos monumens, de notre industrie, de notre fortune publique et particulière, de notre honneur, de notre existence, fille dénaturée, elle déchirerait le sein qui la nourrit, en nous précipitant dans tous les désordres, le carnage, les malheurs incalculables de la guerre civile et de l'anarchie.

1163. Français, qui ne pensez, qui ne respirez que le bonheur, la gloire de votre pays, si, contre toute probabilité, un point de notre belle France était menacée d'un semblable fléau, n'hésitez pas un instant de signaler courageusement au tribunal de l'opinion cette fraction de garde nationale égarée, qui voudrait changer la plus noble mission contre tout ce qui pourrait nous arriver de plus funeste, et qui ferait surgir contre vous le despotisme armé d'une verge de fer : la patrie! la patrie avant tout!... qu'à sa voix les passions se taisent. Formons le faisceau, et nous serons invincibles et heureux.

1164. GAZONNER. C'est revêtir un ouvrage en gazon. On coupe les gazons avec une pelle en fer, carrée, et on les renverse. Quand l'ouvrage est tracé, et que les gazons sont rassemblés, on en place d'abord un rang sur chacune des lignes qui déterminent une des parties de l'ouvrage, c'est-à-dire, sur le talus intérieur du parapet, et sur la ligne intérieure de la banquette. On place l'herbe en-dessous, pour donner plus de solidité à l'ouvrage, et pour que les gazons disposés ainsi se lient plus vite; on donne ordinairement quatre à cinq lignes de rentrée à chaque assise; on a l'attention de placer le milieu du rang supérieur sur le point de jonction des deux gazons du rang inférieur, et on les fixe avec des chevilles de six pouces sur trois lignes de diamètre. Quand on a fait ainsi cinq assises, on remplit avec de la terre l'intervalle qu'elles comprennent, on continue jusqu'à ce que l'ouvrage soit revêtu.

1165. GÉNÉRAL. Les peuples confient à un général une partie de leurs forces et de leur autorité, pour assurer leurs propriétés, maintenir leurs droits, accroître leur gloire, augmenter leur bonheur, et réprimer ou punir une nation ennemie.

1166. Après le rôle de souverain, celui de général est donc le plus grand et le plus beau que l'on puisse jouer sur le théâtre du monde : mais si rien n'est plus glorieux que de bien remplir cette place éminente, rien n'est aussi plus difficile. Réfléchissant à la multitude de connaissances qu'elle demande, et au grand nombre de qualités qu'elle exige, rien ne doit étonner davantage que de voir un homme seul s'imposer volontairement un pareil fardeau ; et, puisqu'il faut qu'un homme ose se charger du commandement des armées, essayons d'applanir les difficultés que cette brillante et dangereuse carrière doit lui offrir.

1167. Les connaissances qu'un général doit réunir peuvent être divisées en connaissance de soi-même (étude du cœur humain) et en connaissances relatives aux sciences et aux arts, qui seront divisées en connaissances indispensables au général, en connaissances presque nécessaires, et en connaissances utiles.

1168. L'étude, par un chemin facile et abrégé, nous mène à des lumières plus étendues, plus parfaites que l'expérience. On est rarement à portée de tout voir, et la lecture peut tout enseigner. Le général doit joindre les connaissances militaires au génie de la guerre, les leçons des siècles passés à ses propres observations, la spéculation à la pratique ; mais il doit toujours commencer par acquérir les connaissances théoriques qui lui sont nécessaires.

1169. — *Connaissance de soi-même.* Les philosophes de l'antiquité, persuadés que la connaissance de soi-même est le commencement de la sagesse et la première de toutes les sciences, avaient fait graver sur le frontispice du temple de Delphes cette courte inscription : « Connais-toi toi-même. »

1170. Comme le général influe sur le bonheur de la société de la manière la plus directe et la plus puissante, il serait à désirer qu'il portât cette connaissance jusqu'au plus haut degré. Sans elle le général environné de courtisans, aveuglé par l'amour-propre, bouffi de l'orgueil que donnent trop souvent les hautes dignités, oubliant aisément l'immensité des devoirs qu'il a à remplir, ne serait plus frappé de la faiblesse de ses moyens pour réussir; il méconnaîtrait les motifs et l'origine du pouvoir qu'il a en main : ne se souvenant seulement que de ses droits, il deviendrait le fléau de la nation dont il devait être le défenseur, et causerait le malheur des peuples, au lieu d'assurer leur tranquilité et leur bonheur.

1171. Si, au contraire, le général est parvenu à se connaître soi-même, il maîtrise ou bannit de son âme les défauts qu'il a reconnus en lui; il travaille d'avance à se détacher de tout ce qui n'est pas son devoir. Certain que mille passions, que mille intérêts particuliers peuvent influer sur son jugement, l'éloigner du but auquel il doit tendre, il persiste dans son opinion toutes les fois qu'il a pris un parti dicté par la raison et la prudence; sachant que certaines vertus dégénèrent souvent en faiblesse, il se défie de celles qui sont les plus chères à son cœur. Instruit de la puissance de ses moyens, de la mesure de ses facultés, de l'étendue de ses connaissances, il ne conçoit jamais de vaines et chimériques espérances; il n'entreprend rien au-dessus de ses forces; il avoue son infériorité avec une noble franchise; il a le courage de demander des conseils et la fermeté de les suivre.

1172. C'est en étudiant les autres, en observant ce qu'ils font, en se demandant ce que l'on ferait à leur place; c'est dans le silence du cabinet qu'il faut souvent s'interroger, descendre dans son propre cœur, en observer tous les mouvemens. Là, séparé du reste des hommes, on voit s'évanouir l'amour-propre, et l'on se découvre tel que l'on est. La vanité peut bien quelquefois jeter des couleurs fausses sur le tableau que la vérité présente, mais on reconnaît aisément ses couleurs mensongères: il est infiniment plus aisé de se connaître soi-même que de connaître les autres.

1173. — *Connaissance des Hommes.* Après la connaissance de soi-même, celle des hommes doit occuper le premier rang dans l'esprit du général. Si le chef d'une armée ne connaît pas les hommes, comment pourra-t-il les conduire avec sagesse, et les employer avec discernement? Peut-il en tirer tout le parti possible, s'il ignore ce qui est capable de les encourager, de les animer, de les enflammer de l'amour de la gloire, de les attirer, de les attacher au bien? Peut-il espérer produire de grands effets, s'il n'est pas instruit du motif qui les décide à une soumission sûre et constante? S'il ne connaît pas, enfin, ce qui peut les blesser et les jeter dans la défiance, comment pourra-t-il éviter ces écueils? Ne distingue-t-il pas dans leurs inclinations et dans leurs goûts ce qu'ils veulent ardemment et avec constance, de ce qu'ils désirent faiblement et par l'effet d'un caprice passager, il entasse erreurs sur erreurs? Ne possède-t-il pas l'art de lire, par quelques moyens, dans tant d'esprits différens qui peuvent être persuadés, réunis et ramenés au même sentiment; ne sait-il pas par quelles insinuations on entre dans les cœurs, par quels remèdes on guérit les préjugés, par quels degrés on établit la confiance; enfin, quels sont, parmi les châtimens et les récompenses, les agens les plus forts, les leviers les plus puissans, la durée de son commandement sera marquée par une suite de fautes désastreuses.

1174. Chargé d'un commandement d'armée, il l'est souvent aussi du choix des officiers supérieurs qui doivent la composer; s'il n'a pas fait une étude particulière des hommes, s'il n'a pas l'art de deviner leurs talens, leur mérite, leur capacité, avec les intentions les plus droites, l'expérience la plus consommée et les connaissances militaires les plus étendues, il ne distinguera jamais un homme d'un mérite extraordinaire, mais modeste ou timide, d'un homme médiocre qu'on lui aura vanté avec emphase, ou qui se sera proclamé lui-même avec éclat. Jamais il ne devinera à quoi ses subordonnés sont réellement propres; jamais il ne prévoira ce qu'ils sont de ce qu'ils doivent devenir; et jamais enfin il ne les placera de manière à ce qu'ils puissent être utiles par leurs qualités heureuses, sans pouvoir nuire par leurs vices ou leurs défauts. Comment distinguera-t-il la flatterie qui l'éblouit des éloges mérités qu'on lui donne pour l'encourager? Pénétrera-t-il jusque dans les replis les plus profonds du cœur humain, et distinguera-t-il les avis dictés par l'amour du bien, de ceux que dictent la jalousie et le désir de parvenir. En voilà assez pour porter les militaires qui ont la noble ambition de commander des armées à s'occuper de bonne heure à l'étude des hommes : rien de moins aisé que de connaître à fond le cœur humain ; mais l'amour de la gloire ne fera-t-il pas entreprendre ce que l'amour de l'or fait souvent exécuter?

1175. C'est dans les ouvrages immortels de Montaigne, de Larochefoucault, de Labruyère, d'Helvétius, etc., etc., qu'on peut étudier le cœur humain ; c'est dans l'histoire de tous les siècles que le général apprendra ce que les hommes sont aujourd'hui par ce qu'ils ont été dans tous les temps ; mais il parcourrait en vain les annales de tous les peuples, il ne connaîtra le cœur humain qu'après avoir connu le sien.

1176. Pour marcher à grand pas dans la connaissance des hommes, pour bien juger l'esprit des autres, apprendre à les ménager, il s'examinera lui-même avec attention ; il cherchera à connaître par quelle voie on le conduit à la vérité, et quelle route on doit tenir pour le convaincre. Enfin, le dernier moyen à employer consiste à être attentif à tous les discours, à toutes les actions, et réfléchir sur ce qu'on voit et sur ce qu'on entend, et cela tous les jours, dans tous les momens ; et comme les hommes ne peuvent sans cesse se déguiser, cette méthode doit être la plus instructive et la plus sûre.

1177. — *Connaissance de la nation qu'il commande.* Parvenu à la connaissance du cœur humain, le général s'occupera d'acquérir des connaissances détaillées sur les diverses nations qui l'entourent. Il fixera d'abord son attention sur celle qu'il commande.

1178. Chaque peuple, comme les individus, a son caractère, ses goûts, ses mœurs, ses passions, ses usages, son génie et son courage. Il doit donc avoir appris : si sa nation est active, hardie et impétueuse, ou lente, timide et flegmatique ; si elle est constante ou légère, instruite ou ignorante, bien ou mal exercée ; obéissante ou indocile ; plus propre à la guerre offensive qu'à la défensive ; si elle aime les batailles générales ou les affaires de postes ; si elle se bat mieux derrière les retranchemens qu'en rase campagne ; avec les armes à feu qu'avec l'arme blanche ; si elle supporte patiemment les privations, le chaud, le froid, la fatigue.

1179. Le général doit savoir si ce peuple sert par honneur, par vanité, et s'il est animé de l'amour de sa patrie et de son roi. Qu'il sache si les marques de bonté, les louanges, font plus d'effet sur lui que la sévérité et la crainte ; en un mot, s'il est plus sensible aux récompenses qu'aux châtimens.

1180. C'est en lisant l'histoire générale et particulière de son pays, qu'on peut apprendre à en connaître les habitans. Que ces livres ne quittent point vos mains ; nuit et jour feuilletez et réfléchissez.

1181. — *Connaissance de ses Subordonnés.* Ce qu'un sage général doit le mieux connaître, ce sont ses soldats et leurs chefs, qui sont ses bras et ses mains. Il cherchera donc à pénétrer le caractère de ses principaux officiers, pour apprendre quel est leur genre de valeur, quels sont leurs talens. S'il l'ignore, comment tirera-t-il de ses subordonnés le plus grand parti possible. Confie-t-il, par exemple, des entreprises qu'il faut conduire avec prudence à un officier général dont le plus grand mérite consiste en une valeur bouillante et aveugle? Commet-il aux soins d'un homme glacé par l'âge, ou lent par caractère, celles qui demandent une âme de feu et toute l'activité de la jeunesse? Remet-il un commandement considérable à celui qui n'a jamais porté ses regards au-dessus de la conduite d'un régiment? Il ne pourra espérer que le succès couronne son attente ; de même, s'il ne donne qu'un faible détachement à celui dont la vue rapide est accoutumée à tout voir en grand ; s'il emploie dans les conseils celui qui n'est bon que pour l'exécution ; s'il envoie un commandant sévère où il ne faudrait qu'un homme d'un caractère doux et modéré ; un chef indulgent où la fermeté est nécessaire pour faire rentrer tout dans l'ordre, ne ressemblerait-il pas à l'homme qui, au lieu de tenir l'épée par la poignée, la prendrait par la pointe, et tournerait ainsi contre lui-même le fer dont il est armé pour sa propre défense.

1182. Cette connaissance de ses subordonnés a été regardée comme indispensable pour celui qui commande en chef : quelques généraux, des empereurs même, sont descendus jusqu'à connaître chacun de leurs soldats (l'empereur Othon). Pour connaître ses subordonnés, le général s'informera d'abord auprès de ses prédécesseurs des qualités des officiers qu'ils avaient sous leurs ordres ; il comparera ensuite le compte qu'on lui aura rendu avec les découvertes qu'il aura faites lui-même.

1183. Il s'entretiendra souvent et librement avec ses subordonnés ; il fera rouler la conversation sur des objets intéressans : c'est à sa table surtout qu'il pourra acquérir, en ce genre, les lumières les plus étendues. Pour connaître enfin les objets auxquels chacun est le plus propre, il réfléchira attentivement sur la manière dont il se sera comporté lorsqu'il aura été chargé d'entreprises semblables à celles qu'il veut lui confier : la conduite qu'il a tenue dans ces circonstances est l'indice le plus assuré de ce qu'il peut attendre de lui.

1184. — *Connaissance de la Nation qu'il doit combattre.* Après s'être assez instruit des intérêts et des états des princes pour savoir quels sont les ennemis naturels et nécessaires de la nation à laquelle il doit commander, il cherchera à pénétrer leur caractère militaire, leurs passions, leurs vertus, leurs goûts et leurs vices ; en un mot, il fera sur ces peuples les mêmes études qu'il aura faites sur celui dont il est général ; mais il la fera dans des vues opposées à celles qui l'ont engagé à étudier sa nation ; car il ne doit faire aucune des démarches que son ennemi voudrait qu'il fît, et ne manquer jamais à celles que son ennemi pourrait souhaiter qu'il ne fît pas.

1185. A l'étude de l'histoire, il joindra les connaissances que procurent les voyages et la conversation des personnes qui, par un long séjour dans le pays qu'il a intérêt de connaître, ont eu le temps d'acquérir les lumières qui lui manquent.

1186. La constitution militaire doit fixer les premiers regards du guerrier observateur : il doit chercher à connaître le nombre de combattans que la nation a continuellement sur pied, et la quantité dont elle peut l'augmenter; la proportion entre les différentes armes, la manière dont chacun des corps est constitué, discipliné, armé, équipé, habillé et composé; ses ordonnances, ses réglemens, ses usages, ses peines, ses récompenses militaires; les qualités morales et physiques des hommes; la formation habituelle et accidentelle des troupes; les moyens qu'elles emploient pour passer de l'une à l'autre; leurs exercices et leurs manœuvres; enfin les places de guerre et tous les établissemens militaires.

1187. On cherche ensuite à reconnaître les frontières, les rivières, les chemins, les montagnes, les vallées, les gorges et les autres objets que la campagne présente; la nature du climat, la durée et la température des saisons; la nature des maladies, les remèdes les plus usités; le gouvernement, la population, le commerce, les richesses, la quantité, la qualité des bestiaux; les habitations, les plaisirs, les mets, la boisson ordinaire; les arts et les sciences. Tels sont les objets que le militaire doit observer quand il voyage chez une nation qu'il lui importe de connaître; et il ne peut espérer de remporter sur elle de grands avantages, s'il a négligé quelques-uns de ces détails, qui, tout minutieux qu'ils paraissent, ne sont pas toujours suffisans.

1188. — *Connaissance du Général ennemi.* Par cette connaissance, le général devinera aisément tout ce que le chef ennemi doit entreprendre contre lui, et comment il l'exécutera. Par-là il pourra aller au-devant de ses desseins et les rompre; il pourra en former lui-même dont la réussite sera d'autant plus assurée, qu'il les aura calculés d'après des idées plus saines.

1189. Une des maximes militaires d'un grand homme (le prince Eugène) était qu'avant d'entrer en campagne, un général doit connaître à fond le caractère des généraux ennemis. Il doit connaître l'étendue du génie de son adversaire, ses qualités morales et physiques, son genre de valeur, ses talens, son caractère, ses goûts, ses passions, jusqu'à ses caprices : il doit le connaître comme lui-même, et employer les mêmes moyens dont il s'est servi pour s'étudier. Il ne doit cependant pas assez compter sur les passions, l'ignorance, et même sur les lumières de son adversaire, pour ne pas se conduire d'après les règles dictées par la prudence.

1190. Pour apprendre à connaître votre adversaire, entretenez-vous des qualités des chefs ennemis avec les étrangers, les prisonniers, les déserteurs. Dans vos voyages, cherchez à lier connaissance avec les militaires qui, par leurs talens ou la faveur dont ils jouissent, peuvent prétendre au commandement des armées. Tâchez de vous instruire d'avance, et pendant que cela vous est facile, de tout ce que vous seriez bien aise de savoir un jour. Si la campagne s'ouvre avant que vous ayez pu connaître le général ennemi, ne vous découragez point; prenez toutes les informations que vous pourrez recueillir auprès des officiers habiles qui auront servi sous ses ordres, ou qui auront été à portée de l'étudier; sachez, par vos espions, sa manière de vivre, ses occupations pendant les loisirs de la paix. Faites faire à votre armée quelques mouvemens, et observez les manœuvres qu'il fait faire à la sienne, comment il choisit et dispose son camp; réfléchissez sur toute sa conduite, et bientôt vous découvrirez s'il est timide ou hardi, ignorant ou savant, lent ou actif, prudent ou inconsidéré. Dirigeant vos opérations d'après cette connaissance, vous vaincrez, parce que connaître le génie du général ennemi et celui de la nation qu'il commande, est l'art de vaincre l'un et l'autre.

1191.—*Connaissance des Généraux subalternes*. Mille généraux en ont tiré des avantages éminens, qui ont réglé leur conduite dans le choix des entreprises contre plusieurs généraux subalternes; elle s'acquiert par les moyens indiqués aux paragraphes précédens : cette connaissance regarde également les officiers subalternes. Ceux-ci doivent aussi étudier tout ce qui peut leur faire remplir avec gloire la place élevée de général, ambition noble, utile et nécessaire. La connaissance de soi-même leur fait aussi juger sainement du genre et de l'espèce de service qui leur convient le mieux, de l'emploi auquel ils sont propres; comme la connaissance du cœur humain leur apprend à vivre avec les hommes.

Tous les militaires, d'ailleurs, sont responsables de la troupe qui leur est confiée; ils doivent influer autant sur ses volontés, ses pensées, ses actions, que le général sur l'armée entière. Comment y parviendraient-ils, s'ils ne connaissaient pas parfaitement leurs subordonnés?

1192. — *Connaissances relatives aux Sciences et aux Arts.* La victoire dépend plus des combinaisons de celui qui commande que de la valeur de ceux qui combattent; elle se range toujours du côté du général qui réunit le plus de connaissances, comme l'histoire le fait voir. Mais puisque la nature, quoi qu'en dise Jacotot, n'a pas accordé aux hommes le don de tout savoir, le guerrier doit étudier avec constance tout ce qui l'intéresse; il doit savoir tout ce qui convient à son état, à son poste, à sa destination, et se borner à ces connaissances, jusqu'à ce qu'il se soit rendu supérieur à tous ceux qui courent la même carrière que lui. Avant de chercher à cueillir des fleurs dans les beaux-arts, il faut réunir toutes les connaissances du grand général, il faut s'être couvert de gloire. Jusqu'à ce qu'il ait atteint ce haut point de perfection, l'homme de guerre doit s'occuper uniquement à acquérir les connaissances qui lui sont propres. Il étudiera donc, comme indispensable, la science de la guerre, l'histoire générale et particulière, la géographie et les ordonnances militaires.

1193. — *Étude de l'Art de la Guerre.* La première, la plus essentielle des connaissances, celle qui peut presque suppléer à toutes les autres, qui peut tenir lieu jusqu'à un certain point des vertus morales et des qualités physiques, celle dont l'absence rend les autres inutiles, est la science de la guerre.

1194. Cette science, aussi vaste que compliquée, composée de l'assemblage de plusieurs sciences réunies et enchaînées l'une à l'autre, qui se prêtent un appui mutuel, et dont on ne peut détacher un seul anneau sans que la chaîne soit interrompue, cette science doit faire la première et la principale occupation du général d'armée. Mais qu'il se garde bien de s'en tenir à des études superficielles; elles font croire qu'on sait ce qu'on ignore réellement, ce qui est un degré au-dessous de l'ignorance. Le général se bornera donc aux connaissances essentiellement nécessaires à un chef, et dans lesquelles il ne peut être remplacé par personne : telles sont les manœuvres, les marches, les fourrages, les convois, les détachemens, les communications, le choix du champ de bataille, la manière d'ordonner, de faire combattre les troupes, et les dispositions en cas de victoires ou de défaites. (*Voyez* ces différens mots, et l'application des cadres de bataillons de cordes à la grande tactique, qui procurera en bien peu de temps et sur tous les points de la France, la pratique de toutes ces connaissances, sans recourir aux camps de paix, si rares et si onéreux.) Il doit avoir étudié l'art de Vauban, connaître la manière d'approvisionner les armées, d'asseoir et fortifier les camps, ce qui concerne les hôpitaux, le transport des munitions de guerre et de bouche et celui des malades.

1195. Le général ne sera véritablement habile qu'après avoir connu les auteurs anciens et étudié les modernes. Il ne doit pas négliger d'inscrire les fautes qu'auront faites les grands hommes dont il lira l'histoire, parce que nous sommes mieux instruits par les fautes des autres que par une conduite à l'abri de tout reproche.

1196. Les idées qu'auront fait naître les écrits de César, Montécuculi, Monluc ; les vies des hommes illustres de Plutarque, et l'histoire particulière des grands hommes, comme Bayard, Duguesclin, Turenne, Condé, Catinat, Eugène, Saxe, et tous les généraux de la révolution, etc. ; ce qui aura frappé dans leurs actions, leurs discours, tout sera consigné, ainsi que les actions même dont on aura été le témoin. Ainsi personne n'aura autant de facilité pour tout prévoir et pour tout préparer, parce que personne n'aura la tête aussi pleine de maximes saines et d'exemples importans.

1197. — *Étude de l'Histoire.* Elle donne la connaissance des hommes ; elle montre la chaîne des événemens du monde ; elle découvre la cause des révolutions des empires ; elles trace la conduite que l'on doit tenir à la guerre ; elle peut suppléer à l'expérience ; elle offre au général un tableau vrai des vertus qu'il doit pratiquer, et des vices qu'il doit fuir. Ce que l'ami le plus sincère, le censeur le plus incommode n'osera entreprendre, l'histoire l'accomplira. Elle dira : Vois d'un côté Antoine vaincu, avili par les voluptés; vois Crassus, Lucullus, Varus, déshonorés par leur avarice; vois Pausanias devenu malheureux par ses manières fières et hautaines. Vois, d'un autre côté, les guerriers qui ont possédé des vertus contraires; ils ont été chéris des peuples, aimés des soldats, récompensés par leurs maîtres; et l'équitable postérité les a placés au glorieux rang des héros. Vois, compare et choisis. L'histoire, toujours vraie, toujours impartiale, ne peut ni ne veut égarer.

1198. On lira ceux des historiens anciens et modernes qui se sont le plus occupés des détails militaires; on les suivra sur de bonnes cartes géographiques ou sur des plans; on tâchera d'en faire un soi-même, d'après la lecture de l'histoire : on comparera les deux plans, et s'ils sont semblables, on sera assuré d'avoir saisi tous les détails.

1199. Toutes les fois que des voyages vous conduiront vers des lieux célèbres par des combats, muni de votre description, de vos plans, vous parcourez plusieurs fois le champ de bataille; vous ordonnerez, en idée, les deux armées comme leurs chefs les avaient disposées; vous les ferez combattre, et vous rectifierez, par cette espèce de pratique, ce que votre théorie avait de défectueux. C'est ainsi que, jusqu'à nos jours, tous les grands hommes ont appris l'art de la guerre, en n'oubliant pas même la lecture des poètes célèbres de l'antiquité, qui étaient instruits à fond dans les sciences militaires.

1200. — *Géographie.* Elle est nécessaire pour apprendre la théorie de la guerre; mais la topographie est indispensable pour la pratique de l'art militaire, dans le pays qui doit servir de théâtre à la guerre. Le général doit posséder les plus petits détails; il faut qu'il connaisse les plus petits accidens du terrain, la situation des plus petits hameaux, la force, la position d'une maison isolée, la largeur d'un petit pont, l'étendue d'un petit bois, les chemins, les sentiers, etc. C'est par les cartes topographiques levées avec art, rectifiées avec soin et étudiées avec attention, qu'un général acquerra ces connaissances. Il devra encore les vérifier lui-même sur le terrain ou les faire vérifier. (*Voyez* Reconnaissance militaire.)

1201. — *Des Ordonnances ou Code Militaire*. L'homme de guerre devant obéir sans cesse aux ordonnances militaires, la connaissance de ces lois méritait d'être mise à la tête de celles qui sont indispensables au général. Les militaires de tous les grades auraient tort d'attendre, pour les acquérir, le moment où ils devront en faire usage.

1202. — *Langues*. La connaissance des langues est nécessaire au général dans une infinité d'occasions: veut-il haranguer, un jour de bataille, les différens peuples qui composent son armée; veut-il, dans le fort de la mêlée, lui faire passer des ordres importans, s'il est dépourvu d'interprètes comment le fera-t-il? A-t-il besoin de traiter avec des princes et des ministres qui ne parlent pas sa langue? encore des interprètes dont l'impéritie ou la mauvaise foi peuvent rendre ses expressions d'une manière infidèle et faire perdre un temps considérable: une méfiance réciproque peut naître souvent de cette double traduction. Le général veut-il interroger des prisonniers, parler à des déserteurs, lire les dépêches ennemies dont ses partis se seront emparés, prendre des informations secrètes des gens du pays, combien n'a-t-il pas à redouter de l'indiscrétion d'un interprète? (*Voyez* Capitaine.)

1203. — *Droit des gens*, lois tacites qui ont pour principe que les divers peuples doivent se faire pendant la paix le plus de bien, et pendant la guerre le moins de mal possible, sans nuire à leurs véritables intérêts.

1204. — *Droit public*. Outre le droit des gens qui est universel et réciproque entre les peuples, chaque nation a encore son droit public dont les lois marquent les rapports de ceux qui gouvernent avec ceux qui sont gouvernés. Le général doit connaître ces rapports qui peuvent l'aider à former un bon plan de campagne, et lui procurer l'occasion d'acquérir de la gloire à peu de frais.

1205. — *Droit civil.* Expression des rapports que les citoyens ont entre eux. Comme il peut se présenter dans le cours de son commandement des circonstances où il lui sera nécessaire de se décider d'après les lois; il est bon que le général les connaisse.

1206. — *Politique.* Elle fait connaître les divers intérêts des peuples et des souverains; elle apprend qu'elle est la meilleure manière de traiter avec eux; elle enseigne au chef d'une armée les moyens de pratiquer des intelligences utiles à l'exécution de ses desseins. L'étude de cette science est donc nécessaire au général, et les capitaines les plus célèbres s'en sont constamment occupés.

1207. — *Mathématiques.* L'arithmétique jusqu'à l'hydraulique et l'architecture militaire complètent le cours de mathématiques propre au chef d'une armée.

1208. — *Dessin.* Le dessin est utile pour apprendre l'art de la guerre, mais il est plus utile encore pour le mettre en pratique. Le général veut-il reconnaître un champ de bataille, s'il n'a pas l'art d'en lever le croquis, comment pourra-t-il faire, dans son cabinet, la meilleure disposition relativement à la nature du terrain? Il pourra, il est vrai, se servir de ses subalternes; mais ils ne verront pas avec les mêmes yeux que le général; ils pourront négliger quelques détails qu'ils croiront minutieux, mais qui seront importans pour le chef de l'armée.

1209. Le général qui connaît le dessin distingue plus aisément les signes de convention qu'on emploie pour représenter les divers objets; il évalue avec plus de facilité les rampes, les hauteurs, les profondeurs des ravins, des ruisseaux, etc. Celui qui ne sait pas dessiner se forme difficilement une idée bien distincte de l'éloignement des différens objets; il est obligé, pour tracer l'ordre de bataille, de se servir de quelque main étrangère : et qui lui répondra qu'une copie de son plan ne sera pas envoyée à l'ennemi? D'après cela, on peut juger combien l'art du dessin est utile. Il ne faut pas qu'un général dessine avec le talent d'un artiste; il suffit qu'il puisse tracer un plan à vol d'oiseau avec correction ; c'est le plus aisé et le plus utile au militaire.

1210. — *Amour de la Patrie.* En recevant le coup fatal, le général qui n'est conduit que par l'honneur ne songe qu'à sa propre personne; en mourant, le vrai patriote songe encore à sa patrie.

1211. L'amour de la patrie occupe le premier rang parmi les vertus indispensables au général, parce que son excès ne peut jamais nuire à la cause commune, tandis que les autres passions dégénèrent en vices ou au moins en défauts : la valeur devient témérité, la clémence faiblesse, la fermeté raideur, etc. ; l'honneur même, l'honneur change de nature, il devient faux préjugé, délicatesse outrée, cruauté et barbarie. L'amour de la patrie est produit par le cœur, l'honneur par l'esprit : le premier est un sentiment, le second un préjugé.

1212. Généraux, et vous tous militaires français, parcourez les fastes de la nation, vous verrez que l'amour de la patrie anima tous les héros que nous admirons. Consultez ensuite votre cœur, si vous le sentez embrasé de la même flamme, vous êtes dignes de succéder à leur gloire, et vous partagerez avec eux l'hommage des sentimens vifs et durables qu'ils nous ont inspirés.

— *Honneur.* (*Voyez* Capitaine.)

— *Amour de la gloire.* (*Idem.*)

1213. — *Bravoure.* Un général n'est parvenu au commandement qu'après avoir donné des preuves de bravoure ; mais il lui est défendu d'avoir la bravoure du soldat. Pendant l'action, il doit être loin de la mêlée, sur un point élevé d'où il puisse voir ce qui se passe aux différens points de la bataille, parce que sa mort est presque toujours suivie d'une défaite.

— *Courage.* (*Voyez* Capitaine.)

— *Justice.* (*idem.*)

1214. — *Exemple.* (*Voyez* ce mot.) Le militaire est encore plus soumis que les autres au pouvoir de l'exemple ; aussi les généraux doivent-ils être ce qu'ils veulent que soient leurs subordonnés.

— *Prudence.* (*Voyez* ce mot.)

— *Activité.* (*Voyez* ce mot.)

1215. — *Exactitude.* L'ordre et l'exactitude aident le génie à mettre au jour les productions les plus sublimes. Donnez au sommeil le temps absolument nécessaire pour réparer vos forces épuisées, mais soyez accessibles à tous les instans. (*Voyez ce mot.*)

1216. — *Désintéressement.* La fidélité à sa parole, l'humanité, les mœurs, la modestie et la politesse, complètent le brillant qui peut faire ressortir le héros dans tout son éclat.

1217. GÉNIE, science de l'ingénieur. La concision de cet ouvrage ne lui permet de traiter de cette science que ce qui peut regarder l'officier d'infanterie.

GORGE. (*Voyez* Passage de défilé.)

1218. GUÉ, endroit d'une rivière où l'eau est si basse qu'on peut la traverser sans perdre fond.

1219. Une armée perd beaucoup de temps et court de grands dangers pour passer une rivière (*voyez ce mot*); mais quand elle rencontre un bon gué, la plus grande partie des difficultés disparaissent. Aussi les généraux, même les moins habiles, ne recourent-ils aux moyens nécessaires au passage d'une rivière, que lorsqu'ils se sont assurés qu'elle n'est pas guéable dans les environs de l'endroit où il leur importe de la passer. On voit, d'après cela, qu'il est également intéressant pour les militaires de connaître la meilleure manière de garder un gué, et les moyens les plus sûrs de passer une rivière à gué.

1220. Un gué, pour être bon, doit réunir les qualités suivantes : 1° *Le bord de la rivière sur lequel on est, doit être plus élevé que celui où on veut aller.* Ainsi, l'assaillant peut manœuvrer sans être aperçu par l'ennemi, qu'il découvre et qu'il peut éloigner avec facilité de la rive opposée, soit en construisant des batteries soit en plaçant avantageusement de la mousqueterie.

2° *La rampe qui conduit à la crête du rivage jusqu'au bord de l'eau doit être douce et couverte.* Si la rampe était trop rapide, les troupes se mettraient en désordre avant que d'entrer dans l'eau, et si elles n'étaient pas couvertes, elles seraient trop long-temps en bute aux coups de l'ennemi.

3° *L'eau doit arriver à sa plus grande profondeur par une pente égale et facile.* Ainsi, le soldat s'engage peu à peu dans la rivière, sans concevoir de crainte, et même sans que la fraîcheur de l'eau puisse lui être nuisible.

4° *La rivière ne doit point être trop large.* Lorsqu'une rivière est très-large, le soldat se fatigue beaucoup avant d'avoir gagné le bord opposé; il est très-long-temps exposé aux coups de l'ennemi, et celui-ci n'a pas grand chose à craindre de la mousqueterie que son adversaire a placée sur la rive qu'il occupe.

5° *Les gués les plus larges sont les meilleurs.* Il importe à l'assaillant de présenter à l'ennemi une tête de colonne puissante, et à ses troupes de gagner avec promptitude le bord opposé.

6° *Les gués obliques sont plus favorables que les gués perpendiculaires.* Un gué perpendiculaire est plus court qu'un gué qui oblique; mais il ajoute presque toujours à la rapidité de l'eau. Les gués trop obliques exposent long-temps les troupes; la direction la plus favorable est celle d'un gué qui commence un peu plus haut sur la rive qu'on occupe que sur celle où l'on va; le courant de l'eau aide, dans cette circonstance, le soldat à gagner le bord opposé.

7° *L'eau ne doit point être rapide.* Les eaux trop rapides entraînent le soldat, ou font au moins qu'il n'avance qu'avec peine, elles le fatiguent et le laissent long-temps exposé aux coups de l'ennemi.

8° *L'eau doit avoir peu de profondeur.* Lorsque l'eau va beaucoup au-dessus de la ceinture du soldat, le gué n'est pas propre à l'infanterie; quand elle monte bien plus que le ventre du cheval, il n'est pas propre à la cavalerie; quand elle s'élève du moyeu des grandes roues, il n'est pas propre aux bagages.

9° *Le fond du gué doit être ferme.* Un fond parsemé de gros cailloux expose le soldat à des blessures et à des chûtes fréquentes; un fond de sable mouvant le fatigue, et il peut s'embourber dans un fond de terre grasse ou de boue.

10° *Les rampes du côté de l'ennemi doivent être douces.* Si le rivage était escarpé, l'ennemi aurait beaucoup de facilité à empêcher le soldat d'en gagner la crête et de combattre avec égalité.

11° *Un gué que l'ennemi pourrait détruire en lâchant des écluses, ne serait pas bon*; il en serait de même de celui qui pourrait être détruit par une fonte subite de neiges ou par une grosse pluie. L'ennemi ou le hasard interrompraient le passage au moment où il n'y aurait pas sur le bord opposé un assez grand nombre de troupes pour soutenir les efforts de leurs adversaires.

1221. — *Moyen d'empêcher l'ennemi de passer un gué.* Un officier chargé de défendre un gué auquel il aura reconnu tous les avantages dont nous venons de parler, y réussira en le fortifiant, en le rompant, en l'embarrassant et en lui faisant perdre ses avantages.

1222. — *Moyen de mettre un gué en état de défense.* Si on était maître des deux rives, on devrait regarder le gué comme un pont et le couvrir par un des moyens indiqués à l'article *Pont*. Mais, hors de cette supposition, on fortifiera un gué sur la rive que l'ennemi a le désir d'occuper, en construisant un ouvrage en terre, qui, par sa direction, procure à la troupe qui défend le passage du gué la faculté de battre celle qui veut le passer, depuis l'instant où elle s'approche de la rivière jusqu'à celui où elle la passe. L'ouvrage le plus simple est un épaulement dont les flancs sont tournés vers la rivière. (*Voyez ce mot.*)

1223. Cet épaulement doit avoir assez de hauteur pour dominer la rive opposée, et cependant il doit battre par des feux rasans la surface de l'eau.

L'épaisseur de cet ouvrage doit être proportionnée aux efforts qu'il aura à soutenir.

La longueur de la courtine de l'épaulement doit être proportionnée à la largeur du gué et à sa direction; c'est-à-dire qu'elle doit régner depuis l'entrée jusqu'à la sortie du gué.

Les flancs de l'épaulement doivent être dirigés de manière à couvrir de feux croisés toutes les parties du gué. Ces flancs doivent commencer aux bords de la rivière; leur longueur dépend de la plus ou moins grande quantité d'artillerie ou de mousqueterie dont on veut les garnir. Si l'on pouvait construire des faces à l'extrémité des flancs de l'épaulement, et lui donner la figure que présente un ouvrage à cornes, le passage serait infiniment mieux défendu.

1224. Les batteries placées sur l'épaulement doivent être à barbette, pour avoir la facilité de diriger le tir là où on le juge le plus nécessaire : pour couvrir les hommes, on a recours à des sacs de terre ou à des gabions. On doit tirer à mitraille sitôt que l'ennemi en est à portée.

1225. On place l'épaulement le plus près de la rivière qu'on le peut, on le fraise et on le palissade. (*Voy.* ces mots.) On creuse, en avant de cet ouvrage, un fossé large et profond dans lequel on fait entrer l'eau de la rivière.

1226. On doit avoir la précaution d'escarper les bords de la rivière au-dessus et au-dessous du gué; et, si l'on peut diriger l'épaulement de manière à battre aussi le bord qu'on occupe, il ne faut pas négliger cet avantage.

1227. Si l'ennemi, en profitant d'un coude que fait la rivière, peut se placer de manière à voir le derrière de l'épaulement, on doit le défendre en élevant de petits flancs ou petites traverses qui en couvrent l'intérieur, et qui, dirigées avec adresse, puissent servir à la défense de la sortie du gué.

1228. — *Manière d'embarrasser un Gué.* Faites couper une grande quantité d'arbres, faites-en enlever toutes les extrémités des branches, afin qu'ils n'offrent qu'un corps hérissé de pointes fortes et solides; faites-les transporter, à force d'hommes et de bras, près du gué qu'on veut rompre; placez-les dans le gué et l'abreuvoir que vous voulez obstruer; entrelacez et faites lier fortement ces arbres les uns aux autres, au fur et à mesure qu'on les place, avec des chaînes de charmes que vous avez envoyé prendre dans les villages voisins, ou avec des cordes, etc. Au moyen d'un batardeau, que vous faites construire au-dessous du courant, et d'après le niveau de la rivière, vous faites encore refluer les eaux de manière que les gués, par leur quantité, se trouvent suffisamment gardés par eux-mêmes.

GUÉ 235

1229. Faites en même temps escarper par un grand nombre de paysans et des soldats munis de pelles et de pioches, les bords de la rivière, de manière à les rendre inaccessibles à la cavalerie. N'oubliez pas de faire arrêter tous les paysans ou autres qui iraient du côté de l'ennemi, pour éviter qu'on ne lui donne avis des difficultés qu'on lui prépare.

1230. Aux abatis on peut joindre les piquets, les chausse-trapes, les tables garnies de clous, les herses, les vigues. En répandant ces divers objets sur l'entrée, la sortie et les différentes parties du gué, on en rend le passage presque impossible. Quant aux outils, on les fait apporter des villages où l'on met en réquisition les charpentiers, les menuisiers et les paysans. On barre encore les gués en les rompant, c'est-à-dire en creusant dans le milieu des fossés larges et profonds dans la direction des eaux, que l'on détourne à cet effet au moyen d'une digue faite avec des fascines, des pièces de toile, etc. C'est la nuit que l'on doit choisir pour ce travail, ayant soin d'éloigner de la rivière les personnes qui pourraient en porter la nouvelle aux ennemis.

1231. On creuse plusieurs fossés à côté les uns des autres, sans avoir besoin de les diriger parallèlement aux bords; on disperse les déblais : ces fossés, remplis d'eau, et inconnus à l'ennemi, feront périr une partie des soldats, et arrêteront les autres.

1232. On peut rendre un gué impraticable en grossissant le volume des eaux par une digue construite du côté dont on est le maître, ou en lâchant la bonde d'un étang ou d'un marais, s'il y a lieu, au moment où l'ennemi veut passer.

1233. On peut encore joindre aux fossés et coupures les puits ou entonnoirs: on les creuse sur les bords de la rivière et dans le milieu du gué; et, quand l'eau vient à grossir au moyen d'un batardeau ou des écluses qu'on a lâchées, ces trous se remplissent et disparaissent. Cependant l'ennemi arrive, se jette à l'eau avec courage; mais à peine y a-t-il fait quelques pas, que les soldats se perdent dans ces entonnoirs; effrayés par ces chutes dangereuses et fréquentes, ils deviennent moins hardis. Si c'est de la cavalerie, le désordre devient encore plus grand : les chevaux et les hommes culbutent, arrêtent la colonne des troupes, font grossir celle de l'eau, et augmentent ainsi infiniment le danger pour eux et les avantages pour vous.

1234. Aussitôt qu'on est arrivé, il faut de suite procéder à ce qui est dit ci-dessus; il faut, de plus, abaisser autant que possible la crête du rivage opposé, détruire les rampes, abattre les arbres, couper les haies et les roseaux, afin d'ôter à l'ennemi les moyens d'approcher de la rivière sans être découvert.

1235. Quelque large que soit un gué, il suffit de le détruire en un seul endroit pour former un défilé qui arrête la colonne ennemie : un fossé très-large peut remplir cet objet. Quant à la manière de combattre, *voy.* Rivière.

1236. — *Manière de passer un Gué.* Pour donner des principes clairs sur la manière de passer les gués, il faut faire plusieurs suppositions : 1° qu'il est privé des différens avantages que nous avons reconnus nécessaires pour constituer un bon gué; 2° que l'ennemi en a fortifié l'issue; 3° qu'il l'a embarrassé; 4° qu'il l'a rompu ou en a détruit les avantages naturels.

1237. — *Connaissances qu'on doit avoir avant de passer un Gué, et Moyen de les acquérir.* Celui qui veut passer une rivière à gué doit connaître, 1° le bord qu'il occupe; 2° les rampes qui conduisent de la crête du rivage au bord de l'eau; 3° la largeur de la rivière; 4° la largeur du gué dans les différentes parties de la rivière; 5° la véritable direction du gué; 6° la rapidité des eaux; 7° la plus grande profondeur de l'eau; 8° la qualité du fond dans les différentes parties du gué; 9° les rampes qui, du côté de l'ennemi, conduisent de la rivière à la crête du rivage; 10° le terrain qui borde le côté de la rivière sur lequel on va; 11° si la rivière n'offre pas dans le voisinage d'autres gués; 12° quel est des différens gués le meilleur pour les différentes armes; s'il est possible à l'ennemi de rendre le gué impraticable, et comment y réussir; 14° enfin si une fonte subite de neiges ou une pluie abondante ne pourrait pas rendre la rivière non guéable.

GUÉ 237

1238. Les moyens de se procurer toutes ces connaissances sont au nombre de sept : 1° bonne carte topographique (*voyez* Reconnaissance militaire); 2° les nouvelles que donnent les espions; 3° les rapports que font les transfuges; 4° les déclarations que font les prisonniers; 5° les avis des affidés; 6° ceux qu'on peut tirer des paysans, marchands, contrebandiers, chasseurs et soldats qui connaissent le pays; 7° enfin les reconnaissances que l'on a faites soi-même. Lorsque tous ces renseignemens ne sont pas d'accord entre eux, on court risque de s'égarer.

1239. — *Manière de remédier aux Avantages naturels qui manquent à un Gué*. On ne peut, sans imprudence, entreprendre de passer un gué qui est défendu, avant d'avoir assez éloigné l'ennemi des bords de la rivière pour qu'il ne puisse pas troubler le passage; mais, comme on ne peut éloigner son adversaire qu'en dirigeant sur lui un feu bien vif et bien ajusté, et qu'on ne peut faire ce feu avec avantage qu'en élevant son artillerie au moins autant que celle de l'ennemi, il faudra donc, toutes les fois que la rive que l'on occupe est plus basse que la rive opposée, construire un ouvrage en terre qui élève et couvre les hommes et les armes : cet ouvrage est destiné à fournir beaucoup de feux croisés en avant de la sortie du gué, à éloigner l'ennemi, et à détruire les ouvrages qu'il aura faits; cet ouvrage peut avoir la forme que nous donnerons aux flancs continus ou interrompus des têtes de ponts. (*Voy.* ce mot.)

1240. Quant à la mousqueterie, on peut la placer derrière les haies, les arbres, ou dans les roseaux qui bordent assez souvent les rivières.

1241. Si l'ennemi a détruit les rampes qui conduisent au bord de l'eau, ou si elles sont naturellement escarpées, on envoie, pour les rétablir ou les reconstruire, des travailleurs, que l'on protége par de l'artillerie ou de la mousqueterie. Pendant que les travailleurs adoucissent les rampes, on cherche à faire diversion et à attirer l'ennemi sur un autre point. C'est surtout pendant la nuit que l'on s'occupe de ce travail. Toutes les fois que c'est possible, l'on dirige ces rampes de manière que l'ennemi découvre tout au plus leur débouché.

1242. Lorsqu'on se propose de passer une rivière à gué, il est prudent de conduire les troupes de manière à ce qu'elles n'aient pas trop chaud au moment où elles entrent dans l'eau, pour éviter des maladies.

Si ce gué était trop étroit, on l'élargirait avec des fascines chargées de pierres.

1243. Quoique vous veniez de passer un gué, si vous êtes dans le cas de le repasser, faites-le reconnaître par des cavaliers qui se promènent dedans à distance de peloton l'un de l'autre, précaution que l'on doit prendre dans toutes les circonstances possibles.

1244. Quand un gué a une direction oblique, il importe de le faire baliser, c'est-à-dire de planter des deux côtés du gué de grandes branches d'arbres : la partie hors de l'eau de ces branches empêchera la colonne de quitter l'espace de la rivière qui est guéable. Ce n'est que pendant la nuit que l'on plantera ces balises; et, quand elles sont établies, on ne doit pas perdre un instant pour effectuer le passage. Il faut encore, dans cette circonstance, placer des hommes à cheval qui indiquent, par leur position, la route que les colonnes doivent suivre; on peut aussi mettre à la tête des colonnes les cavaliers qu'on a employé pour sonder la rivière; on ne saurait prendre trop de précautions pour empêcher les colonnes de perdre le gué, et pour s'assurer de la fidélité des guides. Si la rivière, quoique guéable, est assez rapide pour entraîner quelques soldats, placez au-dessus et au-dessous du gué un corps de cavalerie, des arbres, des chariots, des cordes, et enfin obligez le soldat à tenir l'habit de son camarade.

1245. Les cavaliers doivent être un peu éloignés les uns des autres. Il ne faut pas que l'eau monte au-dessus du ventre, parce que le corps du cheval ferait digue. Les cavaliers placés au haut rompent le cours de l'eau, et ceux en bas arrêtent les soldats entraînés.

1246. Les branches des arbres que l'on jette dans la rivière doivent être tournées, dans la rangée supérieure, vers la source de la rivière, pour rompre la rapidité de l'eau, et dans l'inférieure, en aval; les chariots doivent être placés en travers de la rivière, et assez chargés pour ne pas être entraînés : l'eau ne doit pas investir jusqu'à l'essieu.

1247. Pour employer des cordes au passage d'un gué, on plante deux pieux sur chacun des bords de la rivière, à une distance égale du front de la colonne; on tend ensuite une corde entre les piquets supérieurs et une entre les piquets inférieurs. Pendant le passage, les hommes de la file de droite et de gauche de la colonne saisissent la corde, et maintiennent ainsi la colonne contre l'effort des eaux. (*Voy*. Passage de Rivière.)

1248. On ne peut prendre trop de précautions pour que les soldats, en passant une rivière, ne mouillent leurs armes ni leurs munitions : ils doivent mettre leurs gibernes sur leurs sacs, et porter leurs fusils la crosse en l'air.

Toutes les fois que l'on fait passer une rivière à gué, on doit recommander aux soldats de jeter de temps en temps les yeux sur la verdure du rivage, et de les tourner quelquefois vers le ciel, pour empêcher qu'ils ne soient éblouis par la lumière que l'eau réfléchit. Les cavaliers doivent en faire autant. Quant à la manière de conduire leurs chevaux, comme l'animal, sitôt qu'il sent sous lui une quantité d'eau suffisante pour le porter, se laisse aller naturellement pour nager, dès que le cavalier s'apercevra que son cheval touche le fond, et qu'il n'y a pas assez d'eau pour nager, n'ayant pas lui-même de l'eau jusqu'aux genoux, il doit lui faire sentir légèrement l'éperon, et lui relever la tête en lui serrant un peu la bride. S'il sent, au contraire, que le cheval perd le fond, et s'il a de l'eau jusqu'au milieu de la cuisse, il doit l'abandonner à son mouvement naturel, qui est de se mettre sur le côté pour nager. Alors il ne faut plus le contraindre, mais lui laisser la bride lâche, sans cependant qu'elle tombe assez pour qu'elle puisse s'embarrasser dans ses jambes.

1249. Lorsque le fond d'un gué est de sable mouvant ou très-boueux, il est nécessaire de jeter dans les endroits les moins praticables de grandes claies, que l'on assujétit avec des pierres assez grosses. Cette opération n'est pas trop praticable en présence de l'ennemi; elle est cependant indispensable.

1250. — *Conduite que l'on doit tenir quand l'Ennemi a fortifié l'issue d'un Gué qu'on veut passer*. Quand l'ennemi a fortifié un gué, et qu'il en peut couvrir la superficie entière par des feux rasans et croisés, il serait imprudent de tenter le passage avant d'avoir éteint ces feux de tous les épaulemens, et éloigné l'ennemi par les moyens indiqués à l'article *Rivière*. Ce ne sera encore qu'après avoir chassé l'ennemi que vous entreprendrez d'ôter tout ce qu'il aura employé pour embarrasser le gué, surtout s'il l'a fait selon les principes sus-énoncés : car ce serait sacrifier inutilement un grand nombre de soldats, que de tenter cette opération. Vous vous servirez de grappins en fer attachés à de longes cordes, et qu'on jette dans le gué. On peut encore employer de grosses claies qu'on enfonce dans la rivière; mais tous ces moyens sont bien insuffisans, pour peu que l'ennemi soit fort : il est plus prudent et plus court de passer la rivière ailleurs.

1251. Si l'ennemi a privé un gué de ses avantages naturels, que par un batardeau il ait fait refluer les eaux de manière à le rendre impraticable, il faut s'emparer de cet ouvrage et le détruire. S'il garde des écluses et des digues il faut les enlever et passer la rivière dès l'instant qu'on en est le maître; si on prévoit qu'on ne pourra pas les garder il faut les détruire, et passer la rivière sitôt que les eaux sont écoulées.

1252. GUIDES, hommes destinés à conduire les colonnes ou les détachemens aux endroits qu'on leur a désignés, et à les y mener par l'endroit le plus convenable. Vous proportionnez le nombre de guides aux qualités du pays, et à la quantité plus ou moins grande de détachemens que votre armée doit fournir.

1253. Les meilleurs guides sont ceux qui sont nés dans le pays où vous faites la guerre, ou qui l'ont habité pendant long-temps. Parmi ceux-ci vous donnerez la préférence aux petits marchands qui courent les villages, aux contrebandiers, aux chasseurs, et aux personnes destinées à empêcher la contrebande. Tous ces gens-là connaissent les gués, les ponts, les routes à travers les bois, et jusqu'aux plus petits sentiers. Ils sont d'ailleurs accoutumés à la fatigue et la supportent avec plus de facilité.

1254. Pour vous assurer que les guides ont les connaissances qu'ils doivent posséder, vous les interrogerez séparément, mais sans appareil, ayant simplement l'air de causer avec eux : vous comparez leurs différens récits, et plus ils auront de concordance entre eux, plus vous pourrez leur accorder de confiance; vous comparerez aussi leurs réponses avec vos cartes topographiques, et s'il règne un grand accord entre les cartes et les réponses des différens guides, vous serez presque assuré qu'ils connaissent ce qu'ils doivent savoir.

1255. Assuré de la capacité des guides, vous cherchez à pénétrer leurs qualités morales : un guide adonné au vin peut vous égarer avec facilité, celui qui est trop intéressé est prêt à vous vendre. Un guide sans bravoure ne connaît plus le chemin qu'il doit suivre quand il faut marcher à la lueur du feu de l'ennemi.

1256. On peut d'ailleurs tirer de la connaissance du caractère d'un guide des inductions sur les risques de la marche : s'il est hardi, entreprenant, la marche est moins sûre qu'il ne l'a dit; s'il est timide, craintif, le chemin est plus favorable qu'il ne le suppose.

1257. Il faut encore chercher à connaître quel est le degré de confiance que vous pouvez accorder à sa fidélité. Un homme né sujet du prince à qui vous faites la guerre, croit en vous égarant servir son roi et son pays; celui qui a une religion différente de la vôtre croit, en vous trahissant, s'assurer une couronne céleste. Autant que vous le pourrez choisissez pour guides des sujets de votre prince, des hommes dont vous avez mis la fidélité à l'épreuve, ou qui aient un grand intérêt à voir le succès couronner votre entreprise.

1258. Quelque confiance que méritent vos guides vous n'en prendrez pas moins les précautions suivantes : vous exigerez qu'ils vous donnent pour ôtage les objets que vous croirez leur être le plus chers, leurs femmes, leurs enfans, leurs biens; vous leur laisserez entrevoir de grandes récompenses s'ils sont fidèles, et de grandes peines s'ils ne le sont pas; vous les menacerez de la destruction de leurs maisons et de la dévastation de leurs biens; vous leur montrerez une mort assurée pour eux et pour les ôtages qu'ils vous auront donnés. Comme ils pourraient oublier ces menaces au moment où l'espoir de s'évader se présenterait, vous les remettrez toujours entre les mains de deux hommes ou de deux sous-officiers. Ceux-ci les garderont à vue, et même, à l'approche de la nuit ou de l'ennemi, ils les attacheront avec de petites chaînes de fer, ou au moins avec des cordes.

1259. Vous traiterez les guides avec bonté, vous leur donnerez une paie considérable, vous leur fournirez des chevaux toutes les fois que les expéditions l'exigeront.

1260. A mesure que vous avancerez dans le pays, vous renverrez sur les derrières les guides que vous aurez pris, les paysans ne connaissant bien que le pays qui entoure leur chaumière.

1261. Quand vous renverrez les guides, vous leur donnerez avec exactitude ce que vous leur aurez promis.

1262. Lorsque vous interrogerez vos guides, entremêlez avec assez d'art les questions importantes d'un assez grand nombre de choses indifférentes, pour qu'ils ne puissent pas démêler le véritable but de votre marche; vous aurez encore la prudence d'enfermer celui à qui vous aurez fait ces questions, afin qu'il ne puisse ni s'évader, ni parler à personne. Vous ferez aux guides, sur les chemins, les questions indiquées à l'art. *Reconnaissances militaires*. Vous ne vous en rapporterez jamais au témoignage d'un seul, d'abord parce qu'il peut avoir intention de vous tromper; ensuite parce qu'il est possible qu'il ne sache pas distinguer les chemins qui sont bons pour l'infanterie, la cavalerie, ou les équipages.

1263. Vous aurez soin de ne point laisser dormir vos guides pendant la marche, ni boire avec excès.

1264. Vous donnerez deux guides au moins à chaque colonne ou à chaque détachement. Un d'eux marchera à la tête et l'autre vers le centre : les guides de la même colonne ne se connaîtront pas. Si celui de le tête s'égare ou vous trompe, le second vous remet sur la bonne voie. La multiplicité des guides est encore nécessaire pour remplacer ceux qui sont tués ou blessés.

1265. Toutes les fois que vous marcherez pour surprendre une ville, vous aurez des guides chargés de vous indiquer les chemins, d'autres de vous conduire aux brèches, aux acqueducs, aux portes, et d'autres de vous mener dans l'intérieur de la ville ; ces derniers doivent connaître les rues qui conduisent à la citadelle, à la place d'armes, chez le commandant (*V.* Surprise). Chacun des détachemens destinés à une de ces différentes opérations doit avoir deux guides au moins. Vous devez, dans cette dernière circonstance, rassembler vos guides plus secrètement encore qu'à l'ordinaire, et les cacher avec plus de soin que dans tout autre moment.

1266. L'armée ne doit jamais être dépourvue d'un grand nombre de guides. Il faut, pour cet effet, charger du soin d'en trouver, un homme d'esprit, qui, par ses conversations avec ceux qui seront pris dans le pays, en acquière une parfaite connaissance.

1267. Il doit les entretenir séparément, les confronter ensemble lorsqu'ils ne s'accorderont pas, et tirer d'eux la vérité par la douceur, quelquefois aussi par les menaces.

1368. Chaque colonne fera bien garder ses guides pendant la nuit afin qu'ils ne s'échappent pas, et pour ne point tomber dans l'impossibilité de se conduire. Il faut bien nourrir et bien payer les guides.

1269. A l'approche de l'ennemi il faut redoubler de précaution, les faire lier, car il est naturel de croire, que la crainte du péril leur fera faire tous leurs efforts pour s'échapper.

H

1270. HABILE. L'habile général est celui qui fait un grand usage de ce qu'il sait ; le capable peut, l'habile exécute. Comme on n'est pas toujours en état de guerre, il faut, pour former les généraux, en faire le simulacre. Il faut former des camps, faire des attaques, des marches, des choix de positions; il faut étudier sur le terrain les fautes des uns et la conduite sublime des autres. (*Voy.* Application des cadres de bataillon de cordes à la grande tactique.) L'art de la guerre n'offre pas un bien grand cercle de moyens pour s'assurer la victoire; il faut continuellement le parcourir, l'approfondir.

1271. HABITANS. Voulez-vous fortifier une maison ou la défendre? Ayez soin de la faire évacuer par les personnes qui l'habitent. Avez-vous une place à défendre, à attaquer? Apprenez à en connaître les habitans, leur caractère, leurs inclinations, leur amour pour leur patrie, etc. Si vous êtes obligé de fortifier un village, un pont, des positions, employez le plus que vous le pouvez les habitans, sans cependant nuire aux travaux de la campagne.

1272. Êtes-vous dans la nécessité de fortifier une place nouvellement conquise? Faites en sortir une partie des habitans; désarmez et surveillez ceux qui resteront; empêchez-les de former des rassemblemens; qu'il leur soit défendu de sortir de chez eux en cas d'alarme, et même dès l'instant que le soleil est couché.

1273. HAIE. Si vous êtes chargé par un parti de cavalerie très-supérieur, jetez les yeux autour de vous. Si vous n'apercevez ni ravin pour vous y glisser, ni vigne, ni maison pour vous y renfermer; si vous n'avez pas le temps de gagner une hauteur inaccessible à la cavalerie, un bois ou tout autre objet qui puisse vous offrir un asile assuré, et que vous ne découvriez qu'une haie un peu haute et fourrée, dirigez votre marche vers cet appui secourable, faites-en couper de suite, si vous en avez le temps, les branchages à quatre pieds et demi ou cinq pieds au-dessus du sol, en donnant à la partie supérieure, l'inclinaison que doit avoir le parapet; il faut aussi couper intérieurement les branches qui empêchent le soldat d'approcher le pied de la haie; et, retranché derrière cet ouvrage que la cavalerie ne peut forcer, faites un feu à volonté et bien ajusté, qui rebute nécessairement votre adversaire, et l'éloigne.

1274. Si vous avez un peu plus de temps faites jeter de la terre contre le pied de la haie; plantez de gros piquets dans le milieu des arbustes pour leur aider à soutenir les terres; vous formez ainsi une espèce de parapet qui, hérissé d'épines, est infiniment difficile à forcer.

1275. — Si l'ennemi, en se plaçant sur le flanc de ce poste, peut en découvrir l'intérieur, on élève sur ses flancs de petites traverses en terre auxquelles on donne une épaisseur proportionnée aux terres dont on peut disposer, et aux armes avec lesquelles on prévoit qu'on sera attaqué.

1276. Si la haie est très-haute et si on a le temps, on fait couper les arbustes à six ou sept pieds de hauteur, et on élève une petite banquette contre le pied de la haie; si les arbustes de la haie sont au contraire trop bas pour couvrir entièrement les hommes, alors on creuse derrière la haie un petit fossé dans lequel les soldats se placent.

1277. Si vous êtes obligé de passer des haies, protégez, par des feux de quelques pelotons, les hommes destinés à les couper.

1278. Faites-vous un fourrage, ne négligez pas de garnir les haies d'hommes destinés à les défendre et à empêcher les surprises.

1279. Si, au contraire, dans une position défensive, vous ne pouvez pas tirer parti des haies comme abatis, ne manquez pas de détruire celles qui seront nuisibles, et qui pourraient procurer des points d'appuis ou des abris aux assaillans. Mais si vous trouvez des haies dont vous puissiez faire usage pour votre défense, faites-y un fossé en dedans ou en dehors.

On doit faire couper les haies qui pourraient embarrasser les colonnes ou l'artillerie dans leur marche ou dans leur développement.

1280. HARANGUES. Elles sont utiles avant le combat, pendant la durée de la bataille, et après la décision de la journée.

14*

1281. Dans une harangue militaire prononcée avant le combat, le général peut parler à ses soldats de la supériorité de leur armement, de leur instruction, de leur discipline, de leur composition, de leur valeur et de leur nombre; il doit leur faire remarquer les avantages du poste qu'ils occupent, et ceux de l'ordre dans lequel ils sont rangés; il ne peut trop, dans ce moment décisif, vanter les talens ni la bravoure des principaux officiers qu'il a sous ses ordres. Qui oserait le blâmer de parler de lui-même avec un noble orgueil, de dire ce qu'il se propose de faire encore pour sa gloire et pour celle de ses subordonnés? Qui l'accusera de trop de vanité, s'il cite à son armée les victoires qu'il a déjà remportées, et les actions glorieuses auxquelles il a déjà eu part? Il pourra parler de l'ennemi avec mépris, ravaler le mérite des officiers qui le commandent, ridiculiser leurs vices leurs défauts; il se gardera pourtant bien de promettre, de laisser même entrevoir un succès aisé: son armée, bientôt désabusée, perdrait en même-temps son erreur et son courage.

1282. Inférieur en nombre, on représentera les inconvéniens des grandes armées, combien il est difficile de les faire mouvoir; combien peu de soldats donnent à la fois, et combien il est aisé, en les attaquant avec vigueur, de jeter le désordre dans ces masses énormes.

1183. Il feindra que ce désordre y est déjà; il annoncera mystérieusement quelque diversion heureuse, ou quelque intelligence secrète. Mais bientôt, négligeant ces moyens que leur fausseté pourrait rendre funestes, il présentera un tableau rapide et vrai des suites nécessaires de la défaite et de la victoire. Ici, il fera voir l'honneur et la gloire, les distinctions et les récompenses, le terme des fatigues et des travaux, et enfin l'aisance et les commodités de la vie. Là, il montrera les difficultés de la retraite, la perte du bagage, la faim, la misère, les fers, une triste et longue prison, les pontons, et pour comble de maux, la honte et le déshonneur. Pour donner plus de force à ces derniers traits, que le général rappelle aussitôt à ses soldats le souvenir de leurs succès, de leurs victoires, et principalement de celles qu'ils ont remportées sur la nation qu'ils vont combattre; qu'il leur rappelle des journées glorieuses, surtout si leur époque est peu éloignée, ou si elles ont quelque chose de commun avec la bataille qu'on va livrer, comme le champ ou le jour; qu'il leur cite quelque avantage remporté sur l'ennemi par un peuple qu'ils ont vaincu eux-mêmes dans d'autres circonstances; qu'il leur parle du besoin de venger la honte de quelques journées malheureuses; qu'il leur peigne les ravages que l'ennemi a faits, les incendies qu'il a allumés, et la dévastation qu'il a causée. *La honte irrite enfin le plus faible courage.*

1284. Dans une armée combinée, excitez une vive émulation entre les différentes nations, une rivalité heureuse entre les divers peuples; employez les mêmes moyens entre les différentes armes, les divers corps, les différens chefs, les divers officiers; rappelez aux soldats leurs cris, leurs promesses, le désir qu'ils avaient de joindre l'ennemi; recommandez-leur l'obéissance, l'ordre, le silence. Pourquoi ne leur parleriez-vous pas de leurs pères, de leurs femmes, de leurs enfans, de leurs biens? Pourquoi ne nommeriez-vous pas la patrie, l'honneur de la nation? Les soldats sont plus sensibles qu'on ne le croit aux sentimens de la nature, à la voix de la patrie, qui ne leur fut jamais inconnue, et à celle de la liberté pour des peuples libres.

1285. Y a-t-il deux armées en campagne, parlez des victoires qu'elles ont remportées; parlez même des défaites qu'elles ont essuyées; ces deux circonstances peuvent vous fournir des moyens également heureux. On peut encore en puiser dans la religion. Un dieu des armées doit tenir compte des sacrifices que l'on fait à sa patrie : il doit récompenser les braves, punir les lâches, se déclarer pour la cause la plus juste.

1286. Ne prononcez jamais le mot blessure ni mort; tout ce qui entoure le soldat n'en parle que trop éloquemment : ne parlez pas non plus de la punition que vous réservez à ceux qui manqueront de courage; si vos soldats soupçonnaient des lâches parmi eux, ils seraient tous moins braves : ne leur montrez donc que les récompenses que vous destinez aux plus intrépides;

enfin, soit que vous présentiez ou receviez la bataille, soit que vous attaquiez ou défendiez des villes ou des lignes, si vous donnez à votre *harangue* une tournure vive et touchante, si le style en est simple, clair, concis, énergique; si votre discours tire toute sa force du moment, s'il contient plus de pensées que de mots, si vous en bannissez tout ce qui peut sentir l'art et l'étude, ne consistât-il qu'en une raillerie piquante, en un bon mot bien militaire, bien soldatesque même, car il faut parler à chacun son langage; si vous le prononcez d'un ton ferme, si vos manières, votre air annoncent l'assurance et la gaîté, vous verrez l'audace se peindre sur le front de vos soldats, et l'impatient désir du carnage briller dans leurs regards : marchez alors, la victoire est assurée; vous avez présenté à l'imagination active de vos guerriers le tableau le plus propre à allumer dans leurs âmes l'heureux enthousiasme de la gloire, une haine furieuse contre l'ennemi, et un amour ardent pour la patrie.

1287. Rendons plus aisé, par des exemples, l'application de ces différens préceptes. Quand Léonidas, roi de Sparte, alla défendre le pas des Thermopyles, quelqu'un lui cria : *Voilà les Perses qui s'approchent de nous.* — *Et nous d'eux*, répondit-il. Au combat de Tégyre, les Thébains, apercevant les ennemis qu'ils ne savaient pas si près, s'écrièrent avec une vive frayeur : *Nous sommes tombés entre les mains des ennemis!* — *Et pourquoi*, reprit Pélopidas, *ne disons-nous pas plutôt qu'ils sont tombés dans les nôtres?* Ce mot releva leur courage abattu, et ils furent vainqueurs. Le même, averti, dans une autre circonstance, que son antagoniste s'approchait à la tête d'une grosse armée, dit : *Tant mieux, nous en battrons un plus grand nombre.* Il remporta la victoire.

1288. Camille remarquant que la vue de troupes si nombreuses effraie ses soldats, monte à cheval, parcourt les rangs, et dit : *Compagnons, où sont cette joie et cette envie de combattre que j'ai toujours vu dans vos regards? Avez-vous oublié qui je suis, qui vous êtes, et que sont nos ennemis? Ne devez-vous pas aux Volsques et aux Latins la gloire que vous avez conquise?*

N'avez-vous pas conquis Véis, défait les Gaulois et délivré Rome sous mes ordres? Ne suis-je plus Camille, parce que je n'ai pas le titre de dictateur? Attaquez seulement, et à leur ordinaire, nos ennemis fuiront devant vous.

1289. Avant la bataille de Cannes, Annibal dit à ses soldats : *Ce seul jour va mettre fin à toutes vos fatigues, et en vous donnant l'empire et les biens des Romains, il va vous rendre les maîtres de l'univers.* Il leur disait encore : *Après trois victoires consécutives, quels discours ou quelles paroles peuvent mieux vous animer que vos propres actions!*

1290. Avant la bataille de Pharsale, César fait aplanir ses retranchemens, combler les fossés de son camp : *Car aussi bien,* dit-il, *nous passerons la nuit prochaine dans le camp de Pompée.*

1291. Avant la bataille d'Ivri, Henri IV, parcourant toute la ligne, et montrant à ses soldats son casque surmonté d'un panache blanc : *Enfans, si les cornettes vous manquent, ralliez-vous à mon panache; vous le trouverez toujours sur le chemin de l'honneur et de la victoire.* Le même, dans une bataille, dit à ses troupes : *Je suis votre roi, vous êtes Français; voilà l'ennemi, marchons.*

1292. Les officiers généraux, supérieurs, et les chefs particuliers de chaque troupe, jusqu'au caporal, doivent, comme le général, adresser quelques mots d'encouragement à leurs divisions, régiment, compagnies, sections, escouades. Si ces discours des uns et des autres sont coupés sur celui de leur général, ils feront autant et plus d'effet que le sien, parce qu'ils seront plus généralement entendus.

1293. A la bataille de Malplaquet, un chef de bataillon dit à ses soldats : *Allons, mes amis, marchons à ces messieurs, et recommandons-nous de bon cœur à Notre-Dame de Frappe-fort. C'est la patronne du régiment; elle fait les plus grands miracles.*

1594. — *Harangues militaires pendant le combat.* S'agit-il de faire une trouée décisive, de repousser une attaque prochaine, de ramener une troupe qui a été repoussée; dans toutes ces occasions, parlez avec force, et vos paroles ne seront jamais vaines.

1295. Un général aperçoit une troupe de soldats qui prennent la fuite; il court à eux et leur dit: *Vous fuyez, soldats?* — Oh! Monsieur, répondirent-ils, *nous n'avons ni poudre ni plomb.* — Quoi! répondit Zamet, *n'avez-vous pas des épées et des ongles?* Ces mots leur donnent une nouvelle ardeur; ils retournent à la charge et repoussent l'ennemi.

1296. A la bataille de Lens, le grand Condé parcourait les rangs de son armée, en disant: *Amis, ayez bon courage, et souvenez-vous de Rocroi, de Fribourg et de Nordlingue.*

1297. Le duc de Lorraine, en Hongrie, contre les Turcs, voyant, dans une attaque très-vive, que des escadrons allemands, qui ont beaucoup souffert, commencent à se retirer, court à eux: *Quoi! Messieurs,* leur dit-il, *vous abandonnez l'honneur des armes de l'Empereur? Vous avez peur de cette canaille? Retournez, je veux les battre avec vous et les chasser.* Ils font aussitôt volte-face, marchent aux infidèles et les battent. Un général, voyant une colonne qui avait beaucoup souffert, se retirer du combat, feignant de prendre son mouvement pour le résultat d'une erreur, il court à elle et lui crie: *Où allez-vous? c'est de ce côté-là que sont les ennemis.* Les soldats se retournent, font une nouvelle attaque et remportent la victoire.

1298. *Harangues après une bataille.* Il ne faut souvent, après une bataille, qu'une harangue adroite pour rendre le courage à une armée battue. Il faut attribuer sa défaite à quelque événement imprévu, à un ordre mal interprété ou mal rendu, ou bien à quelque perfidie qu'on aura découverte, et à laquelle on aura pourvu pour l'avenir; appuyez votre espoir sur la perte que l'ennemi aura faite de quelque chef important, selon vous, l'âme et le moteur de son armée; sur la retraite de quelque corps considérable qui en faisait la force; sur un secours, quelque petit qu'il soit, que vous avez reçu; sur l'arrivée de quelque guerrier illustre, dont votre armée a conçu une idée avantageuse. Parlez beaucoup de la fermeté, cette vertu qui fait supporter les revers et survivre le courage aux défaites. Prouvez à vos soldats, par vos exemples, que des armées, pour avoir été battues une et même plusieurs fois, n'en ont pas pas moins repris l'ascendant qu'une valeur supérieure doit nécessairement obtenir.

1299. Remplacez-vous un général malheureux ou disgracié? Gardez-vous de censurer, de blâmer hautement sa conduite; mais vous pouvez, vous devez même rejeter indirectement sur ses erreurs et ses fautes les malheurs des journées ou des campagnes précédentes.

1300. De ces différentes idées, composez un discours dont le style soit tel que les circonstances l'exigent. Prononcez votre harangue de l'air le plus convenable à votre position; que les officiers généraux, supérieurs, particuliers, vous imitent, et vous verrez naître parmi vos soldats un courage plus mâle, plus assuré, plus inébranlable que celui qu'ils auraient montré après une victoire; parce qu'au motif de l'amour de la patrie et de la haine de l'ennemi se joindra dans leurs cœurs le désir non moins puissant de venger la honte que la défaite a imprimée sur leur front.

1301. Le général qui se propose d'attaquer ou de défendre une place doit haranguer son armée ou sa garnison, de même que celui qui reçoit ou livre bataille.

1302. Enfin la dernière occasion où les généraux doivent employer la harangue, c'est dans le cas critique de la révolte, ou en présence de troupes prêtes à se révolter. Ils doivent employer les prières, les menaces, la fierté, le mépris, mais toujours montrer de la fermeté et de la noblesse; par ces moyens ils réussiront à ramener leurs soldats à l'obéissance.

1303. HARDIESSE. Loke la définit une puissance de faire ce que l'on veut devant les autres, sans craindre ni se décontenancer.

1304. Très-souvent à la guerre la hardiesse doit être préférée aux froids et sages calculs de la raison. L'histoire militaire est remplie de faits qui viennent à l'appui de cet espèce de paradoxe.

1305. Condé jette son bâton de commandement au

milieu des bataillons espagnols, et s'y précipite ensuite lui-même pour engager le soldat à l'y suivre.

1306. Bonaparte arrive devant le pont de Lodi, trouve Beaulieu placé au-delà de l'Adda avec plus de trente bouches à feu pour en défendre le passage ; mais rien ne peut arrêter la hardiesse du jeune vainqueur : il forme une colonne de l'élite de ses troupes ; il passe le pont, et cette hardiesse lui assure la possession de l'Italie jusqu'à Mantoue.

1307. HAUTEUR (terrain). Quelque inaccessible que soit une hauteur, ne vous en rapportez pas entièrement à sa nature et à son escarpement pour la garder. Ne vous engagez jamais dans des gorges sans auparavant vous être rendu maître des hauteurs.

1308. Évitez de faire aucun retranchement trop voisin d'une hauteur ou d'une éminence.

1309. N'oubliez jamais d'occuper les hauteurs auxquelles les ailes de votre armée se trouvent appuyées.

1310. Réunissez sur la hauteur que vous voulez défendre une grande quantité de chariots que vous chargez de pierres ; des troncs d'arbres, des blocs de rocher, que vous pousserez sur les assaillans.

1311. Si vous attaquez une semblable position, ouvrez vos rangs sitôt que ces objets rouleront sur vous. Quand vous conduisez vos troupes à l'attaque d'une hauteur, marchez au petit pas ; en les menant trop vite vous les essoufflerez.

1312. Si vous ne pouvez chasser l'ennemi de la hauteur qu'il occupe, employez quelque stratagême pour la lui faire abandonner,

1314. Si le stratagême et la force sont inutiles, cherchez un autre passage, une autre position, ou un autre champ de bataille.

1315. Si vous avez le choix de plusieurs hauteurs pour construire un poste, vous occuperez celle qui sera de l'accès le plus difficile et qui dominera les autres. Vous examinerez aussi si la rampe est configurée de manière à ce que le feu qui partira de la cime s'approche beaucoup du pied.

1316. Quand l'ennemi vient pour vous chasser d'une

hauteur, laissez-le monter sans faire feu jusqu'à demi-portée de mousquet; faites alors une décharge bien ajustée, et fondez avec impétuosité sur votre adversaire à la baïonnette. L'avantage que donne la descente, rend le choc plus violent et le succès plus certain.

1317. Quand vous ne voudrez pas combattre, ou au moins livrer bataille, vous occuperez les hauteurs.

1318. HERSE. La herse ordinaire sert quelquefois à défaut de chevaux de frise, pour défendre une brèche ou un passage; on la place les pointes en haut.

1319. Ce que nous allons ajouter sur la manière de tirer parti des objets que la campagne peut fournir, est destiné à montrer à l'officier particulier qu'entre les mains du génie, animé par l'amour de la gloire, tout devient utile et se convertit en armes offensives ou défensives. Parmi les différens objets que l'on trouve dans les champs, il n'en est en effet aucun dont un officier intelligent ne puisse tirer un parti avantageux. Il peut se renfermer dans une enceinte formée avec des chariots qu'il a rassemblés, et tenir dans ce parc comme dans un véritable fort. (*Voy.* Convoi.) Il peut embarrasser un chemin, un défilé avec des chariots qu'il a chargés de pierres ou de terre, ou de fumier, et dont il a enlevé une roue, enterré les autres. (*V.* Défilé.) Il peut offrir à la cavalerie un obstacle presque insurmontable en s'enfermant dans une double enceinte de charrues liées ensemble. La seconde enceinte doit être placée à dix ou douze pieds de l'autre.

1320. Les claies qui forment les parcs de bêtes à laines peuvent servir à retenir les terres des parapets qu'un officier veut élever, ou devenir un abri contre les attaques de la cavalerie légère. Les herses surtout peuvent lui servir également contre la cavalerie et l'infanterie. On enterre les herses de deux ou trois pouces; on les fixe contre terre avec des crochets de bois ou des branches d'arbres; on tourne les pointes en l'air. Les herses peuvent encore être utiles quand on est renfermé dans un ouvrage, et quand on occupe une position découverte. Ces moyens sont petits; ils annoncent au moins qu'on n'a rien négligé pour remplir dans son entier l'ordre qu'on a reçu.

1321. HERSILLON, planche longue de dix à douze pieds, garnie de pointes de fer ou clous. On en place plusieurs l'une près de l'autre sur une brèche ou dans un passage que l'on veut défendre.

1322. HONNEUR, estime de nous-même et sentiment du droit que nous avons à l'estime des autres.

1322. Il faut que l'honneur donne à tout citoyen l'horreur du mal, l'amour de son devoir; que l'homme ne soit jamais un esclave attaché à son état, mais qu'il subisse la honte, s'il ne peut faire aucun bien.

1323. L'honneur a ses règles suprêmes; l'éducation est obligée de s'y conformer. Les principales sont : qu'il nous est permis de faire cas de notre fortune, mais qu'il nous est souverainement défendu d'en faire aucun de notre vie.

1324. La seconde est que, lorsque nous avons une fois été placé dans un rang, nous ne devons rien faire ni souffrir qui laisse croire que nous nous tenons inférieur à ce rang même.

1325. La troisième, que les choses que l'honneur défend sont plus sévèrement défendues lorsque les lois ne concourent point à les proscrire, et que celles qu'il exige sont plus impérieusement exigées lorsque les lois ne les imposent pas.

1326. HOSTILITÉS, action ennemie faite par ordre du souverain. Elles commencent légitimement, lorsqu'un peuple manifeste des desseins violens, ou qu'il refuse les réparations qu'on a le droit d'exiger de lui.

1327. Il est prudent de prévenir son ennemi, et il y aurait de la maladresse à l'attendre sur son pays, quand on peut se porter sur le sien.

1328. Les hostilités peuvent durer sans injustice autant que le danger. Il ne suffit pas d'avoir obtenu la satisfaction qu'on demandait, il est encore permis de se précautionner contre des injures nouvelles.

1329. Toute guerre a son but, et toutes les hostilités qui ne tendent pas à ce but sont illicites. Empoisonner les eaux ou les armes, brûler sans nécessité, tuer celui qui est désarmé ou qui peut l'être, dévaster les campagnes, massacrer de sang-froid les ôtages ou les prisonniers, passer au fil de l'épée des femmes ou des enfans: ce sont des actions atroces qui déshonorent le vainqueur. Il ne faudrait pas même se porter à ces excès lorsqu'ils seraient devenus les seuls moyens de réduire l'ennemi. Les anciens se le sont permis, et l'histoire ne les a jamais blâmés; mais, de nos jours, le seul point qui soit généralement décidé, c'est que l'exécration serait la juste récompense de la mort d'un général ennemi, si elle était la suite de la corruption d'un de ses soldats.

1330. On a proscrit toutes les hostilités qui ont quelque apparence d'atrocité, et qui peuvent être réciproques.

1331. HUMANITÉ. Chaque général devrait jurer de ne faire aux ennemis que le moins de mal qu'il pourra; de ne sacrifier aucune goutte de sang à sa propre gloire; de prodiguer aux vaincus des soins compatissans et de tendres consolations; de ne jamais faire la guerre aux femmes, aux enfans, aux vieillards; de regarder les paisibles habitans des campagnes comme des hommes sacrés; de ne détruire que ce qu'il ne pourra conserver; de n'user jamais de cruelles représailles. Imiter un ennemi furieux, c'est mériter plus que lui le titre de barbare: il était emporté par un premier mouvement, et vous, vous avez ordonné de sang-froid le meurtre et les incendies!

1332. Qu'un général promette de réprimer la licence de ses soldats et de mettre des bornes à leur fureur; d'être leur ami, leur consolateur, leur père; de sacrifier sa fortune, sa tranquillité, ses plaisirs au bien-être de ses subordonnés; d'être avare de leur sang, économe de leurs forces; de ne recourir à la rigueur qu'après avoir en vain employé la clémence; de ne punir avec l'épée qu'après avoir usé sans succès d'armes moins cruelles; qu'il s'engage enfin à ne rien négliger pour mériter l'amour et la confiance; car on sert l'humanité en inspirant aux hommes des sentimens qui allégent leurs peines.

1333. Que les officiers généraux et particuliers répètent le même serment; qu'ils jurent d'être justes envers leurs inférieurs, de ne leur enlever jamais le prix du sang qu'ils ont perdu, la gloire des actions qu'ils ont faites ou celle des conseils qu'ils ont donnés; qu'ils promettent de les accueillir avec complaisance, de leur parler avec douceur, de les traiter avec bonté, de les visiter malades, de les secourir indigens, de les aider faibles.

1334. Que les sous-officiers et caporaux, eux qui règlent toutes les actions du soldat, qui conduisent ses coups, maîtrisent même ses pensées et dirigent son cœur; qu'ils prononcent encore plus distinctement le même serment; qu'ils promettent de ne jamais traiter le soldat avec dureté; de ne jamais lui adresser des propos faits pour avilir son âme; ne se jamais laisser conduire par l'humeur, la prévention ou la partialité. Et vous, soldats, vous qui êtes trop souvent accablés sous le poids de l'autorité, et exposés à tous les maux qui peuvent affliger les hommes, jurez de ne verser du sang que quand vous ne pourrez vous dispenser d'en répandre; de respecter la vie et les propriétés des êtres faibles et désarmés; de n'allumer jamais aucun incendie dans le pays ennemi, de faire tout pour éteindre ceux que le hasard aura allumés; de ne troubler jamais la tranquillité publique de vos concitoyens, de la maintenir, de la fortifier au contraire; en un mot de faire tout le bien qui dépendra de vous, et de ne commettre que le mal indispensable.

1335. Si nous tenons tous ce serment solennel, les guerres deviendront moins fréquentes, moins longues, et surtout moins cruelles; la terre, étonnée, apprendra que la férocité n'est pas le caractère de la bravoure, et que la véritable valeur n'est jamais dépourvue d'humanité.

I

1336. INDÉCISION, INDÉTERMINATION. Caractère d'un homme indécis; l'un des plus grands défauts pour un militaire.

1337. Un chef indécis voit le moment où il doit agir; cependant une nouvelle réflexion, un doute, une objection le fait hésiter, et pendant qu'il balance, l'occasion fuit, il la regrette; elle se présente de nouveau et il la laisse échapper.

1338. Vous hésitez, dit un orateur moderne, et déjà l'épée de votre ennemi a atteint votre cœur; peut-être vaudrait-il mieux commettre avec résolution une légère imprudence, que de flotter sans cesse dans l'indécision.

1339. Un général fait ses dispositions pour attaquer: il se met en mouvement, bien résolu de combattre. On est prêt à en venir aux mains; il hésite, il veut se retirer et il est battu. C'est ce qui est arrivé à plusieurs généraux.

Avant de prendre un parti, pesez-en avec soin les avantages et les inconvéniens; mais décidé à agir, marchez avec l'air de la confiance. Celui de l'indécision est toujours funeste: il faut savoir à la guerre compter sur les talens des subordonnés choisis avec soin, et sur la valeur des troupes, après avoir pris toutes les précautions dictées par la sagesse, l'expérience et les connaissances que l'on a de l'art de la guerre.

1340. INDICE, signe apparent et probable de la réalité d'une chose.

1341. Des indices bien calculés induisent rarement en erreur, et avec cet art on doit prévoir les projets de l'ennemi d'après ses mouvemens, ses démonstrations fausses ou vraies.

1342. En étudiant le cœur humain, en connaissant les talens, le caractère, les intérêts, la nation, les troupes de son adversaire et le théâtre de la guerre, un général a de grandes données pour faire de rapides progrès dans l'art des indices. Cet art n'est pas seulement nécessaire au général; il doit être connu par les officiers et sous-officiers.

1343. Il est des indices qui annoncent les embuscades; il en est qui apprennent à distinguer la force et l'espèce d'une troupe qui est en marche: l'aboiement des chiens pendant la nuit, le hennissement des chevaux, le vol des oiseaux pendant le jour, la poussière qui s'élève, tout peut servir d'indice à des yeux, à des oreilles exercées et à un esprit habitué à réfléchir sur tout ce qui se passe et se dit autour de lui.

1344. INDISCIPLINE, violation de la discipline. Il y a une très-grande différence entre un corps militaire sans discipline et un corps indiscipliné. Le premier représente l'idée de l'ignorance absolue des lois militaires, et l'autre, de la connaissance de ces lois, unie à celle de leur transgression et de leur mépris.

1545. S'il existe une nation facile à discipliner, c'est sans doute la nation française; en même temps qu'elle est idolâtre de récompenses honorables, elle est sensible peut-être à l'excès aux récompenses utiles. On n'a pas besoin de revenir, avec elle, aux punitions corporelles, ces punitions qui perdent de leur force toutes les fois que l'on en fait usage; car les peines que l'opinion a créées, sont pour elles des punitions très-réelles. Elle est fanatique de l'honneur, enthousiaste de gloire, vaine du pays qu'elle habite, du nom qu'elle porte, et n'a contre elle qu'une légèreté facile à fixer, qu'un excès de courage facile à diriger et même à réprimer.

1346. INFANTERIE. La proportion qui doit exister entre l'infanterie et la cavalerie d'une armée se règle d'après des données particulières, le genre de guerre, la nature du pays, et les proportions de l'armée que l'on veut combattre.

1347. D'après l'opinion des militaires, les proportions varient depuis un à deux jusqu'à un à seize. Tous les écrivains militaires de l'antiquité ont donné à l'infanterie la préférence sur la cavalerie. Ils prouvent que la première peut, non-seulement résister à la seconde, mais qu'elle doit même aller l'attaquer.

1348. L'infanterie, dans quelque disposition qu'elle combatte, soit en colonne, soit en bataille, doit être convaincue que la cavalerie n'est redoutable pour elle qu'à l'instant qu'elle cesse de lui résister.

1349. INTRIGUE. La guerre développe sans doute de grandes vertus; mais l'intrigue n'y fait pas mal ses affaires. On y voit souvent les plus braves éclipsés par des charlatans de courage, qui dérobent la gloire en vrais filoux.

1350. Tel officier se montre partout, il devance toujours le péril d'une demi-lieue; il a quatre chevaux tués sous lui, et pas lui; il mériterait tout au plus le prix de la course, il a celui de la valeur.

1351. Pendant ce temps, les véritables combattans sont blessés dangereusement et oubliés dans un hôpital. Quelques-uns d'entre eux se sauvent-ils, et veulent-ils demander justice? On leur dit que toutes les places sont données, ou on leur en propose de très-inférieures à leur grade militaire. Que peut faire alors un brave homme qui a de l'honneur? Se retirer.

1352. Celui qui veut écouter l'ambition, doit connaître auparavant quelles sont ses maximes: rime, écris, pille ou rampe. Ne t'effraie pas d'une tache: quand tu en seras couvert, il n'y paraîtra plus. Si tu veux réussir, pousse, frappe, mord, écrase, veille, jeûne, souffre et ris; écoute les vieux, amuse les vieilles, jette ton argent aux femmes, ton honneur aux hommes, flatte tout le monde et n'aime que toi.

1353. Si tu veux réussir, persiste dans cet exercice toute ta vie; garde-toi surtout d'avoir des remords, sans quoi tu n'iras pas loin. Et à quoi mènent toutes ces peines?.. A de la cendre et de la fumée.

1354. INVESTISSEMENT, opération par laquelle on ferme avec des troupes les avenues d'une place. Son objet est d'empêcher que la ville ne puisse recevoir aucun secours d'hommes ou de provisions: c'est une préparation pour l'assiéger dans les formes. L'investissement doit être fait de nuit, avec de la cavalerie, afin d'empêcher qu'il ne sorte ou n'entre plus rien dans la place. Il faut aussi faire arriver l'infanterie le plus promptement qu'il se peut, mettre les troupes hors la portée du canon pendant le jour, et les approcher beaucoup plus pendant la nuit.

1355. On ne doit se montrer d'abord devant la place que par des détachemens qui, poussant de tous côtés jusqu'aux portes, enlèvent tout ce qui se trouve dehors, hommes et bestiaux. On fait soutenir ces détachemens par quelques escadrons.

1356. Pendant cette petite expédition, on doit se saisir de toutes les avenues ouvertes aux secours qui pourraient se jeter dans la place. On forme, pendant la nuit, une espèce d'enceinte, de manière à ce qu'il ne reste aucun espace par où l'ennemi puisse pénétrer. En cet état, on tourne le dos à la place, et on dispose de petites gardes devant et derrière pour n'être point surpris. Enfin, on fait tête à l'ennemi de quelque côté qu'il puisse se présenter, tenant toujours la moitié de la cavalerie à cheval, pendant que l'autre met pied à terre pour faire un peu reposer les hommes et les chevaux. Le matin, on se retire peu-à-peu avec le jour, faisant souvent halte, jusqu'à ce que le lever du soleil donne lieu de rentrer au quartier.

1357. On pose des gardes ordinaires qui font tête à la place, et d'autres plus fortes sur les côtés par où les secours pourraient arriver; après quoi les escadrons qui ne sont pas de garde se retirent au camp pour se reposer, sans se déshabiller ni desseller les chevaux, que le temps nécessaire pour les panser.

1358. Le général fait ensuite le tour de la place pour en finir la circonvallation, distribuer les quartiers aux troupes, aux officiers généraux, établir celui des vivres et le parc d'artillerie; puis les ingénieurs tracent la ligne de circonvallation, afin que les troupes marquent leur camp et leur demeure, ce qui se fait en établissant le front de bandière parallèlement à la circonvallation, et à la distance de 60, 80, 100 ou 120 toises au plus.

J

1359. JONCTION. La sagesse veut que, quoiqu'inférieur à l'ennemi, dès l'instant qu'on est assuré qu'il doit recevoir du renfort, on se hâte de lui livrer bataille avant l'arrivée de ce renfort, mais en calculant si bien le temps, qu'il n'y ait aucun danger d'être, pendant l'action, attaqué par l'arrivant.

1360. Au commencement d'une campagne, il est toujours avantageux de se porter en avant, afin de s'opposer, s'il est possible, à la réunion entière des forces de l'ennemi.

1361. Quant à la manière d'assurer une jonction, on sentira facilement combien le général doit mettre de secret et d'activité dans ses mouvemens, avec quel talent il doit choisir ses positions, et avec quelle sagesse il doit prendre toutes les précautions nécessaires pour ôter à l'ennemi tous les moyens d'attaquer. Il doit ordonner des marches et des contre-marches savantes, les unes dérobées à l'ennemi, les autres en le trompant sur ses véritables projets; enfin tout ce que l'art de la guerre renferme de ruses, de connaissances et de hardiesse.

1362. JUSTICE. Rendre justice est un des devoirs les plus sacrés des chefs militaires. Autant ils doivent être justes en punissant sévèrement les fautes de leurs subordonnés ou de leurs égaux, autant ils doivent être justes en publiant leurs actions ou les actes de leur valeur, et en les récompensant ou les faisant récompenser.

L

1363. LACHETÉ. C'est le vice de celui qui est totalement dépourvu de bravoure. Le lâche est non-seulement inutile dans une armée, mais il y est dangereux. Sa contenance, son exemple, ses propos peuvent y produire des effets désastreux.

1364. Les Romains décimaient les légions ou les individus qui avaient montré de la lâcheté, ou abandonné leurs postes ; le reste était réduit à l'orge, au lieu de froment, et campait hors des retranchemens.

1365. Les tribuns et les centurions qui abandonnaient leur poste étaient exécutés sur-le-champ. Quand les fautes étaient légères, Auguste se contentait de faire tenir les coupables tout le jour devant son prétoire, avec de longues perches entre les mains.

1366. Un peuple sage, en prescrivant la mort contre la lâcheté, fera utilement de joindre l'idée d'ignominie à celle de la privation de la vie.

1367. **LETTRES** *des généraux*. Le général, un jour d'action, doit mettre à couvert ses lettres et papiers. Si les ennemis parvenaient à s'emparer de sa correspondance, des ordres qu'il aurait reçus et des plans qu'il aurait tracés, ils pourraient avec facilité prévenir les coups qu'il aurait résolu de frapper, et en porter eux-mêmes qu'il lui serait presque impossible de parer.

1368. Celui qui est chargé de la garde du portefeuille du général doit être d'une extrême fidélité, et avoir l'ordre, en cas d'événement malheureux, de brûler tous les papiers relatifs à l'armée, et tous ceux qui peuvent faire connaître la véritable situation des affaires. Le général, surpris dans un camp, dans une ville, doit commencer par brûler lui-même ses papiers.

1369. Un général ne doit jamais signer de lettres sans les lire : un secrétaire peut employer des expressions faites pour blesser l'amour-propre de celui à qui elles sont adressées, et c'est la réputation du général qui souffre de cet oubli des convenances. Il peut encore, ou par erreur ou par crime, tromper la pensée du général, et de là des maux sans nombre. Le général doit d'ailleurs se rappeler que deux lignes écrites par lui-même sont plus agréables aux militaires français, lors même qu'elles annonceraient un refus, qu'une page entière, quelque favorable qu'elle soit, écrite par une main étrangère.

1370. Un général doit lire ses lettres aussitôt qu'il les a reçues. On peut se servir des lettres comme stratagème, en les faisant à dessein tomber entre les mains de l'ennemi, soit pour faire changer un plan d'attaque sur le point faible d'une place que l'on défend, et faire naître l'idée d'en attaquer un plus fort; soit pour brouiller deux généraux, etc., etc.

LIEUTENANT. (*Voyez* Capitaine.)

1371. LIGNE D'OPÉRATION. Si vous voulez arriver dans le pays ennemi comme des Tartares, pour piller et ravager seulement, il faut que, comme ces peuples, vous ayez une nombreuse cavalerie; que vous entriez par un côté, balayant tout devant vous, et que vous vous retiriez avec tout votre butin, par un autre point, le plus vite que vous pourrez.

1372. En adoptant cette cruelle et barbare façon, cent mille chevaux auraient bientôt ravagé toute l'Europe, en dépit des grandes armées régulières bien munies de grosse cavalerie, d'artillerie, etc., parce que l'activité est tout à la guerre, et que nos armées en sont entièrement dépourvues. Elles sont enchaînées autour de quelques places de guerre, où leurs dépôts sont établis, et dont elles n'oseraient s'éloigner de trente lieues, enfermées sans cesse dans un cercle étroit dont leurs magasins forment le centre.

1374. Le général Lloyd donne le nom de *ligne d'opération* à la ligne qui unit entre eux les différens magasins qu'on a formés pour alimenter une armée.

1375. Un général doit se demander, avant de rassembler ses troupes, quel est l'objet qu'il a à remplir, ou, ce qui est la même chose, quel est le point où il doit se rendre. Cette première question résolue, il doit chercher l'endroit d'où il doit partir, le chemin le plus court et le plus facile qu'il doit tenir. Un mot répond à la principale de ces questions : on doit partir du point le plus rapproché possible de l'endroit où l'on doit aller; mais s'il est aisé de donner à cette question une réponse satisfaisante, il est infiniment difficile d'appliquer la pratique à la théorie.

1376. C'est cependant du bon choix de ce chemin que dépend le succès des guerres, tant offensives que défensives. Ce chemin commence à l'endroit où l'on a rassemblé ses magasins et son armée, et finit à l'endroit où l'armée doit agir. Comme on ne peut espérer trouver sur ce chemin des subsistances nécessaires à une armée (à moins qu'on ne fasse comme ont fait celles de l'empire en Allemagne), on est obligé de se déterminer d'avance sur la longueur des points fixes où l'on établira des magasins de vivres et de munitions de guerre, points d'où partiront des convois destinés à alimenter l'armée : ces points servent de base aux opérations ; ils doivent conduire, dans une guerre offensive, vers d'autres points donnés sur vos frontières, ou dans l'intérieur de votre pays.

1377. Dans la guerre offensive, une seule ligne d'opération suffit : sa direction doit être telle que l'ennemi ne puisse agir sur elle, ce qui arriverait s'il était maître des provinces qui se trouvent sur la droite ou sur la gauche de votre marche ; car alors, plus vous avancerez, plus vous assurerez votre perte. Bientôt, n'ayant plus de communications avec vos dépôts, votre ligne sera détruite, et vous serez entièrement enveloppé et perdu.

1378. Ceci est rendu plus sensible par l'exemple suivant, que donne le général Lloyd.

1379. Je suppose une armée de quarante mille hommes de pied, et de dix mille chevaux avec son train d'artillerie, ses chariots de vivres, équipages, etc., ce qui suppose encore autant de chevaux. Cette armée est campée à Exeter, où sont tous ses magasins, et elle se propose de marcher à Londres. Je suis chargé de m'y opposer avec une armée de trente mille hommes seulement. Pour cet objet, je me campe aussi près d'Exeter qu'il m'est possible ; en occupant quelques postes avantageux, j'obligerai l'ennemi à mettre quinze jours pour se rendre à Dorchester ou à Blandfort. Alors je me présente sur le front de son armée en jetant de petits corps sur ses flancs ; mais quand il est une fois arrivé à une distance de dix à douze lieues d'Exeter, où sont tous ses magasins, au lieu de m'opposer de front à sa marche avec toutes mes troupes, je jette une dixaine de mille hommes sur sa ligne de marche, autant sur son flanc gauche, et jetant les dix mille hommes qui me restent sur sa ligne d'opération depuis son camp jusqu'à son dépôt d'Exeter, cette dernière partie de mon armée est partagée entre quatre ou cinq corps séparés, qui se donnent la main pour former une chaîne le long de cette ligne d'un bout à l'autre, de sorte qu'il ne peut se présenter un seul caisson qui ne soit vu et enlevé par quelqu'un de mes détachemens. Il ne faut qu'une centaine de dragons pour détruire un convoi, en dispersant les charretiers, tuant ou enlevant les chevaux, brisant les chariots, etc. Il faut donc que l'ennemi fasse quelque gros détachement, comme par exemple de dix mille hommes, pour escorter son convoi; alors je fais un mouvement sur la droite avec toute mon armée, de sorte que ma gauche se trouve en travers de celle de l'ennemi; mon centre et toute ma droite le débordent et fort au-delà: de quelque manière que l'escorte se place, en partie devant, en partie sur le centre et en partie derrière le convoi, je prétends qu'elle ne peut pas le sauver; dix mille hommes ni vingt n'y réussiraient pas. Ils sont embarrassés de leur convoi; ils ne peuvent ni s'en éloigner, ni changer de positions; au lieu que ma troupe, libre dans ses mouvemens, manœuvre à son aise; elle se forme à son gré, elle attaque où, comment et quand il lui plaît: elle peut charger franchement ou amener l'ennemi autour d'un défilé, d'un bois, etc. Pendant ces chicanes, tout le reste est arrêté; alors deux ou trois mille hommes pelotonnés en petits corps attaquent toute la chaîne des chariots d'un bout à l'autre; qu'une de ces petites charges réussisse, il n'en faut pas davantage pour ouvrir et disperser tout le reste.

1380. Il pourrait être avantageux d'attaquer avec la plus grande partie de vos forces, le corps qui forme la tête du convoi, si l'action ne se passait qu'à trois ou quatre lieues du camp, parce que vous pourriez le défaire entièrement avec tout le reste du détachement, et détruire ce convoi, à moins que l'ennemi ne fasse sur-le-champ un mouvement en arrière pour soutenir son détachement; mais cela ne lui est pas aisé, parce que, dans ce mouvement, il prêterait le flanc à votre centre et à toute votre gauche, qui sont placés en équerre sur lui; et, de plus, il est certain qu'il arriverait trop tard pour empêcher la ruine de son convoi, ce qui était notre objet.

1381. Si, au lieu de n'être qu'à douze ou quinze lieues d'Exeter, comme je le suppose, l'ennemi en est à trente, comme à Salisbury, par exemple, je suppose qu'il tire toujours ses convois d'Exeter ou de quelque autre dépôt qui se trouve également à trente lieues; je dis que l'ennemi, ainsi placé, ne peut tenir plus de quinze jours dans son camp, n'eût-il d'autres difficultés à vaincre que celles qui naissent de la distance même; du mauvais état des chemins, du mauvais temps et d'autres accidens pareils.

1382. Il est impossible, dans une marche de soixante lieues, telle que nous disons, et qu'on ne peut faire en moins de vingt jours, de rassembler, d'entretenir assez de provisions, de fourrages, de chevaux, de chariots, etc., pour le service d'une armée de cinquante à soixante mille hommes. Je suis tellement persuadé de cette impossibilité, que je vais plus loin: si vous placez seulement vingt mille hommes d'infanterie et cinq mille chevaux dans une position où ils ne puissent tirer leur subsistance que d'un point assigné à une distance seulement de trente lieues, au bout d'une semaine, ils seront contraints de venir eux-mêmes chercher leurs convois, de se disperser ou de périr.

1383. Maintenant, joignez à ces difficultés naturelles, et cependant invincibles, celles qu'un général habile peut y ajouter par une conduite mesurée sur les principes que nous avons exposés. Il me semble évident et hors de toute contradiction, qu'il n'y a point d'armée, grande ou petite, qui puisse agir sur une ligne d'opération de trente lieues, si l'ennemi est en état de tenir la campagne et d'éviter une bataille générale. Plus le pays sera resserré et coupé de bois, de montagnes, de défilés, plus les obstacles s'augmenteront pour l'ennemi; plus les chemins se trouveront croisées et plus il y aura d'avantage pour vous, parce qu'il en résultera plus de facilité pour agir sur la ligne de l'ennemi. Dans un terrain ainsi disposé, vous devez semer de toutes parts des piéges contre ses détachemens, et même contre son armée entière, et ce sera presque toujours avec succès.

1384. Dans la guerre offensive, une seule ligne d'opération suffit; sa direction doit être telle que l'ennemi ne puisse agir sur elle. Lloyd conseille à tout général qui s'avance dans le pays ennemi de faire construire, à sept lieues au plus de l'endroit où est son armée, un camp retranché qui devienne son gros dépôt: de-là, dit-il, vous pourrez sans obstacle et sans difficulté amener vos convois à votre camp; ce que vous ne pourriez faire si le dépôt était à trente lieues, puisqu'il est impossible de couvrir une ligne de cette longueur.

1385. Dans une guerre défensive, il faut avoir trois lignes d'opérations, qui soient toutes trois perpendiculaires au terrain qu'on veut défendre: c'est sur la ligne du milieu que l'on doit se tenir constamment, ou du moins revenir toutes les fois qu'on peut; ainsi l'on protège les deux lignes extérieures.

1386. Le général Lloyd pose comme autant d'axiomes les règles suivantes:

1° Quand la nature de la frontière que vous devez attaquer, et la position de vos dépôts vous en laissent la liberté, il faut choisir pour votre ligne d'opération la plus courte et la moins difficile.

2° Votre direction doit être telle que l'ennemi ne puisse agir sur vos flancs, et conséquemment sur votre ligne d'opération, ce qui arriverait s'il était maître des provinces qui se trouvent sur la droite ou sur la gauche de votre marche; car alors plus vous avanceriez dans le pays, plus vous assureriez votre perte; bientôt vous n'auriez plus de communication avec vos dépôts, votre ligne serait détruite, vous seriez entièrement enveloppé et perdu.

3° Il faut que cette ligne d'opération vous conduise à quelque objet essentiel; autrement dix campagnes, quoique fort heureuses, finiraient par ne vous rien produire d'utile.

1387. Si les difficultés sont toujours en proportion de la longueur de la ligne d'opération, il suit que, toute chose à-peu-près égale d'ailleurs, l'armée qui agit sur la ligne la plus courte doit, par là même, avoir à la fin tout l'avantage, en la supposant même inférieure, pourvu qu'elle soit conduite avec prudence et activité.

1388. — *Ligne de frontière.* Lloyd reconnaît dans les frontières deux espèces de force, la force réelle et la force relative.

1389. La force réelle consiste dans les obstacles naturels que l'ennemi trouve à son approche pour attaquer. Il y en a plusieurs sortes : les montagnes, les fleuves, les bois, les défilés; le genre de culture d'un pays et la fertilité entrent aussi pour beaucoup dans la composition de la force et de la faiblesse d'une ligne de frontière. Quant à la force relative, elle dépend de la distance où la frontière est de la capitale et des grandes places de guerre où sont établis les magasins de l'armée qui doit défendre; elle dépend aussi de l'endroit où l'ennemi a pu établir les siens. Cette distance est ce qui fait connaître la longueur de la ligne d'opération pour l'un et pour l'autre; et suivant que cette ligne est plus ou moins longue, les opérations de la guerre sont plus ou moins difficiles.

1390. LUNE. C'est dans les surprises d'armée, de place, que la lune a surtout la plus grande influence. Une nuit constamment éclairée par la lune est peu favorable à ce genre d'entreprise. Si l'on était absolument maître du choix, on devrait se déterminer pour une nuit où la lune paraîtrait sur l'horizon, jusqu'au moment où l'on arriverait très-proche de l'armée, de la place ou du poste que l'on veut surprendre.

M

1391. MAGASINS MILITAIRES *pendant la guerre.* Il est prudent de faire entre les magasins et l'armée des dépôts qui assurent et facilitent les transports. Il est essentiel de former de bonne heure ses magasins, et, autant que possible, avec des matières achetées chez la puissance contre laquelle on doit faire la guerre.

1392. Si l'ennemi n'a pas ses magasins bien fournis,

avantage de refuser la bataille; si, au contraire, ce sont les vôtres qui ne le sont pas, avantage de combattre. Si on entre en campagne avant que la terre soit couverte, nécessité d'augmenter les magasins et de les rapprocher de l'armée, nécessité de remplir les magasins quelque temps avant de commencer la guerre. Quand on est forcé de détruire les magasins, le général ne doit confier cette commission qu'à des officiers dont il soit très-sûr; il doit même ne pas s'éloigner qu'il n'ait la certitude que ses ordres ont été exécutés. Il en résulterait du contraire que, l'ennemi, en s'en emparant, pourrait facilement prolonger la guerre et la porter plus loin.

1393. Il serait bon, avant que l'ennemi pût se mettre en campagne, de le prévenir en brûlant ses magasins.

1394. MACHICOULIS. Ceux dont on peut faire usage pour la défense d'une maison, consistent en une espèce de tribune que l'on construit au-dessus des portes et des fenêtres du rez-de-chaussée; cette tribune doit avoir cinq ou six pieds de hauteur, deux à trois pieds de saillie, et autant de longueur qu'en a la porte ou la fenêtre qu'elle doit protéger; le devant doit être couvert avec des planches ou de forts madriers destinés à mettre à l'abri de la balle les hommes qui y sont placés. Le machicoulis doit être soutenu sur des poutres que l'on fait passer par des trous faits dans le mur, et qu'on fixe contre le plancher, afin qu'elles ne puissent pas faire la bascule. Le fond doit être composé de planches mobiles. Pour communiquer de l'intérieur de la maison au machicoulis, on fait dans le mur un trou de quatre pieds en carré.

1395. Le devant de la tribune doit être percé de créneaux, dont le soldat se sert pendant que l'ennemi est encore éloigné. Quand l'assaillant est au pied du mur, on se dispose à le saper, ou enfin cherche à enfoncer la porte, on fait tomber sur lui, en enlevant le plancher de la tribune, des pierres, de l'eau bouillante, et tous les autres objets qui peuvent on le blesser, ou l'incommoder. (*Voyez* Maison.)

1396. MAISON. Un officier particulier étant souvent chargé de garder une maison, de la défendre ou de l'attaquer, il doit se conduire de la manière suivante : Pour mettre une maison en état de défense, un officier doit remarquer si elle est bonne, médiocre ou mauvaise. Une maison est bonne quand elle réunit les huit qualités suivantes :

1° Quand elle commande tout ce qui l'environne ;

2° Quand elle est située à l'endroit où elle est nécessaire, et où on désirerait, si elle n'y était pas, en rencontrer une ;

3° Quand elle fournit les matériaux propres à sa défense.

4° Quand elle est d'un accès difficile et d'une retraite sûre ;

5° Quand son étendue est proportionnée au nombre d'hommes qui doivent la défendre, et à l'espèce d'armes dont ces hommes doivent se servir ;

6° Quand les murs sont bons. Il est à observer que ceux en briques ou en torchis, où le boulet ne fait que son trou, sont préférables à ceux en pierres ;

7° Quand les parties qui la composent se flanquent mutuellement ;

8° Quand il ne faut, pour la mettre en défense, que les moyens et le temps dont on peut disposer.

1397. Une maison est médiocre quand, jouissant des qualités renfermées sous les numéros 1 et 8, elle manque de quelques-unes des autres.

Une maison est mauvaise quand, possédant les qualités énoncées sous les numéros 2, 3, 4, 5, 6 et 7, elle est privée de celles comprises sous les numéros 1 et 8.

1398. Si nous appelons médiocres les maisons qui manquent de six d'entre les huit conditions demandées, et mauvaises celles qui n'en sont privées que de deux, c'est qu'il est presque toujours possible de procurer aux premières ce qui leur manque, et qu'il est impossible de remédier aux vices des secondes.

1399. Aussitôt qu'un officier aura reçu l'ordre d'occuper une maison qu'on lui aura désignée, il prendra toutes les informations indiquées au mot *Reconnaissance*; il marchera ensuite en homme de guerre, et arrivera probablement sans accident. Alors il s'arrêtera dans un endroit fortifié par la nature; il enverra un sous-officier intelligent, accompagné de quelques soldats, fouiller la maison; il leur recommandera de l'exactitude et de la diligence; il fera en même temps reconnaître avec soin le terrain environnant, afin d'éviter toute surprise.

1400. Pendant qu'on exécutera ces premiers ordres, il examinera les chemins par où l'ennemi peut venir à lui, et ceux par lesquels il pourra se retirer, en cas d'événemens fâcheux: ce dernier point est très-important; celui qui le néglige est un imprudent ou un ignorant qui ne mérite pas de commander, ou peut-être un homme faible qui n'ose point faire la supposition d'une attaque de vive force.

1401. Dès l'instant où le commandant aura été assuré que la maison et ses environs ne sont point occupés par l'ennemi, il quittera son dernier poste, et s'approchera de l'édifice, en se faisant précéder par une avant-garde chargée de fouiller une seconde fois la maison, et d'en expulser les habitans, en leur assurant qu'on ne leur fera éprouver volontairement aucune perte, et que la discipline la plus exacte veillera sur leurs propriétés.

1402. L'officier divisera ensuite son détachement de manière à en employer une partie à travailler et l'autre à faire la garde; il placera des sentinelles, et prendra contre les surprises toutes les précautions d'usage; il fera ensuite abattre autour de la maison, et au moins jusqu'à une grande portée du mousquet, les arbres, les haies, etc., etc., à dix-huit pouces ou deux pieds de terre, et aiguiser la partie supérieure de ce qui restera sur pied; il fera démolir rez-pied rez-terre les maisons voisines qu'il ne pourrait pas fortifier, et les murs de clôture qu'il ne pourrait pas garder.

1403. Il fera disperser avec soin les menus matériaux que la démolition aura produits, en conservant les grosses pierres, les briques et surtout le bois, ainsi que les dépouilles des arbres et des haies coupées.

1404. Il fera combler les chemins creux, les ravins et ravines qui se trouveront autour du poste, ou il les rendra impraticables. Il fera brûler les menus bois, paille et foin qui se trouveraient dans les environs, en conservant néanmoins de quoi faire des fascines et des fagots.

1405. Pendant qu'une partie du détachement sera occupée à ces objets, une autre exécutera ce que le commandant aura jugé le plus convenable pour mettre le rez-de-chaussée en état de défense.

1406. On condamnera intérieurement toutes les portes qui conduiront dans l'intérieur de la maison, excepté une seule, qui se trouvera, autant que possible, sur le côté, et ne devant point être naturellement attaquée par l'ennemi; les battans de cette porte seront doublés, crénelés et soutenus par de forts arcs-boutans : on tâchera d'y pratiquer un guichet qui restera libre; on creusera en avant de cette porte un fossé de sept pieds de profondeur et autant de largeur, et l'on y pratiquera un pont volant pour le passer : mais, pour rendre les abords de la porte encore plus difficiles, on pourrait, si l'on en avait le temps, fortifier ce fossé. Au-dessus de cette porte, on construira un machicoulis (*voy*. ce mot); en arrière, et dans l'intérieur de la maison, on plantera des arbres taillés en abatis, qui seront enterrés jusqu'aux branches; on percera dans la porte deux rangs de créneaux de deux pouces de diamètre, le premier rang à un pied du seuil, et le second à sept ou huit. Les créneaux seront, dans chaque rang, à un pied de distance; ceux du rang supérieur seront placés vis-à-vis le milieu de l'intervalle qui sépare ceux du rang inférieur.

1407. Pour condamner les autres portes donnant à l'extérieur qui pourraient se trouver à la maison, on entassera derrière chacune beaucoup de terre, et surtout du fumier. Pour les rendre inaccessibles, on creusera en avant de chacune un fossé semblable à celui de la porte d'entrée, en veillant attentivement à ne point endommager les fondemens du mur, et à disperser la terre qui en proviendra.

1408. Après ces premiers préparatifs, il ne restera

plus qu'à construire des machicoulis au-dessus de chaque porte, et à percer des créneaux dans les parties qui ne seront couvertes ni de fumier, ni de terre.

1409. On bouchera, avec des arbres taillés en abatis, l'ouverture de toutes les portes dont on aura fermé les battans.

1410. On fera un grand trou dans le plancher du premier étage, au-dessus de chaque porte tant intérieure qu'extérieure.

1411. On barricadera, doublera, étançonnera et crénelera les fenêtres du rez-de-chaussée; on construira des machicoulis dans leur partie supérieure, et l'on creusera un fossé en avant de chacune. Les angles de la maison seront couverts avec un bon tambour entouré d'un bon fossé, et surmonté de machicoulis; les murs qui les formeront seront percés de deux rangs de créneaux qui auront quatre pouces d'ouverture, et seront placés, dans chaque rang, à un pied de distance les uns des autres.

1412. Le reste des murs qui forment le bâtiment sera percé aussi de deux rangs de créneaux de la même grandeur que les autres, et placés de même, mais à deux pieds de distance. Pour pouvoir se servir des créneaux du rang inférieur partout où la chose sera possible, on fera creuser dans l'intérieur de la maison, au pied des murs crénelés, et vis-à-vis des créneaux, des trous de deux pieds d'ouverture et de quatre de profondeur. Pour atteindre aux créneaux supérieurs, on construira des échafauds élevés de quatre pieds au-dessus du sol, et l'on se pourvoira d'une portière et d'un tambour pour chaque créneau du rang inférieur. On fera étançonner les poutres qui porteront dans les murs extérieurs.

1413. On rassemblera dans l'intérieur de la maison beaucoup d'arbres taillés en abatis.

1414. On rassemblera aussi les bois propres à construire une retirade, ou même on la construira d'avance, si l'ennemi ne peut assaillir que par un endroit déterminé.

1415. Si cela est nécessaire, vous ferez percer des créneaux dans les murs de refend, afin de vous assurer une plus vigoureuse résistance dans l'intérieur; la même chose pour les escaliers qui conduiraient au premier étage, que vous détruirez; on peut prendre aussi la précaution d'embarrasser, par des abatis, les pièces dans lesquelles l'ennemi pourrait se former.

1416. On fortifie avec le plus grand soin une dernière pièce, dans laquelle on dépose les armes et une grande partie des munitions de guerre et de bouche: c'est vers cette pièce que l'on pourra diriger sa retraite, en gagnant de là le premier étage avec des échelles. Si on a du canon, on le placera dans les endroits où l'ennemi doit diriger ses attaques, c'est-à-dire vis-à-vis les portes et les angles de la maison; à cet effet, vous percerez dans les portes et les tambours des trous suffisans pour vous servir d'embrasures.

1417. Le rez-de-chaussée en état de défense, on s'occupera du premier étage; on en barricadera fortement toutes les fenêtres. Deux des moins en vue seront cependant moins solidement fermées que les autres. On fera dans le plancher, vis-à-vis chaque fenêtre, une ouverture de cinq pieds de largeur, dépassant de deux pieds à droite et à gauche les jambages de la fenêtre: on se pourvoira de planches pour jeter un pont sur cette espèce de fossé; on pratiquera aussi, au ras du plancher, à chacun des côtés de fenêtre, un trou de huit pouces carrés. On percera dans les murs du premier étage un ou deux rangs de créneaux, le premier à quatre pieds de hauteur, et le second à huit; on pourra, sans inconvéniens, donner à ces créneaux plus d'ouverture qu'à ceux du rez-de-chaussée, et on leur ménagera une plongée. Outre les ouvertures pratiquées dans le plancher, au-dessus de chaque porte et de chaque fenêtre du rez-de-chaussée, et en avant des fenêtres du premier étage, on en fera de nouvelles des deux côtés de chaque porte de ce premier étage; elles auront cinq pieds de largeur: on se pourvoira de planches pour des ponts volans sur toutes ces espèces de fossés ou de machicoulis intérieurs; on percera encore, dans les planchers du premier étage, un grand nombre de trous de trois pouces de diamètre, et l'on se pourvoira de tambours pour les boucher. On choisira aussi, dans ce premier étage, un lieu de retraite qui servira de magasin, et l'on percera des créneaux dans les murs de séparation. Pour achever de mettre cet étage en état de défense, on fera transporter dans les différentes pièces des quartiers de pierre, des tuiles, des briques, de la chaux vive et surtout beaucoup d'eau.

1418. Si l'on croyait nécessaire de fortifier le second étage, on le ferait comme pour le premier. Arrivé au dernier étage, on enlèvera d'abord les tuiles ou les ardoises de la toiture; on les entassera dans les divers appartemens; on démontera la charpente, dont on conservera le bois; on démolira les murs intérieurs ou de refend, jusqu'au plancher, et on laissera subsister quatre pieds et demi de ceux qui font le contour du bâtiment; on fera dans le plancher de ce dernier étage des espèces de machicoulis intérieurs, et les meurtrières dont nous avons fait mention en parlant du premier étage.

1419. On fera transporter dans ce dernier étage des poutres, des pierres, etc., et l'on couvrira le plancher entier d'un pied de fumier.

1420. Si la maison est surmontée d'un donjon ou flanquée de quelques tours, ce sera dans ce donjon ou dans ces tours que l'on placera la salle d'armes, les magasins, et que l'on dirigera sa retraite.

1421. La maison mise en état de défense, on s'occupera à augmenter sa force, et à tirer parti des différens objets qui l'entourent.

1422. Si l'on a conservé les murs qui entourent la cour, on fortifiera la porte d'entrée de cette cour comme celle de l'édifice lui-même.

1423. On construira contre les murs de la cour des banquettes qui puissent réduire la hauteur du mur à trois pieds et demi. Monté sur ces banquettes, le soldat pourra tirer par-dessus les murs; on pourra aussi faire des créneaux dans le mur. Si la cour renferme des écuries, des remises, etc., on fortifiera chacun de ces édifices particuliers comme s'il était isolé, en prenant seulement la précaution d'assurer les communications de ces bâtimens avec la maison, et la possibilité de les détruire.

1424. Les haies et les charmilles qu'on aura conservées offriront des moyens de rendre la maison plus forte : on terrassera les haies et les charmilles, et l'on donnera une certaine plongée à leur partie supérieure.

1425. Tels sont les moyens nécessaires pour fortifier une bonne maison ; voyons ceux à la défense d'une maison médiocre.

1426. Il ne faut songer à fortifier une maison commandée par une montagne accessible au canon, que lorsqu'on a le temps d'élever un épaulement capable de la couvrir de ce commandement.

1427. Si une maison était commandée par une autre dans laquelle l'ennemi pourrait placer du canon, il faudra détruire ce commandement.

1428. Quand votre poste ne sera soumis qu'à un commandement à l'œil ou au mousquet, vous pourrez recourir à un blindage ou à un éventail. (*Voyez ces mots.*)

1429. Les matériaux nécessaires pour mettre une maison en état de défense, sont ordinairement fournis par la destruction du toit, ou celle des maisons voisines.

Quand l'accès de la maison sera trop facile, vous dégraderez les chemins par lesquels l'ennemi pourrait conduire son canon, ou bien vous les embarrasserez par des abatis. Quant au chemin de retraite, vous le conserverez en bon état, mais vous creuserez dans toute sa longueur des fossés larges et profonds, et vous vous pourvoirez de ponts volans pour passer ces fossés.

1430. Quand on manque de bras, on peut recourir aux paysans des villages voisins, et les employer à transporter les matériaux, à construire les ouvrages extérieurs ; ils ne doivent jamais entrer dans la maison.

1431. Quand les murs sont trop faibles, on les terrasse et on les étançonne ; quand ils sont trop épais, on donne aux créneaux une ouverture proportionnée à leur épaisseur ; quand ils ne se flanquent point naturellement, on construit des tambours.

Ces principes de défense sont applicables aux vieux

châteaux, aux églises, aux moulins et à tous les édifices que l'on trouve dans la campagne.

1432. On voit, par la multitude et les différentes espèces de travaux qu'on est obligé de faire, l'attention que le chef doit avoir de faire ramasser tous les outils propres à ces sortes d'ouvrages, tels que pals de fer, haches, scies, pelles, pioches, pics à roc, masses, marteaux, que renferment les maisons et villages voisins, et de désigner à chacun de ses soldats le genre de travail qui convient à son métier et à son caractère.

1433. On peut encore augmenter la force d'une maison en l'entourant d'un ouvrage en terre. Cet ouvrage est considéré comme un fort dont la maison est le réduit. On peut aussi employer les palissades, les fraises, les chevaux de frise, les puits, les chausse-trapes, les herses de laboureurs (*voyez ce mot*), les buissons, épines, abatis, fougasses, les inondations.

1434. Pour garder une maison, il faut, comme pour les autres postes, une vigilance constante. Il faut diviser ses troupes, et poser toutes les sentinelles nécessaires, afin d'éviter une surprise et être prévenu à temps, de manière que les officiers et les soldats ne soient point étonnés quand l'ennemi se présentera.

1435. Afin d'éviter la confusion, on assurera à chacun un district particulier : on donnera à l'officier et au sous-officier le plus intelligent le rez-de-chaussée; à un autre le premier étage; un troisième sera chargé de la défense du deuxième étage. Le commandant en chef ne devant conserver pour lui aucun poste particulier, il doit être occupé également de tous. Il donnera à chacun de ses officiers un nombre de sous-officiers et soldats proportionné à l'étendue et à l'importance du poste qu'il leur aura confié; il obligera le commandant de chaque étage à désigner, pour chaque partie du mur, un nombre déterminé de sous-officiers et soldats; il rédigera, par écrit, l'ordre général et particulier qu'il voudra qu'on suive dans la défense; il remettra copie de cet ordre au commandant dans chaque étage, et il en fera afficher au moins un exemplaire dans un endroit où chacun puisse le lire et le consulter au besoin.

1436. — *Défense.* Pour défendre une maison, on emploie d'abord les principes généraux de la défense d'un retranchement, auxquels nous joindrons ceux nécessaires à la défense des portes, fenêtres, tambours, à celle des machicoulis et des différens appartemens; la manière de repousser une escalade; le moment où l'on doit faire pleuvoir sur l'ennemi des braises, de l'eau bouillante, des pierres, des poutres; l'usage des réserves et la retraite.

1437. Lorsque l'assaillant, malgré tous les obstacles, est parvenu au pied du mur, il cherche, pour pénétrer dans l'intérieur de la maison, à forcer une porte ou une fenêtre du rez-de-chaussée, ou à faire une brèche, ou à donner l'escalade.

S'il entreprend de forcer une porte, on garnira de fusiliers les créneaux qui l'avoisinent, les machicoulis qui la surmontent, les tambours qui la flanquent. Le feu bien ajusté qui sortira de ces différens endroits parviendra peut-être à le rebuter et à l'empêcher de passer le fossé. Si malgré le feu de votre artillerie et de votre mousqueterie, il comble le fossé ou le passe sur un pont, vous ferez tomber sur lui du haut des murs, et par l'ouverture des machicoulis, de gros morceaux de bois, des troncs d'arbres, des pierres de tailles, des briques, des cendres brûlantes, de l'eau bouillante ou froide, etc. L'ennemi n'a-t-il pas été rebuté par cette grêle de coups? Essaie-t-il d'enfoncer la porte avec des haches, des leviers, ou avec un bélier? Placez derrière cette porte des arbres taillés en abatis; et des hommes pourvus d'armes de longueur aideront les fusiliers à empêcher l'ennemi d'entrer. Pénètre-t-il néanmoins dans la maison? Les soldats placés dans l'étage supérieur garnissent aussitôt les ouvertures pratiquées dans le plancher; ils jettent par les grandes ouvertures des quartiers de pierre, des tuiles, des briques; ils font passer par les médiocres des armes de Hast, et ils font feu par les plus petites.

Les détachemens postés dans les appartemens voisins essaient de chasser l'ennemi, en venant de moment en moment les charger avec impétuosité. Cependant le nombre en augmente peu à peu, et l'appartement se remplit d'ennemis : alors les assiégés l'abandonnent ; ils se retirent dans les chambres voisines ; ils en ferment les portes et les barricadent ; ils garnissent les créneaux qui donnent sur la pièce dans laquelle l'ennemi a pénétré ; le combat se renouvelle, et chaque chambre exige un nouveau siége.

1438. L'ennemi, parvenu à la place d'armes, y trouve plus de résistance que partout ailleurs : la réserve y fait des sorties vives et répétées ; et si, par sa conduite pleine de valeur, elle ne parvient point à chasser l'ennemi, elle donne au moins au reste des défenseurs de la maison le temps d'abandonner le rez-de-chaussée, de gagner le premier étage et d'enlever les munitions de guerre et les échelles : l'assaillant n'a plus alors d'autres moyens que le feu. S'il transporte du bois, s'il allume du feu au milieu d'une des pièces du rez-de-chaussée, on fait tout pour l'éteindre et en prévenir les effets ; si le feu fait des progrès, il faut alors se résoudre à battre la chamade, ou plutôt il faut se rassembler dans un des appartemens, en sortir l'épée à la main, marcher tête baissée, et se faire jour à travers les ennemis surpris.

1439. Quand l'ennemi attaque une fenêtre, on se conduit comme pour l'attaque d'une porte. Quand il veut forcer une brèche qu'il a faite, ou une retirade qu'on a construite, on a encore recours aux mêmes moyens.

1440. Si l'assaillant donne l'escalade, on lance sur les soldats qui montent par les échelles, des objets semblables à ceux jetés aux soldats qui veulent forcer une porte, une fenêtre, une brèche, etc. ; avec ces objets on renverse les assaillans et même les échelles.

1441. De quelque manière que l'ennemi ait pénétré dans le premier étage, les hommes qui le défendent doivent se conduire comme ceux qui étaient chargés de la défense du rez-de-chaussée: Lorsqu'ils se voient sur le point d'être forcés, ils doivent se retirer dans le donjon, et n'en sortir que pour faire un coup de main vigoureux, ou pour signer une capitulation honorable. Si la maison est entourée d'un ouvrage en terre, on défend d'abord cet ouvrage extérieur, et on se retire dans la maison, où, après avoir fermé les portes, on se conduit comme nous venons de le dire.

1442. Les officiers qui prendront ces principes pour règle de leur conduite, seront assurés de s'illustrer par une longue résistance ; peut-être même obligeront-ils l'ennemi à conduire du canon pour s'emparer d'une misérable bicoque, d'où s'ensuivra le retard nécessaire de la marche de l'armée ennemie, et pour l'officier qui aura fait une aussi belle défense, une gloire à-peu-près égale à celle d'une victoire.

1443. — *Attaque.* Un détachement chargé de se rendre maître d'une maison, traînera de l'artillerie après lui, ou en sera dépourvu. Dans le premier cas, il viendra facilement à bout de son projet, mais dans le second, ce ne sera qu'avec beaucoup de peine, de bravoure, surtout s'il a en tête un ennemi intelligent et courageux.

1444. Le détachement muni de canon pourra, si son adversaire en est dépourvu, l'obliger à se rendre, en établissant son artillerie au-delà de la portée du fusil, et en la dirigeant contre les angles de la maison. Si les défenseurs ont de l'artillerie, l'assaillant construira des ouvrages en terre, à l'abri desquels il pourra détruire la maison sans compromettre la vie de ses soldats.

1445. Comme il importe toujours de se rendre promptement maître d'une maison, on se borne rarement à la canonner : on cherche à faire une brèche ou deux dans les angles de l'édifice, ou les autres endroits qu'on aura reconnus pour les plus faibles. Dès que la brèche est faite et praticable, on marche avec impétuosité ; on joint l'escalade à l'assaut ; on est bientôt maître du poste en se conduisant ensuite comme nous l'indiquerons en parlant d'une attaque sans artillerie.

1446. Avec quelques obusiers on y met le feu, et on s'en empare promptement et sans perdre de monde. Quand on n'a point de canon, il faut s'occuper d'abord à faire taire le feu de l'ennemi ou à le rendre inutile. Pour éteindre le feu, on construira, avec d'épais madriers, une espèce de parapet à quelque distance de la maison; on placera des fusiliers derrière ce parapet, percé de créneaux ; ils viseront aux créneaux de la maison, et s'ils sont adroits, ils parviendront à éteindre, ou du moins à diminuer le feu de l'ennemi : cette opération devant être longue, il vaut mieux chercher à rendre le feu de l'ennemi inutile.

1447. Pour y réussir, on dirigera l'attaque vers les parties de l'édifice qui seront le plus dépourvues de créneaux, et vers celles qui ne seront ni surmontées de machicoulis, ni flanquées par des tambours : les angles de la maison réunissent assez souvent ces trois conditions.

1448. Le feu qui part des créneaux percés au rez-de-chaussée est plus difficile à éteindre ; on ne peut même espérer de le calmer qu'en employant des sacs à terre, encore ce moyen est souvent inutile et toujours dangereux.

1449. Quand le feu de l'ennemi est éteint ou calmé, il faut faire une brèche aux murs, ou en enfoncer les portes, ou tenter l'escalade.

1450. Pour faire une brèche à une maison, il faut, quand on est dépourvu de canon, recourir à la sape ou au bélier. (*Voyez ce mot.*)

1451. Avant d'entreprendre de saper un mur, il faut avoir éteint les feux qui pourraient incommoder les sapeurs : c'est vers les angles de l'édifice que l'on doit diriger la sape ; il faut commencer par dégarnir extérieurement toute l'ouverture qu'on veut faire ; ainsi la brèche est faite en même temps. Dès l'instant que l'on découvre l'intérieur de la maison, on poste des fusiliers qui, par un feu violent, éloignent l'ennemi, et sitôt que la brèche est faite, on donne l'assaut avec impétuosité.

1452. Quand on n'a pu faire la brèche ni avec le bélier, ni avec la sape, on cherche à forcer une des portes, on commence à tirer un grand nombre de coups de fusil contre celle qu'on veut forcer, on s'en approche ensuite avec vitesse : on est muni de haches pour tâcher de la briser, et de forts leviers pour la jeter en dedans. Pendant ces dernières opérations, on se tient colé au mur pour éviter les coups de l'ennemi. On peut encore, pour forcer une porte, allumer sur son seuil, un feu ardent qui puisse en embraser bientôt les battans. Mais, au préalable, il faut avoir comblé le fossé.

1453. Si l'ennemi a terrassé les portes, on fait une tentative contre quelques fenêtres. Quand on ne peut enfoncer une porte, ni faire brèche, ni forcer une fenêtre, on prend le parti de donner l'escalade à plusieurs endroits en même temps : on dresse les échelles contre les parties de l'édifice les moins crénelées et les moins vues par l'ennemi, on monte avec vivacité, et on parvient où à entrer par quelque fenêtre du premier étage, ou à gagner le haut de l'édifice. On n'attend pas d'avoir usé tous les autres moyens pour essayer l'escalade ; on peut et on doit même, dès le premier abord, les employer tous en même temps.

1454. Si dès l'instant où on a pénétré dans la maison, les assiégés ne battent pas la chamade, on les pousse avec vivacité d'appartement en appartement : le meilleur, le plus prudent est d'allumer un grand feu dans le milieu d'une pièce, ou d'y transporter un baril de poudre que l'on enflamme au moyen d'une longue traînée. Il ne faut prendre ce parti qu'après avoir eu l'humanité d'en prévenir les assiégés, en les menaçant de ce danger.

1455. Tous ces moyens nécessitent, pour leur exécution, une dépense considérable d'hommes. L'auteur, ancien capitaine de voltigeurs, propose le suivant :

1456. Quand on sera dépourvu d'obusiers et de canons, on commencera par bien reconnaître la maison fortifiée comme dessus, et qu'on a l'ordre d'enlever. Pendant ce temps on se pourvoira de fagots secs dont on fera des fascines d'un pied de diamètre aux deux bouts, qu'on liera fortement : si on peut se procurer du goudron, huile, ou suif, on en répandra dessus pour les rendre plus combustibles ; si on n'a pas une quantité suffisante de fagots secs, on fera des fascines avec du bois vert, pour les mêler avec les sèches.

1457. Ayant remarqué les points de la maison les plus susceptibles d'être incendiés, on y tracera les lignes de direction, de manière à garantir le plus possible les soldats du feu de l'ennemi, en profitant de toutes les circonstances de la localité.

1458. On divisera la troupe en plusieurs partis, selon le nombre de points où l'on voudra allumer un feu. Chaque soldat, muni d'une ou deux fascines, dont il se couvrira avec soin pour se garantir des balles, viendra à la course jeter son fagot à l'endroit indiqué; quelques-uns d'entre eux en porteront d'enflammés qu'ils mêleront aux autres, et l'incendie ne tardera pas à se manifester.

1459. On pourra encore faire précéder chaque peloton porteur de fascines d'un certain nombre de soldats munis de sacs à terre, pour, en se glissant le long du mur, boucher successivement les créneaux rasans. La ligne perpendiculaire à chaque angle de la maison, s'il n'y a point de tambour, est celle qui offre le moins de danger.

1460. MANTELET, parapet mobile fait de planches ou madriers. Ceux-ci ont ordinairement trois pouces d'épaisseur; ils sont cloués les uns sur les autres à la hauteur de six pieds, et portés par de petites roues

1461. Dans les siéges, ils servent aux sapeurs pour se garantir de la mousqueterie; pour cet objet, les sapeurs se servent plus ordinairement d'un gabion farci.

1462. MARAUDE, pillage exercé par le soldat en campagne, sans ordre et contre les ordres, dans les villages voisins du camp.

1463. Elle fait périr beaucoup de soldats, qui sont tués par les paysans ou enlevés par les partis ennemis. Quand, ainsi que dans les campagnes de la république et de l'empire, le soldat ne reçoit point de distribution de vivres, il est forcé de s'en procurer lui-même; dans ce cas, un chef de compagnie doit envoyer aux vivres par escouade ou demi-escouade sous les ordres du caporal, lequel est responsable de la conduite de ses hommes et des dégâts qu'ils peuvent faire; c'est le seul moyen de mettre un peu d'ordre dans ce pillage dangereux. S'il se présente un parti ennemi, le caporal se défend, fait sa retraite sans craindre de perdre ses soldats.

1464. MARCHE MILITAIRE. C'est l'action de parcourir avec ordre un espace déterminé dans un temps donné. Pour enseigner à un régiment à marcher militairement, ce n'est ni dans un Champ-de-Mars, ni sur une grande route qu'on doit le mener, mais tantôt sur des chemins étroits, tortueux et raboteux, tantôt dans une vaste plaine, quelquefois sur des collines peu élevées, sur des montagnes escarpées; enfin, dans des vallons très-creux : aujourd'hui, on traversera des guérets, demain des bois, etc.; on fera quelquefois une lieue au pas le plus précipité; quelquefois, mesurant sa marche sur une colonne voisine, à laquelle on servira de pivot, on ne fera que tourner sur soi-même, et on attendra, avant de se remettre en marche, que cette colonne ait fait son mouvement de conversion.

1465. Un jour, on portera son sac et son pain; un autre, on ne portera que ses armes. Quelquefois, on déploiera la colonne. Ce ne sera point à emboîter le pas que l'on s'occupera, mais à marcher en bon ordre, en silence, et aussi serré qu'il est possible de marcher dans les campagnes.

1466. Voici des principes de marche :

1° Mettre la colonne en marche en même temps.

2° Conserver à la tête de la colonne un pas parfaitement égal, soit que l'on marche en terrain uni, soit que l'on monte ou que l'on descende.

3° Avoir l'attention de tenir la colonne dans la ligne la plus droite que l'on peut, parce que toute colonne qui serpente s'allonge.

4° Observer que les mouvemens de conversion, que les sinuosités du terrain et des chemins obligent à faire, s'exécutent sans perdre de temps.

5° Lorsqu'une colonne d'armée marche par pelotons, qu'il faut déployer, il faut faire serrer les rangs et mettre l'arme au bras.

6° Il faut avoir soin de faire garder scrupuleusement les distances entre chaque subdivision.

7° Si le passage est étroit et court, il faut faire serrer les rangs et mettre l'arme au bras.

8° Si on est obligé de filer un par un, la tête de la colonne se porte en avant l'espace nécessaire, et attend que la gauche se soit reformée en-deçà du défilé.

1467. — *Des marches.* Elles peuvent être divisées en marches de détachement et en marches d'armée : les officiers subalternes dirigent les premières, et les généraux les secondes ; elles ont plusieurs principes qui leur sont particuliers.

1468. — *Marches dirigées par un officier particulier.* Un détachement qui va exécuter une marche doit être divisé en trois parties : en avant-garde, en corps de bataille et en arrière-garde.

1469. Quand on est assuré de ses derrières, l'avant-garde doit être plus forte que l'arrière-garde ; quand on craint pour ses derrières, c'est l'arrière-garde qui doit être plus forte. L'avant et l'arrière-garde ne doivent absorber qu'environ le tiers du détachement.

1470. Dans la plaine, l'avant et l'arrière-garde doivent être formées par de la cavalerie ; dans les pays couverts et montueux, par de l'infanterie ; dans les pays coupés, par les deux armes réunies : au défaut de cavalerie, on prend pour l'avant et l'arrière-garde les hommes les plus lestes et les plus vigoureux.

1471. L'avant-garde doit être divisée en deux parties, en corps d'avant-garde et en découvreurs. (*Voy.* ce mot.)

1472. Le commandement de l'avant-garde sera donné à un officier ou sous-officier intelligent ferme et prudent ; cet officier se conformera aux principes établis à ce mot. (*Voyez* Avant-garde.)

1473. Un détachement qui est précédé par des découvreurs adroits, et par une avant-garde intelligente, qui est suivi par une arrière-garde prudente et par des découvreurs vigilans, n'a certainement pas à craindre d'être surpris. S'il est sage, il marchera toujours avec autant de précaution que s'il était isolé.

Avant de sortir du camp, le commandant en chef du détachement nommera un officier pour commander sous ses ordres et le remplacer en cas d'accident : cet officier aura le secret de l'opération que le détachement va faire; le chef de l'avant-garde et ce commandant doivent en être instruits.

1474. On ne doit rien négliger pour que les soldats du détachement ne puissent deviner quel est le but de la marche : ainsi les déserteurs seront moins utiles à l'ennemi, et les prisonniers qu'il fait ne peuvent lui donner des nouvelles intéressantes.

Quelque nombreux que soit le corps de bataille d'un détachement, il sera toujours divisé en quatre parties : chacune aura son chef particulier; ainsi les ordres généraux sont mieux exécutés, et, si l'on est dans le cas de tirer sur l'ennemi, le détachement ne sera jamais dépourvu de tout son feu à la fois.

1475. Le chef du détachement se procurera, avant de se mettre en marche, un plan exact de tout le pays qu'il devra parcourir; il prendra, auprès des guides et des gens qui connaissent le pays, toutes les informations détaillées à l'article *Reconnaissance* (*voyez ce mot*); il réglera l'ordre de sa marche sur ce plan, et les rapports qu'on lui aura faits.

1476. Avant de partir, il tiendra, avec son lieutenant et l'officier d'avant-garde une espèce de conseil dans lequel il leur confiera tout le plan de l'opération. Il assemblera ensuite les autres officiers et sous-officiers qui auront des commandemens particuliers, et il leur donnera les instructions générales qui pourront leur être nécessaires, observant de ne point découvrir le secret de l'opération. Ces instructions, selon les circonstances, porteront sur les objets suivans:

1477. Quelque circonstance favorable qui se présente pour acquérir de la gloire, les commandans des différentes parties du détachement se contenteront d'exécuter les ordres qu'ils auront reçus. Le chef de l'entreprise gravera encore plus avant dans son esprit cette maxime qu'aucun de ses subordonnés.

1478. Le commandant recommandera à ses officiers de maintenir leur troupe dans le plus grand ordre et dans le plus grand silence : une troupe qui marche en désordre est battue, si l'ennemi paraît à l'improviste; et celle qui, dans les occasions indifférentes, ne garde pas le silence, l'observera encore moins dans les occasions importantes; aussi ne peut-elle pas exécuter les ordres qu'on lui donne, ou parce qu'elle ne les entend pas, ou parce qu'elle les entend mal.

1479. On empêchera les soldats de la même division de confondre leurs rangs, leurs files, et à plus forte raison de se mêler avec ceux des autres divisions. On ne leur permettra jamais ni de porter leurs armes en bandoulière, ni d'envelopper la batterie de leur fusil avec des chiffons.

1480. On a dit en morale: Ce sont les petites précautions qui préparent les grands succès, et les petites négligences qui causent les grandes défaites; nous y ajouterons ce qui suit:

1481. On veillera à ce qu'aucun soldat ne s'échappe de son rang sans permission, qui ne sera même donnée que rarement, ayant encore soin de faire surveiller par un sous-officier ceux à qui on l'accorderait; pour y suppléer, on fera d'heure en heure une halte de quelques minutes. Afin que le soldat ne soit pas obligé de quitter son rang pour aller chercher des vivres, on l'obligera à porter dans son sac ceux qui lui seront nécessaires. Si la marche est de plusieurs jours, on fera suivre des chariots qui en porteront la quantité nécessaire à l'expédition.

1482. Quand on devra faire une halte un peu longue, on choisira un endroit un peu fort par sa nature, et couvert par quelque abri naturel; on postera des sentinelles sur toutes les avenues, sur des arbres et sur des hauteurs; on placera la moitié du détachement en bataille vis-à-vis le chemin que l'ennemi doit naturellement suivre; l'avant-garde et les découvreurs resteront à leur distance ordinaire; les soldats ne pourront jamais dépasser les sentinelles; leurs armes seront placées de manière à ce qu'ils puissent les reprendre sans confusion. On ne fera jamais rompre les rangs à plus de la moitié de la troupe: dans ces petites haltes, le soldat ne s'écartera jamais à plus de vingt-cinq pas du corps du détachement.

1483. Les officiers qui sont à cheval s'arrêteront de temps en temps pour voir filer leur troupe; ils feront serrer les files et les rangs qui seront ouverts; ils remédieront à toutes les petites négligences que les officiers et soldats se seront permises.

1484. Quoique vous sachiez que votre ennemi est éloigné, vous ne marcherez pas avec moins de précautions que s'il était proche : votre adversaire peut, par une marche forcée et rapide, s'être approché de l'endroit où vous devez passer. Vous prendrez encore plus de précautions l'été que dans toute autre saison : les moissons dont la campagne est couverte, l'épaisseur des haies, le fourré des bois, facilitent les embuscades.

1485. Pour rendre un peu de force et de courage à des troupes fatiguées, on fera rester derrière le détachement quelques soldats lestes et robustes, auxquels on ordonnera, plus tard, d'aller reprendre avec légèreté le rang qu'ils occupaient à la tête de la colonne : l'exemple de ces hommes piquera l'amour-propre du reste de la troupe; et, comme personne ne l'ignore, l'amour-propre est l'aiguillon le plus puissant qu'on puisse employer avec le soldat. L'exemple de leurs officiers serait peut-être un encouragement plus actif encore, et dont il serait avantageux de faire usage avec eux. Le commandant qui voudra engager les soldats à supporter avec constance les fatigues d'une course longue et pénible, mettra pied à terre, et marchera à leur tête : si son âge, sa santé, le besoin de conserver ses forces ne le lui permettent pas, il engagera quelqu'un de ses subordonnés à le remplacer dans cette fonction importante.

1486. L'officier qui mènera la tête de la colonne, marchera le pas de route égal, ni trop long, ni trop précipité; ainsi, on ne fatiguera pas le soldat et on n'aura pas de traîneurs.

1487. Deux pas de distance suffiront entre chaque rang, et deux pieds trois pouces suffisent pour chaque homme dans son rang; ainsi, huit hommes passeront avec facilité dans un chemin qui aura dix-huit pieds de largeur.

1488. Si l'on présume que l'ennemi se présentera vers la tête de la colonne, les troupes d'élite en auront la tête; et, dans le cas contraire, elles marcheront à la queue. Quand la tête de la colonne rencontrera quelque obstacle physique, les sapeurs seront chargés de les aplanir.

1489. Avant de partir du camp, on doit prévenir le soldat de tout ce qui peut arriver pendant la marche: cet avertissement empêche qu'il ne soit surpris ou effrayé par l'apparition de l'ennemi, ou rebuté par les obstacles qu'il rencontre.

1490. On doit calculer la durée de la marche, non-seulement sur l'éloignement de l'endroit, mais encore sur les qualités du chemin que l'on doit parcourir, sur la saison dans laquelle on marche, et sur les obstacles que l'on prévoit de la part de l'ennemi.

1491. Si l'on doit marcher pendant l'été, et si l'on est le maître de fixer l'heure de son départ, on se met en route de très-grand matin, afin d'éviter la chaleur du jour. Dans toutes les saisons, il est avantageux d'arriver de bonne heure au poste que l'on veut occuper, tant pour avoir le temps de le reconnaître, de le fortifier, d'en parcourir les environs, que pour se pourvoir d'eau, de bois, etc.

1492. On évitera autant qu'on le pourra les lieux serrés et étroits; on tournera les défilés, à moins que l'on ne se soit bien assuré des hauteurs, et qu'on ne gagne beaucoup de temps en passant dans les gorges. Quand vous aurez le choix entre deux chemins, dont l'un sera large, plein, sec et découvert, tandis que l'autre sera étroit, boueux, raboteux et couvert, vous donnerez la préférence au premier, quoiqu'il soit le plus long, à moins que vous n'ayez un grand intérêt à cacher votre marche, ou que vous soyez assuré de rencontrer l'ennemi sur le chemin le plus beau. Quand vous voudrez cacher votre marche, vous ne ferez route que pendant la nuit; vous passerez le jour dans un poste où vous ne puissiez pas être découvert facilement, parce que vous vous y serez embusqué, vous ne pourrez pas être aisément battu, parce qu'il sera fort de sa nature. Vous éviterez les endroits habités; vous suivrez les bois et les vallées: vous ferez arrêter avec soin toutes les personnes qui vous auront découvert, et qui pourraient aller avertir l'ennemi (3037). Pour donner le

17

change à votre adversaire et à ses espions, vous pourrez prendre un chemin tout opposé à celui que vous auriez dû tenir naturellement pour aller exécuter l'opération dont vous êtes chargé. Quand vous aurez marché pendant quelque temps sur cette route, et lorsqu'un bois ou une montagne pourra couvrir votre mouvement, vous gagnerez, à travers champs, le chemin que vous devriez suivre.

1493. Pour paraître aux yeux de l'ennemi plus fort que vous ne l'êtes réellement, vous marcherez moins serré qu'à l'ordinaire, et pour lui persuader le contraire, vous ne laisserez entre vos pelotons que de très-petites distances.

1494. On peut employer les instrumens militaires pour faire croire à l'ennemi que l'on tient un chemin opposé à celui que l'on fait : pour cela, on en envoie quelques-uns du côté où l'on veut attirer son adversaire; on leur ordonne de battre ou de sonner, et l'on marche soi-même, à la sourdine, du côté opposé.

1495. Dans les marches de nuit, on doit redoubler d'attention ; alors, comme dit Xénophon, les yeux doivent être remplacés par les oreilles.

1496. Quand on aura deux marches à faire, on ne passera la nuit dans un village que lorsqu'on aura le temps d'en fermer les avenues, d'en barrer les rues, et qu'on sera bien assuré de la fidélité des habitans; dans toute autre circonstance, on couchera au bivouac, ayant l'attention de choisir un endroit naturellement fort, et de le fortifier encore par des chevaux de frise, abatis, etc.

1497. Un détachement qui marche sur un trop grand front gagne peu de terrain, flotte sans cesse, et est obligé de manœuvrer à chaque instant pour se conformer à la largeur des chemins qu'il doit suivre. Une colonne trop profonde a ordinairement beaucoup de traîneurs ; la plus petite halte que fait l'homme de la tête, occasionne un retard très-sensible à la queue. Il faut donc prendre un juste milieu entre ces deux extrêmes. Les officiers suivront presque toujours les chemins déjà faits, et ne donneront à leur colonne qu'un front proportionné à la largeur des chemins.

1498. On marchera, autant qu'on le pourra, sur un front dont il soit possible de prendre exactement la moitié ; telles sont deux files, quatre, huit, seize, trente-deux, etc. Le nombre huit est celui qui nous paraît le plus convenable, parce que huit files n'occupent en effet que dix-huit pieds de front, qui est la largeur ordinaire des chemins très-étroits ; on partagera donc les divisions et les pelotons de manière à pouvoir marcher par section, etc.

1499. Quand on aura à sa suite un convoi, on le placera toujours du côté opposé à celui où l'ennemi peut attaquer ; on pourra encore s'en servir pour retranchement, au besoin. (*Voyez* Convoi.)

1500. Le détachement en marche, si le chef est prévenu par son avant-garde que l'on découvre dans le lointain un corps de troupes, il fera mettre son détachement dans le plus grand ordre, marchera au petit pas, et observera si l'endroit où il est ne lui offre pas, ou aux environs, quelque position avantageuse, tant contre la cavalerie que contre l'infanterie.

1501. Si l'ennemi approche, le commandant prendra son parti d'après les circonstances du rapport qu'on lui a fait, d'après ses ordres et la position dans laquelle il se trouve.

1502. Si c'est un petit corps de cavalerie peu redoutable pour lui, il continuera sa marche après s'être fait joindre par ses découvreurs, son avant-garde et son arrière-garde. Il détachera en même temps, sur les flancs de sa troupe, quelques soldats lestes et adroits, qui seront chargés d'éloigner, par leur feu, les cavaliers qui tenteraient de s'approcher de trop près. Ces tirailleurs, qui seront pris parmi les découvreurs, l'avant et l'arrière-garde, marcheront en faisant feu à volonté ; ils se retireront vers les détachemens, si la cavalerie a l'air de vouloir les charger.

1503. Si le chef reconnaît, aux manœuvres de l'ennemi, qu'il a l'intention de s'abandonner sur lui, il fera faire halte à sa troupe, et prendra des dispositions convenables ; les officiers et sous-officiers rassureront les soldats, et leur persuaderont bien que la cavalerie n'est dangereuse que pour ceux qui la craignent.

Sitôt qu'elle sera à portée, le feu de deux rangs commencera de sang-froid, en ajustant bien et au poitrail des chevaux; si elle persévère, on croisera la baïonnette sans se troubler.

1504. Après que la cavalerie aura été repoussée et se sera retirée, on fera partir les découvreurs du front et des flancs; l'avant-garde suivra bientôt. Quand le chef de la troupe aura été averti que l'ennemi est éloigné, il se remettra en marche; les découvreurs de l'arrière-garde, et l'arrière-garde elle-même, partiront quand le gros de la troupe aura gagné le terrain qui doit les séparer de ces deux divisions.

1505. Si l'on est menacé par un parti de cavalerie très-considérable, et que le commandant voie qu'il lui est absolument impossible de résister, il se fera joindre par ses découvreurs, ses avant et arrière-garde, et se jettera dans un endroit favorable à l'infanterie et inaccessible à la cavalerie, tel qu'un champ entouré de fossés profonds garnis de haies, dont les bords seraient très-relevés, un ravin profond à talus rapide, un jardin clos de murs, une forte haie qui ne peut être tournée, un bois, une vigne, une maison, une église, un cimetière, un hameau, un village. Sitôt arrivé dans un de ces derniers endroits, il le fortifiera, ainsi qu'il est dit au mot Maison (*voyez ce mot*), et il détachera un homme intelligent et adroit pour aller prévenir de sa position le chef du corps le plus voisin.

1506. Aussitôt que la cavalerie se retirera, le chef du détachement fera sortir les plus adroits de ses découvreurs d'avant-garde; ils suivront l'ennemi avec la précaution et l'adresse que nous avons exigées, et lorsque le détachement n'aura plus rien à craindre, parce que la cavalerie sera retirée au loin, son avant-garde sortira, et il se remettra en marche.

1507. Si le commandant ne trouve aucun endroit favorable pour se retirer, et s'il voit que la cavalerie est déterminée à ne pas l'abandonner, il fera sa retraite vers le point d'où il sera parti, en employant les moyens mentionnés à ce mot. Si un parti ennemi, d'une force à peu près égale à celle de son détachement, se présente sur sa route et veut l'empêcher de passer, il faut bien que la force en décide. Le commandant formera alors ses troupes en colonne serrée, et, la baïonnette au bout du fusil, il donnera tête baissée au milieu des ennemis. S'il parvient à les mettre en déroute, il continuera sa marche avec promptitude, en portant toute son attention sur son arrière-garde; si, après deux ou trois attaques vives, il voit qu'il ne peut réussir à faire une trouée, il se retirera sur l'endroit d'où il est parti, à moins qu'il ne trouve une position favorable, qui le mette en sûreté sans trop s'éloigner de son objet.

1508. S'il est assailli par un parti mêlé de cavalerie et d'infanterie et beaucoup plus fort que le sien, sans chercher à livrer un combat dont l'issue même la plus heureuse le mettrait toujours dans l'impossibilité d'exécuter sa mission, il se retirera de bonne heure dans un lieu fort par sa nature; s'il n'en trouve point, une partie de son détachement escarmouchera, pendant que l'autre construira un abatis. On coupera le chemin par un fossé large et profond dont les terres formeront une espèce de parapet; cet ouvrage, valeureusement défendu, peut tenir long-temps.

1509. Si tous ces moyens sont impraticables, le chef ordonnera la retraite.

Quand il rencontrera un défilé, il s'assurera que son avant-garde s'est emparée de l'entrée, de la sortie et des hauteurs : malgré ces précautions il passera le défilé avec vitesse. Les troupes qui sortiront se mettront en bataille, faisant face en-dehors; l'arrière-garde prendra la place de l'avant-garde, et la conservera jusqu'à ce que le corps du détachement ait repris la distance qui doit toujours exister entre ces deux divisions. Le passage d'un gué, d'un ravin, d'un pont, s'exécutera de même que pour le défilé; il en sera ainsi pour le passage d'une rivière.

Quant aux villages, on les tournera; l'arrière-garde aura du canon toutes les fois qu'on le pourra.

1510. — *Marches, et Front de la Marche.* Le pays bien peuplé et bien cultivé est ordinairement bien percé de chemins, parce qu'il faut des communications entre les villes et les villages; mais dans un pays couvert et coupé de passages étroits, de montagnes, de ravins, de vallées, de torrens, de rivières, de bois, il y a peu de chemins ouverts, encore moins qui soient bons; une armée est conséquemment obligée de marcher sur un petit nombre de colonnes.

1511. Le nombre de colonnes se règle donc sur le nombre des chemins qui sont praticables.

1512. Si dans un pays peu ouvert on voulait multiplier le nombre des colonnes de marche, il deviendrait bien difficile de former l'armée en bataille sur son front et sur ses flancs; un ennemi actif pourrait se présenter sur votre front, et vous empêcher de vous former, tandis qu'il attaquerait les flancs de vos colonnes, retarderait votre marche, et peut-être vous déferait entièrement, comme cela s'est vu souvent. On ne saurait prendre trop de précautions quand on fait la guerre dans un pays couvert. Lorsque le pays est percé de chemins, vous marchez sur plusieurs colonnes; vous voyez l'ennemi devant vous, et vous êtes toujours à temps de former votre ligne et de vous préparer à le recevoir.

1513. Une marche, comme toutes les autres opérations de la guerre, doit s'exécuter dans le moindre temps possible; cela est de principe. (1814 *et suivans.*)

1514. L'objet que vous vous proposez dans une marche, et le but auquel vous tendez, doivent déterminer la manière d'exécuter ce mouvement.

1515. Si vous formez une ligne parallèle à l'ennemi, il est évident que votre marche doit être, ou en avant pour aller à lui, ou en arrière pour vous en éloigner, ou du côté droit, ou du côté gauche pour lui gagner les flancs.

1516. Votre manière de camper facilitera l'exécution de votre marche; celle-ci doit toujours être analogue à l'ordre de camper et de combattre, et être réglée par eux.

1517. La facilité et la célérité des marches dépendent de la manière de former les colonnes. (*Voyez ce mot.*)

On divise d'abord la ligne en autant de colonnes qu'il y a de chemins, et ensuite, par une à droite ou une à gauche, chaque colonne occupe la route qui lui est assignée.

1518. Quand les colonnes sont arrivées sur le terrain où elles doivent se déployer, la tête ralentit extrêmement le pas, et les autres divisions se développent alternativement sur la droite et sur la gauche: c'est la manœuvre la plus simple et la plus sûre.

1519. Lorsqu'on marche à l'ennemi pour le combattre, ou l'on part de loin ou de près. Si l'on part de loin il faut multiplier, autant que possible, les colonnes des troupes, afin de faire plus de diligence, au moins jusqu'à ce qu'on soit à portée du pays où l'on croit trouver l'ennemi.

1520. Il faut que la marche du corps de l'armée soit précédée de quelques heures par un corps de cavalerie et d'infanterie, suivant le pays, afin que ce corps détaché éclaire la marche et empêche que l'armée ne soit surprise en colonne, comme cela pourrait fort bien arriver si le hasard eût fait faire à l'ennemi, pour marcher en avant, le même mouvement que l'on fait pour aller le combattre. Ce corps détaché doit faire des haltes de temps en temps, parce que, marchant légèrement et sans embarras, il ne faut pas qu'il s'éloigne trop de l'armée à laquelle il doit donner continuellement des nouvelles de ce qu'il voit ou de ce qu'il apprend. Pour cela, il doit avoir plusieurs petits partis devant lui et sur ses flancs. La nature du pays par où il passe lui sert de règle pour la manière de se conduire avec sûreté et prudence.

1521. Il faut que tous les officiers généraux marchent à la tête des ailes et des colonnes, suivant l'ordre de bataille, et que les officiers particuliers soient à la tête de leur corps ou de leurs compagnies.

1522. Les nouvelles gardes doivent précéder la marche du corps d'armée.

1523. La colonne d'artillerie doit avoir plusieurs marches; il faut même en faire marcher quelques brigades à la tête des colonnes d'infanterie, et cela afin qu'elles puissent arriver assez tôt pour être placées, sur la ligne, suivant l'ordre de bataille.

1524. Le campement doit être gardé au corps de l'armée jusqu'à ce que l'on soit arrivé sur le terrain où le général veut s'établir, sans avoir trouvé l'ennemi. Les nouvelles gardes sont postées le plus avant qu'il se peut afin de découvrir le pays, et, le corps détaché s'étant avancé pour couvrir les gardes, on détermine la droite et la gauche du camp; on distribue le terrain sur lequel l'armée arrive, on se met en bataille par première et seconde ligne, on pose les armes, et l'on campe.

1525. Après avoir pris les précautions nécessaires, on fait sortir les fourrageurs qui, pour ce premier soir, ne doivent fourrager qu'en dedans des gardes. Le fourrage rentré, les troupes détachées reviennent au camp, les gardes se rapprochent du poste qu'on leur a marqué, et, lorsque la nuit est proche, elles reviennent à leur poste de nuit, qu'on leur a aussi marqué. Après que l'ordre est donné, les postes commandés sortent du camp, et s'avancent vers le lieu où l'on sait que se trouve l'ennemi, pour tenir l'armée à l'abri de toute surprise, et pour éclairer, s'il y a lieu, la marche du lendemain. Voilà pour la marche en avant.

1526. — *Marche en arrière*. Si l'armée marche en arrière pour éviter le combat, elle expédie d'avance, et même avant la nuit qui doit précéder la marche en retraite, les gros et les menus bagages, avec une bonne escorte, dont le commandant fait partie et qui l'acompagne jusqu'où il doit aller. Il fait suivre les bagages de la plus grande partie de l'artillerie avec une portion du corps destiné à sa garde, n'en conservant en cas de besoin que quelques brigades auprès de l'infanterie.

1527. Toute l'armée se tient sous les armes jusqu'à ce que le camp soit évacué.

1528. *Passage du défilé*. Si l'armée a des défilés derrière elle, ils doivent avoir été ouverts auparavant, et ces ouvertures et passages multipliés autant que possible; leur tête gardée par de l'infanterie et du canon, s'il se trouve des endroits propres à en placer, de manière à servir avec succès contre l'ennemi.

1529. On doit tenir devant la première ligne les vieilles gardes du camp, et un corps détaché pour faire l'arrière-garde du tout. Les nouvelles gardes peuvent tenir la tête, lorsqu'on se met en marche, afin d'être placées où elles doivent l'être lorsque l'armée arrivera sur le terrain où il a été résolu de la faire camper.

1530. Lorsque les défilés sont entièrement débarrassés, et que leur tête est gardée par de l'infanterie, l'armée marche par la seconde ligne, à colonne renversée, et chacun des officiers qui conduit une colonne entre dans le défilé qui lui a été marqué, observant bien de ne point entraver la marche d'une autre colonne. Quand cette seconde ligne a franchi le défilé, elle se retourne et se met en bataille pour attendre que la première soit passée, ou pour la soutenir en cas qu'elle soit pressée par l'ennemi.

1531. Lorsque celui-ci en est fort proche, et qu'il veut absolument engager une affaire, il doit, les jours qui précèdent la marche, avoir fait faire un grand retranchement qui couvre le front de l'armée, quelquefois même deux. Le second ne doit pourtant être que de grands redans, vis-à-vis le défilé, pour y placer beaucoup d'infanterie; les flancs de ces redans doivent être ouverts pour que la cavalerie puisse entrer par les côtés sans les couvrir; le feu de l'infanterie doit protéger son entrée.

1532. En ce cas, il est bon que ce soit la seconde ligne d'infanterie qui entre de jour dans ces redans. (*Voyez* Passage de rivière.)

1533. Si, au lieu d'un défilé, c'est une rivière qu'on doit passer, les précautions à prendre sont bien plus grandes. Le général doit enfermer son armée dans de bonnes lignes qui en couvrent les flancs jusqu'à la rivière, de l'autre côté de laquelle, et en-dehors de ses flancs, il doit établir de grosses redoutes bien remplies de canon et d'infanterie, afin que l'ennemi ne tourne pas l'armée pour séparer les troupes qui restent en bataille, des ponts sur lesquels elles doivent passer.

1534. On doit aussi faire un second retranchement qui couvre tous les ponts, et qui soit ouvert de distance en distance à côté des ponts, pour laisser le passage libre à la cavalerie, dont la retraite est toujours beaucoup plus difficile que celle de l'infanterie, lorsqu'il faut qu'elle passe sur les ponts.

1535. Au-dedans de ces deux retranchemens on peut encore couvrir chaque pont d'un redan, et y mettre de l'infanterie pour faciliter la levée des ponts, quand l'armée aura achevé de passer.

1536. Les gros et menus bagages doivent avoir précédé d'un temps considérable la marche de l'armée. La cavalerie doit aussi précéder celle de l'infanterie. La première infanterie qui passe la rivière doit être postée et retranchée, sur l'autre bord, dans les redontes qui protégent les flancs. On doit prendre son temps pour effectuer ce passage, de manière à ce que l'ennemi ne se doute de rien : s'il est en vue du camp, il ne faut effectuer sa retraite que de nuit, et prendre toutes ses mesures pour éviter le désordre. (*Voyez* Passage de Défilé et de Rivière.)

1537. Si vous voulez exécuter une marche secrète, écrivez deux lettres à chaque commandant de troupe; la première contiendra vos ordres réels, et l'autre sera pour être lue et renfermera des ordres supposés. Par ce moyen vous donnerez le change aux espions ennemis.

1538. MÉSINTELLIGENCE. Quand elle règne parmi les chefs de l'armée, elle est indubitablement sa ruine : l'un défait ce que l'autre a fait; ils se contrecarrent mutuellement, et font naître mille difficultés.

1539. MÉLANGE *des armes*. Toute troupe qui n'est pas soutenue est une troupe battue : il faut donc soutenir l'infanterie avec de la cavalerie, et réciproquement. L'histoire cite une grande quantité d'occasions où ce mélange a assuré la victoire aux généraux. Le nouvel ordre de bataille proposé par l'auteur offre cet avantage. (*Voyez ce mot.*)

1540. MONTAGNES. La guerre de montagnes est très-difficile, et fort dangereuse quand elle est mal conduite. Il faut un grand sens, un génie rusé et entreprenant, une théorie profonde, et une parfaite connaissance du pays.

1541. — *Retranchemens dans les Montagnes.* Une

armée retranchée sur une hauteur a moins d'avantage qu'on ne croit; les soldats enfermés derrière des retranchemens élevés sont obligés, pour ajuster en bas, de s'élever beaucoup au-dessus du parapet, ce qui les découvre: la plupart, n'osant pas le faire, tirent très-vite, sans viser, et les coups portent ordinairement ou trop haut ou trop bas: la seule occasion qui peut les favoriser, c'est lorsque la pente de la hauteur sur laquelle le retranchement est construit, est assez rapide pour qu'il soit possible aux derniers rangs de tirer par-dessus les premiers.

1542. — *Attaque des Retranchemens.* Avant de vous déterminer à l'attaque, faites reconnaître la nature du terrain que vous devez parcourir pour aller à l'ennemi, les hauteurs qui le dominent, la situation des retranchemens et leur force. Comme cela n'est pas facile, il faut que ceux qui s'en chargent aient une expérience consommée, et le coup d'œil de la plus grande justesse. Faites faire plusieurs reconnaissances, comparez leurs rapports avec celui des prisonniers dont vous ferez un aussi grand nombre que vous pourrez; c'est d'après tous ces rapports que vous pourrez régler l'exécution de votre attaque, et en assurer le succès.

1543. MOUVEMENT. La science du mouvement des troupes est l'une des principales que doit posséder un général. Aussi les mouvemens savans et judicieux qu'il fait exécuter à son armée, sont-ils des marques plus certaines de son intelligence et de son génie, que le succès d'une bataille, où le hazard a quelquefois plus de part que l'habileté du commandant.

1544. Dans les différens mouvemens que l'on fait exécuter aux troupes, deux choses méritent beaucoup d'attention: la simplicité et la vivacité de ces mouvemens.

1545. Il est dangereux de faire devant l'ennemi des mouvemens qui dérangent l'ordre de bataille, et surtout lorsqu'il est à portée de tomber sur les troupes qui les exécutent; mais le danger disparaît dès qu'on est assuré que l'ennemi est trop éloigné pour en profiter: le temps pour cet effet, doit être apprécié avec la plus grande justesse.

1546. C'est par des mouvemens bien exactement combinés qu'on peut surprendre l'ennemi, lui cacher ses desseins, et l'obliger souvent à quitter un poste; mais il faut que les troupes soient parfaitement exercées, pour être en état d'exécuter sans confusion, avec beaucoup de vitesse et de célérité, les ordres du général.

1547. Un général habile compasse avec soin tous ses différens mouvemens; il n'en fait aucun qui n'ait un but d'utilité, soit pour arrêter les démarches de l'ennemi, soit pour cacher le projet qu'il a en vue.

1548. Les mouvemens en avant, ou opérés pour s'approcher de l'ennemi, ne doivent se faire qu'avec beaucoup de circonspection. On ne doit s'avancer qu'autant qu'on n'a négligé aucune des dispositions nécessaires pour n'être point forcé de rétrograder, démarche qui décourage toujours le soldat, et qui donne de la confiance à l'ennemi. (1814 *et suivans.*)

1549. Il est un cas particulier où le mouvement rétrograde peut être avantageux; c'est lorsqu'on l'emploie pour attirer l'ennemi au combat par le moyen d'une retraite simulée, et qu'il abandonne ses postes; on se range aussi en bataille pour le recevoir; on lui fait perdre ainsi l'avantage d'un lieu où il aurait été difficile de l'attaquer.

1550. OBÉISSANCE. Montaigne dit expressivement: « On corrompt l'office de commander quand on y « obéit par discrétion et non par sujétion. L'obéissance « n'est jamais pure ni tranquille en celui qui raisonne « et qui plaide. » C'est donc, ainsi qu'il le dit encore, une simple et naïve obéissance à laquelle il faut se soumettre dans l'état militaire, où le moindre retard la moindre interprétation, la plus légère hésitation, peuvent occasioner les plus grands maux, ou nuire d'une manière irréparable aux desseins des chefs; car, dans tout ce qui regarde l'art de la guerre, presque tout tient au moment de l'exécution.

1551. La discipline militaire était observée si exactement à Lacédémone, qu'un soldat, entendant sonner la retraite lorsqu'il levait son épée sur l'ennemi, obéit sur-le-champ au signal, et ne porta point son coup : « Il vaut mieux, dit-il, obéir à son général que de tuer un ennemi de plus. »

1552. Catinat écrivait à Louis XIV : « Votre Majesté l'ordonne, ses ordres vont être exécutés; je vais agir contre toutes les vues et les connaissances que j'ai. »

1553. On ne doit jamais s'occuper que de l'objet pour lequel on a été envoyé en campagne, quelque avantage que l'on trouve ailleurs.

1554. OFFICIERS. Le grand Scipion pensait avec raison que c'est de l'habileté des officiers que dépendent les heureux succès des entreprises.

1555. On ne saurait trop examiner les facultés morales et intellectuelles des sujets que l'on propose pour être officiers.

1556. L'indiscipline, qui a sa source dans la mauvaise composition des officiers, est une des causes les plus actives de la grande consommation d'hommes dans les armées françaises.

1557. En général, on ne fait pas assez cas des vieux officiers : on semble trop oublier qu'eux seuls peuvent former les jeunes gens qui arrivent dans les régimens, et qui ont un si grand besoin de bons exemples et des leçons si précieuses de l'expérience.

1558. Les officiers français ont trop malheureusement l'habitude de raisonner tout haut, de blâmer la conduite de leurs chefs et même de leur général : ces murmures font perdre à ces officiers supérieurs la confiance des soldats; leur obéissance n'est plus entière, et il s'ensuit un grand relâchement dans la discipline.

1559. Si le soldat manque à ses devoirs, c'est que l'officier lui en montre l'exemple, c'est qu'il ne tient pas la main à les lui faire remplir.

1560. L'officier doit, en temps de paix, s'occuper soigneusement à préparer la force morale du soldat (1057); il doit, pour parvenir à ce but important, s'aider du concours des sous-officiers et caporaux, qu'il formera à cet effet.

1561. Il parviendra facilement à élever l'âme du soldat, en lui inspirant l'amour de la gloire, l'esprit du corps; en lui rendant aussi cher que le sien propre l'honneur du régiment, en exaltant son patriotisme, en lui faisant entrevoir l'avancement et les récompenses qui l'attendent; en gagnant sa confiance, qu'il obtiendra en remplissant lui-même strictement ses devoirs; en se faisant aimer, en causant avec lui de la guerre, et en lui prouvant qu'il est capable de le bien conduire (1765, 1766).

1562. Au combat, l'officier doit donner un brillant exemple de courage et de sang-froid. Est-on arrêté sous le feu du canon; il doit se promener devant le front de sa troupe, et la distraire par des propos gais et énergiques.

1563. Faut-il fondre sur l'ennemi, il doit y préparer le moral des soldats, leur recommander de se désunir que le moins possible dans la mêlée, et de se rallier promptement au premier signal (3036, 3037).

1564. L'officier doit s'attacher à donner au soldat bonne opinion de ses qualités guerrières; il doit raisonner souvent avec lui sur les guerres passées, leur citer les actions d'éclat de nos braves, exciter chez eux le désir de les imiter, de les surpasser même (1004 et suivans).

1565. C'est surtout dans les retraites qu'il importe aux officiers d'avoir le talent de s'emparer du moral des troupes. Afin de s'en mieux édifier, qu'on parcoure les annales de nos désastres; on y reconnaîtra partout que si les chefs d'escouade, les sous-officiers, si les officiers subalternes avaient eu sur leurs soldats l'autorité que doit leur donner l'ascendant qu'il est si facile de prendre sur eux par des soins, de la justice, de bons propos, une bonne conduite, en s'en faisant, en un mot, des amis, sans nuire à la hiérarchie militaire, il eût été possible, en triplant la force physique par la force morale, de parer aux malheurs de Russie, et d'éviter ceux de Waterloo.

1566. Que MM. les officiers pèsent avec réflexion de quelle affreuse conséquence ont été pour la nation ces jours de deuil....; ils sentiront alors toute la grandeur de leur responsabilité particulière envers leur honneur, envers la patrie; sans perdre de temps, ils seconderont de tout leur concours les efforts des officiers supérieurs de leur régiment, pour tremper vigoureusement le moral du soldat, et ils s'exerceront dans l'art de manier l'esprit, l'âme du soldat, de l'électriser, de l'instruire sur ce qui lui est avantageux ou désavantageux, en employant, comme intermédiaires, les caporaux et les sous-officiers préalablement préparés à une tâche aussi aisée en France qu'importante à remplir (646).

1557. ORDRES. Il est essentiel de donner des ordres clairs et précis, et de voir par soi-même s'ils sont exécutés. Il n'est pas moins essentiel à tout commandant subalterne de remplir à la lettre les ordres qu'on lui donne (1786).

1568. On doit aussi se servir, pour porter les ordres, de personnes de la plus grande intelligence.

1569. — *Ordre de bataille.* Disposition pour le combat. L'ordre de bataille doit être réglé d'après les maximes générales : la première et la plus importante est d'en rejeter tout esprit de système, et d'en changer suivant les circonstances. Indépendantes de nous, ce sont elles qui nous maîtrisent. Disposons une armée relativement à l'espèce de ses armes et de celles de l'armée ennemie, à la qualité des soldats, à la nature des lieux qui varie sans cesse.

1570. Observons ce que les maîtres de l'art ont posé en maxime :

1°. Il faut toujours que les ailes d'une armée soient à l'abri des entreprises de l'ennemi : une aile détruite expose le reste à l'être également ; car il est très-difficile de se soutenir contre une attaque de front et de flanc. Pour éviter ce revers, la méthode des anciens était d'appuyer les ailes à quelque fortification naturelle qui les garantît du danger d'être enveloppées ou tournées, comme par exemple un marais impraticable, une rivière qu'on ne peut passer à gué, un bois bien garni d'infanterie, un village bien fortifié, des hauteurs dont le sommet est occupé par de bonnes troupes, de l'artillerie, etc. Dans les deux premiers cas, le système est extrêmement dangereux en ce que, si vous êtes forcé par le flanc opposé à celui qui se trouve appuyé à une rivière non guéable, à un marais impraticable, etc., l'armée, n'ayant pas de retraite sur ce point, peut être entièrement détruite par un adversaire habile et actif. Pour les autres cas, l'armée devant avancer ou reculer, il arrive que, si elle est forcée de quitter le terrain, elle cesse d'être appuyée par ses fortifications permanentes, et elle perd la protection de ses ailes. On doit donc, pour obvier à cet inconvénient, couvrir les ailes d'une armée avec des colonnes d'infanterie bien munies d'artillerie, qui suivent tous les mouvemens de l'armée et protégent partout également les ailes (1669, 1670, 1671, 1692).

2° Il faut éviter d'être débordé par l'ennemi, et lui opposer un front égal, ayant soin de ne pas trop dégarnir la seconde ligne, et de se conserver des réserves pour soutenir les parties qui peuvent en avoir besoin (1575). Lorsqu'il n'est pas possible de former un front égal à celui de l'ennemi, il faut encore plus d'attention pour couvrir ses ailes. On peut ajouter aux colonnes des chevaux de frises, des chariots ou quelque autre espèce de retranchement que l'ennemi ne puisse ni tourner ni forcer. Enfin, on peut refuser cette aile pendant que l'on fait attaquer vivement de l'autre pour rompre et mettre en fuite son adversaire.

3° Chaque troupe doit être placée sur le terrain qui convient à sa manière de combattre : ainsi, l'infanterie doit occuper les lieux fourrés ou embarrasés, et la cavalerie ceux qui sont libres et ouverts.

4° Lorsqu'il y a des villages à portée de la ligne que l'ennemi ne peut pas éviter, on doit les fortifier, les bien garnir d'infanterie et de dragons, pour rompre les premiers efforts de l'ennemi; mais ils doivent se rencontrer assez près de la ligne pour en être soutenus, et pour que les troupes puissent la rejoindre, si elles sont obligées de les abandonner. Si les villages sont trop éloignés, et que l'ennemi puisse en tirer parti, il faut de bonne heure les raser, et renverser les murailles qui peuvent servir de couvert et de retranchemens.

5° Il faut ménager à toutes les parties de l'armée des

communications sûres et faciles pour se soutenir réciproquement, et afin que les réserves puissent se porter partout où leur secours pourra être nécessaire. On doit aussi placer celles-ci de manière à ce que les troupes ne puissent point se renverser sur elles et les mettre en désordre. Il faut encore qu'il n'y ait point, entre les lignes ni derrière, de bagage qui incommode l'armée dans ses mouvemens.

6° Il est nécessaire de profiter de toutes les circonstances particulières du champ de bataille, pour que l'armée ne présente aucune partie faible à l'ennemi. Un général doit considérer le terrain qu'occupe son armée comme une place qu'on veut mettre de tous côtés en état de siége (*voyez* Principes de Fortification); l'artillerie doit être en batterie dans les lieux les plus favorables, pour causer la plus grande perte qu'il est possible à l'ennemi.

7° Pour se prémunir contre tous les événemens imprévus qui décident souvent du succès, on doit prendre de bonne heure toutes les précautions convenables pour qu'aucune troupe ne soit abandonnée à elle-même, et se ménager des ressources pour soutenir le combat; en sorte que, s'il faut céder, on ne le refuse au moins qu'après avoir employé toutes ses forces : c'est pourquoi l'on ne saurait trop insister sur la nécessité des réserves. Si le centre ou l'une des ailes a plié, la seconde ligne ou les réserves peuvent rétablir l'affaire; mais il faut, pour cet effet, des troupes fermes, valeureuses, bien exercées dans les manœuvres militaires, et conduites par des officiers habiles et expérimentés, secondés par de bons cadres de sous-officiers et caporaux : alors on peut remédier au premier désordre, et même faire perdre à l'ennemi l'espérance de la victoire, qu'un premier succès aurait pu lui donner. (*Voy.* Guerre.)

8° Pour soutenir une armée et la rendre encore plus respectable à l'ennemi, des redoutes en avant, fortifiées d'un fossé et placées judicieusement, sont d'un excellent usage. Elles doivent être garnies d'une quantité suffisante d'artillerie et de soldats pour n'être point emportées par une première attaque. Si quelque parti de l'armée ennemie se trouve enfoncé, les troupes des redoutes doivent prendre l'ennemi en flanc et de revers, et lui causer de grandes pertes. Elles ne peuvent guère manquer de le gêner dans ses mouvemens, de rendre ses manœuvres plus lentes, et de donner le temps aux corps qui ont plié de se rallier pour le repousser. Les redoutes ont cet avantage, d'assurer la position d'une armée de telle manière, qu'elle a différens points d'appui ou de réunion capables d'arrêter les premiers efforts de l'ennemi, et de protéger, par leur feu, l'armée qui les soutient elles-mêmes. (2058 et suivans.)

9° S'il y a quelque partie de l'armée qu'on veuille éviter de faire combattre, on doit la couvrir d'une rivière, d'un marais ou, à défaut de cette fortification naturelle, de chevaux de frise, puits, retranchemens, etc., de manière à ce que l'ennemi ne puisse pas approcher. Ainsi, en supposant qu'on se propose d'attaquer avec sa droite, et que, pour la fortifier, on soit obligé de dégarnir la gauche, on la couvre de manière à ce que l'ennemi ne puisse point approcher, et l'on fait à la droite les plus grands efforts avec l'élite de ses troupes.

Il est évident que de cette manière un général peut s'arranger pour ne combattre qu'avec telle partie de son armée qu'il juge à propos. (*Voy.* 1838.)

Il y a des situations où le général peut juger que toutes les parties de la ligne de l'ennemi ne seront pas en état de combattre; dans ce cas, son attention doit être de dégarnir les points les moins exposés, pour fortifier ceux qui le sont davantage; mais ce mouvement doit être caché, autant qu'il est possible, à l'ennemi; car s'il s'aperçoit de cette manœuvre, il en fait une semblable, et tout devient alors égal de part et d'autre.

10° Une attention encore très-importante dans la disposition des troupes en bataille, c'est de conserver toujours, derrière la seconde ligne et les réserves, un espace de terrain assez étendu pour que les troupes ne soient point gênées dans leurs manœuvres. Si, par exemple, la première ligne est forcée de plier, elle doit trouver derrière la seconde assez de place pour se rallier et se reformer : sans cette précaution, la déroute de la première ligne ne peut guère manquer d'occasioner celle de toute l'armée.

1571. Les anciens comptaient sept dispositions générales pour combattre (Végèce). Nous ne citerons que celles que nous pouvons appliquer à nos armes.

L'ordre oblique ou de biais: dans cet ordre, on engage le combat avec une aile, pendant que l'autre se refuse à l'ennemi. (*V.* 1834 *et suivans.*)

1572. Cette disposition peut servir à faire remporter la victoire à un petit nombre de bonnes troupes obligées d'en combattre de plus nombreuses. Pour cet effet, les deux armées étant en présence, et marchant pour se charger, on tient sa gauche, si l'on veut faire combattre sa droite, hors de la portée des coups de l'ennemi, et l'on tombe sur la gauche de l'armée opposée, avec tout ce qu'on a de plus braves troupes, dont on a eu soin de fortifier sa droite; ou bien, en débordant la gauche de l'ennemi, on tâche de la faire plier, de la pousser et même de l'attaquer par derrière. Lorsqu'on parvient à y mettre du désordre et à la faire reculer, on parvient aisément, avec le reste des troupes qui soutiennent l'aile qui a engagé le combat, à remporter la victoire, et cela sans que le reste de l'armée ait été exposé.

1573. Si l'ennemi emploie le premier cette disposition, on fait passer promptement à la gauche la cavalerie et l'infanterie qui sont en réserve derrière l'armée, et l'on se met ainsi en état de lui résister. Cet ordre est regardé par tous les auteurs comme le meilleur moyen de s'assurer la victoire.

1574. Montécuculi disait: Si l'on veut, avec son aile droite, battre la gauche de l'ennemi, ou au contraire, on mettra sur cette aile le plus grand nombre et les meilleures de ses troupes, et l'on marchera à grands pas de ce côté-là, les troupes de la première et de la seconde ligne avançant également, au lieu que l'autre aile marchera lentement; on ne s'ébranlera point du tout, parce que, tandis que l'ennemi sera en suspens, ou avant qu'il ne s'aperçoive du stratagème, et qu'il ait songé à y remédier, il verra son côté faible attaqué par le plus fort de l'ennemi, tandis que sa partie la plus forte demeure oisive, et au désespoir de ne rien faire. S'il se rencontre de ce côté quelque village, il conseille encore d'y mettre le feu, pour empêcher l'ennemi d'attaquer cette aile, et lui ôter la connaissance de ce qui s'y passe.

1575. Remarquons dans cette disposition:

1° Qu'il faut commencer à incliner insensiblement la marche de l'aile où l'on a mis ses meilleures troupes;

2° Qu'il faut toujours mettre les troupes sur lesquelles on compte le plus vis-à-vis celles de l'ennemi qui sont faibles.

3° Qu'il faut choisir le terrain le plus avantageux pour l'aile qui doit attaquer, et couvrir l'autre, s'il est possible, par un ravin, un canal, un bois ou une montagne, afin que ces obstacles détournent les ennemis d'attaquer de ce côté-là. Lorsque ces avantages ne se rencontrent pas, on peut couvrir cette aile par des chevaux de frise, des tranchées ou retranchemens de charrettes, et beaucoup d'artillerie.

1576. On peut engager le combat par les deux ailes, en tenant le centre éloigné de l'ennemi de la manière suivante: Quand les armées sont à cinq ou six cents pas au plus l'une de l'autre, il faut que celle qui est supérieure en cavalerie fasse doubler le pas à ses ailes pour attaquer celles de l'ennemi, et qu'en marchant, son aile droite se jette un peu sur sa gauche pour déborder par les flancs celles qu'elles vont attaquer, en se tenant un peu obliquement pour ne pas trop approcher des escadrons qui joignent l'infanterie, et les obliger par là à se déplacer, s'ils veulent attaquer. S'ils le font, il s'ensuit qu'ils ne sont plus protégés de l'infanterie: dans ce cas, il est constant que tout l'avantage est pour l'armée dont les ailes vont attaquer. Comme ces charges de cavalerie seront décidées avant que les lignes d'infanterie en soient venues aux mains, le combat aux ailes sera fini.

On ne laisse aller qu'une partie de la cavalerie pour empêcher l'ennemi de se rallier, et avec le surplus, on prend l'infanterie ennemie par les flancs et par derrière, pour aider la vôtre à la battre.

On couvre son centre de tirailleurs pour empêcher

l'ennemi de s'en approcher, quel que soit le mouvement de l'attaque des ailes.

1576. Dans une autre disposition, on choque l'armée ennemie perpendiculairement avec une aile fortifiée des meilleures troupes, et l'on tâche de la percer et de la mettre en désordre. Selon de grands généraux, cette disposition est la plus avantageuse pour ceux qui, étant inférieurs en nombre et en qualité de troupes, sont obligés de combattre. On y parvient de la manière suivante: L'armée étant en bataille, et abordant l'ennemi, il faut joindre votre aile droite à la gauche de l'armée opposée, et combattre cette aile avec vos meilleures troupes, dont vous devez avoir garni votre droite. Pendant ce combat, on doit tenir le reste de la ligne à peu près perpendiculaire au front de l'armée ennemie. Si par ce moyen on peut la prendre en flanc et par derrière, il est difficile qu'elle évite d'être battue; car votre position, presque perpendiculaire au front de cette armée, l'empêche d'être secourue par son aile droite et par son centre.

1577. On dirige aussi son attaque sur le centre avec ses meilleures troupes pour enfoncer l'ennemi, y faire jour, et donner l'épouvante au reste.

Enfin, on se conforme au terrain pour mettre l'armée en état de se soutenir contre l'ennemi, en profitant de tout ce qui peut assurer la position qu'on occupe par des fortifications naturelles ou artificielles.

1578. L'usage que l'on peut faire de ces différens ordres de bataille dépend des circonstances dans lesquelles on se trouve obligé de combattre. Pour avoir des détails plus étendus et plus circonstanciés, on renvoie à Végèce, aux Commentaires sur Polybe, du chevalier Folard; aux mémoires militaires de M. Guischard, de M. Maizeroi, pour la tactique des anciens; à l'art de la guerre de M. de Puységur, aux mémoires de Montécuculi, aux Réflexions militaires de Santa-Crux, aux mémoires de Feuquières, aux rêveries du maréchal de Saxe.

ORDRE DE BATAILLE

EN TIRAILLEURS,
POUR LA GARDE NATIONALE,

FONDÉ SUR LE PRINCIPE DE FORTIFICATION : *Le feu ne détruit que par sa quantité et sa durée;*

OU

ESSAI SUR LE FEU D'ÉCHARPE,

En avançant, de pied ferme ou en retraite, dans les lignes de bataille, réunissant à la fois toute la puissance du mélange des trois armes, mousqueterie, artillerie, cavalerie.

1580. Le peu d'expérience que nos citoyens soldats présenteraient à un ennemi exercé, si nous étions attaqués avant qu'ils eussent acquis cet aplomb que procure la petite tactique, m'a porté à la recherche d'un ordre de bataille très-simple, et applicable, dans toutes les conjonctures de guerre, au faible bataillon comme à l'armée la plus nombreuse.

1581. Fondé sur ce principe : le feu ne détruit que par sa quantité et sa durée, quelques jours d'application sur le terrain suffiront pour assurer aux gardes nationaux le moyen de vaincre les troupes les mieux exercées, en leur faisant envahir incessamment le champ de bataille, couvert par un feu de mousqueterie et d'artillerie tellement nourri et concentré, qu'il est impossible de le rendre plus meurtrier.

1582. Le système nouveau que je vais présenter se prête à toutes les évolutions et à toutes les manœuvres; il offre la plus grande facilité pour passer avec rapidité de l'attaque en tirailleurs à l'ordre en bataille, à l'ordre en colonne, ou à la disposition contre la cavalerie: il présente dans ce cas une force de cohésion plus puissante que le carré ordinaire, un feu très-meurtrier pour la défense, joint à une attaque complète pour culbuter l'ennemi qui vient vous aborder en colonne, et inspire du calme, de la fermeté dans la retraite. Opposant à l'ennemi le plus audacieux un front inattaquable, qui vomit la mort sur tous les points, il réunit en même temps l'avantage d'être soutenu partout, et en quelques secondes, par un front de cavalerie égal, au besoin, à celui de la ligne de bataille.

1583. — *Attaque.* Immédiatement après que la première et la seconde ligne se seront déployées, on les formera par demi-bataillon, en colonne par peloton, sur les second et sixième pelotons de fusiliers, la droite en tête, par les commandemens généraux suivans :

1. *Dispositions pour l'attaque ;*
2. *Commencez le mouvement.*

1584. A ces commandemens, vivement répétés par les chefs de division, de régiment, de bataillon, ces derniers commanderont :

1. *Colonne par peloton;*
2. *Sur les deuxième et sixième pelotons, la droite en tête en colonne ;*
3. *Bataillon par le flanc gauche et le flanc droit ;*
4. *A gauche et à droite ;*
5. *Pas accéléré, marche.*

1585. Cette manœuvre s'exécute d'après les principes de la formation en colonne.

1586. Au premier commandement, les chefs de section des grenadiers et des voltigeurs de la première ligne se porteront aussi au centre de leur section.

1587. L'adjudant-major surveillera les guides du demi-bataillon de gauche, dont le plus ancien capitaine prendra le commandement.

1588. L'adjudant sous-officier, celui de droite, sous les ordres du chef de bataillon.

Tous deux maintiendront soigneusement les distances et la direction.

1589. Au cinquième commandement, les chefs des deuxième et sixième pelotons commanderont : *Guide à gauche,* si le bataillon de direction est à gauche, ou : *Guide à droite,* s'il est de ce côté.

1590. Au même commandement, le chef de la seconde section de grenadiers, la portera sur le flanc gauche de son demi-bataillon : les deux sections se déploieront par le flanc en tirailleurs, au pas redoublé (140 à 150 par minute).

1591. Le chef de la première section de voltigeurs la portera sur le flanc droit de son demi-bataillon, et ces deux sections se déploieront de même que les grenadiers.

1593. La ligne de tirailleurs se formera donc en même temps que les colonnes, et à distance de peloton de la tête.

1594. Chaque section sera subdivisée en demi ou quart de compagnie, qui sera encadré par des caporaux ; elle sera encadrée elle-même par deux sous-officiers. Ces sous-officiers et caporaux sont chargés de diriger la ligne de tirailleurs, de tenir démasqué le front de la colonne, si elle exécute le feu en avançant par peloton, ou seulement les nombreuses bouches à feu réparties dans les intervalles des colonnes, à la hauteur de la ligne des tirailleurs. On numérotera les pièces.

1595. La seconde ligne, au second commandement général, se formera, comme la première, par demi-bataillon en colonne par peloton, les compagnies d'élite formant la tête pour se déployer, s'il y a lieu, après le passage de ligne en avançant.

1596. On marquera par régiment de trois mille hommes, composé de trois bataillons, six intervalles, dont trois de 50 toises, y compris l'intervalle par bataillon, et trois de 20 toises formées par les demi-bataillons. Ainsi, sur 285 toises environ qu'occupent ces trois bataillons, 75 seulement seront remplies par les colonnes, et 210 sont libres.

1597. C'est dans ces intervalles de 210 toises de la seconde ligne que je place ma cavalerie, hors de la portée du canon et vis-à-vis celles de la première ligne (*voy*. 139) ; car, la force de la cavalerie consistant dans sa vitesse, en chargeant perpendiculairement, rien ne pourra nuire à son accroissement.

1598. Les trois bataillons de la première ligne seront donc soutenus, en peu de secondes, par un front de cavalerie de 200 toises, selon la nature du terrain et des circonstances, pouvant charger en muraille sur trois lignes de 50 toises et trois de 20, et se porter en avant de la première ligne avec rapidité.

1599. L'infanterie et la cavalerie formées, il reste à disposer les bouches à feu.

1600. Sur les 285 toises formant le front de bataille d'un régiment de trois mille hommes, nous venons de dire que 75 seulement sont défendues par le front des colonnes, et 210 par celui des tirailleurs. En portant l'effectif de nos compagnies d'élite à 100 tirailleurs chacune, nous aurons 600 hommes à répartir sur la ligne des 210 toises d'intervalle. A quatre tirailleurs par toise, dont deux se portent en avant pour faire feu, pendant que les deux autres chargent de pied ferme après avoir tiré, nos hommes occuperont 150 toises; il restera donc encore par régiment un espace de 60 toises environ, où l'on pourrait, au besoin, placer en batterie trente pièces de canon, en prenant 2 toises pour chacune.

1601. Le signal de l'attaque étant donné, les deux lignes s'ébranleront au pas ordinaire.

1602. Lorsque la première sera arrivée à quatre cents pas environ de celle de l'ennemi, les chefs de colonnes commanderont :
1. *Feu d'écharpe en avant.*
2. *Commencez le feu.*

1603. Au second commandement, le feu commencera par les pièces et les tirailleurs, de la manière suivante :

1604. L'homme du premier rang de chaque file s'arrête, fait feu, et recharge son arme de pied ferme. L'homme du second rang continue à marcher, s'arrête lorsqu'il a dépassé de cinq à six pas l'homme du premier rang, et ne fait feu que lorsque celui-ci a bourré; ainsi de suite en suivant cet ordre de marche. L'homme qui a chargé, prenant le pas accéléré pour se porter à la même distance en avant de l'autre, les tirailleurs, en ajustant, auront grand soin d'avancer un peu l'une des deux épaules, de manière à tirer obliquement. (*Voy.* planche XII.)

1605. Ils ajusteront, au commencement, à la hauteur de la poitrine, et baisseront le point de mire, à mesure que la distance diminuera, jusqu'à la ceinture; arrivé à cent pas environ de la ligne ennemie, on chargera à deux balles, ayant bien soin d'ajuster en écharpe et à ceinture d'homme.

1606. Au même instant, les canons impairs se porteront en avant, à la hauteur de la première ligne de tirailleurs, par le moyen d'une prolonge fixée à un crochet à la tête des flasques, et feront feu, en ajustant aussi en écharpe, et chargeront; les canons pairs tireront à leur tour, ainsi de suite, en se conformant au mouvement des tirailleurs. Ils tireront à mitraille sitôt que la portée le permettra.

1607. Les tirailleurs, tués ou blessés, seront remplacés par des files prises dans les compagnies en colonnes; on fera de même pour les canonniers; les pièces démontées seront rapidement remplacées par les réserves.

Venons aux colonnes.

1608. Au commandement de *commencez le feu*, le chef de peloton de la tête fera aussitôt exécuter son feu de peloton, ce qui étant fait, il commandera :

1. *Par section à droite et à gauche en bataille.*
2. *Marche.*

1609. Au premier commandement, les hommes du premier rang se relèveront; le sous-officier de remplacement A, et le guide de gauche B, feront, le premier, un à droite, le second un à gauche; ils se porteront, au pas ordinaire, trois pas devant eux, et s'arrêteront en C et en D.

Les serre-files préviendront les sections de ce qu'elles ont à faire.

1610. Au commandement de *marche*, la première section tournera à droite, d'après les principes de cette leçon, et s'alignera lestement sur son guide de droite C; les soldats chargeront avec rapidité leurs armes.

1611. Au même commandement, la section de gauche tournera à gauche, et ira lestement s'aligner sur son guide de gauche D; elle chargera rapidement ses armes.

1612. Le deuxième peloton, arrivé à la hauteur de la file de gauche *E* de la première section, et de celle de droite *F* de la seconde du peloton qui s'est mis en bataille sur les flancs par section, sera arrêté par son chef, qui lui fera exécuter le feu de peloton, et former de suite par section, sur la droite *G* et sur la gauche *H*, en bataille, comme l'a exécuté le premier; le troisième se conduira de même.

1613. Lorsque les sections *I* et *K*, du premier peloton, seront sur le point d'être dépassées par le troisième, le chef de la première section lui fera faire par le flanc gauche et par file à gauche, en déboîtant en dedans des trois premières files.

1614. Celui de la seconde section lui fera faire par le flanc droit et par file à droite, déboîtant également en dedans; tous deux commanderont *pas accéléré* et *marche*, sitôt qu'ils seront démasqués par le troisième peloton.

1615. Les deux sections iront à la rencontre l'une de l'autre; le chef de peloton commandera ensuite : *Première section par le flanc droit, seconde section par le flanc gauche, pas ordinaire, marche; guide à gauche.*

Le second peloton se conformera aux mêmes principes, puis le troisième; ainsi de suite.

1616. On remarquera avec soin que ce sont les colonnes qui règlent la marche des tirailleurs; qu'il n'y a rien de plus simple ni de plus facile que ce mouvement; qu'il ne peut y avoir aucune confusion, vu le peu de profondeur des colonnes; que celles-ci, masquées par la ligne des tirailleurs et la fumée de la fusillade, ne se trouvent pas plus exposées au canon ennemi que le reste de la ligne.

On doit encore remarquer que toute la ligne de bataille est hérissée d'un feu d'artillerie et de mousqueterie bien nourri, et d'autant plus avantageux, qu'il est en écharpe, ajusté à volonté par des soldats d'élite, et rendu encore plus meurtrier par l'emploi des balles, sitôt que la distance le permet.

1617. Le pas ordinaire suffit pour donner tout le calme que demande cette disposition; et cette lenteur à aborder l'ennemi, quoique opposée à l'impétuosité française, n'en tourne pas moins au désavantage du premier, en ce que le feu ne détruit que par sa quantité et sa durée. D'ailleurs elle n'est qu'apparente; car en envahissant sans cesse le terrain où l'on combat, le sort de la bataille est décidé en bien moins de temps. Ma ligne, moins long-temps exposée au feu de l'ennemi troublé par l'immensité des projectiles qui l'accablent, éprouve une perte moins grande; vingt-cinq à cinquante minutes lui suffisent pour franchir, à l'appui de son feu excessif, l'espace qui la sépare de son antagoniste, et le mettre en fuite, tandis que la durée des batailles n'a jamais été moindre, jusqu'ici, de dix à quinze heures, et quelques fois deux jours.

EXPLICATION DE LA PLANCHE XII.

Fig. 1re. *Représente deux bataillons ennemis, de mille hommes chaque, en bataille, exécutant le feu de deux rangs, soutenus par six pièces de canon.*

Fig. 2. *Deux bataillons disposés pour l'attaque, faisant le feu d'écharpe en avançant: on voit chaque peloton exécuter son feu, et le front de bataille couvert de la ligne de tirailleurs exécutant le feu à volonté en avançant, et des pièces également réparties sur la ligne.*

Fig. 3. *Représentant deux bataillons formant la deuxième ligne, et disposés en colonne par demi-bataillon. Les pelotons de grenadiers et de voltigeurs en tête, prêts à se déployer pour former la ligne de tirailleurs après le passage de ligne.*

Fig. 4. *Escadrons de cavalerie placés en colonne dans les intervalles des deux bataillons, et prêts à se porter où besoin sera.*

Dans le feu d'écharpe en retraite, le premier peloton va se former à distance entière, ainsi que les autres.

1618. L'ennemi veut-il vous enlever l'avantage de l'attaque en vous prévenant, ou avez-vous des raisons pour ne pas l'attaquer? après avoir pris les mêmes dispositions que ci-dessus, vous faites exécuter le feu d'écharpe de pied ferme, ainsi qu'il suit :

Le général en chef commandera :
 1. *Dispositions pour la défense.*
 2. *Commencez le mouvement.*

1619. A ce commandement vivement répété par les chefs inférieurs, le chef de chaque colonne commandera :
 1. *Feu d'écharpe de pied ferme.*
 2. *Commencez le feu.*

1620. Le chef de peloton de la tête de la colonne, après avoir fait exécuter le feu de peloton, commande aussitôt :
 1. *Première section par le flanc droit.*
 2. *Deuxième section par le flanc gauche.*
 3. *A droite et à gauche.*
 4. *En arrière en colonne, par file sur la droite et la gauche en bataille.*
 5. *Pas redoublé, marche.*

1621. Au premier commandement, les hommes du premier rang se relèvent.

1622. Au troisième, la section de droite fait par le flanc droit, celle de gauche par le flanc gauche.

1623. Au cinquième, chaque chef de section, qui s'est lestement porté à la droite de sa section, la conduit au pas redoublé pour la former sur la droite et la gauche en bataille, serrée en masse derrière le troisième peloton. Les soldats chargeront leurs armes avec rapidité.

1624. Le chef du second peloton se porte en avant au point où le premier a exécuté son feu. Il y effectue le sien, et vient, par les mêmes moyens que le premier, se placer serré en masse derrière lui. Ainsi de suite.

1625. Les tirailleurs exécutent leur feu de pied ferme, visant bien et en écharpe, chacun d'eux ne tirant que quand l'autre a bourré, et chargeant à deux balles dès que la distance le permet.

1626. Si l'ennemi ne se rebute pas, et marche toujours pour vous aborder à l'arme blanche, vous le laissez arriver sous vos feux jusqu'à trente pas; si le moral de vos troupes a été énergiquement trempé par les propos persuasifs de leurs chefs supérieurs et subalternes, pendant la paix, c'est ici que ces derniers jouiront du fruit de leur prévision, de l'accomplissement du plus important de leurs devoirs. Vos soldats tirailleurs, dont l'âme aura été fortement électrisée, pleins de confiance dans les talens et le courage de leurs chefs, vivement inspirés par l'esprit du corps, de compagnie, grandis par la haute opinion que vous leur aurez donnée d'eux-mêmes, n'auront pas besoin de se reformer en peloton pour le recevoir. Vos colonnes suffiront pour rompre les bataillons ennemis qui, ayant essuyé votre feu d'artillerie et de mousqueterie jusqu'à quinze pas de votre ligne, seront réduits des deux tiers. L'auteur parle par expérience.

1627. Un roulement court fait cesser le feu de mousqueterie, l'artillerie lâche ses dernières bordées à mitraille; vous lancez vos colonnes lestement reformées, ainsi que vos tirailleurs, la baïonnette croisée, sur cette poignée de téméraires en désordre qui, ne pouvant vous résister, cèdent, se rendent, et méritent du vainqueur même les égards dus à la valeur malheureuse.

1628. Je suppose, au contraire, des soldats inexpérimentés: la prudence prescrit des précautions. Je fais suivre le roulement de quelques coups de rappel. Les tirailleurs viennent, à la course, se former en section sur la droite et la gauche de la tête de la colonne, sur laquelle ils s'alignent dans chaque demi-bataillon. Alors je lance simultanément, et vivement, mes demi-bataillons en colonnes sur mon antagoniste; je fais des trouées dans ses rangs, mes sections d'élite le prennent par les flancs, le mettent en déroute : la cavalerie vient achever le reste.

1629. Mais, au lieu de vous aborder en bataille, se présente-t-il en colonne pour effectuer une trouée? Vouz le laissez encore arriver sous votre feu à deux balles et à double charge de mitraille, jusqu'à trente pas.

1630. Un roulement court et deux coups de rappel ont fait former vos sections à la course, sur les flancs de vos colonnes, à la hauteur de la tête, laissant place entre deux pour l'artillerie qui continue son feu. La seconde section de grenadiers, et la première de voltigeurs, se formeront en colonne parallèlement au front de celle de l'ennemi, les pièces placées entre elles et les colonnes de pelotons.

1631. On fait exécuter au demi-bataillon de droite un demi-quart de conversion à gauche, et à celui de gauche un demi-quart de conversion à droite, pour se diriger tous les deux par la capitale des angles de la colonne ennemie. (*Voyez* la planche xiv.)

1632. La première section de grenadiers se porte au pas accéléré sur le flanc gauche de cette colonne, et la seconde de voltigeurs sur son flanc droit, au même pas.

1633. Ces dispositions rapidement prises, toutes les colonnes s'élancent au pas de charge, baïonnette croisée, le doigt sur la détente; abordent l'assaillant étonné, et s'il est accompagné d'artillerie, les sections extérieures l'enlèvent à la course, et reviennent aussitôt fondre sur les derrières de la colonne ennemie, et par là rendent l'attaque complète.

1634. La vue, la crainte du danger qui le menace de tous côtés, le désordre produit par les dernières volées de mitraille, l'impétuosité avec laquelle il se voit aborder par un ennemi valeureux, qui lui présente à la fois cinq têtes de colonnes; tout doit nécessairement glacer l'ennemi de terreur. Le feu à bout portant de vos colonnes, qui ont chargé à deux balles, achèvera de mettre la confusion dans cette masse qui, depuis cent toises, marche sous celui de l'artillerie et de la mousqueterie : jugez de ces pertes! Suspendre sa marche, fuir ou se rendre, tel sera la conséquence de sa témérité.

1635. Si la colonne se dirige vers l'intervalle de deux bataillons, ce sera le demi-bataillon de gauche du bataillon de droite, et celui de droite du bataillon de gauche, qui la recevront simultanément, comme ci-dessus, se formant et s'ébranlant plus tôt, vu la plus grande distance.

1636. Ces deux formations, pour recevoir l'ennemi, sont applicables dans le feu en avançant, dans celui de pied ferme et en retraite. On y exercera soigneusement les soldats, qui ne tarderont pas à en acquérir l'habitude, même dans toutes les directions.

1637. — *Retraite.* Ce mouvement s'exécute par les mêmes commandemens, en substituant le mot de retraite à celui de pied ferme.

1638. Le premier peloton, ayant exécuté son feu, viendra se former sur la droite et la gauche par file en bataille derrière et à distance de peloton du troisième.

1639. Le second peloton ne fait pas de mouvement en avant; il exécute son feu de pied ferme, et va se former à la même distance derrière le premier; le troisième en fait autant. Ainsi de suite.

1640. La ligne de tirailleurs continue le feu en retraite, en se réglant sur la marche de la colonne qui sera plus ou moins accélérée, selon l'urgence. L'artillerie fera son feu en retraite, en fixant les prolonges à un choquet placé aux crosses, tirant alternativement, et se réglant sur la ligne de tirailleurs.

1641. — *Dispositions contre la Cavalerie.* Le canon et la mousqueterie tiendront la cavalerie éloignée par un feu qui aura certainement beaucoup d'effet; mais s'il ne parvenait à l'arrêter et qu'elle s'abandonnât au grand galop, on formerait le carré de la manière suivante :

Si nos colonnes sont en marche, elles feront halte : un roulement court et deux reprises au drapeau feront cesser le feu et rentrer nos tirailleurs à la course.

1642. Chaque chef de demi-bataillon commandera :

1. *Carré flanqué sur cinq rangs.*
2. *Premier et deuxième pelotons* (en désignant les deux pelotons qui forment la tête par leur numéro), *tant de files de droite que de gauche en arrière,* etc.
3. *Pas redoublé, marche.*

1643. Au premier commandement, les sergens-majors des deux pelotons de la tête compteront les files de leur peloton, que je suppose être de 36 files ; soit 98 hommes, qui, divisés par 5, et le quotient multiplié par 2, donneront 14 files. Le chef de demi-bataillon commandera aussitôt : *Sept files de droite et de gauche par peloton en arrière sur la droite et la gauche par deux en bataille,* ce qui s'effectuera comme il est dit art. 734, 735, 738 et 739.

1643. Au troisième commandement, l'adjudant-major ou sous-officier de chaque demi-bataillon, et celui qui remplit les fonctions d'adjudant sous-officier, se porteront chacun sur un des flancs du troisième peloton, qui n'a pas mis de files en arrière; ils feront face au coude extérieur de l'homme du troisième rang de la droite et de la gauche du peloton de la tête, et placeront sur cet alignement le guide de gauche pour la seconde section, et le sous-officier de remplacement pour la première du peloton qui se trouve par section sur la droite et la gauche en bataille, lesquels se placent à la distance et à la hauteur du dernier homme de leur section.

1644. Au quatrième commandement, chacun des chefs des sections de flanc se porte contre le troisième homme de la file de droite et de celle de gauche du peloton de la tête, et établit sa section dans la direction oblique tracée par l'adjudant-major ou sous-officier.

1645. Les deux tiers de chaque section des grenadiers et des voltigeurs, qui rentrent à la course, se formeront avec rapidité sur deux rangs derrière le troisième peloton, et l'autre tiers se place coude à coude sur le flanc de chaque section, l'allonge d'autant, en s'y formant sur cinq rangs et dans la même direction. (*Voyez* planche xv.)

1646. L'artillerie vient rapidement se placer sur les angles du troisième peloton; les chevaux dételés se réfugient dans le carré, par les ouvertures *CC*, que l'on bouche par les files en arrière, et les canonniers ne quittent leurs pièces qu'au dernier moment, recevant la cavalerie par des volées de mitraille.

1647. Le troisième peloton, après avoir serré sur les sections pour former le carré, fait demi-tour au commandement de son chef.

On voit que ce carré est un véritable bastion de fer et de feu (*Voyez* 222), présentant à l'ennemi trois faces qui le battent perpendiculairement et en écharpe, et flanquées d'artillerie. Chaque demi-bataillon se trouve flanqué par les feux des pelotons de flancs des autres demi-bataillons, sans crainte de tirer les uns sur les autres.

1648. Toutes ces dispositions rapidement prises, le commandant voulant faire exécuter ses feux, soit en commençant par ceux de rang ou par celui de peloton, commandera :
1. *Feu de Peloton.*
2. *Demi-bataillon, arme.*
3. *Trois premiers rangs des façades de la tête, joue, feu.*

1649. Les hommes du troisième et cinquième rang déboîteront.

1650. Le feu de peloton s'exécutera par les trois premiers rangs seulement; les deux autres resteront dans la position d'apprêter les armes.

3651. Sitôt ce feu exécuté, le chef du demi-bataillon commandera :
1. *Fraisez.*
2. *Feu par rang.*
3. *Cinquième rang.*
4. *Joue.*
5. *Feu.*

Puis au quatrième, ensuite au troisième, et, revenant au cinquième, il continuera.

1652. Au premier commandement, le premier et deuxième rang se conformeront à ce qui a été dit plus haut (*Voyez* 751); le troisième rang reprendra sa place en chargeant. Au troisième commandement, le cinquième rang se fendra du pied gauche, et avancera le corps en ajustant.

1653. Les façades du carré seront distinguées par façades de la tête ($A, A, A,$), façades de la queue (B); les deux sections de flanc feront partie des façades de la tête, en ajoutant la dénomination : *et des flancs*. Ainsi le commandant, maître de ses feux, pourra, à volonté, les faire exécuter par celles des façades qu'il jugera à propos, pendant que les autres ne tireront pas, restant dans la position d'apprêter les armes.

Le bataillon est donc fraisé sur toutes ses faces par un double rang de baïonnettes penchées vers le poitrail des chevaux, la crosse appuyée à terre et fixée devant et contre le genou de l'homme; cette palissade

ORD 323

de fer doit résister contre tout espèce de choc de cavalerie, quelque violent qu'il puisse être.

1654. Tout le monde sait que lorsque la cavalerie veut charger l'infanterie, elle se fait précéder par une, deux, et quelquefois trois escarmouches, pour la dégarnir de ses feux, charger pendant que les fusils sont vides, et par conséquent sans défense. Par mes trois derniers rangs, j'oppose un feu de rang perpétuel et qui se succède rapidement. Si la charge se fait à fond, ces trois rangs croisant la baïonnette et se serrant sur les deux premiers, présentent une muraille de fer inexpugnable, et ayant encore au moins deux rangs dont les armes sont chargées.

1655. Enfin la cavalerie placée dans les intervalles de notre seconde ligne, viendra à toute bride charger celle de l'ennemi, avec d'autant plus d'avantage que cette dernière aura éprouvé une perte considérable pour venir jusqu'à nos carrés.

1656. — *Passage de Ligne.* Pour effectuer cette manœuvre, qui peut être dangereuse devant un ennemi entreprenant, l'artillerie de la seconde ligne part au galop pour venir renforcer celle de la première, et couvrir par un feu terrible ce mouvement. Elle se place sur le front des colonnes de la première ligne qui font rentrer leurs tirailleurs sitôt que les colonnes de la seconde entrent dans leurs intervalles.

1657 La ligne de tirailleurs se déploie en arrière des pièces qui continuent leur feu jusqu'à ce que la première ligne soit à trois cents pas en arrière; son artillerie vient alors l'y rejoindre, étant remplacée par les feux des colonnes et des tirailleurs.

1658. La cavalerie reprend sa position dans les intervalles de la première ligne, devenue seconde hors de portée. On peut, si l'on veut, laisser en première ligne cette quantité d'artillerie, de la ligne renouvelée, qu'on croira nécessaire.

1659. Cet ordre joint à l'avantage de l'attaque, celui de la défense, il n'expose pas le soldat à essuyer impunément ces bordées de boulets, d'obus, de mitrailles, de coups de fusil, sans riposter, avant de pouvoir aborder à la baïonnette un ennemi frais, intact, qui doit être encouragé par les pertes imminentes qu'il sait vous avoir fait éprouver, et qui, en fondant sur vous dans votre désordre, doit nécessairement avoir l'avantage s'il a le judicieux courage de le faire.

1660. Pour mieux faire ressortir la puissante supériorité de cet ordre, je vais l'appliquer à la grande tactique.

1661. Supposons une armée de 96,000 fantassins, 54,000 cavaliers, 600 pièces de canons et leurs accessoires, en présence d'une autre armée de pareille force.

1662. Je répartis ces diverses armes dans mes colonnes, selon que la nature du pays, celle du terrain où je veux me déployer, les circonstances, mes prévisions, me le prescrivent, parce qu'on doit toujours manœuvrer, relativement au terrain varié, tel que le pays les offrira.

1563. Je suppose encore ces terrains absolument nus et uniformes, ne m'obligeant, par conséquent, à aucune supputation locale, étant également propres à toutes les armes.

1564. Connaissant l'expérience et le courage de mes soldats, je désire ruiner d'un seul effort l'armée ennemie en obtenant un résultat éclatant; je me décide, à cet effet, pour l'ordre parallèle.

1665. Je distribue également les trois armes dans mes colonnes, dont je règle le nombre de manière à déployer avec le plus de facilité et de vivacité, possible. Former mes deux lignes parallèlement à celle de l'ennemi et l'attaquer sur tous les points avant qu'il ait eu le temps de changer ses dispositions. Déployant à douze cents pas de mon antagoniste, mes deux lignes sont constituées ainsi qu'il suit :

1666. 45 bataillons forment la première, 47 la seconde, et 4 flanquent les ailes.

1667. A mesure que les colonnes de marche se déploieront, chaque bataillon, arrivant sur le terrain qu'il doit occuper, se formera, sans se déployer, en colonne par demi-bataillon, ainsi qu'il est prescrit dans la disposition pour l'attaque, chaque demi-bataillon se portant, par le flanc, à dix toises et demie environ de celui qui vient d'être arrêté, les adjudans-majors et sous-officiers comptant les pas, les lignes de tirailleurs se déployant en même temps; et les trois pièces de canon par intervalle mises en batterie.

1668. La seconde ligne se formera, comme la première, en colonnes par demi-bataillon, les compagnies d'élite en tête, l'artillerie derrière.

1669. Le premier régiment de cette ligne fournira son deuxième et troisième bataillon, en potence, sur la droite de la première ligne, laquelle sera débordée par le premier bataillon, en bataille à la droite, et dans le prolongement de la seconde.

1670. Le dernier régiment, placé à la gauche de cette ligne, fournira son premier et second bataillon en potence sur la gauche de la première, laquelle sera débordée par le troisième bataillon, placé dans le prolongement de la seconde.

1671. Ces deux régimens seront aussi formés en colonne par demi-bataillon et peloton, la ligne de tirailleurs déployée; ils auront chacun 30 pièces de canon en batterie dans leurs six intervalles.

1673. La cavalerie s'établit, au même instant, dans les intervalles des bataillons de la seconde ligne, qui présentent un vide de 3,670 toises, pouvant contenir 25,000 hommes en bataille sur 92 fronts de 50 et 20 toises.

1674. Vingt-cinq autres mille hommes de cavalerie seront en colonne derrière. (*Voyez* 1896.)

1675. Je place 3,000 chevaux en bataille sur chaque aile de la seconde ligne, en échelons, à cinquante toises en arrière, et sur le flanc de l'infanterie ou de la cavalerie de la droite et de la gauche, pour la garantir d'être débordée; cette cavalerie masquera un certain nombre d'artillerie, qui la soutiendra au besoin. (*Voy.* 1896.)

1676. Si les débouchés de la marche de l'armée, par les fronts, ont été bien reconnus et ouverts; si le nombre des colonnes a été judicieusement déterminé, et l'espèce d'armes judicieusement répartie entre elles; si les distances entre les colonnes ont été sainement calculées sur leurs forces, et la manière dont on effectuera le déploiement, toutes mesures bien prises, la tête de chacune d'elles arrivera en même temps sur les points de l'alignement que je veux donner à ma ligne de bataille, et sa formation ne prendra guère plus d'un quart d'heure, quoique présentant une étendue de plus de deux lieues.

1677. Enfin un quart d'heure après, c'est-à-dire une demi-heure à partir du commencement de l'exécution du déploiement, je donne le signal de l'attaque générale.

1678. Les deux lignes, ébranlées simultanément, franchissent au pas accéléré, chaque bataillon suivant soigneusement la direction donnée, les 800 pas qui les séparent de la portée de l'ennemi, où étant arrivées, chaque chef de division de la première ligne commande le feu d'écharpe en avançant, ceux de la seconde ligne le pas ordinaire, pour se conformer au mouvement de la première, et conserver avec attention la distance de trois cents pas qui les séparent.

1679. Parcourons rapidement nos moyens de victoire et ceux de l'ennemi.

1680. Nous remarquons, dans les 90 intervalles de notre première ligne, 270 bouches à feu, que l'on peut presque doubler au besoin, vomissant, en avançant, au moins mille boulets par minute, sur tous les points de la ligne ennemie; en supposant la durée de deux minutes pour franchir cent pas, il nous faudra six minutes pour arriver à cent pas de l'ennemi. Dans ce laps de temps, six mille boulets au moins auront traversé sa ligne.. 6,000

1681. En ne supposant que trois coups de fusil par minute, au lieu de cinq, 810,000 coups de fusil, ajustés à volonté, par des soldats d'élite, et en écharpe, auront atteint la ligne de mon antagoniste................. 810,000

1682. Je suppose une défense stoïquement courageuse, qui nous aura mis 9,000 hommes hors de combat, et que nous mettions encore cinq minutes pour franchir ces cent derniers pas.

L'artillerie, soigneusement entretenue par

les réserves, ainsi que les tirailleurs hors de combat, les soldats, dans ces cinq minutes, chargent à deux balles, l'artillerie à mitraille.

1683. Les 36,000 fantassins tireront, dans ces cinq minutes, 540,000 balles.............. 540,000

1684. L'artillerie, 5,000 coups à mitraille... 5,000

Voilà donc ma première ligne arrivée sur le terrain qu'occupait l'ennemi, sous l'appui de 6,000 boulets, 5,000 coups à mitraille, 1,350,000 balles, en onze minutes..

1685. Si l'ennemi veut opposer, sur toute sa ligne, mousqueterie à mousqueterie, il ne peut placer de l'artillerie que dans ses 45 intervalles de bataillons de huit toises chaque. Chaque pièce occupant au moins deux toises, il n'y aura que 180 canons résistant à nos 270 pièces. En doublant, comme nous en avons la facilité, les batteries opposées aux leurs, elles se tairont en peu de temps.

1686. Sa fusillade ne peut être ni aussi bien nourrie, ni aussi bien ajustée que la nôtre : le second rang ne peut tirer en écharpe; ne changeant pas de place, ses rangs seront bientôt éclaircis par les blessés qu'on emportera; la chute des morts, les cris des mourans, y auront bientôt mis la plus grande confusion; tandis que ma ligne, avançant sans cesse, laisse derrière elle tous ces sujets faits pour démoraliser le soldat le plus courageux. Peu de minutes feront cesser la vivacité de son feu de deux rangs, sur lequel il a vainement compté pour arrêter le nôtre, dont l'intensité devient toujours de plus en plus grande, à mesure que ma ligne approche, mes grenadiers et voltigeurs, qui rivalisent de courage, de sang-froid, ajustant avec plus de facilité à mesure que la distance diminue. Les deux balles et la mitraille, qui commencent à 75 ou 90 pas, remplacent mes pertes.

1687. L'ennemi, à la vue de cette grêle de projectiles qui l'accablent de toutes parts, se hâtera de porter sur sa ligne toute son artillerie, et de faire mettre ventre à terre à son infanterie : par-là il se prive du reste de sa mousqueterie.

1688. En supposant, contre ce que j'ai dit plus haut, son artillerie presque intacte, répartie sur les 4,300 toises de la ligne de bataille, je lui opposerai aussi rapidement un même nombre de pièces soutenues par le feu de toute ma mousqueterie : le même nombre de boulets ou mitraille, et 216,000 balles par minute, suffiront pour les faire taire presque aussitôt, en chargeant à deux balles. En effet, qu'opposera-t-il à un feu si meurtrier ? 6,000 boulets ne pourront pas arriver en deux minutes dans nos rangs; car, pour se mettre en batterie, il aura dû être exposé à cette nuée de projectiles. Que de chevaux tués! de canonniers hors de combat! conséquemment, que de pièces sans effet! Celles qui auront échappé ne pourront opposer un feu suffisant pour nous résister, et deux minutes les feront taire.

1689. On a sans doute observé que ma mousqueterie ne discontinue pas un instant; que les tirailleurs et les artilleurs sont sans cesse au complet, ainsi que le nombre de canons, par les soins que l'on met à remplacer ce qui est hors de combat, et que les hommes pris dans le centre pour remplacer les canonniers connaissent la manœuvre du canon, puisqu'on les y a exercés d'après ma méthode. (23.)

1690. L'ennemi, dont la cavalerie déborde nos ailes, veut profiter de cet avantage apparent; il fait une tentative sur un de nos flancs ou sur tous deux, pour nous prendre en même temps par le front, les flancs et à dos, et rendre l'attaque complète.

1691. Il se présente : en examinant ma disposition, il en reconnaît l'impossibilité; il y renoncera d'autant mieux, qu'il apercevra le désordre, la déroute gagner tout le front de sa première ligne. Il devra voler au secours de son infanterie, harcelée par notre cavalerie; mais il persiste, et, confiant dans sa bonté et sur la profondeur de sa colonne, il se précipite sur les deux bataillons de flanc.

1692. Le feu de vingt canons placés dans leurs intervalles le reçoit de front; celui des dix placés dans les intervalles du premier bataillon le reçoit en écharpe et de flanc; les façades de mes six carrés le reçoivent par six feux de peloton, suivis d'un feu continuel par rang. Ce feu excessif ne tardera pas à faire un rempart des corps de ses chevaux sur tout le front des bataillons de flanc, tandis que les trois mille chevaux en échelons, à 50 toises en arrière des ailes de la seconde ligne, se lanceront au galop pour le prendre en flanc et à dos. Sa perte est inévitable.

1693. Enfin, l'ennemi, accablé, rebuté partout, prend-il la fuite? la cavalerie qui se trouve dans les intervalles de la seconde ligne se lance au galop, et l'a bientôt atteint : un roulement court et deux reprises au drapeau ont fait rentrer à la course, dans nos colonnes, nos tirailleurs, pour s'y disposer à former le carré; nos batteries se portent lestement sur le front de leurs colonnes respectives. Tous ces mouvemens s'exécutent sans ralentir la marche en avant, que l'on fait au pas de charge, pour soutenir la cavalerie et gagner du terrain.

1694. L'ennemi, chargé, suspend sa fuite pour se former en carré. Dans ce temps, nos colonnes l'approchent, et, s'il ne se laisse pas entamer par la cavalerie, il ne peut résister à notre feu, qui l'accable sitôt qu'il a été démasqué, et dont l'intensité augmente en faisant déployer nos tirailleurs à la course. Notre cavalerie est-elle ramenée par celle de l'ennemi? elle vient se reformer derrière nos colonnes, qui ont fait halte pour former le carré. Elle est reçue, sitôt qu'elle a été démasquée, par la mitraille, le feu de peloton, suivi du feu continuel par rang, qui l'ont bientôt arrêtée. Enfin, mise en désordre, elle est chargée de nouveau par la nôtre, que nous soutenons de rechef au pas de charge, et toujours en gagnant du terrain.

1695. Excepté quelques escadrons de cavalerie, il est impossible qu'un seul individu, une seule pièce de canon, quelque nombreuse que soit cette armée, puissent échapper.

1697. Harcelée par notre cavalerie, l'infanterie ennemie retombe involontairement sous les coups de notre infanterie : se rendre ou périr, il ne lui reste aucune autre ressource; aucune puissance humaine ne peut l'en garantir, quels que soient sa bravoure, son expérience, les talens de ses chefs, seraient-ce encore des gardes impériales et royales contre des soldats de trois mois, si les cadres d'officiers et de sous-officiers sont instruits.

1698. Que l'ennemi emploie à notre insu tous les avantages de l'ordre oblique, il ralentira peut-être la marche du point attaqué, lui fera peut-être encore céder lentement quelques pouces de terrain; mais il ne peut empêcher sa ruine, que le reste de ma ligne, en l'enveloppant successivement, rendra inévitable : c'est le lion rugissant qui périt dans les replis tortueux du bon Africain. Faisons encore mieux ressortir cette vérité par un exemple péremptoire.

1699. Je suppose une masse de trente bataillons de mille hommes chacun, en colonne serrée par division, s'avançant fièrement pour percer le centre ou une des ailes de la première ligne, dont la défense est confiée à un régiment de trois mille hommes, formé d'après cet ordre.

1700. Sans discontinuer mon feu, lequel a commencé par l'artillerie, à la distance de 400 toises, et la mousqueterie à celle de 120, je fais aussitôt exécuter un mouvement en avant par l'aile droite des demi-bataillons de droite, et par l'aile gauche de ceux de gauche. Les deux demi-bataillons du second bataillon ne bougent pas; de sorte que le régiment décrit une petite courbe dont la tête de la colonne ennemie forme la corde de l'arc. Mon matériel a été doublé par celui du régiment en seconde ligne, et me voilà, avec trois mille hommes et 36 pièces de canon, chargé de repousser trente mille hommes qui s'avancent en colonne serrée par division. Pour parcourir sous notre feu les 400 pas qui nous séparent, soit par la difficulté du terrain, soit par le désordre qu'occasionneront les morts et les blessés, cette colonne restera au moins huit minutes.

1701. Elle essuiera, dans ces huit minutes, 1,440 coups de canon, dont 1,080 boulets et 360 à mitraille, plus 24 mille coups de fusil, dont six mille à deux balles. Il y aura bien peu de coups perdus sur une telle masse, et, en supposant qu'il y en ait un tiers, il y aura donc 22 mille balles, 720 boulets et 240 coups de mitraille, qui auront indubitablement mis une vingtaine de mille hommes hors de combat.

1702. Supposons encore que les dix mille qui restent persistent à se faire jour, ce qui est contre toute probabilité, vu le désordre et la terreur : ils avancent en confusion ; j'effectue alors le feu d'écharpe en retraite l'espace de cent pas, et ce temps suffit pour exterminer le reste, sans avoir éprouvé une perte considérable ; car tout guerrier sait que ces masses, privées du feu de mousqueterie, sont même rarement soutenues par une nombreuse artillerie. Cet ordre si simple, si meurtrier, si facile à exécuter, garantit à la garde nationale tous les avantages que peuvent espérer de vieilles troupes bien exercées. Sans cesse en colonne, il offre, pour les manœuvres de guerre toute la vivacité de mouvement possible ; il résout le problème du feu en avançant. (*Voy.* 1080.)

1703. En vain alléguera-t-on que c'est enlever au Français tout l'avantage de son impulsion ; que le Français ne doit tirer que quand il ne peut joindre son ennemi à l'arme blanche, etc., etc. ; je suis loin de combattre cette opinion, et encore moins d'avoir l'intention de la détruire, puisque plusieurs articles de ma méthode font ressortir cette vérité dans tout son éclat (*voy.* 1116). Mais nul ne peut douter que de deux armées également braves, etc. (*voy.* 1079), c'est l'ordre le plus avantageux à des soldats sans expérience, par la facilité et la rapidité avec lesquelles on passe à la disposition contre la cavalerie, disposition la plus inexpugnable qu'on ait encore trouvée, etc.

1704. C'est encore celui qui est le plus favorable à la défense d'un passage de rivière, de défilé.

1705. On pourra exécuter cette manœuvre avec le bataillon de corde, en y substituant deux pelotons pleins par bataillon pour l'exercice des tirailleurs.

1706. De l'ordre en colonne par peloton, par division, de la colonne d'attaque, on passe rapidement à cet ordre en faisant marcher par le flanc chaque demi-bataillon en sens inverse, jusqu'à ce qu'ils aient atteint leurs distances, mesurées par les adjudans-majors et sous-officiers (1668).

1707. ORGUEIL. De toutes les classes de la société, c'est celle des officiers qui, dans l'état militaire, doit, sans contredit, le plus soigneusement se préserver de l'orgueil.

1708. Disons aux officiers que la présomption ou la confiance en soi-même, fondée sur des talens et des vertus que l'on n'a pas, est de tous les vices le plus ridicule; qu'ils appréhendent de se rendre méprisables par une fatuité qui porte à ne s'occuper que de soi-même, et qui rend orgueilleux des qualités que l'on croit posséder.

1709. Si ces qualités sont réellement en nous, nous fatiguons les autres à force de nous enorgueillir devant eux. Ne les possédons-nous pas? nous leur paraissons impertinens et ridicules, dès qu'ils ont une fois démêlé notre imposture. La grossièreté, la brutalité, l'impolitesse, sont les effets ordinaires d'un orgueil qui se met au-dessus des égards, qui refuse de se conformer aux usages, et de montrer les déférences et les attentions que des êtres sociables se doivent les uns aux autres.

1710. Les hommes raisonnables, destinés par profession à vivre, pour ainsi dire, en famille dans les différens corps militaires, sentiront facilement combien l'orgueil les rendra promptement insupportables à leurs camarades, ou qu'ils humilieront, s'ils sont fondés à s'enorgueillir, ou dont ils deviendront la risée, si leurs prétentions sont déplacées. La faute deviendrait encore bien plus grande, si leur orgueil se faisait sentir à ceux à qui ils devront de la soumission et du respect.

P

1711. PALISSADES, pieux épointés, d'environ 9 pieds de hauteur. On les enfonce de 3 pieds dans la terre, et on les assemble avec des linteaux ou traverses. On s'en sert pour faire des retranchemens dans les ouvrages que l'on veut disputer à l'ennemi; on les place à 2 pouces et demi les uns des autres. Les pieux des palissades sont carrés et disposés en losange, c'est-à-dire qu'ils ont deux angles sur la ligne, l'un extérieur et l'autre intérieur. Les palissades sont debout ou à peu près perpendiculaires à l'horizon, en quoi elles diffèrent des fraises, dont les pieux sont posés presque horizontalement. (*Voyez ce mot.*)

1712. Elles servent à fortifier les avenues des postes ouverts, des gorges, des demi-lunes, le fond des fossés, les parapets des chemins couverts, et en général tous les postes où l'on craint des surprises, et dont les approches sont faciles.

1713. PARAPET, partie supérieure d'un rempart, laquelle couvre ceux qui le défendent. (*Voy.* 3030.)

1714. PARTI, petit corps de troupes envoyé en expédition. La guerre de partis est ce qu'on nomme petite guerre ; elle prête beaucoup plus que l'autre à la ruse et aux stratagèmes.

1715. On fait sortir, presque toutes les nuits, de l'armée, des partis d'infanterie et de cavalerie : le but de ces expéditions est en général d'être informé de ce qui se passe dans le pays, et d'empêcher que les coureurs de l'ennemi s'en approchent. Quand les partis d'une armée sont destinés à éloigner ceux de l'autre, ils s'embusquent, et se cachent soigneusement pour les surprendre et les battre. Il y a encore des partis destinés à couvrir le flanc des convois, pour empêcher que l'ennemi n'interrompe ce que l'on veut entreprendre le lendemain, et pour faciliter au général la connaissance qu'il veut prendre ou d'un camp avantageux, ou d'une marche, ou même de la situation du camp ennemi. Ces partis doivent être beaucoup plus forts que les autres, et composés suivant la nature du pays. Il y a encore d'autres partis qui sortent volontairement, et qui n'ont pour objet que le gain particulier, soit sur les convois, soit sur les fourrageurs et pâtureurs de l'armée ennemie. Ceux-ci doivent prendre une commission, pour ne pas être traités comme voleurs. Quand ces sortes de partis sont hardis et capables, et que le pays est un peu mêlé de bois, ils désolent une armée qui ne prend pas toutes les précautions pour s'en garantir.

1716. La hardiesse du partisan qui attaque, décide presque toujours, en pleine campagne, du succès entre partis à peu près égaux, et sa conduite, pour être bien embusqué et surprendre l'ennemi qui s'engage dans l'embuscade sans précaution, en assure la réussite dans un pays couvert et rempli de défilés.

1717. Un jeune homme qui veut savoir à fond le métier de la guerre, ne doit pas considérer au-dessous de lui d'aller en parti, soit à pied, soit à cheval, avec les bons partisans de l'armée, et de s'en faire aimer, afin d'apprendre, dans cette espèce de guerre, la manière de l'ordonner à propos, lorsqu'il sera parvenu au commandement.

1718. Quel que soit le nombre d'espions de l'armée, elle doit avoir encore continuellement des partis dehors, pour avertir le général de ce qui se passe à une distance raisonnable de son camp.

1719. Il faut de grands talens pour bien s'acquitter des fonctions de partisan, et surtout pour savoir suppléer à la force par l'art et la ruse. Il faut beaucoup de pénétration et d'intelligence pour saisir le nœud et la difficulté d'une entreprise; de la prudence et de la justesse dans le choix des moyens propres à l'exécution; du secret et de la circonspection dans la conduite; de la grandeur d'âme et de l'intrépidité dans le péril; enfin, une présence d'esprit dans toute rencontre, jusque dans le feu de l'action même.

1720. PASSAGE *de rivière.* Pour passer une rivière en présence de l'ennemi, il faut joindre la ruse à la force, afin de lui faire prendre le change sur le lieu où l'on a dessein de passer; faire en sorte de lui donner de l'inquiétude sur différens endroits, pour l'engager à partager son armée en plusieurs parties, qui opposent alors bien moins de résistance que si elle était réunie.

1721. Quoiqu'il soit plus facile de défendre un passage que de le forcer, il arrive cependant que celui qui entreprend de le faire, réussit presque toujours : c'est que l'on ignore la plupart des avantages de la défense, qu'on ne pénètre pas assez les desseins de l'ennemi, et qu'on se laisse tromper.

1722. Le premier besoin de celui qui veut passer une rivière, est de connaître bien exactement ses deux bords, ainsi que la nature du terrain de part et d'autre; si la rivière est sujette à grossir tout d'un coup par les pluies et les fontes de neiges, ou bien par des écluses que l'ennemi pourrait ouvrir pour rompre les ponts et augmenter ainsi les difficultés. Les lieux les plus propres au passage d'une rivière sont ceux où les bords n'ont point d'escarpement, et font au contraire une espèce de pente insensible, où l'armée peut arriver aisément et se mettre en bataille de l'autre côté, dans une position avantageuse pour résister.

1723. Les endroits où les rivières font une espèce de coude ou d'angle rentrant, sont très-favorables, ainsi que ceux qui sont au confluent de la rivière que l'on veut passer, et d'une autre rivière navigable. Dans le premier cas, la disposition de la rivière donne lieu de protéger le passage ou la construction d'un pont, par un feu d'artillerie qui découvre une plus grande partie du terrain opposé; et dans le second cas, on a la commodité d'assembler les bateaux hors des yeux et de la portée de l'ennemi, et de les faire descendre promptement, et sans obstacle, dans l'endroit où il s'agit de construire le pont.

1724. Les îles facilitent le passage. On joint d'abord le terrain à l'île par des ponts, et l'on gagne ensuite le bord opposé par d'autres ponts, qui, protégés du feu de l'artillerie et de la mousqueterie, s'achèvent sans difficulté. Il est à propos de construire deux ou trois ponts à côté les uns des autres, pour effectuer plus promptement le passage.

1725. Lorsque tous les ustensiles et les pontons sont prêts, on les construit très-promptement, surtout si l'ennemi n'est pas en force pour l'empêcher.

1726. Pour ne pas courir le danger d'être culbuté par l'ennemi, on protége le passage par des batteries établies sur le bord de la rivière; et lorsqu'il y a des troupes parvenues à l'autre bord, on fait, sans différer, un retranchement pour les couvrir, et les mettre en état de résister aux attaques des différens corps que l'ennemi peut envoyer pour empêcher ou inquiéter le passage. On agrandit ensuite ce retranchement à mesure que le nombre des troupes qui y arrivent, devient plus grand, en sorte que toute l'armée puisse s'y réunir, pour se porter de là en avant.

1727. Si l'armée ennemie est en bataille ou fortifiée par de bons retranchemens, sur le bord opposé; le passage est alors presque impossible, à moins que, par la situation que l'on occupe, on ne puisse établir des batteries qui foudroient et labourent le camp ennemi.

1728. Il est préférable de chercher à tromper son adversaire, en feignant d'abandonner l'entreprise, pour aller chercher un passage ailleurs. On se retire avec tout son attirail, et l'on paraît se mettre en devoir d'effectuer le passage dans un autre endroit éloigné ; mais on laisse secrètement un bon corps de troupes dans les environs, avec ordre de profiter du départ de l'ennemi pour assurer la tête du pont, si elle prend le parti de suivre celle qui veut forcer le passage. On voit par-là qu'en rusant un peu, et en calculant le temps de la durée des différentes manœuvres que l'ennemi peut faire, on réussit, avec de l'adresse et de l'intelligence, à le tromper et à traverser des rivières, malgré les efforts qu'il fait pour s'y opposer : c'est ce que l'expérience prouve tous les jours.

Si l'on veut surprendre un passage de défilé ou de rivière, on le peut faire avec un corps de dragons, afin de prévenir l'ennemi par la diligence de la marche ; on fait suivre ce corps par de l'artillerie et des voitures d'outils, si c'est pour un défilé, et le nombre de pontons suffisant, si c'est pour une rivière.

1729. Il faut brusquement passer de l'autre côté pour s'y retrancher, et assurer les têtes de ponts, afin que le passage se puisse faire sûrement et commodément. L'armée doit marcher peu de temps après le corps détaché, pour qu'il ne reste pas long-temps sans être protégé, étant à présumer que l'ennemi fera un effort considérable pour le culbuter et prévenir le passage.

En un mot, il faut qu'au dernier coup de marteau, la première file de chaque colonne mette le pied sur le pont.

1730. Dans les surprises de rivières et de défilés, il faut que le général soit vigilant pour prévenir son ennemi, actif pour avoir exécuté son dessein avant que son adversaire soit en état de s'y opposer; et surtout il doit être en garde contre tous les inconvéniens qui peuvent survenir, et dont souvent un seul est capable de faire manquer le projet.

1731. Le général qui s'étend le plus pour empêcher que l'ennemi ne lui surprenne le passage d'une rivière, est celui qui s'oppose le moins efficacement à cette opération de guerre.

1732. Le moyen le plus sûr pour s'opposer à un pareil projet, est de se tenir concentré à une portée raisonnable des lieux où l'ennemi peut entreprendre de passer, d'avoir des gens fort alertes sur les bords de la rivière, ou plutôt des signaux bien établis, et de bons espions sur la rive ennemie, pour être continuellement averti des démonstrations qu'il peut faire. Il faut que les espions soient capables de discerner les efforts apparens d'avec les véritables, afin que l'armée ait le temps de se porter avec toutes ses forces sur lui pour le combattre, soit avant qu'il soit entièrement passé, soit avant qu'il ait pu se former et être en disposition de la recevoir. Cette maxime est également pour un défilé considérable, pourvu qu'on soit en force devant l'ennemi, et qu'on le combatte avant qu'il ne soit entièrement passé et formé en état de combattre. L'ordre le plus avantageux pour cette sorte de défense est celui proposé par l'auteur pour la garde nationale. (*Voyez ce mot.*)

1733. PATROUILLE. Les patrouilles doivent être peu nombreuses, parce que leurs fonctions ne sont que d'avertir de ce qui se passe: quatre hommes et un caporal suffisent ordinairement; dans un poste voisin de l'ennemi, on les double quelquefois, parce qu'elles peuvent rencontrer celles de l'adversaire. Les patrouilles sont le moyen le plus sûr de se bien garder.

Comme elles changent de lieux à chaque instant, elles sont plus sûres, et découvrent mieux le danger que les sentinelles qui occupent toujours le même poste. Quand on est près de l'ennemi, on doit faire faire, de nuit, et quelquefois de jour, dans les pays fourrés, de fréquentes patrouilles, et en charger les hommes les plus intrépides et les plus intelligens. Il n'y a pas jusqu'au petit corps nommé patrouille qui ne doive observer les maximes de la guerre. Celui qui les commmande doit se faire précéder, à quelque distance, par un soldat brave et intelligent : c'est son avant-garde. Ce soldat marchera doucement, s'arrêtera de temps en temps pour écouter, et, s'il n'entend rien, il reprendra lentement sa marche. Le commandant doit être convenu avec lui d'un signal, tel qu'un coup sur le fusil ou sur la giberne. Si le soldat entend au loin quelque bruit suspect, il fera le signal, et la patrouille le joindra. Si le bruit était fort près de lui, il attendrait la troupe, afin que le caporal jugeât par lui-même.

1734. Celui-ci tiendra les hauteurs dans les pays de coteaux et de montagnes; il ne descendra dans les fonds que dans le cas où il serait nécessaire de les vérifier, ce qu'il jugera d'après ce qu'il aura entendu et vu. S'il découvre un corps d'une certaine force, il détachera aussitôt un de ses soldats pour avertir le poste.

1735. PAYS (*Connaissance du*). Pour juger des mouvemens de l'ennemi, et déterminer les opérations d'une campagne, il est indispensable de connaître l'étendue et le détail du pays dans lequel on fait la guerre. C'est ce que les cartes topographiques apprennent.

1736. La guerre des montagnes se borne ordinairement à l'étendue qui sert de limites aux états auxquels on veut la déclarer.

1737. Soit que l'on fasse une guerre offensive ou défensive, il faut, autant qu'il est possible, y ajouter la connaissance de la frontière ennemie. On ne peut prendre trop de précautions pour se l'assurer.

1738. Quand on fait la guerre dans les montagnes, il

est nécessaire de se rendre maître de la chute des eaux; par ce moyen on garde tous les débouchés, et l'on a la certitude de se défendre et d'attaquer avec succès toutes les fois que le cas l'exige.

1739. Tout officier n'est pas également propre à acquérir la connaissance du pays: les uns ont le talent naturel du local, et connaissent le pays militairement; les autres n'en connaissent simplement que le terrain, sans distinguer aucune position particulière. C'est dans le choix de ces officiers qu'un général doit être attentif, en se servant des premiers pour ses projets, et des seconds pour la simple direction des marches; car les derniers ne sont que des guides, au lieu que les autres peuvent être fort utiles au général et au chef d'état-major de l'armée.

1740. Pour étudier militairement un pays, il faut remarquer les endroits qui pourraient servir à l'établissement des camps, les postes qui peuvent couvrir une route sur laquelle on dirigerait des convois, les débouchés dont l'ennemi pourrait faire quelque usage, et tous ceux qui peuvent avoir rapport aux opérations de la guerre dont on peut être occupé, soit offensivement, soit d'une manière défensive; n'avoir rien négligé sur le détail des revers de chaque montagne, afin d'être en état de couvrir la droite et la gauche de l'armée ou des postes, par l'occupation de ceux qui sont les plus favorables; savoir exactement les distances d'un lieu à un autre, pour combiner le temps des marches, ainsi que le nom des sommets des montagnes, plateaux, mamelons, villages, hameaux, chapelles, ruisseaux, torrens, rivières, comme aussi les cols, ports ou passages, avec leurs communications.

1741. Il faut juger des positions par leurs avantages ou leurs inconvéniens, ce qui exige beaucoup de précision et un coup d'œil (*voyez ce mot*) judicieux que l'expérience seule peut procurer. C'est du coup d'œil que dépendent toujours les décisions du général, tant pour le soin de ses camps que pour les postes particuliers à occuper. Outre le talent de bien embrasser un local, il faut encore qu'un officier ait le talent d'indiquer parfaitement, à l'aide des connaissances qu'il a acquert dans ses tournées, un terrain contigu qu'il n'a pas la liberté d'explorer en même temps que le terrain qu'il parcourt, parce qu'il appartient à une puissance limitrophe. C'est ici qu'il faut faire usage de toute son imagination, et pour atteindre le but, s'adresser, dans les lieux qu'on veut connaître, aux officiers municipaux les plus intelligens, en comparant leur rapport avec l'idée qu'on s'est formée, afin de parvenir à se faire un tableau presqu'aussi fidèle de la partie qu'on ne connaît pas que de celle qu'on voit. Il ne faut cependant pas croire que tout homme soit également en état de faire ce discernement : la grande expérience seule en donne l'habitude, et elle s'augmente plus ou moins vite, selon l'application avec laquelle on y travaille, et aussi selon qu'on y a plus ou moins d'aptitude.

1742. Voici un moyen facile d'opérer pour MM. les officiers qui ne savent pas assez bien dessiner pour rendre le terrain avec précision.

1743. Une reconnaissance militaire, qu'on lève sur une échelle de six lignes pour cent toises, est sans doute la plus forte qu'on emploie ordinairement dans la topographie la plus scrupuleuse (car il n'y a que les arpenteurs qui lèvent le terrain sur une plus grande échelle, ou ceux qui veulent y adopter des profils); mais il est nécessaire d'observer d'après le figuré à vue, ou bien les opérations géométriques rapportées au net sur le papier. L'on ne peut souvent pas y marquer fidèlement la largeur des rivières, ruisseaux, terrains, canaux, la différence de leurs rives, c'est-à-dire leur encaissement, comme aussi le commandement qu'une montagne peut avoir sur une autre. Comme, de tous les temps, on a adopté la règle de faire venir le jour de gauche à droite sous un angle de 45 degrés, il arrive très-souvent qu'une montagne légèrement tracée sur le dessin, parce qu'elle se trouve au jour de la carte, est beaucoup plus haute et bien plus difficile à gravir que celle qui lui est opposée, quoique cette dernière soit marquée beaucoup plus forte que la première, par l'ombre qu'on observe strictement dans tous les dessins. Cette différence est cependant nécessaire à faire connaître à un général d'armée et à un chef d'état-major : en voici les moyens.

1744. On distingue les montagnes en trois classes, lesquelles seront désignées par les trois lettres initiales P. S. T., marquées en rouge sur la montagne dont on voudra parler : le P. signifie première classe, et annoncera une montagne qui n'est accessible que pour l'infanterie ; l'S signifie seconde classe, et déterminera une montagne accessible pour l'infanterie et la cavalerie ; le T. signifie troisième classe, et fera connaître une montagne accessible à l'infanterie, la cavalerie et l'artillerie. A côté de chacune de ces lettres initiales placées sur ces différentes montagnes, on désignera les hauteurs estimées en pieds, et jamais en toises, partant du sol le plus bas, ce qui déterminera bien le commandement qu'une montagne aura sur l'autre, et surtout sur celle qui lui est opposée. Toutes les estimations seront en rouge.

1745. La nature du marais sera distinguée en trois classes, et désignée de même par les lettres initiales P. S. T. en rouge, qui désigneront, ainsi que pour les montagnes, la première, le passage pour l'infanterie seule, la seconde, pour l'infanterie et la cavalerie, et la troisième, pour les trois armes.

1746. Tous ceux qui font usage du dessin savent que l'on distingue les bois de quatre manières, qui sont : 1° grand bois, 2° bois clair, 3° bois fourré, 4° bois taillis. Conséquemment les premiers s'indiquent par un G. et un B. placés dans le milieu de ce bois ; les deuxièmes par un B. et un C., les troisièmes par un B. et un F., et enfin les quatrièmes par un B. et un T. ; et quand on aura le temps, on pourra mettre une teinte de gomme-gutte très-claire dans toutes les masses de bois, afin de les rendre plus distinctes.

1747. Les rivières, ruisseaux, torrens et canaux, seront marqués, savoir : la largeur avec un chiffre rouge placé au travers de la rivière, la hauteur des rives par un chiffre noir placé sur les crêtes, la profondeur avec un chiffre noir placé suivant le cours de la rivière.

1748. Comme il est d'usage reconnu de placer une flèche pour marquer le courant de la rivière, on pourra aussi employer cette même flèche en la plaçant dans les différens endroits où la rivière sera navigable ou non; on en fera facilement la distinction en mettant un N à cheval sur la flèche lorsque la rivière sera navigable, une flèche sans N là où elle ne le sera pas, et la ponctuation en noir placée au milieu de la rivière indiquera très-intelligiblement la navigation précise dans tout son cours. Si l'on a le temps de faire quelques sondes, on pourra encore distinguer le fond par une initiale en rouge, savoir: les fonds vaseux par un V, et les fonds pierreux par un P; ces lettres seront placées dans le fond de la rivière.

1749. Les ponts, s'il y en a sur les ruisseaux, canaux, torrens ou rivières, doivent être désignés, savoir: ceux en pierres par deux traits parallèles en rouge, et ceux en bois par deux traits parallèles en noir.

1750. Un seul porte-crayon, qui aura d'un côté de la mine de plomb, et de l'autre de la sanguine, sera le seul instrument nécessaire à l'officier chargé de faire à vue une reconnaissance militaire, quelle qu'elle puisse être, et exécuter tout ce que l'on vient de décrire.

1751. Cet officier doit, indépendamment de l'application qu'il mettra dans ce nouveau genre de lever à vue, avoir la plus grande attention à se faire rendre un compte bien exact de ce qui suit:

1° Combien tel bourg, village ou hameau, peut contenir de troupes; 2° combien il s'y trouve d'hommes en état de porter les armes; 3° combien il y a d'écuries ou granges propres à recevoir des chevaux; 4° combien de temps une armée ou un corps de réserve, et même un détachement, quel qu'il soit, peut rester dans cette position, par la faculté plus ou moins grande de s'y procurer des fourrages, des vivres, de l'eau. Il faut ensuite comparer le rapport des gens du pays avec l'idée qu'il s'est formée de tous ces détails, afin d'en pouvoir rendre un compte très-circonstancié à l'officier général, pour que ce dernier puisse former ses plans d'attaque ou de défense avec la plus grande sûreté.

1752. L'officier doit aussi savoir distinguer la nature

des rochers qui forment les vallées ou vallons, soit sur la grande chaîne, soit sur les contre-forts, et voir s'ils s'enlèvent par lit à la première lavange, parce qu'étant emportés par la fonte de neiges, ils peuvent fermer le vallon, soit en entier ou en partie, ou bien s'arrêter de manière à former un plateau plus ou moins grand, et qui pourrait défendre un débouché qu'on aurait bien remarqué l'année précédente. On doit sentir combien cet examen est nécessaire, dans le cas surtout où l'on voudrait porter des secours à un corps de troupes attaqué ou attaquant.

1753. On entend par grandes chaînes de montagnes ce qui détermine le pendant des eaux d'un pays, et par contre-forts une autre montagne qui tient à la grande chaîne, soit obliquement, soit perpendiculairement, et qui ne forme que des vallons, tandis que les grandes chaînes forment les vallées.

1754. Il est très-facile d'employer les principes que l'on vient de développer. Une seule reconnaissance faite avec attention, et de la manière qui vient d'être indiquée, peut faciliter beaucoup l'officier plus ou moins expérimenté dans l'art de lever à vue, ou même avec des instrumens de mathématiques. Le général peut, d'après de pareils renseignemens, et à l'aide de reconnaissances détaillées de la sorte, faire mouvoir son armée en tout ou en partie, et jamais il n'aura à craindre d'être trompé dans aucun des points qui intéressent et sa tranquillité et le succès de ses armes.

1755. PENDANT DES EAUX. Un principe constant à la guerre, c'est de charger un corps de suivre graduellement les sommets des montagnes sous le revers desquelles doit marcher le corps d'armée.

1656. Il est encore à remarquer, à l'appui de ce principe de guerre, qu'un corps ainsi placé vers la naissance des vallées qui vont déboucher au loin dans la partie où l'on veut empêcher l'ennemi de pénétrer, à différentes hauteurs à la fois, fournit à ce corps d'observation, non-seulement le moyen de défendre d'un seul point l'entrée de plusieurs vallées, mais que de ce point il peut encore, avec avantage, défendre la naissance des vallées du revers opposé de la même chaîne de montagnes, par lesquelles l'ennemi est censé remonter jusqu'au point du pendant des eaux, pour descendre ensuite par les vallées de revers opposés, dans les parties inférieures où ces vallées débouchent. (*Voyez* Petite Guerre, Partis.)

1757. PHILOSOPHIE DE LA GUERRE. C'est l'art de se rendre maître absolu de l'esprit de tous les hommes qui composent une armée, et de disposer des forces de tous avec une autorité illimitée; cet art est la partie la plus difficile et la plus sublime de la science militaire, celle qui mérite le plus d'être approfondie.

1758. Une puissance morale et d'opinion peut seule donner au général l'obéissance qui lui est nécessaire; c'est cette force seule qui peut entretenir, dans une armée, assez de mouvement pour exécuter ce qu'on doit en attendre. Elle seule peut calmer l'emportement et relever l'abattement; elle seule peut faire oublier les dégoûts, les chagrins, et rendre supportables les peines et les fatigues; elle seule peut enfin engager tous les hommes qui composent une armée à se précipiter dans un danger évident. Ce n'est point, en effet, assez que les soldats sachent et puissent exécuter ce que leur général désire d'eux, il faut qu'ils se portent de cœur, d'affection, et au prix de leur sang, à seconder ses vues, et qu'ils soient résolus à vaincre ou mourir.

1759. Mais en quoi consiste cette force d'opinion? qui la donne au général? Ses talens, mais surtout ses vertus. C'est par son caractère moral que le général acquiert cette considération personnelle qui concilie le respect, la confiance et l'amour; c'est par son habileté à manier les passions dont les hommes sont susceptibles, qu'il se rendra maître des inclinations de ses subordonnés, et qu'il fera de sa volonté, de ses désirs, la règle de leur conduite. (*Voyez* Général.)

1760. — *Des Passions que le Général doit chercher à exciter dans son Armée.* Un homme riche et puissant, placé dans les premiers rangs de l'ordre social, et trouvant ses besoins satisfaits et prévenus, n'a pas le temps de désirer. Toute activité, tout principe de mouvement est étouffé chez lui. Son attention se porte à varier ses plaisirs physiques, ou à se procurer quelques divertissemens peu nobles, tels que la chasse, le jeu, la table.

1761. Un cœur affaissé dans la misère n'est pas en état de concevoir les sentimens de gloire, d'ambition, d'honneur. Le courage et l'héroïsme n'affectent point celui qui languit dans l'indigence; ces besoins de l'opinion ne tourmentent que les hommes réellement au-dessus des besoins, et qui peuvent concevoir un désir de supériorité.

1762. Le plus haut degré de l'activité sociale se rencontre donc dans les classes intermédiaires, dans cet ordre de médiocrité qui se trouve entre la détresse et l'abondance, et qu'Horace appelle une médiocrité dorée.

1763. Le général Lloyd remarque, avec raison, qu'il y a dans l'homme un principe d'action qui ne se trouve pas chez les autres animaux, et qu'il regarde comme le signe caractéristique de notre espèce; c'est cet amour de la prééminence et de la supériorité qui se trouve plus ou moins chez tous les hommes, et qui ne varie que dans ses moyens et son application aux différens états de la vie.

1764. Il est sûr que nous désirons la supériorité plutôt sur les hommes que sur les femmes, quoique celles-ci soient plus en état de nous procurer des plaisirs. A mesure que la condition de l'homme s'élève dans la société, son amour-propre pour les distinctions s'accroît. Dès qu'un homme est au-dessus du besoin, il cherche à s'avancer dans la sphère où il est placé, et, quand il a atteint ce but, il songe à passer dans une classe supérieure, et toujours ainsi, jusqu'à la fin de sa carrière.

1765. Faites entrevoir aux hommes l'espoir de satisfaire ce désir d'avancement, et vous aurez saisi un des plus grands moyens qu'on puisse employer pour conduire des subordonnés. Cet amour de la prééminence varie dans son objet et dans ses moyens, suivant la différente position des hommes. Si vous voulez augmenter leur activité, il faut leur proposer des objets analogues à leur situation. L'ambition d'un marchand n'est pas celle d'un soldat, d'un prêtre ou d'un philosophe; et c'est cette variété de désirs qui imprime un caractère propre à chaque classe.

1766. Autant Lloyd blâme l'usage de la crainte machinale, comme ressort militaire, autant il approuve celui de l'honneur et de la honte. Quand la passion de l'honneur et la crainte de la honte sont vivement imprimées dans le cœur humain, elles y agissent plus fortement que la frayeur de la mort, et elles produisent tout ce qu'il y a de grand et d'héroïque au monde. Plus la classe où se trouve un homme est élevée, plus il tient lui-même au rang distingué qu'il occupe, et plus il fera d'efforts pour mériter l'estime publique. Un artisan, caché dans son obscurité, s'embarrasse peu de l'honneur et de la honte; le désir d'agir sur l'opinion des hommes lui manque, comme les moyens. Dépourvu de ces rapports moraux de sociabilité, son caractère se déprave dans un isolement sauvage; il se dégrade jusqu'à l'animalité. Voilà pourquoi, au lieu d'avilir l'état du soldat, il faudrait, par tous les moyens possibles, élever son âme et exciter ces principes. Le bâton fera peut-être un esclave supportable, mais jamais un héros. On obéit sans répugnance, quand c'est un moyen de se procurer les objets de ses désirs; mais quand l'utilité cesse, un ordre est regardé comme une oppression; on en déteste l'auteur en proportion de la gêne où il met la liberté, l'honneur ou la propriété; on saisit la première occasion de secouer le joug et de rentrer dans ses droits. L'homme n'a qu'une certaine mesure de patience; quand elle est épuisée, la force s'oppose à la force; la violence ne peut plus espérer l'impunité: le désespoir naît de l'oppression, et s'il est favorisé même des plus petits moyens, et conduit par une sagesse ordinaire, il devient invincible.

1767. Il résulte de ce que nous venons de dire, que le général d'une armée, pour s'assurer de grands succès dans ses entreprises, doit réunir les vertus dont on a parlé au mot *Général*, fuir les vices, et surtout chercher à exciter dans son armée les passions dont on a tâché de développer la puissance. (*Voy.* 726.)

1768. PLAINES. Dans un pays de plaine, les avant-gardes ne doivent pas s'éloigner du corps de l'armée de plus de deux lieues, et il est sage alors que chaque aile et le centre aient une avant-garde, et que toutes trois marchent sur une seule ligne, et chacune dans la direction que doit suivre le corps d'armée qu'elle précède.

1769. Si l'on attaque un convoi dans la plaine, il faut en attaquer les trois parties à la fois.

1770. Dans les marches en plaines, les avant et arrière-gardes doivent être composées de cavalerie, et l'on ne doit souffrir aucune troupe d'infanterie avant ou après. Il est aussi important de régler sa marche sur la manière dont on doit camper.

1771. PLAN. L'objet de la guerre étant de s'emparer d'un pays, soit une province, un royaume, ou, si l'on veut, une partie du monde, un plan de guerre doit être formé suivant le principe général de l'attaque. (*V. ce mot.*) Il consiste à enceindre le pays attaqué par le côté où l'on peut donner le plus d'entraves aux forces ennemies, et agir contre elles avec toutes les siennes. Le succès dépend plus de cette disposition des forces qu'on peut employer, que de leur quantité. Voyez Alexandre et Gustave-Adolphe pour exemple.

1772. Un plan de guerre bien conçu est invariable : il doit être suivi avec prudence, patience, activité, sans aucune précipitation. On pourrait perdre beaucoup de temps, si on se flattait d'en gagner en allant trop vite. Un plan de campagne est relatif et subordonné au plan de guerre; il en fait partie. Le travail d'une campagne dans une guerre est comme le travail d'une nuit dans un siége; il tend à l'objet principal. S'il est interrompu, suspendu par des opérations contraires de la part de l'ennemi, il faut réparer cette perte de temps dans une autre campagne qui tende toujours à l'objet unique, à l'établissement des lignes d'attaque.

1773. PETITE *guerre*. C'est celle qui se fait par détachemens ou par partis, dont l'objet est d'éclairer les démarches de l'ennemi, d'observer ses mouvemens, de l'incommoder ou le harceler dans toutes ses opérations, de surprendre ses convois, établir des contributions, etc. Les détachemens ou partis qu'on envoie ainsi à la guerre, sont composés de troupes légères et de troupes régulières de cavalerie et d'infanterie plus ou moins nombreuses, suivant les différentes choses qu'ils doivent exécuter. Cette guerre demande beaucoup d'intelligence et de capacité dans les officiers qui en ont le commandement.

1774. Ces officiers doivent savoir distinguer le fort et le faible du camp et de la position de l'armée ennemie, et juger des avantages que la nature du terrain peut donner, pour l'attaquer ou la surprendre, soit dans sa marche, ou dans les lieux où elle doit fourrager. Il faut aussi qu'ils sachent pénétrer les desseins de l'ennemi par ses mouvemens, et qu'ils l'observent assez exactement pour n'être pas trompés par de fausses manœuvres, dont l'objet serait d'en imposer et de surprendre l'armée qui lui est opposée.

1775. Des partis conduits par des officiers habiles et expérimentés sont absolument nécessaires pour la sûreté d'une armée. Un général peut, par leur moyen, n'être jamais surpris, parce qu'il est toujours informé à temps de tous les mouvemens et de toutes les opérations de son adversaire : il lui rend les communications difficiles, de même que les transports de vivres et des munitions, et il trouve le moyen d'étendre les contributions jusqu'à trente, quarante et même cinquante lieues de son camp. Par le moyen des partis, on assure aussi la marche de son armée, et l'on empêche l'ennemi de venir la troubler.

1776. Lorsqu'il ne s'agit que de savoir des nouvelles de l'ennemi, les petits partis sont plus commodes que les grands, parce qu'ils ont plus de facilité pour se cacher et rôder avec moins d'inconvénient autour du camp ennemi, attendu la célérité avec laquelle ils peuvent s'en aller. Ils doivent marcher par les lieux les moins fréquentés, et être composés de cavalerie; ils doivent se cacher ou s'embusquer dans les bois et autres lieux fourrés de l'armée ennemie, et tâcher de faire des prisonniers. Ceux qui commandent ces partis doivent toujours se ménager une retraite assurée, et faire en sorte de n'être point coupés et enlevés. On partage sa troupe, qui ne doit pas dépasser cinquante hommes, en petits détachemens qui se soutiennent les uns et les autres, de manière que si les premiers sont enlevés, les autres puissent se retirer. Il faut veiller avec d'autant plus de soin à la conservation de sa troupe, et éviter les surprises, lorsqu'on est environné d'ennemis.

1777. POSTE. Un poste est bon et avantageux lorsque la défense en est aisée, et la retraite sûre; il est mauvais et non tenable lorsque l'attaque en est facile, qu'il est commandé, qu'on peut l'envelopper sans difficulté. Les principes de fortifications doivent diriger dans le choix d'un poste.

1778. Un corps détaché à plusieurs lieues du corps principal doit avoir pour objet, non-seulement d'éviter toute surprise, mais encore il doit s'assurer que l'ennemi n'occupera pas ses routes de retraite par des corps tournans.

1779. La position d'un corps détaché, devant toujours être prise pour centre des mouvemens de ceux qui veulent l'enlever, doit toujours être considérée comme le point le plus dangereux, le point fatal qu'il faut quitter le plus tôt possible, sitôt que l'ennemi est signalé.

1780. Pour assurer l'à-propos de cette retraite, le chef de détachement, en arrivant au lieu où il doit s'établir pour plusieurs jours, formera son service de jour en occupant seulement les points culminans d'où l'on découvre bien la campagne, de manière à diminuer autant que possible le nombre de postes, pour ne pas augmenter le nombre d'hommes de service, sans cependant nuire à la sûreté générale, mais pour éviter de fatiguer inutilement le soldat.

1781. Sans perdre de temps, ni prendre de repos, il doit s'occuper de reconnaître le terrain à l'entour, sur un rayon d'une ou deux lieues; se faire suivre par

20

les officiers chargés de faire exécuter le service de nuit, par quelques cavaliers et habitans des plus intelligens.

1782. Il doit s'informer de la direction de tous les chemins et sentiers qu'il rencontrera en faisant son cercle, ainsi que de la configuration du terrain à quelques lieues en avant. Chemin faisant, il questionnera ses guides sur tous les objets qu'embrasse la statistique, en prenant des notes sur tout.

1783. Il reconnaîtra plus particulièrement les chemins par lesquels on peut arriver sur ses derrières, ce qui étant fait, il se mettra, dans la pensée, à la place de son ennemi, et jugera, d'après la forme du terrain et la direction des chemins, quel serait le cercle qu'on pourrait faire décrire aux corps tournans pour envelopper son poste sans être reconnu par les avant-postes habituels.

1784. C'est sur cette ligne, ou en dehors de cette ligne, qu'il faut pousser, de nuit seulement, de petits postes sans feu et ambulans, tantôt à droite, tantôt à gauche du chemin ou sentier, ce qui les rendra insaisissables; car jamais on n'a enlevé que les postes qui ont du feu, et qui restent plusieurs jours sur le même point.

1785. Ces petits postes sont suffisamment protégés par la nuit, le silence, la privation du feu, l'ignorance du point qu'ils occupent; quoiqu'ils ne forment pas une chaîne continue, ils n'en sont pas moins assurés de reconnaître l'ennemi, qui manœuvrera d'après la connaissance qu'il aura du service de jour, car il ne peut connaître celui de nuit. En conséquence, il marchera, comme cela se pratique, par les chemins, jusqu'à ce qu'il soit à trois quarts d'heure ou demi-heure des postes connus, pour, de là, diriger ses corps tournans à travers champ, s'il n'a pu les faire marcher par des chemins convergens sur les derrières; mais, en arrivant, ou avant d'arriver, il sera reconnu par les postes de nuit qui seront sur le cercle en dehors.

1786. Sitôt que le chef du détachement sera rentré de sa tournée, il réunira les commandans des postes de jour, et ceux qui devront commander les subdivisions de nuit, ainsi que tous les autres officiers et sous-officiers; il leur expliquera, avec précision et clarté, le service qu'il exige d'eux : un ton ferme apprend à tous qu'il attache une grande importance aux règles qu'il prescrit. Pour s'assurer qu'il a été bien compris, il fait répéter la leçon à un ou deux des plus intelligens d'abord, et à deux ou trois des moins intelligens ensuite. Après cet examen, il indique le point qu'il a choisi pour former la troupe en cas d'attaque, et les signaux par lesquels il établira une correspondance rapide et mutuelle entre les postes et lui.

1787. Ces signaux seront des pétards d'une ou deux livres de poudre. Chaque poste de la subdivision de nuit seulement en aura au moins un : les adjudans ou autres sous-officiers en auront au moins une douzaine.

1788. Les postes emploieront leurs pétards pour signaler l'ennemi, lorsqu'il aura été bien reconnu ; mais ils n'en feront usage que lorsque les circonstances locales ou atmosphériques feraient craindre que les coups de fusil ne fussent pas entendus.

1789. On enseignera aux postes le langage qu'exprimeront les divers nombres de coups de pétards, que l'on bornera au strict nécessaire, pour éviter la confusion : deux coups de pétards pourront indiquer la réunion au cantonnement ; trois coups, le départ de la troupe pour prendre position en arrière du cantonnement, hors du cercle supposé, et l'ordre à tous les postes de s'y rallier par la ligne la plus courte.

1790. Cette position sera connue de tous, et chaque chef de poste étudiera de l'œil, et, s'il se peut, en le parcourant, le chemin le plus court pour y parvenir.

1791. Une ou deux heures après que les postes de jour seront établis, le chef doit monter à cheval pour les visiter ; s'assurer de nouveau qu'il a été bien compris, et modifier, s'il y a lieu, les premières instructions. Ces précautions sont très-nécessaires. Souvent on trouve des sous-officiers et caporaux qui ont entendu tout le contraire de ce qu'on leur a dit.

1792. Il est également important de s'assurer que le service de nuit est exactement fait. Pour être sûr que les postes de nuit sont allés à la distance et au point indiqué, on les obligera à piquer au milieu du chemin un pieu qui leur sera remis. Si l'on est dans un pays de bois, on leur ordonnera de faire une brisée de chasseur. (Ce sont des branches que l'on casse au lieu où l'on a abandonné la bête, et où l'on compte la reprendre le lendemain.) Dans le jour, l'officier de service montera à cheval avec quelques hommes, et ira visiter les pieux et brisées, tantôt sur un point, tantôt sur un autre.

1793. Si l'ennemi est signalé, la garde de police du cantonnement ou du bivouac fait prévenir le chef, qui doit être toujours habillé et avoir près de lui un cheval sellé et bridé. Ce chef fait prendre les armes à sa troupe, et commande de suite les signaux qui doivent indiquer aux postes la conduite à tenir.

1794. Ceux qui ont reconnu l'ennemi s'arrêtent de temps en temps; et, s'ils sont poursuivis, ils en signalent de nouveau la marche, soit par des coups de fusil, soit par des coups de pétards. Ceux qui n'auraient pas vu l'ennemi doivent obéir rapidement aux signaux, dès qu'ils les entendent.

1795. Si, par l'éloignement des postes ou l'impétuosité d'un vent contraire, on avait à craindre de ne pas entendre facilement les coups de fusil ou de pétards, il serait prudent d'établir quelques postes intermédiaires sur des points bien choisis, pour répéter les signaux.

1796. Comme on l'a dit plus haut, la position du corps détaché étant toujours prise pour centre des mouvemens de ceux qui cherchent à l'enlever, on ne saurait donc s'en éloigner trop tôt. Les bagages seront dirigés les premiers sur la position choisie; ils seront précédés par la garde de police qui éclairera leur marche; le corps principal suivra de près.

1797. Si, contre toute attente, on rencontrait l'ennemi posté sur la route de retraite, il faudrait l'attaquer avec vigueur, sans perdre de temps, afin de n'avoir à faire qu'à cette partie des assaillans, qui ne peut être fort nombreuse, l'ennemi subdivisé ne pouvant être fort partout. Il est rare qu'il puisse envoyer sur chaque point une force supérieure à la troupe attaquée; mais, lors même que l'on trouverait un ennemi supérieur, ce qu'il est difficile de juger dans l'obscurité, il faut encore attaquer tête baissée, à moins qu'on ait une autre retraite qu'on puisse croire ne pas être occupée.

1798. Si l'on ne rencontre rien, on s'arrête sur la position indiquée, pour y attendre ses postes ; et, d'après leurs rapports, d'après les circonstances, on continue sa retraite, où l'on attend le jour pour mieux juger les forces de l'ennemi et ses intentions : car on est assuré, autant qu'on peut l'être, d'avoir tous ses ennemis devant soi.

1799. Les divers détachemens qu'ils avaient formés viennent au rendez-vous commun, et n'y trouvent pas leur proie. Il faut du temps pour former de nouveaux projets, ce qui assure une retraite paisible. (Bugeaud.)

1800. POURSUITE. Un général doit, avant une bataille, s'occuper des moyens qu'il emploiera pour rassembler des vivres et un train d'artillerie, en cas qu'il veuille faire un siége. Après la victoire, il ne doit pas se mettre lui-même à la poursuite de l'ennemi, mais charger un de ses lieutenans de cette opération. Quant à lui, après avoir rallié ses troupes, il doit suivre celles qu'il a lancées en avant, soit pour les soutenir, soit pour achever avec elles de rompre l'ennemi, s'il parvenait à se reformer sur quelque point.

1801. On détache, à la poursuite d'un ennemi vaincu et en retraite, des corps de cavalerie, qu'on fait soutenir par d'autres plus nombreux. Il faut, dans la poursuite, tâcher d'augmenter le désordre, et de multiplier les pertes de l'adversaire, tout en ne s'engageant cependant qu'avec beaucoup de prudence et de circonspection. Pendant ce temps, le reste de l'armée se tient en bon ordre, jusqu'à ce que l'ennemi soit dans une telle déroute, qu'il ne puisse plus songer à autre chose qu'à mettre en sûreté les débris de son armée.

Si l'ennemi se retire par des défilés, il faut tâcher de couper et de culbuter tout ce qui reste à passer, lorsque vous arrivez sur lui. S'il fait sa retraite par un pays peu abondant en vivres, en fourrages, etc., retardez sa marche en l'arrêtant souvent, pour qu'il se mine insensiblement. Ayez une avant-garde composée de manière à pouvoir combattre avec avantage son arrière-garde, mais qui ne s'avancera pas trop, de crainte d'être coupée, et qui se fera précéder par des partis de troupes légères, pour découvrir les embuscades et les éviter. On peut encore retarder l'ennemi en le faisant harceler par des corps détachés, qui, marchant sans bagages, feront leur possible pour le devancer, le couper de ses magasins, s'emparer des défilés où il doit passer, masquer la place dont il veut renforcer la garnison, ou à l'abri de laquelle il veut se mettre en sûreté.

1803. S'il se retire sous le canon d'une place ou dans un lieu avantageux, cette position ne doit pas vous empêcher, pourvu qu'une seconde action soit utile, de l'attaquer le plus tôt et le plus vivement possible, et d'en venir tout de suite aux mains, afin de rendre le feu de la place superflu. Il est quelquefois très-sage de ne pas s'exposer à un second combat; on peut cependant le tenter quand l'ennemi se retire en désordre, ou quand d'heureuses circonstances rendent la victoire certaine.

1804. Si, en poursuivant l'ennemi, on rencontre ses équipages, il ne faut pas s'arrêter pour piller, parce qu'on perd souvent un temps précieux qu'on peut mieux employer.

1805. Il faut poursuivre l'ennemi sans lui donner le temps de se reconnaître et de réparer ses pertes. Plusieurs prétendent qu'il faut lui faire un pont d'or; c'est une maxime timide et fausse qu'on ne doit jamais suivre. Si on le laisse se retirer paisiblement, qui l'empêchera de reprendre courage? Il faut le poursuivre sans relâche, lui faire essuyer tous les jours de nouvelles pertes, le chasser de votre pays, s'il y est entré, ne point le ménager, et saisir toutes les occasions possibles de lui nuire. Un général qui agit autrement trahit l'État et la confiance de son prince.

1806. POURSUIVRE. Il y a du danger à poursuivre l'ennemi avant qu'il soit entièrement défait. Il est très-dangereux de poursuivre en désordre un ennemi qu'on a battu.

1807. PRÉCAUTIONS. « Croyez, messieurs qui faites des entreprises, dit Montluc, que vous devez songer à tout, peser tout, jusqu'à la plus petite particularité; car, si vous êtes fins, votre ennemi le sera peut-être autant que vous: à fin, dit-on, fin et demi. »

1808. M. de Turenne pensait qu'*un général ne devait jamais être reçu à s'excuser au sujet des fautes commises par peu de précautions.*

1809. PRINCIPES *de fortification de M. de Vauban :*
1° Qu'il n'y ait aucun endroit, dans tout le contour de la place, qui ne soit vu, flanqué et défendu ;
2° Que les parties qui sont faites pour flanquer les autres soient assez grandes et assez amples pour contenir les soldats et l'artillerie nécessaires à la défense des parties qu'elles flanquent ;
3° Qu'elles ne soient pas plus éloignées des lieux qui les flanquent, que la portée ordinaire du fusil, qui est depuis 120 jusqu'à 160 toises au plus;
4° Quant aux flancs, plus ils sont grands, mieux ils valent, pourvu que leur grandeur n'altère en rien la mesure des autres parties. Ils ne doivent pas avoir moins de 15 toises dans les places tant soit peu considérables.
5° Plus les bastions sont grands, plus leurs gorges sont grandes, et mieux ils valent, pourvu que leur grandeur n'altère en rien la mesure des autres parties;
6° Les angles flanqués des bastions ne doivent jamais avoir moins de 60 degrés d'ouverture, parce qu'autrement, quand on les bat, on les renverse facilement;
7° Les courtines ne doivent pas surpasser 85 à 88 toises, parce que la ligne de défense serait trop longue; elles ne doivent pas avoir moins de 40 toises ;
8° Les faces des bastions ne doivent pas avoir plus de 40 toises , par la même raison ;
9° Il faut que les parties intérieures de la fortification soient plus élevées que les extérieures, afin qu'elles puissent commander ;
10° Il ne faut pas qu'il y ait aucun endroit aux environs, à la portée du canon, où on puisse se mettre à couvert, et qu'on ne soit vu de quelque endroit de la place;

11° Il faut enfin, autant qu'il se peut, qu'une place soit également fortifiée dans son contour, pour que l'ennemi ne l'attaque pas par son endroit le plus faible.

1810. Telles sont les maximes qui doivent régler la conduite du général en chef, comme celle du chef d'un détachement, tant dans la disposition des troupes et des armes dans l'ordre de bataille, que dans le choix des postes et la construction des redoutes et retranchemens.

PRINCIPES
DES MANOEUVRES DE GUERRE,

MIS A LA PORTÉE DE CHAQUE BATAILLON DE LA GARDE NATIONALE.

1812. La science du mouvement et du maniement des troupes est la plus importante à connaître : les trophées du grand homme confirment cette assertion. Le citoyen soldat s'en occupera exclusivement; ma méthode va lui en rendre l'étude facile et prompte. (*Voy.* 1543.)

1813. Ouverture des marches de front et de flancs, marches, manoeuvres suivies d'ordres de bataille, parallèles et obliques, tels seront les objets de cet article.

1814. — *Ouverture des Marches de front et de flanc.* Quand il s'agit d'ouvrir une marche, on doit voir, par la position de l'armée, par celle de l'ennemi, par la situation du point vers lequel on veut se porter, si cette marche doit être faite de front ou de flanc, afin de diriger en conséquence l'instruction et les opérations des officiers chargés de préparer les débouchés. (*Voyez* 1513 *et suivans.*)

1815. Si l'on doit entreprendre une marche de front, en présence d'un ennemi entreprenant et manoeuvrier, il faut reconnaître l'ensemble et le front du pays que les colonnes traversent, les parcourir transversalement, de la droite à la gauche, toutes les fois que le terrain paraît se prêter à un déploiement, afin de trouver, s'il se peut, sur le front de la marche, une ou plusieurs positions successives où l'armée puisse se former, si elle était inopinément attaquée, et diriger en conséquence les opérations de ceux qui font ouvrir ou tracer les débouchés.

1816. Les mêmes précautions sont nécessaires quand l'armée doit faire une marche par ses ailes.

Pour donner toute la clarté possible à ce principe, supposons que je sois chargé de diriger l'ouverture d'une marche pour porter l'armée vers l'ennemi.

1817. Je jette les yeux sur les circonstances : je vois que c'est une marche de front dont il s'agit; je vois que cette opération est délicate, parce que l'ennemi est en mesure de venir au-devant de l'armée, et de l'attaquer dans son mouvement; je l'ouvre, en conséquence, avec toutes les précautions indiquées par les maximes précédentes.

1818. L'armée est formée en cinq divisions, et c'est pour cinq divisions que je veux préparer les débouchés.

1819. A la tête des travailleurs qui tracent et ouvrent chacun de ces débouchés, je place un officier intelligent et habitué à cette espèce de travail, et, de ma personne, je me porte en avant du front de la marche. Celui du camp se trouve être une plaine unie et sans obstacle. Mes débouchés s'avancent donc rapidement, partant tous cinq de la droite ou de la gauche des divisions; tous cinq proportionnés, pour leur distance entre eux, à la force des divisions; tous cinq, enfin, embrassant, depuis celui de la droite jusqu'à celui de la gauche, le terrain qui sera nécessaire pour former l'armée en bataille.

1820. A une lieue du camp, le pays change, la plaine se resserre, des obstacles l'embarrassent; alors la direction de chaque colonne devient subordonnée à ces obstacles; les colonnes s'éloignent ou se rapprochent l'une de l'autre, suivant la situation des débouchés qu'offre le pays, ou de ceux qu'il permet le plus facilement d'ouvrir. Là, deux colonnes se touchent presque, ici deux autres s'éloignent beaucoup au-delà de leurs distances naturelles : cela ne fait rien à l'ensemble et à la sûreté de la marche, car où le pays devient couvert et se réduit à des débouchés, on ne doit pas craindre d'être obligé de prendre rapidement un ordre de bataille, parce que la difficulté des débouchés empêcherait également l'ennemi qui voudrait venir attaquer, d'y combiner une disposition.

1821. Placé en avant des travailleurs, pour reconnaître le front de la marche, empêcher qu'aucune colonne ne s'écarte de la direction générale, raccorder ces colonnes entre elles sitôt que le pays le permet, examiner quelles seraient les différentes positions intermédiaires que l'armée pourrait prendre, et les dispositions qu'elle pourrait faire, si l'ennemi se présentait pour l'attaquer et l'arrêter dans sa marche : voilà quels sont mes devoirs ; pour les remplir convenablement, je ne suis pas un seul chemin, une seule direction, je vais à vol d'oiseau et à travers champs. Du centre de la direction générale, qui est le point où je suis le plus à portée de reconnaître le front de la marche, j'observe ma droite et ma gauche. Si quelque obstacle gêne ma vue, si quelque hauteur peut la seconder et me donner une idée plus rassemblée du pays, je m'y porte, enfin j'avance par zig-zag, et de manière à embrasser toujours l'ensemble de la marche.

1822. Mes colonnes sont arrivées dans le pays difficile et couvert : là, chacun de mes officiers cherche son débouché, chacun d'eux connaît le but de la direction générale, chacun d'eux est muni de guides sûrs et intelligens, chacun d'eux est convenu à l'avance avec moi d'un signal différent, soit de poudre enflammée, de coup de fusil ou de tambour ; chacun d'eux fait ce signal et le répète tous les quarts d'heure, lorsqu'il se trouve dans un pays couvert où il cesse de voir en avant ou autour de lui ; moi-même j'ai un signal que je fais quand je le juge nécessaire, et qui indique toujours le centre de la direction générale : par-là mes chefs de colonne peuvent se raccorder entre eux et sur moi ; je peux les raccorder à mon tour et les diriger.

1823. Le pays s'ouvre et se dégage ; mes colonnes se

redressent et reprennent, en avançant, leurs distances primitives. Que l'ennemi se présente pour m'attaquer : le ruisseau qui est à ma gauche et le grand bois qui est à ma droite me fournissent une position. Ce même ruisseau coule pendant une lieue dans la même direction que mon mouvement, j'y appuie ma colonne de gauche, afin d'en couvrir le flanc de ma marche.

1824. Je vois au bout de cette lieue que le ruisseau retourne et s'éloigne; j'aperçois sur la droite de ma marche un terrain qui commence à s'élever, et qui va former une lisière de hauteurs reversant sur la plaine où l'armée doit marcher; je dirige le débouché de ma colonne de droite sur ces hauteurs, et je les fais suivre à mi-penchant, pour de là être toujours maître des hauteurs, comme si j'en tenais le sommet. Au moyen de cette lisière de hauteurs, le reste de ma marche doit s'achever avec sûreté. L'ennemi ne viendra certainement pas m'attaquer par la plaine, tandis que je tiens les hauteurs, qui la dominent. S'il débouche par les hauteurs, je m'en empare, et nous sommes à deux de jeu; s'il veut m'empêcher de prendre la position que j'ai en vue, j'arrive à la fois sur cette position par tous les débouchés de la plaine, et principalement par mes hauteurs de la droite qui la prennent à revers. S'il reste dans son camp, ces mêmes hauteurs me portent sur son flanc, et le jour même je combine un mouvement offensif sur lui. Passons à la marche de flanc.

1825. L'armée est campée parallèlement à celle de l'ennemi; rien ne l'en sépare, et il est question de commencer une marche par le flanc droit. Je fais ouvrir deux ou quatre débouchés, de manière à ce que l'armée fasse son mouvement, chaque ligne ou chaque moitié de ligne formant une colonne.

1826. Je fais ouvrir ces débouchés très-rapprochés l'un de l'autre, de sorte que les colonnes de l'intérieur de la marche n'aient que le terrain possible à parcourir pour se rapprocher de la parallèle sur laquelle doit se former la colonne extérieure, composée de la moitié de la première ligne; je veille à ce que les officiers qui conduisent le tracé et l'ouverture de ces débouchés évitent de les éloigner ou de les séparer par des obstacles qui puissent empêcher les colonnes de se mettre en ordre de bataille. Si quelque circonstance oblige à les éloigner, j'ai soin, sitôt l'obstacle passé, de les faire rapprocher peu à peu à la distance indiquée par les principes. S'il se présente en avant de mes débouchés un grand bois, au lieu de le traverser ou de le laisser sur le flanc extérieur de ma marche, je fais passer mes colonnes en dehors de ce bois : je les dirige ainsi, parce qu'alors la lisière de ce bois m'offre une position, si l'ennemi vient à moi; parce que, mes colonnes le longeant, l'ennemi ne peut distinguer ni leur force, ni les dispositions que je lui opposerais; parce qu'enfin, n'ayant pas cet obstacle entre lui et moi, il ne peut ni me dérober ses mouvemens, ni faire contre moi une disposition offensive, ni m'empêcher, s'il se met en prise, de me former et de faire moi-même une disposition offensive contre lui.

1827. Si, deux lieues plus loin, il se présente sur mon flanc droit une lisière de hauteur, je dirige mes colonnes à droite, et je continue ma marche sur elles, etc., et enfin je m'occupe, en reconnaissant le pays qui est sur le flanc de ma marche, d'y chercher successivement une ou plusieurs positions intermédiaires où l'armée puisse se former, si l'ennemi se présente à elle. Quant à l'ouverture de la marche des colonnes, il est important, toutes les fois qu'on le peut, de s'assujétir aux principes de la tactique, selon lesquels les troupes doivent marcher pour fixer la largeur des débouchés.

1828. Celui qui dirige une marche doit se rappeler sans cesse que c'est d'un itinéraire plus ou moins exactement dressé, d'un mouvement de colonne plus ou moins bien ouvert, que dépendent le plus ou le moins de célérité d'une marche, le plus ou moins de fatigue d'une troupe, la certitude de l'exécution du mouvement d'une colonne, et souvent le succès d'une grande opération.

1829. — *Ordre de Bataille.* Considéré comme disposition primitive et d'attente, l'ordre de bataille consiste à placer les troupes sur deux lignes, l'infanterie au centre, la cavalerie aux ailes; mais il devient abus, erreur, quand il dégénère en routine, et quand on se croit obligé de l'appliquer à toutes les circonstances, dans tous les terrains, et qu'on en fait aveuglément sa disposition de combat.

1830. Plus un général est habile, plus son armée est manœuvrière, et plus il s'écarte de la routine établie, afin de porter à son ennemi des coups imprévus et décisifs.

1831. Cependant, veut-on attaquer l'ennemi? Comme on ne peut connaître précisément la position qu'il occupe; comme, lors même qu'on la connaîtrait, on ne peut être sûr qu'instruit du mouvement qu'on fait sur lui, il n'exercera pas quelques changemens dans la disposition à l'aide de laquelle il compte défendre sa position, on met l'armée en marche dans l'ordre habituel, les colonnes toutes égales, et formées chacune d'une division. Ainsi disposée, l'armée s'avance, le général à la tête de l'avant-garde.

1832. On arrive à portée : alors le général détermine son ordre de bataille, d'après la nature du terrain, la position qu'occupe l'ennemi, et la disposition qu'il a prise. Il renforce ou affaiblit telles ou telles colonnes; fait avancer l'une, laisse l'autre en arrière; met de la cavalerie au centre, de l'infanterie aux ailes; dirige celle-ci vers un point, et celle-là vers un autre, et donne enfin le signal pour qu'on prenne l'ordre de bataille.

1833. A l'instant toutes les troupes qui sont exercées aux grandes manœuvres, qui ont l'habitude de se déployer avec rapidité, se mettent en bataille, et l'attaque commence avant que l'ennemi ait eu le temps de démêler où l'on veut le frapper, ou le loisir de changer sa disposition pour parer les coups qu'on va lui porter.

1834. Il ne peut y avoir que deux manières de livrer bataille : la première en engageant, ou en se mettant à portée d'engager à la fois le combat sur toutes les parties de son front; c'est ce qu'on appelle *l'ordre parallèle*. La seconde, en attaquant seulement sur un ou plusieurs points; on nomme celui-ci *l'ordre oblique*.

1835. On appelle donc *ordre parallèle*, toute disposition qui place tous les corps de deux armées les uns vis à vis des autres, en mesure et à portée de combattre: Ce fut la plus ancienne disposition connue.

1835. Aujourd'hui que la tactique s'est perfectionnée, l'ordre parallèle n'est plus mis à exécution. Les états ne veulent plus s'exposer à compromettre, dans les hasards d'une action générale, des armées qui font toutes leurs forces, et sur qui reposent toutes leurs destinées.

1837. Cependant une armée supérieure en courage, et sûre de ne pas être prise par ses flancs, peut se servir de l'ordre parallèle. Une bataille gagnée par elle ruinerait l'armée ennemie, tandis que les batailles actuelles ne peuvent jamais avoir de grands résultats.

1838. — *Ordre oblique*. C'est l'ordre de bataille le plus usité, le plus savant, le plus susceptible de combinaisons, l'ordre dont se serviront toujours les armées inférieures commandées par de bons généraux. C'est toute disposition où l'on porte sur l'ennemi une partie de l'élite de ses forces, et où l'on tient le reste hors de portée; toute disposition où l'on attaque avec avantage un ou plusieurs points de l'ordre de bataille de l'ennemi, tandis que l'on donne le change aux autres points, et qu'on se met hors du danger d'être attaqué par eux.

1839. Pour en développer parfaitement la théorie, nous distinguerons deux espèces d'ordre oblique : celui de principe, c'est-à-dire dans lequel l'armée est disposée en effet obliquement au front de l'ennemi ; et l'ordre oblique de circonstance, dans lequel l'armée, quoique n'étant point disposée obliquement au front de l'ennemi, se trouve cependant, soit par la nature du terrain, soit par l'habileté de ses mouvemens, dans le cas d'attaquer sur un ou plusieurs points, et d'être elle-même hors de prise sur les autres.

1840. L'ordre oblique proprement dit peut s'exécuter de deux manières, *par ligne* ou *par échelons*.

1841. Par ligne, c'est-à-dire par une disposition formant un front oblique et en demi-quart de conversion, tous les bataillons et escadrons étant contigus et sur le même alignement, de cette façon :

1842. Par échelons, c'est-à-dire chaque bataillon et escadron se laissant, du côté vers lequel on veut attaquer, dépasser d'un certain nombre de pas plus ou moins considérable, suivant le nombre de troupes qui composent chaque colonne, et le degré d'obliquité qu'on veut donner à l'ordre de bataille. Toute la partie qui doit attaquer formant cependant une espèce de marteau en avant, et de cette manière :

364   PRI

1843. Cette disposition peut être formée par escadron, par bataillon, par régiment, brigade et corps plus considérables, éloignés l'un de l'autre de manière à pouvoir se donner secours au besoin, et à occuper les positions qui peuvent le plus les mettre hors de prise, et faire illusion à l'ennemi. Ainsi, par exemple, A B est le marteau; la partie de l'ordre de bataille destinée à attaquer l'ennemi, placé en i; et c, d, e, f sont quatre échelons formés par les colonnes de l'armée en bataille, occupant différens points et remplissant les objets ci-dessus.

$$
\begin{array}{c}
i \\
\rule{3cm}{0.4pt} \\
\rule{2cm}{0.4pt} \\
A \quad B \\
c \\
\rule{2cm}{0.4pt} \\
d \\
\rule{2cm}{0.4pt} \\
e \\
\rule{2cm}{0.4pt} \\
f \\
\rule{2cm}{0.4pt}
\end{array}
$$

1844. De ces deux manières de prendre l'ordre oblique, la première, par ligne, est élémentaire et purement de méthode. Il est bon de l'exécuter dans un camp d'instruction, afin de faire connaître aux officiers généraux et supérieurs ce que c'est que l'ordre oblique, et quel est son objet.

1845. La seconde, qui n'est qu'une suite de la première, est plus simple, plus facile dans son déploiement, plus applicable à tous les terrains, plus susceptible de manœuvre et d'action, lorsque l'ordre est formé. C'est celle dont il faut se servir à la guerre, surtout quand on forme par brigade ou par gros corps les échelons destinés à se refuser à l'ennemi, ou à lui faire illusion.

1846. On parvient de plusieurs manières à prendre ces différentes dispositions obliques.

1° En donnant à l'avance aux colonnes le degré d'obliquité que doit avoir la disposition, et les présentant à peu près dans la forme des tuyaux d'orgue, comme:

2° En présentant les têtes de colonnes sur un front parallèle à l'ordre de l'ennemi ; le tenant ainsi en suspens sur la disposition qu'on va prendre, et manœuvrant ensuite, partie en avant, pour se porter et se déployer sur le point qu'on a reconnu le plus faible ; partie en arrière, pour reculer et mettre hors de prise les portions de son ordre de bataille qu'on a dégarnies et qu'on veut refuser à l'ennemi.

3° En formant les échelons par gros corps, et en dirigeant chaque colonne ou partie de colonne qui les composent, sur le point où elle doit se développer.

4° On peut enfin se disposer en échelons obliques en partant d'un ordre de bataille parallèle déjà formé; les bataillons qui doivent attaquer marchant en avant, et ceux qui doivent soutenir et se refuser à l'ennemi, restant successivement en arrière, à des distances combinées sur le degré d'obliquité qu'on veut prendre. Cette manœuvre n'est applicable qu'à un corps de troupes ou à une partie de ligne qui, devant former une attaque, veut faire des efforts successifs avec une partie de ses forces, et tenir l'autre comme en réserve et hors de portée de l'ennemi.

1847. Au moyen de l'ordre oblique, on peut, à volonté, attaquer l'ennemi sur la droite, la gauche ou sur le centre, et refuser le reste de l'ordre de bataille.

1848. Le degré d'obliquité, soit que la disposition se fasse par ligne ou par échelons, doit être combiné sur la force de l'ennemi, sur sa science, sa hardiesse, et plus particulièrement encore sur la nature du terrain, sur les points avantageux de défense que ce terrain peut fournir aux parties de l'ordre de bataille que l'on veut refuser.

1849. Ainsi, plus l'armée ennemie est supérieure, plus cet ennemi est habile et manœuvrier, et plus l'on doit avoir attention d'éloigner de lui les parties faibles et défensives de l'ordre de bataille, plus il faut, à cet effet, que la direction d'obliquité, sur laquelle l'armée est rangée, forme un angle ouvert avec l'aile ennemie qu'on attaque. Il n'est guère possible, au reste, de donner de principe général sur cela : car la nature du terrain peut être telle, que dans de certains points, on puisse, sans inconvénient, approcher de l'ennemi les parties de sa disposition qui doivent rester sur la défensive, parce qu'au moyen de la disposition qu'offriront ces points, on aura, entre l'ennemi et soi, des obstacles qui l'empêcheront de faire un mouvement offensif.

1850. L'ordre oblique se forme presque toujours sur une des ailes de l'ennemi, et son objet, alors, devant être de la déborder et de la prendre à revers, il faut qu'aussitôt que le général a déterminé celle qu'il veut attaquer, les colonnes dirigent leur tête et marchent en écharpant vers ce flanc, de manière qu'au moment du déploiement la disposition de l'aile qui doit engager le combat déborde l'ennemi et puisse le prendre en flanc.

1851. Pour se procurer plus facilement l'avantage de déborder l'ennemi, il faut, lorsque l'ordre oblique doit s'exécuter par la droite, que toutes les colonnes de l'armée, ou tout au moins celles des troupes qui sont destinées à former l'attaque, se déploient sur la droite; et qu'elles se déploient sur la gauche, si l'ordre oblique doit s'exécuter à gauche. Par ce moyen on gagne sur le flanc, et en dehors de l'ordre de marche, le terrain où se déploie la colonne de l'aile. Il ne suit pas de ce principe, qu'on ne puisse jamais, en pareille circonstance, déployer les colonnes sur le centre; cette espèce de déploiement étant plus court de moitié, doit, au contraire, être toujours employé, lorsque, par la direction de sa marche, l'armée est déjà parvenue à déborder l'ennemi.

1852. Tout ce qui peut tromper l'ennemi sur la répartition des troupes dans l'ordre de bataille, ainsi que sur leur destination, devant être employé dans l'ordre oblique, il faut particulièrement savoir y faire usage du mélange combiné des déploiemens, à distances entières ou à distances serrées.

1853. Un autre avantage de l'ordre oblique étant d'étonner l'ennemi par une disposition imprévue, et de l'attaquer avant qu'il ait eu le temps de changer la sienne, il faut déployer les colonnes à une distance si bien combinée, qu'aussitôt déployées, l'aile qui doit attaquer puisse marcher sans perte de temps à l'ennemi, et arriver promptement sur lui.

1855. Il est impossible de déterminer cette distance: ce peut être quelquefois très-près, si l'ennemi a peu d'artillerie, ou si on peut déboucher sur lui à couvert; une autre fois ce doit être plus loin, si son artillerie est nombreuse et bien servie, si le terrain à parcourir est plat et ouvert.

1856. L'espèce de troupes que l'on conduit doit encore être prise pour beaucoup en considération. Sont-elles braves, aguerries, habiles à manœuvrer? on peut oser davantage, hasarder de les déployer plus près de l'ennemi, que quand elles sont molles et ignorantes. On peut mettre la cavalerie en bataille de plus loin, parce qu'elle parcourt plus rapidement le terrain qui la sépare du but de son attaque. Est-ce de l'infanterie? On doit, par la raison contraire, la déployer de plus près. Enfin, la meilleure manière, c'est de déployer à des distances où le feu de l'ennemi ne soit pas assez meurtrier pour jeter du désordre dans les manœuvres des troupes; de ne pas déployer à des distances trop éloignées, parce qu'alors on perd l'avantage de se remuer en colonnes, ce qui est bien plus rapide et bien plus facile que de se remuer en ligne, ayant d'ailleurs l'avantage de cacher le plus long-temps qu'on peut, à l'ennemi, la quantité de troupes qu'on porte sur lui, et celui de pouvoir amener ces troupes rapidement, et d'une seule traite, à l'objet de leur attaque.

1857. Parlons maintenant de *l'ordre oblique de circonstance*, c'est-à-dire celui dans lequel l'armée, quoique n'étant point disposée obliquement au front de l'ennemi, se met cependant, soit par la nature du terrain, soit par l'habileté de ses mouvemens, en situation de l'attaquer sur un ou plusieurs points, et d'être elle-même hors de prise sur les parties de sa disposition qu'elle veut refuser.

1858. Cet ordre est celui qu'on est le plus communément dans le cas de prendre à la guerre, parce qu'il est rare que les batailles se donnent dans les plaines absolument rases et découvertes, où par conséquent les dispositions puissent se faire sans relation avec le terrain, et dans l'obliquité régulière établie en principes. On est presque toujours assujéti à s'écarter de cette régularité, pour profiter des positions avantageuses offertes par la nature du pays, soit pour favoriser l'illusion qu'on veut faire à l'ennemi, soit pour mettre plus en sûreté les parties faibles de l'ordre de bataille.

1859. L'ordre oblique de la seconde espèce étant celui qui s'adapte le plus facilement aux terrains et aux circonstances, c'est donc celui-là particulièrement dont les généraux et officiers supérieurs feront un objet d'étude et de méditation. Et où cette étude peut-elle se faire avec succès? c'est dans les camps d'instruction, c'est à la guerre; c'est, si je puis m'exprimer ainsi, à force de manier les troupes et les circonstances.

1860. C'est ici où tous les avantages de ma méthode vont se faire apprécier, en transformant chaque canton, comme chaque régiment, en école militaire pratique, en camp de paix et d'exercice, où chaque officier général et supérieur, chaque officier subalterne, sous-officier et caporal, chaque citoyen soldat et soldat citoyen, à la vue de son clocher, sans coûter une obole au gouvernement, en se récréant, sera initié dans tous les secrets de la stratégie.

1861. Modernes Cincinnatus, le soc et l'épée, l'épée et le soc partageant désormais leurs travaux, leurs loisirs, sans affliger l'humanité, ils auront sur le Romain l'avantage précieux de pouvoir allier au même courage, aux mêmes vertus civiques, des connaissances militaires perfectionnées par plus de vingt siècles, simplifiées et placées à la portée de tous par la petite et la grande tactiques mises en action. On m'objectera sans doute, et avec une apparence de raison, que ces connaissances sont fort inutiles à ceux qui ne peuvent en faire usage. Toujours pénétré de l'utilité de mon système, je répondrai que, par son application, le génie mesurera de suite la hauteur à laquelle il faut s'élever pour planer sur l'intrigante médiocrité; et, rien ne pouvant ralentir son essor, il en résultera une émulation heureuse qui, s'emparant des sommités militaires, à la vue d'inférieurs aptes à juger la capacité, procurera à nos défenseurs des chefs plus instruits, au gouvernement plus de facilité dans ses choix, et conséquemment des choix plus judicieux.

1862. Revenons à notre objet. Chaque canton ayant au moins deux bataillons de garde nationale, il est très-facile, par les cadres de bataillons de cordes, de former, avec chacun d'eux, une armée de 12,000 hommes. (*Voy.* Camp de paix.) Ainsi, le camp d'instruction de chaque canton sera au moins de 24 mille hommes, qu'on organisera en deux armées, comme sur le pied de guerre.

1863. Les officiers généraux et supérieurs habitant le canton, ou les chefs de bataillons, commanderont en chef; les capitaines, lieutenans, sous-lieutenans, sergens-majors, commanderont les brigades, les régimens, les bataillons; les sous-officiers et caporaux commanderont les compagnies, sections, chacun à leur tour.

1864. Chaque armée sera formée en ordre de bataille sur deux lignes de cinq bataillons chacune, et un bataillon en potence sur chaque aile pour l'appuyer.

1865. Vous diviserez ensuite ces 12,000 hommes en cinq colonnes, et vous vous exercerez à la marche des armées à un champ de bataille; vous apprendrez et appliquerez les principes sur l'ouverture des marches de front et de flanc, en y joignant ceux de la petite tactique, relatifs aux marches, découvreurs, avant et arrière-gardes, etc.

1866. L'ordre de marche de front sera suivi, 1° d'un ordre de bataille parallèle, les colonnes se déployant sur la gauche; 2° d'un ordre de bataille parallèle, les colonnes se déployant sur la droite; 3° d'un ordre de bataille parallèle, les colonnes se déployant sur le centre.

1867. L'ordre de marche de flanc sera suivi de deux ordres de bataille parallèles.

1868. On passera ensuite à l'ordre de marche de front suivi, 1° d'un ordre de bataille oblique en ligne contiguë; 2° d'un ordre de bataille oblique par échelons, les colonnes se déployant par le centre; 3° d'un ordre de bataille oblique, les colonnes se présentant à l'ennemi sur un alignement parallèle à son front; 4° d'un ordre de bataille oblique par le centre.

1869. Quand on se sera familiarisé avec toutes ces manœuvres, on exécutera l'ordre oblique combiné sur la première disposition de l'ennemi, et changé ensuite rapidement sur un autre point, à la vue des changemens que l'ennemi a faits dans sa disposition; on passera ensuite à l'ordre de bataille de front, l'armée marchant de flanc, et l'ennemi arrivant inopinément sur la tête de la marche. Ainsi, l'on suivra ces ordres de bataille en passant de l'un à l'autre, selon la connexion qu'ils ont entre eux, s'exerçant d'abord aux plus simples, ensuite aux plus composés, en s'attachant à répéter le même jusqu'à ce qu'il ait été parfaitement conçu par les troupes et les officiers.

1870. Depuis le mois de mars jusqu'à l'époque où les champs seront vides de récolte, on exercera la garde nationale à la petite tactique, et, sitôt que les champs seront libres, on s'occupera exclusivement des manœuvres de guerre.

1871. Pour faciliter l'intelligence, autant que dans le but général de ma méthode, je vais faire exécuter toutes ces manœuvres, dans le rang où elles sont classées, par une armée de 80 bataillons, 80 escadrons, 2,000 hommes de troupes légères, de l'artillerie, marchant sur cinq lignes. L'instruction de la garde nationale par bataillon et par canton sera absolument calquée sur les exemples qui suivent, et, pour aider davantage la conception, les bataillons et escadrons seront numérotés.

1872. Toutes les manœuvres auront pour base l'ordre primitif de l'armée sur deux lignes de cinq bataillons chacune, chaque aile flanquée par un bataillon en potence.

EXPLICATION DE LA PLANCHE V.

1873. — Fig. 1ʳᵉ. *Ordre de bataille de l'armée dans un camp. On voit que les quatre-vingts bataillons sont partagés en trois divisions, appelées divisions de droite, de gauche et du centre, chaque division composée de 24 bataillons, dont 12 en première et 12 en seconde ligne; les huit bataillons restans formant les brigades de flanc, qui se placent en potence sur les flancs de la cavalerie quand l'armée campe, et sur ceux de l'infanterie dans l'ordre de combat, ou sur les points jugés nécessaires.*

1874. *Les deux ailes de cavalerie forment chacune*

une division de 40 escadrons, dont 20 en première et 20 en seconde ligne.

1875. Les troupes légères sont campées en avant et sur les ailes de l'armée. Elles auront l'avant-garde des mouvemens que fera l'armée, ou couvriront ses flancs, et dans la disposition du combat, serviront à renforcer les ailes et menacer les flancs et les derrières de l'ennemi; elles seront soutenues par des dragons. L'artillerie est répartie dans les trois divisions. Une subdivision forme l'avant-garde placée en avant du centre, les autres à la gauche de chaque division, et le parc de réserve, ainsi que les équipages en arrière de la division du centre.

1876. Fig. 2. Marche de front sur cinq colonnes, chaque division d'infanterie précédée de sa division d'artillerie et des caissons indispensables pour fournir à la consommation du premier moment, un bataillon de grenadiers de la seconde ligne marchant en tête : le reste marchera à la gauche des troupes.

1877. L'avant-garde, composée de six bataillons de grenadiers de seconde ligne, de troupes légères et de deux régimens de dragons, deux ou quatre pièces de gros calibre, ne précédera l'armée que de deux à trois mille pas, marchant par le chemin de la colonne du centre. Dans les cantons dépourvus d'artillerie et de cavalerie, on marchera sur trois, cinq ou sept colonnes, qui sont les ordres de marche qui prêtent le plus de facilité à l'exécution des divers changemens provoqués par les circonstances.

1878. — *Première manœuvre*. Marche de front suivi d'un ordre de bataille parallèle, *fig*. 3, 4, 5. Les colonnes se déployant sur la gauche, la droite ou le centre.

1879. L'armée marchera sur cinq colonnes, après s'être mise en mouvement par la droite, la gauche ou le centre, suivant la situation du chemin qu'elle devra suivre. Les bataillons de chaque ligne se formant de même sur le centre, la droite ou la gauche, en colonne par peloton; les bataillons de flanc suivant chacun la queue de la colonne où ils se trouvent.

1880. On se conformera, pour les marches, avant et arrière-gardes, à ce qui a été dit dans ces articles.

1881. Dans les marches de front, l'avant-garde doit

toujours suivre le chemin de la colonne du centre, parce que de là elle est bien plus en mesure de renforcer une des deux ailes, suivant les circonstances.

1882. Le général ainsi que les chefs de colonnes s'y rendront sitôt que les colonnes seront en mouvement, parce que c'est aussi le point d'où le général peut le mieux observer la disposition générale de l'ennemi, et diriger le mouvement de ses colonnes.

1883. S'il y a de la cavalerie, un détachement d'avant-garde se placera en avant de chaque colonne des ailes, et communiquera avec l'avant-garde.

1884. Le général chargera des officiers intelligens d'observer, pendant la marche, toute la nature du pays, sur le front; afin que, si l'on est obligé de se mettre en bataille, le terrain soit connu, et qu'il puisse faire ses dispositions d'attaque ou de défense au besoin.

1885. Toutes les colonnes marchant, autant qu'il est possible, à la même hauteur, se règlant à cet effet sur celle du centre, qui se règlera, de son côté, sur les ordres du général, placé à l'avant-garde.

1886. Lorsque le terrain, par sa nature, ne permettra pas aux colonnes de se voir, des officiers instruits se porteront sur les flancs pour chercher des points intermédiaires, découvrir la marche des autres colonnes et leur en rendre compte.

1887. Les colonnes d'infanterie marcheront un pas de route, dont la vitesse sera réglée par un officier à pied; la cavalerie se tiendra à la hauteur de l'infanterie, et y conformera ses mouvemens.

1888. L'armée marchera dans cet ordre jusqu'à ce qu'elle soit arrivée sur le terrain où l'on veut la déployer.

1889. Alors il sera fait, par un coup de canon ou autrement, un signal d'avertissement qui lui annonce qu'elle approche du terrain où l'on doit la déployer.

1890. Toutes ces colonnes se mettront à même hauteur, et prendront entre elles les distances nécessaires qui seront déterminées par les chemins jalonnés, toutes les fois qu'il aura été possible d'ouvrir la marche selon les principes.

1891: La distance d'une colonne à l'autre doit être

égale au front des troupes qu'elle aura à déployer en première ligne, et rester toujours la même.

1892. Lorsque les colonnes arriveront à sept ou huit cents pas du terrain où elles doivent se déployer, il sera fait un second signal d'un coup de canon : alors elles quitteront la marche de route, serreront les rangs, se formeront par divisions, en colonnes serrées et au pas accéléré, aligneront leurs tête sur celle des colonnes voisines.

1893. La partie de la colonne qui devra se déployer en seconde ligne observera en même temps cent pas de distance, qui est l'intervalle nécessaire entre les lignes, à compter de la division qui doit lui servir d'alignement dans son déploiement, à celle qui doit servir d'alignement au déploiement de la première ligne.

1894. Quand la colonne sera arrivée au point d'alignement indiqué, il sera fait un troisième signal de l'avant-garde, et les colonnes se déploieront de pied ferme au pas accéléré.

1895. L'artillerie se mettra en batterie, et le détachement qui marchait devant elle rejoindra sa brigade.

1896. La cavalerie se déploiera de même, en observant de former la première ligne en muraille, et la seconde avec des intervalles entre chaque escadron ; ce qui offre deux avantages : 1.° quand la première ligne est battue, elle ne renverse pas la seconde ; 2° la seconde ligne en débordant ainsi la première, en assure et protége les flancs.

1897. Les bataillons de flanc se mettent promptement en potence sur le flanc des lignes d'infanterie ; s'ils trouvent un rideau avantageux pour les couvrir, ils se tiendront en colonne par division sur ce flanc, prêts à y faire face en se mettant en bataille ; sinon, ils appuieront une de leurs ailes au flanc de la première ligne, et l'autre au flanc de la seconde.

1898. L'avant-garde rejoindra promptement son corps, à moins qu'on ne juge à propos d'en disposer pour renforcer quelque partie de l'ordre de bataille.

1899. Le déploiement fini, l'armée se trouvera formée sur deux lignes parallèles à celle de l'ennemi. Ces lignes s'aligneront promptement sur le centre ; ou les fera ensuite marcher mille à douze cents pas, après avoir indiqué les points de direction. Chaque division, chaque brigade, chaque régiment, chaque bataillon s'alignant le plus régulièrement possible dans sa marche individuelle, sans jamais chercher à s'aligner d'une aile à l'autre, et ralentir ses mouvemens pour s'occuper de la chimère d'une perfection d'alignement.

Ordre de marche de flanc, suivi d'un ordre de bataille parallèle. (Planche VI.)

1900. On suppose que l'ennemi est campé en A B, ou bien marche vers son flanc pour occuper la position C D, et que l'une ou l'autre de ces circonstances engagent l'ennemi à exécuter une marche par sa droite. L'armée marchera par son flanc droit, et sur trois colonnes.

1901. L'avant-garde marchera en dehors en une colonne séparée, à 2 ou 300 pas sur le flanc des colonnes et à la hauteur du centre, afin d'observer l'ennemi et de donner, s'il est nécessaire, à l'armée le temps de se mettre en bataille.

1902. Si l'ennemi est en mouvement, l'attention de l'avant-garde doit se porter principalement sur la tête de sa marche, afin que, s'il cessait de suivre une direction parallèle au mouvement de l'armée, et qu'il projetât de gagner son flanc pour l'attaquer vers la tête de ses colonnes, l'armée pût changer sa disposition, et prendre son ordre de bataille sur le flanc.

1903. Une avant-garde de troupes légères marchera à 2 ou 300 pas en avant de la tête des colonnes, pour, de concert avec l'avant-garde, atteindre le but dont il est parlé ci-dessus, et éclairer le front de la marche. Le général, les officiers d'état-major et chefs de divisions se trouveront à l'avant-garde.

1904. La première colonne de gauche sera composée de toute la première ligne, dans l'ordre selon lequel elle campe ; la seconde, de toute la seconde ligne, dans le même ordre, et la troisième, de toute l'artillerie. On se rappellera que le chemin de cette colonne doit être ouvert le plus près qu'il sera possible des colonnes de troupes, afin de pouvoir, au besoin, se porter rapidement à leur appui.

1905. Si l'on craint d'être attaqué, l'on répartira l'artillerie à la tête et à la queue de chaque brigade d'infanterie, moitié à celle de première et moitié à celle de seconde ligne; la troisième colonne ne sera plus composée que du reste de l'artillerie, des chariots de munitions et d'attirails.

1906. Les brigades de la tête et de la queue soutiendront la cavalerie par deux bataillons placés à sa droite ou à sa gauche; la cavalerie de flanc sera également soutenue par de l'infanterie.

1907. L'armée marchera dans cet ordre jusqu'à ce que le général, voulant la mettre en bataille, donne, de l'avant-garde, un premier signal pour la prévenir qu'elle approche du terrain où l'on veut se déployer: alors les colonnes se redresseront le plus possible à leur file de gauche; les pelotons serreront leurs rangs, prendront leurs distances entières, et la tête de la colonne ralentira son pas.

1908. La seconde colonne devant former la seconde ligne, se rapprochera de la première, s'il est possible, à la distance de 300 pas, qui est l'intervalle qui doit les séparer. Le général enverra les officiers généraux à leurs divisions, en leur indiquant les points d'alignement de la droite et de la gauche de la ligne; l'avant-garde rejoindra l'armée, et les brigades de flanc se placeront en potence aux ailes. L'artillerie, si elle forme une troisième colonne, se portera rapidement sur les points avantageux du front de la première ligne, passant par les intervalles de bataillons; et les troupes légères se formeront sur les flancs de l'ordre de bataille.

1909. On exécutera, dans une autre manœuvre, le même ordre de marche par la gauche, et l'armée se mettra en bataille par les mouvemens contraires à ceux que je viens d'exposer.

— *Autre Ordre de Marche de flanc*, suivi d'un *Ordre parallèle*. (Planche VII.)

1910. L'ordre de marche par le flanc peut aussi s'exécuter sur quatre colonnes, chaque moitié de ligne en formant une; par exemple: l'armée marchant par sa droite, la première colonne sera formée de la première ligne de l'aile droite de cavalerie et de la moitié droite de l'infanterie de cette ligne.

1911. La seconde colonne de la moitié gauche de cette même infanterie, et de l'aile gauche de la première ligne de cavalerie ; les troisième et quatrième colonnes, chacune de la moitié de la seconde dans le même ordre. Il y en aura, en outre, une cinquième en dedans de la marche pour l'artillerie, et celle en dehors de la marche sera formée par l'avant-garde, conformément à ce qui a été dit dans la précédente manœuvre. Les chemins doivent être ouverts le plus rapprochés l'un de l'autre qu'il sera possible, afin qu'au moment de se mettre en bataille, les parties de la seconde ligne se trouvent presque portées à leurs distances.

1912. L'armée se mettra en bataille aux signaux accoutumés, la première colonne s'allongeant sur la position déterminée pour occuper la moitié droite de cette position ; la seconde colonne se dirigeant et s'arrêtant ensuite de manière à en occuper la moitié gauche, et les troisième et quatrième colonnes faisant les mêmes mouvemens que la première et la seconde pour former la seconde ligne.

1913. — *Observations*. Cet ordre de marche, en tenant l'armée plus concentrée, donne l'avantage de se trouver bien plus tôt en mesure de défense, si l'ennemi, vous dérobant un mouvement, vient à vous attaquer. Mais il faut, dans ce cas, au lieu de porter les troupes à leur rang de bataille, les diriger par les mouvemens les plus prompts ; et en les éloignant l'une de l'autre, les porter sur les points où elles doivent se déployer, en formant un ordre de bataille combiné sur les positions et les circonstances.

1914. L'ordre parallèle, tel qu'on l'a fait prendre à l'armée, à la suite des différens ordres de marche de front ou de flanc, n'est qu'une disposition primitive de campement et d'organisation, sans aucune relation avec le terrain et les circonstances. On va voir, par quelques exemples de l'ordre oblique, comment on s'écarte de cette disposition primitive, pour se renforcer sur un point et refuser celui qu'on affaiblit. En allant pas à pas, du simple nous arriverons au composé.

1915. — *Ordre de Marche de front; suivi d'un Ordre de Bataille oblique par ligne.* (Planche VIII.)

1916. L'ennemi est supposé posté en *A B*, et rangé sur deux lignes, son infanterie au centre et sa cavalerie sur les deux ailes.

1917. L'armée marchera sur cinq colonnes : la formation de ces colonnes, celle de l'avant-garde, et tous les détails de l'ordre de marche, seront de même que dans la première manœuvre.

1918. Le général, ayant examiné, de la tête de son avant-garde, la position de l'ennemi, se décide à attaquer l'aile gauche de celui-ci. Il indiquera, aux chefs de divisions, l'ordre de bataille qu'il veut prendre, l'espèce de déploiement par lequel on doit y arriver, et les points qui doivent régler l'alignement.

1919. Ceux-ci rejoindront promptement leurs divisions, afin de diriger l'exécution du déploiement de leurs colonnes et de l'ordre de bataille.

1920. A trois cents pas du terrain où l'armée doit se former, il sera fait un signal de l'avant-garde, qui avertira l'armée qu'elle approche de l'endroit où elle doit se déployer, et que l'ordre oblique doit se former sur la droite (*).

Les colonnes prendront entre elles les distances prescrites pour se déployer sur la droite. (*Voyez* les principes donnés dans l'*Ordre parallèle*.)

1921. La colonne de cavalerie de la droite, et la première colonne d'infanterie, devant ici se déployer en entier en première ligne, observeront d'avoir sur leur droite les distances nécessaires pour s'y former.

1922. Chaque tête de colonne restera six cents pas en arrière de la tête de colonne qui est à droite, au moyen de quoi le degré d'obliquité, de la droite à la gauche, sera de deux mille quatre cents pas (l'ef-

---

(*) On conviendra à l'avance de différens signaux, qui indiqueront à l'armée l'espèce d'ordre de bataille qu'elle devra prendre ; et si c'est un ordre oblique, la partie de la disposition ennemie sur laquelle cet ordre va engager le combat.

fectif de chaque bataillon étant de 450 combattans, et celui de l'escadron de 120).

1923. Il n'y a point de principe fixe pour le degré d'obliquité; il ne peut être déterminé que par le plus ou moins de danger dont l'ennemi peut menacer les parties affaiblies de l'ordre de bataille.

1924. Toutes les colonnes continueront de se porter en avant, en se dirigeant insensiblement à droite, afin de gagner le flanc de l'armée ennemie.

1925. La colonne de cavalerie de la droite, et la première colonne d'infanterie, devant se déployer en entier, en première ligne, et commencer l'attaque, partageront leur terrain en formant chacune deux ou trois colonnes, dont les têtes se dirigeront vers les points où elles devront se mettre en bataille pour être plus vivement formées. (*Voyez* le Plan.)

1926. Les trois brigades de seconde ligne de la seconde colonne d'infanterie se sépareront de leur colonne, pour se diriger à droite, afin de se rapprocher de la queue de la première colonne d'infanterie, ces trois brigades devant se former, en seconde ligne, immédiatement derrière les trois brigades de la droite.

1927. Les trois brigades de seconde ligne de la troisième colonne feront le même mouvement à droite, afin de se mettre en mesure d'occuper, lorsqu'on se mettra en bataille, tout le terrain de la seconde ligne, depuis les brigades de la droite jusqu'à la gauche.

1928. Un second signal, fait 1,000 à 1,200 pas avant que les colonnes arrivent sur le terrain où elles devront se déployer, les avertira de se préparer au déploiement; elles se formeront alors par divisions, et prendront l'ordre de déploiement à distances serrées.

1929. La colonne de cavalerie de la droite, et la première colonne d'infanterie, prendront leur ordre, de manière à se déployer en entier en première ligne.

1930. Il en sera de même des trois brigades de première ligne de chacune des seconde et troisième colonnes d'infanterie. On a indiqué ci-dessus la destination que doivent remplir les brigades de seconde ligne de ces colonnes.

1931. Les vingt escadrons de la tête de la colonne de cavalerie de la gauche, se porteront au grand trot, et avec des intervalles, entre leurs divisions, à hauteur de l'avant-garde, et ils manœuvreront de manière à faire à l'ennemi la plus grande ostentation possible de force et d'offensive, afin de l'engager à croire que la disposition d'attaque va se porter sur la droite.

1932. L'avant-garde s'arrêtera, de son côté, à hauteur du terrain où la colonne de la droite doit se déployer, et elle manœuvrera sur le front de l'armée, de façon à masquer, autant qu'elle le pourra, les mouvemens que celle-ci fera derrière elle.

1933. On voit qu'au moyen de vingt escadrons de l'aile gauche, portés à hauteur de l'avant-garde étendue, et manœuvrant en avant du centre, et au moyen de la colonne de la droite, dont la tête se présente à la même hauteur, on semble indiquer à l'ennemi qu'on va se former sur un alignement parallèle à son front, tandis qu'en effet cette première disposition n'est qu'un rideau derrière lequel l'armée prend un ordre de bataille, et qui disparaît au troisième signal.

1934. Il faut observer que ces mouvemens, qui se font à une assez grande distance de l'ennemi, sont encore favorisés par les différentes situations du pays qui rendent l'illusion plus complète. L'ennemi, en pareille circonstance, a toujours contre lui toutes les causes accidentelles, l'incertitude des opinions, et, quand elles sont fixées, la lenteur des contre-mouvemens qu'il cherche à opposer.

1935. Les vingt escadrons de la queue de la colonne de gauche iront au grand trot, et, s'il se peut, en colonne serrée par division, renforcer la cavalerie de la droite, passant pour cela derrière les colonnes d'infanterie, et observant de se tenir le plus rapprochés d'elles qu'ils pourront, afin de cacher leur mouvement à l'ennemi. Au moment que la tête de la cavalerie de la droite arrivera sur le terrain où elle devra se déployer, ce qui sera, je pense, à douze cents pas de l'ennemi, il sera fait un troisième signal pour que l'armée se mette en bataille.

1936. Toutes les colonnes se déploieront alors par la droite : celles de l'infanterie au pas accéléré, et la colonne de cavalerie de la droite au galop.

1937. La première division de chaque colonne, qui sera la division d'alignement, fera au préalable un demi-quart de conversion à gauche, pour que la ligne puisse prendre le degré d'obliquité et s'aligner sur elle.

1938. La colonne de cavalerie de la droite se formera toute sur une ligne, et les vingt escadrons qui arriveront de la gauche se formeront en seconde ligne derrière elle.

1939. La colonne d'infanterie de la droite se formera de même toute en première ligne, par les moyens les plus convenables pour augmenter la rapidité du déploiement général.

1940. La brigade de flanc de la droite étendra le flanc de cette aile, ou se tiendra en colonne sur le flanc des lignes d'infanterie, de manière à être en mesure de soutenir la cavalerie, ou d'étendre le front de l'infanterie, s'il est nécessaire. Ce sont les circonstances qui déterminent à cet égard son mouvement.

1941. Les seconde et troisième colonnes d'infanterie se déploieront, moitié en première ligne et moitié en seconde.

1942. Les brigades 15, 18 et 16 de la seconde colonne d'infanterie se formeront en seconde ligne immédiatement derrière la droite, afin de se rapprocher de l'emplacement qu'elles doivent occuper dans l'ordre de bataille, en secouant le préjugé de l'inversion, pour remplir l'objet décisif de déborder l'ennemi.

1943. Les brigades 12, 8 et 4 de la troisième colonne, ainsi que la brigade de flanc de la gauche, occuperont le reste de la seconde ligne, laissant les intervalles nécessaires entre elles, et se tenant disposées à marcher au secours de la droite, si elle a besoin de renfort.

1944. L'artillerie qui est à la tête de la première colonne d'infanterie se déploiera promptement en avant de la droite de la ligne, et se placera particulièrement en avant de l'intervalle qui sépare la cavalerie de l'infanterie, pour commencer aussitôt son feu, observant de battre en écharpe la cavalerie ennemie, et s'attachant principalement à tirer sur les troupes.

1945. L'artillerie, à la tête des seconde et troisième colonnes, se portera rapidement à la droite pour renforcer et fatiguer, par un grand feu, l'aile gauche de l'ennemi; l'avant-garde se retirera rapidement par les intervalles de l'ordre de bataille, la cavalerie pour se porter à toutes jambes en troisième ligne derrière la droite de l'infanterie, et les six bataillons pour renforcer l'aile de cette même infanterie, et former la tête de l'attaque ou la soutenir; et, pour qu'ils aient le temps d'arriver à leur destination, on pourra, dès le premier signal, commencer à les rapprocher de l'aile droite.

1946. Les vingt escadrons de la colonne de la gauche, qui se seront portés à hauteur de l'avant-garde, se retireront rapidement et se formeront à l'aile gauche, tous en première ligne.

1947. Au moyen de tous ces mouvemens, voici dans quel ordre l'armée se trouvera rangée: sa première ligne sera de soixante escadrons et de quarante-huit bataillons, non compris les bataillons en potence sur des flancs, et six bataillons de grenadiers en mesure de faire la tête de l'attaque ou de la soutenir.

1948. La seconde ligne sera de vingt escadrons et de vingt-huit bataillons, dont douze soutenant immédiatement la droite de la première ligne. Il y aura, indépendamment de cela, deux régimens de dragons en réserve et en troisième ligne derrière l'infanterie de cette aile. La totalité du renfort, porté au point de l'attaque, sera conséquemment de dix-huit bataillons, vingt escadrons, deux régimens de dragons et deux divisions d'artillerie.

1949. Si le général jugeait à propos d'étendre davantage la droite de sa première ligne d'infanterie, afin de déborder et d'embrasser plus complètement l'ennemi, il le pourrait au moyen de la brigade de flanc de cette aile et des six bataillons de grenadiers qui étaient de l'avant-garde; s'il voulait la moins étendre, il pourrait alors faire déployer sa première codonne d'infanterie, partie en première et partie en deuxième ligne. Dans l'ordre oblique, c'est sur les colonnes des ailes que roule tout le mécanisme de la disposition ; c'est par elles qu'on étend son front et qu'on se renforce sur le point qui doit attaquer. Ce sont elles enfin qui deviennent le marteau et la partie agissante de l'ordre de bataille.

1950. On se bornera à cette première répétition de l'ordre oblique, jusqu'à ce que les troupes commencent à connaître parfaitement et sans confusion les mouvemens intérieurs par lesquels il se forme. La leçon suivante leur fera ensuite connaître la manière dont on doit attaquer l'ennemi, sitôt que l'ordre de bataille est formé.

1951. Au moment où la cavalerie de l'aile droite sera en bataille, celui qui la commande, sans avoir égard au déploiement du reste de l'armée, qui s'achèvera pendant son mouvement, s'ébranlera pour marcher à l'ennemi, en faisant donner le signal par les trompettes de la brigade du centre.

1952. Les 1200 pas que la cavalerie aura à parcourir pour arriver sur l'ennemi seront faits avec la progression de vitesse et de mouvement recommandée pour les manœuvres de charge.

1953. Le général qui conduit l'aile droite de la ligne de cavalerie observera de prendre dans son mouvement ses points de direction, de manière à faire usage de toute la partie de son aile qui déborde l'ennemi, pour l'embrasser et l'attaquer en flanc.

1954. La seconde ligne suivra la première au trot. Dès que la première ligne de cavalerie aura parcouru les 1200 pas prescrits, ce qui suppose qu'elle a renversé celle des ennemis, elle fera halte pour reformer ses escadrons, détachera quelques petites troupes pour poursuivre les fuyards, les empêcher de se rallier, et manœuvrera sur-le-champ et à dos de l'infanterie ennemie, pendant que l'infanterie de la droite de l'oblique l'attaquera de front.

1955. La seconde ligne soutiendra au petit trot les cavaliers envoyés à la suite des fuyards.

1956. Dès que les bataillons qui sont en potence sur

le flanc verront le succès de la cavalerie, ils feront un quart de conversion à gauche pour renforcer et étendre la ligne d'infanterie.

1957. Les troupes légères profiteront aussi de ce premier avantage pour pénétrer sur les derrières de l'ennemi et augmenter son inquiétude.

1958. En même temps que la cavalerie s'ébranlera pour charger ce qui est devant elle, la droite de l'infanterie marchera à l'ennemi au pas de charge, en décrivant une espèce de mouvement circulaire pour tomber sur son flanc. Tout le reste de l'armée appuiera ce mouvement en s'y conformant. Ce quart de conversion ne se fera pas avec la lenteur et la précision d'une ligne qui voudrait l'exécuter de la droite à la gauche; celui qui conduira la droite de l'aile observera seulement, en la menant à l'ennemi, de prendre son point de vue au-delà de son front, s'il le déborde, afin de l'attaquer à revers.

1959. On voit que l'objet de l'obliquité est de charger brusquement l'aile qu'on déborde, et de pousser sur-le-champ son avantage en prenant les lignes de l'ennemi à revers et en flanc. L'armée, pour atteindre ce but, décrivant une espèce de demi-quart de conversion, et poussant ensuite l'ennemi devant elle jusqu'à ce qu'elle l'ait entièrement battu.

1960. Lorsque les troupes seront instruites, on suspendra de temps en temps le mouvement de l'aile droite, comme si, arrêtée effectivement par l'ennemi, elle avait à le combattre; on fera alors exécuter les divers feux, après lesquels on se portera de nouveau en avant, comme ayant eu l'avantage.

1961. Ce sera le général conduisant l'aile droite engagée qui dirigera cette manœuvre. Les officiers généraux chargés du commandement du reste de la ligne s'appliqueront à suivre le mouvement de cette aile, en achevant, de concert avec elle, le quart de conversion, objet définitif de la manœuvre qui vous rend maître du champ de bataille.

1962. Aussitôt que la droite sera arrivée en O, ce qui suppose l'aile gauche de l'ennemi renversée, elle s'arrêtera, ainsi que le reste de l'armée, les lignes se redresseront, se reposeront, et se mettront ensuite en marche pour rentrer.

1963. *Ordre de marche suivi d'un ordre de bataille oblique par échelons, et en déployant sur le centre.* (Planche XI.)

1964. L'armée étant en marche sur cinq colonnes, le premier signal les préviendra de prendre leurs distances. La première et la seconde colonne continueront de marcher à la même hauteur.

1965. La première colonne observe d'avoir à sa droite le terrain nécessaire pour déployer vingt escadrons.

1966. La seconde laissera entre elle et la première le terrain nécessaire pour déployer douze bataillons, vingt escadrons, et de plus 150 pas d'intervalle qui doivent rester entre l'infanterie et la cavalerie.

1977. La troisième laissera entre elle et la seconde colonne la place nécessaire pour déployer dix-huit bataillons. La quatrième laissera entre elle et la troisième le terrain nécessaire pour en déployer douze.

1968. La cinquième laissera entre elle et la quatrième le terrain pour contenir six bataillons, dix escadrons, et de plus 150 pas d'intervalle qui doivent rester entre la cavalerie et l'infanterie.

1969. Au signal de se mettre en bataille, toutes les colonnes se déploieront sur le centre, sans qu'au préalable les divisions d'alignement fassent des demi-quarts de conversion.

1970. La première et la seconde colonne, ayant marché à la même hauteur, se formeront en bataille sur le même alignement; elles se déploieront en entier en première ligne; et leur seconde sera formée, ainsi que dans l'exemple précédent, par des troupes des autres colonnes.

1971. A l'égard des troisième, quatrième et cinquième colonnes qui ont marché à 600 pas de hauteur l'une de l'autre, dès qu'elles seront déployées, elles resteront en échelon par division, ainsi qu'il est marqué dans le plan par des lignes ponctuées, ou bien elles formeront l'échelon par brigades ou par bataillons; les deux premières manières sont préférables. Dans tous les cas, les échelons seront placés chacun en arrière de celui qui est à sa droite.

1972. L'armée, ayant achevé son déploiement, formera deux lignes de la même manière et de la même force que dans la manœuvre précédente; mais ici l'oblique sera en échelons; les divisions, brigades, bataillons qui les formeront, étant rangés parallèlement au front de l'ennemi, et s'éloignant de lui successivement de la droite à la gauche, tandis que l'aile droite, qui devra commencer l'attaque, formera une espèce de marteau en avant de cette obliquité.

1973. La cavalerie exécutera son mouvement comme il est dit dans la manœuvre précédente. Lorsqu'elle aura battu celle de l'ennemi, toute l'infanterie de la droite marchera d'abord en avant, le reste de l'armée s'appuyant à elle, et suivant son mouvement, observera toujours avec soin la direction et l'obliquité prescrites.

1974. Si la droite a besoin de secours, elle sera renforcée successivement par toutes les brigades de la ligne, l'ordre de bataille ne faisant alors que se raccourcir, et les bataillons destinés à renforcer la droite n'ayant qu'à marcher par le flanc, ou en demi-quart de conversion, pour se porter à l'attaque.

1975. A mesure qu'elle aura du succès, et que la droite se portera en avant, l'armée appuiera à elle, et suivra son mouvement, de manière à ne jamais s'en désunir, chaque bataillon portant, pour cela, son aile gauche en demi-quart de conversion, afin de marcher plus facilement vers le flanc.

1976. Le but de l'aile droite sera de gagner toujours du terrain sur la droite, pour prendre l'ennemi à revers et se former sur son flanc.

1977. Lorsque la gauche de l'ennemi sera entièrement battue, et que la droite de l'armée sera formée sur le terrain qu'il occupait, les divisions, brigades, bataillons, se rapprocheront l'une de l'autre de manière à former deux lignes contiguës, et à pousser ainsi de front ce premier avantage, jusqu'à ce que la droite de l'armée, arrivée au point P, soit supposée avoir mis l'ennemi entièrement en déroute.

1978. Cet ordre oblique par échelons peut s'exécuter

par la gauche, et en déployant les colonnes par la droite et par la gauche.

1979. — *Ordre de marche suivi d'un ordre de bataille oblique pris, les colonnes se présentant à l'ennemi sur un alignement parallèle à son front.*

1980. L'armée marchant dans l'ordre accoutumé, un premier signal l'avertira qu'elle approche du terrain où elle doit se déployer; les colonnes observeront alors entre elles les distances prescrites pour le déploiement sur le centre. Mais, comme cette manœuvre a pour objet de tromper l'ennemi en lui présentant les colonnes sur un alignement parallèle à son front, et de prendre ensuite l'ordre oblique par des mouvemens en arrière, les colonnes marcheront toujours à même hauteur jusqu'au moment du déploiement à distances serrées, etc.

1981. Au troisième signal, qui se fera quand les têtes de colonnes seront à environ 1,200 pas de l'ennemi, la première et seconde colonnes se déploieront au pas accéléré, et comme dans l'exemple précédent.

1982. Toutes les autres feront demi-tour à droite, et marcheront par le même chemin qu'elles auront tenu : la troisième, 1,200 pas; la quatrième, 1,800, et la cinquième, 2,400.

1983. Lorsque chacune de ces colonnes aura fait le nombre de pas qui lui est prescrit, elle fera front, se déploiera par le centre, et formera ensuite l'échelon oblique par division, par brigade ou par bataillon, comme dans la manœuvre précédente.

1984. L'artillerie qui est à la tête de la seconde colonne d'infanterie se portera, au grand trot, au renfort de celle de la première; celle de la troisième suivra le mouvement de sa colonne.

1985. Les brigades de seconde ligne des seconde et troisième colonnes d'infanterie se mettront, dès le premier signal, en mesure de se déployer, les premières derrière la droite de la première ligne d'infanterie, et les secondes derrière la seconde ligne.

1986. L'avant-garde se retirera par les intervalles du centre, et se placera comme dans l'exemple précédent; aussitôt que l'aile droite de cavalerie sera déployée, elle marchera sur-le-champ à l'ennemi. (*Voyez la Manœuvre précédente.*)

1987. L'armée étant arrivée en O P, et l'ennemi étant battu, elle s'arrêtera, redressera ses lignes, se reposera pour se remettre en ordre de marche et rentrer. On exécutera la même manœuvre par la gauche.

1988. — *Ordre de marche suivi d'un ordre de bataille oblique sur le centre.* (Planche X.)

1989. On suppose l'ennemi posté en A B, ayant son centre dans une position hasardée et susceptible d'attaque.

1990. L'armée en marche dans l'ordre accoutumé, le général, voulant attaquer de son centre celui de l'ennemi, et refuser ses ailes, fera tirer un coup de canon de l'avant-garde, ce qui la préviendra qu'elle approche du terrain où elle doit se former.

1991. Les colonnes observeront entre elles les distances prescrites lorsque le déploiement se fait sur le centre.

1992. La colonne du centre suivra l'avant-garde; la seconde et la quatrième se laisseront dépasser par elle de 800 pas, et elles dépasseront de la même distance la première et la cinquième.

1993. Les deux brigades de la queue de la seconde et de la quatrième colonne dirigeront leur marche pour se rapprocher de la colonne du centre, afin de pouvoir, dans la formation de l'ordre de bataille, se déployer en seconde ligne derrière les troupes qui composent cette colonne.

1994. Un second coup de canon avertira les colonnes de se préparer au déploiement; alors elles se formeront par divisions en colonnes serrées.

1995. Chaque colonne de cavalerie enverra en même temps les vingt escadrons de sa tête pour aller au grand trot manœuvrer à la hauteur de l'avant-garde. Ces escadrons observeront de s'étendre le plus qu'ils pourront, afin de tromper l'ennemi sur l'alignement que l'on veut prendre et l'objet de la disposition.

1996. Les vingt escadrons de la queue de chaque colonne de cavalerie partiront en même temps au grand trot, en passant le plus près possible des colonnes d'infanterie, afin de cacher leur marche à l'ennemi. Ils se porteront derrière la colonne du centre.

1997. Lorsque la tête de la colonne d'infanterie arrivera à 300 pas de l'avant-garde, supposée arrêtée à 1,200 pas de l'ennemi, il sera fait un troisième signal.

1998. A ce signal, les six bataillons de grenadiers de l'avant-garde se reformeront promptement, de façon à pouvoir faire la tête de l'attaque sur le centre de l'ennemi.

1999. L'artillerie de la colonne du centre se formera au grand trot, en avant et sur les flancs de l'avant-garde, afin de commencer son feu.

2000. La colonne du centre se déploiera sur une ligne; la seconde ligne sera formée de six brigades, dont trois de la tête de la seconde colonne, et trois de la tête de la quatrième.

2001. Les quarante escadrons, arrivés des ailes, formeront une troisième ligne derrière elle.

2002. Les quarante escadrons, partis en avant des ailes, reviendront rapidement se former sur une ligne oblique, en échelons, à la droite et à la gauche de l'armée.

2003. Le reste de l'infanterie de la seconde et de la quatrième colonnes, se déploiera sur une ligne oblique, par échelons, appuyant à la ligne contiguë que formera l'infanterie du centre.

2004. Les deux autres colonnes se déploieront, chacune trois brigades en première ligne, une en seconde, et formeront l'oblique par échelons.

2005. Si le terrain le permet, les deux régimens de dragons se formeront en ligne avec l'avant-garde, afin de la soutenir dans l'attaque; mais si c'est une affaire de poste, et qu'ils y soient inutiles, ils passeront rapidement par les intervalles de l'ordre de bataille, et iront se former derrière la ligne de cavalerie.

2006. Dans cet ordre, l'armée formera une espèce d'angle brisé à son sommet, c'est-à-dire que son centre se présentant de front à l'ennemi, ses ailes seront repliées et se refuseront à lui par le moyen de l'oblique.

2007. Dès que l'avant-garde sera déployée, elle marchera à l'ennemi, soutenue par les deux lignes du centre. L'attaque se fera en ligne ou en échiquier, suivant la nature du poste qu'occupera l'ennemi; elle sera rafraîchie continuellement par les lignes du centre, et, s'il est besoin, par celles de l'oblique.

2008. Le centre de l'ennemi étant enfoncé, celui de l'armée marchera en avant, et prendra sur-le-champ les lignes à revers, tandis que les deux ailes de l'oblique, continuant le même mouvement que ci-dessus, se porteront à son appui, et attaqueront l'ennemi de front.

2009. Le centre de l'armée étant arrivée au point O, et les ailes aux points P Q, ce qui suppose qu'on aura séparé l'ennemi en deux, et mis en déroute, on fera halte, et après le repos on rentrera.

2010. On exécutera le même ordre, toutes les colonnes se présentant en front parallèle à la ligne de l'ennemi, et les ailes ne prenant l'oblique qu'au moment du déploiement.

2011. — *Application des Manœuvres précédentes aux terrains et aux circonstances.*

2011. A la guerre, la nature des terrains et des circonstances ne peut souvent être prévue; on ne saurait donc préméditer les mouvemens, et c'est ordinairement le moment qui les détermine. C'est pourquoi il n'y aura peut-être pas une circonstance où l'on soit dans le cas d'exécuter, par des combinaisons absolument semblables, une seule des manœuvres qui viennent d'être décrites. Mais quelque variées que soient les combinaisons, c'est cependant par le même mécanisme qu'on les exécute. Ce mécanisme connu, l'objet primitif et les principes d'ordre de bataille une fois conçus, les chefs et les troupes s'étant formés le coup-d'œil et l'intelligence par des manœuvres simples et raisonnées, on étendra la sphère de l'instruction, et on la rendra plus intéressante, en manœuvrant ensuite, et toujours d'après les terrains variés, tels que le pays les offrira; car tel est l'avantage de cette disposition de l'armée et de ses ordres de marche, qu'elle peut, rapidement et suivant les circonstances, prendre un ordre de bataille quelconque, renforcer ou refuser telle ou telle partie de cet ordre. Le général, marchant à la tête de son avant-garde, a derrière lui toutes ses colonnes qu'il dirige, avance, retarde, arrête et déploie suivant ses projets.

2012. L'armée débouchant dans la plaine A, pour aller attaquer l'ennemi occupant la position BC, le général arrive à la tête de l'avant-garde en E. Il voit que la gauche de l'ennemi est susceptible d'être attaquée et débordée, et sur-le-champ il fera donner les signaux pour que l'armée se dispose à prendre l'ordre oblique par la droite.

2013. Il instruira les chefs de divisions des points sur lesquels ils doivent diriger les colonnes, des points d'alignement des ailes, de la manière dont ces colonnes doivent se déployer, et de l'objet général de la disposition qu'il aura déterminée, en saisissant, d'un coup d'œil, les avantages que le terrain offre aux parties offensives et défensives de son ordre de bataille.

2014. Il fera, en conséquence, diriger la première et la deuxième colonne sur le point F, parce qu'il voudra profiter de la plaine pour former sa droite, et attaquer la gauche, faible et découverte, de l'ennemi.

2015. Il fera arrêter la troisième colonne sur les hauteurs I, afin d'y donner une position défensive à la partie de son ordre de bataille qu'il veut refuser; et, à couvert par ses hauteurs, il portera à sa droite les brigades de seconde ligne de cette colonne, afin qu'elles y forment la seconde ligne de sa seconde colonne, qui se déploiera toute en première ligne.

2016. A couvert par ces mêmes hauteurs, les vingt escadrons de la queue de la colonne de gauche se porteront en renfort à la droite, pour former la seconde ligne de la première colonne, qui se déploiera toute en première ligne.

2017. S'il avait besoin même d'un plus grand renfort d'infanterie, à cette droite, il en tirerait des brigades des deuxièmes lignes de la quatrième colonne, ou il se mettrait à portée d'en tirer, en les faisant rapprocher des hauteurs de son centre, et laissant alors moins d'infanterie à la gauche.

2018. Il laissera sur le rideau H quelques troupes

légères, et fera filer, derrière ce rideau, toute son avant-garde, pour en renforcer sa droite.

2019. Il profitera des bois qui sont en avant de ses colonnes de gauche, pour menacer la droite de l'ennemi, et l'engager à y porter son attention. Il ordonnera, à cet effet, à la quatrième et cinquième colonne, de manœuvrer le long de la lisière des bois, d'y présenter plusieurs têtes à distances ouvertes; de faire, en un mot, la plus grande ostentation possible de forces et d'offensive, pour se replier ensuite, venir se mettre en bataille sur la lisière des bois, et concourir, par là, à l'objet général de la disposition.

2020. Les 28 bataillons qui composent la quatrième colonne formeront entièrement la gauche de l'armée; les 20 escadrons qui restent à la cinquième viendront rapidement se former dans la trouée qui est entre le bois et les hauteurs du centre.

2021. Il ne s'assujétira, comme on peut le voir sur le plan, à aucune régularité dans l'alignement et dans l'obliquité de la disposition. Son centre se trouvera fort en arrière du degré d'obliquité que nous avons établi dans l'ordre des principes, parce qu'il aura voulu profiter des hauteurs pour le tenir plus hors de mesure de l'ennemi; sa gauche sera placée fort en avant, parce qu'elle est couverte par des bois où certainement l'ennemi ne viendra pas l'attaquer, et où elle fait en quelque manière bastion sur la courtine de son ordre de bataille. L'objet de sa disposition n'en aura pas moins tous les avantages de l'ordre oblique, puisqu'il refuse et tient hors de la portée de l'ennemi le centre et la gauche de son armée.

2022. Cet exemple fait voir comment l'ordre oblique doit s'appliquer aux terrains; celui qui suit montrera comment, ayant déterminé, d'après la première disposition, qu'on formerait l'ordre oblique sur un point, et l'armée ayant en conséquence commencé son mouvement, si cet ennemi vient à changer sa disposition, on pourra rapidement changer le plan d'attaque, et former l'ordre oblique sur un autre point. (*Pl.* XII.)

2023. L'armée se met en marche dans l'ordre accoutumé pour aller attaquer l'ennemi, posté en A B. Arrivé à portée de le reconnaître, le général voit que le centre de sa disposition est inexpugnable, que la droite présente des difficultés, et que la gauche est, par la nature du terrain, la partie la moins forte et la plus accessible : il se détermine, en conséquence, à attaquer par sa droite, et fait commencer à son armée les mouvemens nécessaires pour former l'ordre oblique sur cette aile.

2024. Cependant, arrivé plus à portée de l'ennemi, et continuant d'observer de plus en plus sa position et les mouvemens que son approche lui fait faire dans sa disposition, il voit que l'ennemi, je suppose, comptant sur la bonté de sa droite, et craignant la faiblesse de sa gauche, y porte la plus grande et la meilleure partie de ses troupes; il voit qu'au moyen de ce changement de disposition, cette gauche, qui, dans l'aspect primitif, lui avait paru et était en effet le côté le plus faible, devient, par le nombre et l'espèce de troupes qu'on y porte, le point le moins susceptible d'attaque, tandis que la droite, plus difficile par le terrain, reste presque abandonnée à ses forces locales, et n'est défendue que par un petit nombre de troupes : sur-le-champ il change de projet, et se résout à former son ordre oblique par la gauche.

2025. Un signal indique ce changement à ses colonnes, qui alors prennent par la gauche l'échelon d'obliquité qu'elles avaient commencé par la droite. S'il y a quelques parties de troupes en marche vers ce dernier point, elles s'arrêtent pour se diriger vers la gauche dont elles avaient été détachées.

2026. Le général envoie aussitôt aux colonnes des officiers sûrs, qui leur montrent la nouvelle disposition qu'il veut prendre, la direction qu'elles doivent suivre, et les points où elles doivent se former. Il se porte en même temps à la gauche de l'armée, afin de suivre la direction de la partie intéressante du mouvement. Suivant la première disposition, il devait former l'ordre oblique sur la droite, renforcer cette aile de cavalerie par vingt escadrons tirés de la gauche, et la former en C, pour attaquer la gauche de l'ennemi; sa première colonne d'infanterie, renforcée des brigades de seconde ligne, de la seconde et troisième colonnes, et des troupes de son avant-garde, devait appuyer à cette aile et engager l'attaque de concert avec elle, tandis que le reste de ses troisième, quatrième et cinquième colonnes devait se déployer en arrière par échelons, et, à la faveur des avantages du pays, se tenir hors de mesure de l'ennemi.

2027. Il se décide, d'après les mouvemens de l'ennemi, à prendre l'oblique par la gauche, et voici comment il s'y prend:

2028. La droite de l'ennemi, à l'exception d'une petite partie de plaine où il a laissé une vingtaine d'escadrons, et sur des hauteurs de difficile accès, et fortifiées encore par des redoutes et des batteries, c'est-à-dire que cette aile est incomparablement mieux assise que la gauche, qui est dans une plaine rase et découverte; mais l'ennemi, comptant un peu trop sur les avantages du terrain, l'a dégarni de troupes, et n'y a laissé que celles sur lesquelles il pouvait le moins compter, afin de renforcer considérablement sa gauche, pour laquelle la nature du pays, la facilité des débouchés, et la vue de la première disposition d'attaque lui ont donné lieu de craindre. C'est là la faute que saisit le général de notre armée, et pour cet effet, il envoie ordre à sa colonne de cavalerie de la gauche, laquelle est rejointe, chemin faisant, par les vingt escadrons qui avaient déjà commencé à se porter vers la droite, de se diriger sur le point D, marchant à distances serrées, et tâchant, le plus qu'il est possible, de cacher sa force.

2029. L'objet de cette cavalerie est, au signal du déploiement, de se mettre en bataille vis-à-vis des escadrons de la droite de l'ennemi; de profiter de sa supériorité pour les déborder, pour les tourner même, s'il se peut, en portant quelques escadrons en dehors du ravin auquel ils appuient, et enfin, de les attaquer vigoureusement, tandis que l'infanterie, qui est à sa droite, attaque de même la droite de l'infanterie ennemie.

2030. La première colonne de gauche, composée de vingt-huit bataillons d'infanterie, y compris la brigade de flanc, traverse le grand bois E, s'avance, à distance serrée, vers le point F; arrivée à ce point, se déploie toute sur une ligne, et soutenue en seconde par les six brigades des seconde et troisième colonnes d'infanterie de gauche, et de plus, renforcée par les grenadiers et dragons de l'avant-garde, qui viennent se placer à sa droite.

2031. Cette disposition prise, elle marche sur-le-champ à l'ennemi, profite du premier avantage de la cavalerie pour tourner le grand rideau F, auquel appuient les redoutes de la droite, et finit, selon toute apparence, par emporter une position où l'ennemi, inférieur soit par le nombre, soit par l'espèce de troupes, n'a que peu de résistance à lui opposer.

2032. La seconde colonne d'infanterie se porte sur les hauteurs G, qui, disposées comme à dessein, s'étendent en s'éloignant de l'ennemi, et elle s'y forme sur une seule ligne, ayant sa gauche couverte par les dragons de l'avant-garde : les trois brigades de seconde ligne de cette colonne se sont portées en seconde ligne derrière la gauche, comme on l'a dit ci-devant.

2033. La troisième colonne d'infanterie se forme de même sur la lisière du bois H; ce bois, qui est encore plus en arrière que les hauteurs G, cache sa force et lui fournit une position favorable; les trois brigades de seconde ligne de cette colonne ont fait le même mouvement que celles de la deuxième colonne.

2034. Ces deux colonnes ne prennent toutefois leurs dispositions en arrière qu'au moment du déploiement général; jusque-là, elles doivent se montrer en avant des hauteurs, présenter plusieurs têtes de colonnes à distances ouvertes, et paraître menacer le centre et la droite de l'ennemi.

2035. C'est enfin la cinquième colonne qui est particulièrement chargée de lui donner le change, et en conséquence elle s'avance audacieusement à travers la grande plaine, comme si elle devait en effet commencer l'attaque, ainsi que dans la première disposition, se partage en plusieurs colonnes à distances très-ouvertes, puis, au signal du déploiement général, se retire au grand trot, et vient se mettre en bataille sous la protection de l'infanterie de la droite du hameau I, où la brigade du flanc s'est jetée.

2035. Parcourant le plan, on voit l'effet général de cette disposition, la facilité avec laquelle on l'exécute, l'illusion que son exécution doit produire sur l'ennemi, et les apparences du succès infaillible qui doit en résulter pour l'attaquant.

2036. En effet, que peut faire l'ennemi? A peine a-t-il démêlé le but de la nouvelle disposition, que sa droite est déjà attaquée par des forces infiniment supérieures. Cherchera-t-il à manœuvrer de sa gauche et de son centre pour se porter sur les parties faibles et éloignées de l'obliquité? Celles-ci sont à une si grande distance de lui, qu'il y a à parier qu'il sera rappelé par les désastres de sa droite, avant qu'il ait achevé un si grand mouvement. D'ailleurs cet oblique n'aura qu'à reculer devant lui, appuyant toujours, en se retirant, vers la gauche de l'armée, afin de ne pas se séparer d'elle. Portera-t-il des renforts à son aile attaquée? il est apparent qu'ils n'arriveront que pour être témoins de la défaite de cette aile. Enfin, quand même ces renforts parviendraient à y rétablir le combat, quand même la bataille serait perdue pour l'armée qui attaque, elle n'a qu'une de ses ailes engagée : cette aile se retire couverte par les autres parties de la disposition ; et, si l'attaque échoue, il est presque impossible qu'elle tourne en déroute.

2037. C'est un avantage bien grand et bien peu connu, que celui de se tenir en colonne jusqu'à ce que l'ordre de bataille qu'on veut prendre soit déterminé. Par là l'on tient parfaitement son armée dans la main, l'on peut la manier rapidement, faire des mouvemens intérieurs qui échappent à l'ennemi, lui faire illusion, le menacer tantôt sur un point, tantôt sur un autre, l'induire en erreur, et cependant ne jamais se mettre en prise.

2038. Soit une armée parfaitement instruite des ressources qu'offrent les principes de tactique, en marche dans l'ordre ordinaire, et se portant pour attaquer l'ennemi. Là le général qui la commande reconnaît, de la tête de son avant-garde, sa position et la disposition par laquelle il compte se défendre. S'il trouve un point faible, c'est sur lui qu'il forme rapidement sa disposition d'attaque. S'il n'en trouve pas, il se met à manœuvrer vis-à-vis de lui; il cherche à lui donner le change; il emploie toutes les ressources du terrain et de la tactique pour lui faire illusion sur son projet.

2039. Il fait un mouvement offensif sur une de ses ailes pour lui faire dégarnir son centre ou son autre aile, et y former une attaque réelle. Là il lui présente des colonnes à distances ouvertes; ici il lui en présente à distances serrées: il fait tant, en un mot, que si cet ennemi n'est pas aussi habile que lui, il prend le change, abandonne ou occupe un poste qui le met en prise; ou bien s'affaiblit sur un point, soit en y laissant trop peu de troupes ou de l'arme propre à le défendre, soit en y laissant les troupes les moins bonnes de son armée, et alors cette faute est saisie, et le général habile, manœuvrier, porte sur-le-champ ses efforts sur cette partie faible. Si enfin l'ennemi ne se met en prise ni par sa position, ni par sa disposition, le général, qui n'a rien engagé, se retire, prend une position et attend une occasion plus favorable, sans croire faire, en se retirant, un aveu d'infériorité; car c'est en répétant souvent cette manœuvre qu'il trouvera enfin cette occasion favorable.

2040. *Ordre de marche de flanc, suivi d'un ordre de bataille de front, pris d'après la circonstance inopinée de l'arrivée de l'ennemi sur la tête de la marche.* (Planche XIII.)

2041. L'armée en ordre de marche comme en A B, le général est prévenu que l'ennemi, qui lui a dérobé une marche, paraît en C D, et vient de front à l'armée pour l'attaquer dans son mouvement.

2042. Il se porte sur-le-champ à la tête des colonnes, faisant suivre son avant-garde, et ayant reconnu l'ennemi, il fait de suite sa disposition pour le recevoir.

2043. En avant de lui, et sur la droite, est un ruisseau à la gauche duquel s'étend une lisière de hauteurs boisées; c'est à ce ruisseau qu'il va appuyer sa droite, l'étendant ensuite le long de ces hauteurs. Le centre de sa disposition sera la grande plaine D, et il y portera, en conséquence, la plus grande partie de sa cavalerie. Sa gauche, composée d'infanterie, occupera le bois F, et appuiera au village G, où il jettera une brigade d'infanterie. Le reste de sa cavalerie sera en bataille derrière ce village et dans différentes trouées qui sont le long du bois de la gauche, afin de soutenir l'infanterie qui le défend. Sa position déterminée, il indiquera aux officiers généraux, chefs de divisions, les points où ils doivent porter les troupes, et le plan général de sa disposition.

2044. Les deux lignes de son aile droite de cavalerie, qui sont à la tête de la marche, se portent rapidement dans la plaine D, y forment le centre de l'armée sur une seule ligne, appuyant leur droite aux hauteurs et leur gauche aux bois. La seconde ligne d'infanterie, qui forme la seconde colonne, se dirige vers la partie droite de la position qu'elle doit occuper. Les six brigades de la tête de la colonne, y compris la brigade de flanc, doivent former la première ligne de cette droite, et les quatre brigades de la queue la seconde. Cette colonne se partage, pour cet effet, en deux ou trois colonnes, afin d'arriver plus promptement sur les points où elle doit se former. La première ligne d'infanterie, qui compose le centre de la première colonne, doit, dans le nouvel ordre de bataille, occuper la gauche de la position; en conséquence, elle se partage de même, pour la rapidité du mouvement, en plusieurs colonnes, et se dirige sur les points où elle doit se former. La brigade de flanc, qui est à la queue, se porte en droiture au village de gauche. Les cinq brigades de la tête de la colonne forment la première ligne de la droite, et les quatre brigades de la queue la seconde. A l'égard de la première de l'aile gauche de cavalerie, qui forme la queue de la première colonne, elle se dirige en avant sur la gauche pour se mettre en bataille en arrière des trouées du bois qui est occupé par l'infanterie de cette aile; et la seconde ligne de cavalerie, qui est à la queue de la seconde colonne, continuant son mouvement en avant, vient se former en seconde ligne derrière le centre.

2045. L'avant-garde, cependant, s'est portée en

avant du centre, dans quelque position avantageuse, d'où elle couvre le mouvement de l'armée, et d'où elle est en mesure de se porter en renfort à la partie la plus faible de l'ordre de bataille, suivant la disposition que le général verra faire à l'ennemi.

2046. Cet ordre de bataille intervertit entièrement l'ordre primitif de l'armée, mais il fait rapidement face à une circonstance imprévue, et les troupes arrivent par le chemin le plus court aux points qu'elles ont à occuper. A la guerre, la méthode ne doit pas enchaîner, elle ne doit pas dégénérer en routine. (*Voy.* 36.)

2047. On sent, par cet exemple, que le général peut choisir et exécuter facilement toutes espèces de combinaisons de troupes, analogues aux terrains et aux circonstances; et, au lieu de prendre simplement une position défensive, il peut passer de suite à un mouvement contre-offensif, et attaquer l'ennemi dans l'ordre parallèle ou dans l'ordre oblique, et sur le point, enfin, qu'il jugera le plus avantageux; car il n'y a pas de machine qui soit plus maniable, plus simple, et susceptible de plus de variétés dans ses combinaisons, qu'une armée qui possède l'habitude des grandes manœuvres. Comment trouver un moyen plus simple, plus prompt pour faire acquérir cette habitude, que celui de l'application des cadres de bataillons de cordes à la grande tactique, dans chaque bataillon?

2049. Il n'y a pas, en France, de canton qui n'ait, comme je l'ai déjà dit, au moins deux bataillons de garde nationale; il sera donc facile, ainsi que je l'ai dit également, de former, dans chaque canton, deux armées de douze mille hommes chacune; de les exercer avec autant de facilité à la pratique de la grande tactique qu'à celle de la petite, d'après les principes qui viennent d'être développés. Et quand on les aura progressivement appris, quand on se sera exercé sur l'ouverture des marches de front et de flanc, suivies des ordres parallèles et obliques, on fera agir ces armées l'une contre l'autre, pour apprendre à combiner ces différens ordres sur la première disposition de l'ennemi, et à les modifier à la vue des changemens qu'il aura pu faire, profitant de tous les avantages que pourront offrir les terrains et les circonstances.

2050. C'est là que les officiers-généraux supérieurs, les officiers du génie et autres, apprendront toutes les parties de la science militaire; c'est là qu'on apprendra qu'il y a dans la manière d'occuper une position, soit avec une division ou un corps quelconque, une infinité de détails qui ne regardent pas le général en chef, mais seulement les commandans de ces corps. On apprendra à occuper une hauteur un peu plus avantageuse en avant ou en arrière des points donnés; placer les troupes, qui ne sont pas en action, derrière un rideau à couvert du canon; faire de légers changemens dans l'alignement, quand ils peuvent être avantageux; prendre, en un mot, sur soi tout ce qui, en procurant quelque avantage, ne fait pas contre-sens à l'ordre de bataille, et concourt à remplir plus particulièrement l'objet de la disposition générale.

2051. Est-il, enfin, un moyen plus simple, moins onéreux, d'enseigner sur tous les points de la France, par des cours-pratiques, toutes les branches de ce grand art, la guerre, sous la direction du gouvernement, et de former, en temps de paix, de bonnes troupes et d'habiles officiers?

2052. — *Application de la Tactique aux Ordres de bataille défensifs.*

2053. Que d'armées battues pour avoir maladroitement étalé les premières leur disposition, et invité par là l'ennemi à combiner avantageusement une disposition offensive sur elles!... On doit donc s'occuper essentiellement de l'ordre défensif, pour y familiariser les troupes et les généraux. C'est surtout dans les manœuvres de deux armées qu'on peut donner à cet égard des leçons très-vraisemblables.

2054. La tactique offre à la défense les mêmes avantages qu'à l'attaque; elle est également susceptible d'être employée par les deux partis. C'est à celui qui la possède, et qui l'applique le mieux, qu'elle rend les services les plus signalés.

2055. Un général habile et tacticien, dans la nécessité de recevoir une bataille, ne démasquera ses points de défense qu'après avoir reconnu ceux où l'ennemi veut faire effort. Il tiendra son armée en colonnes sur le champ de bataille qu'il devra occuper, afin de ne déterminer la répartition de ses troupes que sur celle des troupes de l'ennemi. Il occupera les points d'attaque par des têtes de troupes, et tiendra derrière, et entre eux, le reste de son armée en colonnes, afin de porter ses forces où l'ennemi portera ses efforts, se mettre en prise, et s'exposer à être attaqué lui-même.

2056. C'est en plaine surtout qu'il ne faut déterminer son ordre de bataille que sur celui de l'ennemi, puisque dans ces positions c'est le nombre des troupes, c'est une aile plus ou moins forte, c'est telle ou telle arme rendue supérieure dans une partie de l'ordre de bataille, qui décident du succès de l'action.

2057. Que fera cependant le général ennemi? Il verra des têtes de troupes dans les principaux points de la position qu'il veut attaquer, et au lieu d'une armée en bataille, et disposée pour se laisser compter et battre, il apercevra une armée partagée en colonnes, dont il ne pourra juger ni la profondeur, ni les projets. Manœuvrera-t-il? cette armée manœuvrera aussi. Cherchera-t-il à lui donner le change? elle se tiendra en garde contre lui, et tâchera de lui faire illusion à son tour. Se décidera-t-il à attaquer un point, et rassemblera-t-il ses forces pour l'emporter? les forces de cette armée se réuniront pour le défendre. Ce sera, enfin, à qui l'emportera de génie et de célérité dans les manœuvres; à qui fera des combinaisons si habiles, qu'il puisse attendre le parti que prendra l'ennemi, en ne conservant que le temps nécessaire pour achever sa disposition au moment où il arrivera sur lui. Il n'y a que l'habitude réfléchie de ces manœuvres qui puisse rassurer les troupes contre cette contenance, qu'elles prendraient pour de l'incertitude.

2058. *Rapport de la science des fortifications avec la tactique et la guerre en général.*

2059. Ces deux sciences sont intimement liées l'une à l'autre. La tactique emprunte de la première les moyens de réunir, sur les parties les plus menacées, la plus grande quantité de feux et de forces. C'est à son tour sur la tactique que sont fondés les véritables et bons principes de la science des fortifications, puisque les ouvrages doivent être assis et combinés relativement à la nature du terrain, à l'espèce des troupes, à leur nombre, à leur ordonnance, à l'esprit qui les anime, à ces différens objets supputés tant du côté de celui qui défend que de celui qui attaque; d'où il résulte que, pour être tacticien, il faut connaître la science de l'ingénieur, et que pour être ingénieur il faut être tacticien.

2060. Toute fortification suppose des vues défensives, une troupe inférieure en courage, en tactique: donc, toutes les fois qu'un général se sentira du génie et commandera des troupes manœuvrières, il se gardera bien de mettre des retranchemens devant lui; il prendra l'offensive, manœuvrera, attaquera. Tandis que celui qui se couvrira de lignes sera tourné, surpris, percé; s'étant lié les mains, il ne sera plus en mesure de faire craindre l'offensive à l'ennemi; il rendra son armée timide, découragée; se soumettra à recevoir la loi des dispositions de l'ennemi, ce qui est déjà une espèce d'échec; il se réduira à la défensive la plus passive et la plus inégale.

2061. Il est cependant des cas, très-rares, où une armée inférieure occupe une position importante qui traverse absolument les projets de l'ennemi: si, voulant couvrir un siége, un pays, une opération, elle trouve une de ces positions uniques qui, ne laissant à l'ennemi ni la ressource des manœuvres, ni celle des diversions, l'oblige à venir attaquer dans cette position; si, enfin, il est plus avantageux d'y recevoir la bataille que d'aller au-devant de l'ennemi, il faut augmenter la force d'une position pareille par des retranchemens; mais il faut les disposer de manière à conserver la possibilité d'agir offensivement, si les circonstances font espérer une victoire plus certaine ou plus complète: il faut alors se fortifier par des points retranchés, distribués symétriquement de distance en distance, de manière à se flanquer et se protéger mutuellement; par des points placés vis-à-vis des débouchés par où l'ennemi doit arriver. On fortifie encore les points pour la défense desquels on ne peut disposer que d'un petit nombre de troupes sur le courage et les manœuvres desquelles on compte le moins; tandis qu'on réunit dans les lieux nus et ouverts l'élite et le plus grand nombre de ses troupes, pour y préparer contre l'ennemi une disposition vigoureuse, prête à devenir offensive au moindre faux mouvement qu'on lui verrait faire.

2062. Si une armée doit rarement employer les retranchemens, un poste qui doit tenir ferme pour attendre du secours, où le petit nombre de braves, quelque bien posté qu'il soit, peut être écrasé par la multitude, doit être fortifié.

2063. Les corps détachés pour couvrir une plus grande étendue de pays que celle qu'ils peuvent occuper, leur but n'étant pas de combattre, mais d'avertir, ne doivent pas se retrancher. C'est en manœuvrant, en se tenant sans cesse en mouvement, qu'ils peuvent atteindre leur but : s'ils se retranchaient, ils s'exposeraient à être enlevés par l'ennemi, qui aurait le temps de combiner sur eux un mouvement offensif.

2064. Un officier qui commande des troupes doit avoir les connaissances nécessaires pour la construction, l'attaque et la défense des fortifications de campagne, pour distinguer les circonstances où elles sont nécessaires, inutiles ou funestes; les combiner avec l'objet qu'on se propose, avec ce que peut l'ennemi, et ne pas abandonner la décision de ce qu'on doit faire ou ne pas faire à la détermination d'un ingénieur, s'il n'est pas homme de guerre et tacticien. Peu de mois suffisent à un officier pour acquérir ces connaissances; et, en figurant, dans nos manœuvres précitées, des attaques et des défenses de différens genres, comme de retranchemens, de postes, etc., on se formera promptement l'œil et le tact propre à bien discerner ces différens cas.

2065. — *Rapport de la connaissance des terrains avec la tactique.*

2066. La science de la connaissance des terrains ne

peut être regardée que comme une branche de la tactique, car celle-ci doit toujours être considérée comme la mère-science; ainsi, les officiers doivent être tacticiens, et savoir disposer et manier les troupes: ils ne doivent pas oublier que les troupes défendent plus encore les positions qu'elles ne sont défendues par elles; que le terrain n'est jamais que l'accessoire, et que les troupes sont le principal.

2067. Quand une armée sait manœuvrer, et qu'elle veut combattre, il est peu de positions qu'elle ne puisse attaquer de revers ou faire abandonner à l'ennemi.

2068. Qu'est-ce, en effet, qu'une bonne position? c'est un vaste développement de terrain dont le front et les flancs fournissent des emplacemens avantageux à l'armée qui doit l'occuper, et présentant à l'ennemi qui voudrait l'en déposter des obstacles difficiles à vaincre.

2069. Mais que fera cette position, quelque bonne qu'elle soit, à un ennemi habile et manœuvrier? Ne peut-elle pas être tournée de loin, si ce n'est de près? et alors l'armée qui l'occupe n'est-elle pas obligée de l'abandonner? Cette position, formidable par-devant, l'est-elle par-derrière? et, attaquée par ce dernier côté, ne peut-elle pas devenir désavantageuse? Rien n'est cependant plus possible: l'ennemi saura dérober un mouvement, ou même, sans le dérober, il se portera à découvert sur le flanc ou sur le derrière; pour exécuter ce mouvement, il se chargera de vivres pour huit jours, et se passera de ses équipages.

2070. Enfin une armée bien exercée et bien commandée ne doit jamais trouver devant elle des positions qui l'arrêtent, ou qui la forcent d'attaquer avec désavantage des troupes qui y sont établies, à moins que ce ne soit une de ces positions qui touchent à l'objet qu'elles veulent couvrir, ne laissant la ressource de manœuvrer ni sur leurs derrières ni sur leurs flancs.

2071. PROPOS. Tenir des propos indiscrets, libres, satiriques, ou qui marquent de l'inquiétude; les souffrir, même dans les armées, est une faute de la part des généraux. Tenir, au contraire, des propos qui indiquent la tranquillité de l'âme, le calme des passions, la confiance dans les troupes et dans les projets qu'on a formés, est une conduite qui doit produire les meilleurs effets, et contribuer au succès.

2072. PRUDENCE. Toute prudence ayant pour but un résultat quelconque, il faut, en chaque affaire, s'en proposer un glorieux, et qui couronne dignement les travaux auxquels il faudra se livrer pour y parvenir.

2073. En se proposant une fin, il est important de bien examiner s'il est en notre pouvoir d'y atteindre. Une témérité commune parmi les hommes, et surtout parmi les militaires, fait souvent hasarder des entreprises du succès desquelles on ne peut raisonnablement répondre. On ne doit pas oublier que des obstacles imprévus, et qu'on ne peut surmonter, causent des désastres plus grands que tous les avantages qu'on avait en vue.

2074. Une autre règle de la prudence est d'appliquer à l'avenir l'expérience du passé: rien ne ressemble plus à ce qui se fera que ce qui s'est déjà fait. Quelque nouveauté que l'on aperçoive dans les conjonctures particulières, les ressorts et les événemens sont les mêmes par rapport à la conduite.

2075. Une autre maxime est d'apporter à tout ce qu'on fait toute son application, en craignant toutefois de se tromper, ce qui préviendra l'aveuglement que pourraient donner une trop grande confiance, et le déplaisir de voir sa présomption confondue par les événemens.

2076. Soldats, armes, chevaux, hardiesse, vaillance,
Ne servent que bien peu sans conseil et prudence.
J. CHARRIER, en 1546.

2077. Ce n'est pas tout d'être vaillant et hardi, dit Montluc, il faut être sage, il faut prévenir tout ce qui peut survenir, vu qu'aux armées les fautes sont irréparables: la plus légère entraîne souvent après soi une très-grande perte.

2078. La prudence est la première des vertus avant d'entreprendre, la seconde quand on a entrepris.

2079. PUITS, trous faits en terre devant un retranchement pour en couvrir les approches; ils ont six pieds de diamètre, une forme conique et toute la profondeur qu'on a pu leur donner. Ils sont d'un usage excellent quand on a pu les remplir et les couvrir d'eau. On plante dans le fond des puits des piquets aiguisés par le haut, en les disposant de manière à ce qu'ils présentent partout leurs pointes. On fait les puits fort près les uns des autres, et la terre qu'on en tire est employée sur les bords, qu'on relève en dos d'ânes. On en creuse aussi au fond des fossés. (*V.* Planche XVI.)

2080. QUARTIERS (*Enlèvement de*). Ils doivent se faire de nuit, ou à la petite pointe du jour. Ils sont plus aisés à exécuter si ce sont des quartiers de cavalerie, parce qu'ils sont ordinairement moins soigneusement gardés.

2081. La résistance des quartiers de cavalerie est beaucoup moindre, à cause de l'embarras que causent les chevaux. Comme le butin en est plus considérable et plus embarrassant à ramener en sûreté, ils doivent être faits d'une manière toute différente de ceux de l'infanterie. Comme l'avis de l'entreprise peut être plus promptement porté au quartier voisin, et même à l'armée, il ne faut apporter à l'exécution du dessein qu'une petite partie des troupes, afin d'être en état de résister à l'impétuosité de ceux qui peuvent venir au secours, que leur diligence à arriver empêche presque toujours de charger avec succès.

2082. Il est nécessaire, pour ces sortes d'enlèvemens, de monter en croupe de l'infanterie. Elle force plus aisément les barrières et les retranchemens, empêche la cavalerie de monter à cheval, tire des écuries les chevaux, les monte, et si dans la retraite il se trouve quelque défilé, elle peut, si on est pressé par l'ennemi, mettre pied à terre, et faciliter la marche.

2083. L'enlèvement des quartiers d'infanterie est

difficile à exécuter, à moins qu'on n'attaque ces quartiers par plusieurs côtés, avec grande supériorité de feu, et la nuit, lorsque l'on sait que la garde est mal disposée et trop faible.

2084. Si un quartier d'infanterie ne peut être gardé, il faut d'abord mettre le feu dans tous les endroits par lesquels il aura pu être abordé, parce que cet embrasement empêchera les troupes de se rassembler et de se former, pour faire plus de résistance, ou quelquefois même de repousser l'attaquant qui sera partagé, et dont les soldats, plus difficiles à tenir la nuit que de jour, se seront peut-être débandés pour piller les maisons, avant de savoir si l'on est entièrement maître des quartiers.

R

2085. RAMPE (*Fortification*), passage en pente douce pratiquée sur un talus, pour monter d'un terrain inférieur sur un supérieur.

2086. REDAN, pièce de fortification composée de deux faces (1069), formant un angle saillant de 60 à 100 degrés; on l'emploie dans la construction des retranchemens et des lignes. (*Pl.* XVI, *fig.* 1. 2130, 1087.)

REDOUTE. (*Voyez* Retranchement.)

2087. RENFORT. Un général qui attend un renfort de troupes doit se tenir sur la défensive, et ne point se commettre avec l'ennemi avant qu'il ne soit arrivé. Il doit, pour cet effet, occuper un camp sûr où l'ennemi ne puisse pas le forcer à combattre malgré lui. Il y a des circonstances où l'on doit cacher à l'ennemi, lorsqu'il est possible de le faire, le renfort qu'on a reçu, et cela afin de le surprendre, en l'attaquant dans le temps qu'il croit que la faiblesse de l'armée qu'il a en tête ne lui permettra pas d'engager le combat.

2088. REPRÉSAILLE. Celui qui l'emploie n'est point un homme injuste; mais ce droit fictif de société, qui autorise l'ennemi à sacrifier aux horreurs de l'exécution militaire, des villes innocentes du délit prétendu qu'on impute à leur souverain, est un droit de politique barbare, n'émanant jamais du droit de la nature, qui abhorre de pareilles vengeances, et qui ne connaît que l'humanité et les secours mutuels. Celui qui s'en abstient a une plus grande âme et de plus grandes vues. Le respect et l'affection que sa générosité lui concilient, l'idée qu'elle donne de sa supériorité, seront toujours plus avantageux que le mal qu'il aurait fait souffrir à des innocens.

2089. RÉSERVE, partie de l'armée que le général réserve pour s'en servir où il en est besoin. Elle ne campe pas ordinairement avec l'armée, mais dans des lieux à portée de la rejoindre. Le poste le plus naturel de la réserve est derrière la seconde ligne.

2090. Les réserves sont ordinairement composées de cavalerie et d'infanterie. On en a vu jusqu'à trois dans les grandes armées. Le général s'en sert pour fortifier les endroits qui ont besoin d'être soutenus.

2091. Un général intelligent ne doit jamais faire combattre ses troupes sans les faire soutenir par des réserves, parce qu'autrement le moindre désordre dans la première ligne suffit pour la faire battre entièrement.

2092. La réserve doit être composée des meilleures troupes, usage qui a été consacré par les Romains, qui plaçaient leurs plus braves soldats à la troisième ligne, et qui en formaient une espèce de réserve.

2093. RETRAITE. A parler exactement, une retraite n'est qu'une espèce de fuite; car se retirer, dit M. le chevalier de Folard, c'est fuir, mais c'est fuir *avec art, et un très-grand art*.

2094. Les retraites supposent les principes et les règles qui concernent le passage des rivières, des défilés, et une grande tactique. Il faut de plus, dans une retraite, avoir le jugement et le coup-d'œil excellens, pour changer ou varier les dispositions de ses troupes, suivant les circonstances des temps et des lieux.

2095. Lorsqu'une armée, après tous ses efforts contre l'ennemi, est forcée de lui abandonner le champ de bataille, elle se retire. Si elle le fait en bon ordre, sans perte d'artillerie et de bagages, elle opère une belle retraite. Il est difficile de réussir devant un ennemi vif et intelligent; car, s'il poursuit à toute outrance, la retraite se convertit bientôt en déroute.

2096. Une armée que les forces supérieures de l'ennemi obligent de quitter un pays, opère aussi une belle retraite, lorsqu'elle la fait sans confusion et sans perte d'artillerie et de bagages.

2097. Comme le succès des batailles n'est jamais certain, les retraites doivent être toujours prévues et arrangées dans l'esprit du général avant le combat. Il ne doit plus être question que de prendre, lorsqu'il en est besoin, les mesures nécessaires pour les exécuter sans désordre et sans confusion.

2098. L'objet qui mérite le plus d'attention, dans les retraites, est la marche des troupes ensemble et toujours en ordre de bataille. Il faut éviter avec soin tout ce qui pourrait leur donner occasion de se rompre ou de fuir en désordre. Dans ces momens critiques, le général a besoin d'un grand sang-froid et d'une grande présence d'esprit pour veiller au mouvement de toute l'armée, pour la rassurer, pour lui donner de la confiance, et même la tromper, s'il est possible, sur le danger auquel elle se trouve exposée; pour faire en sorte qu'elle ne se persuade pas que tout est perdu, et que la fuite seule peut la mettre en sûreté. C'est un art qui n'appartient qu'aux grands capitaines; les médiocres ont peu de ressources dans ces occasions: *ils ne savent que dire*, et *tout est à l'abandon*. Sous des chefs de cette espèce, les retraites se font avec beaucoup de perte et de confusion, à moins qu'il ne se trouve des officiers généraux assez habiles et assez bons citoyens pour savoir suppléer à l'incapacité du général.

2099. L'armée est partagée, dans les retraites, sur autant de colonnes que les chemins et les circonstances le permettent. Les bagages et la grosse artillerie en forment quelquefois de particulières, auxquelles on donne des escortes assez nombreuses pour repousser les détachemins ennemis qui voudraient s'en emparer. L'artillerie légère reste dans les colonnes d'infanterie, et à la queue, pour assurer la marche, en cas que l'ennemi veuille attaquer.

2100. L'arrière-garde est composée d'infanterie ou de cavalerie, suivant les lieux que l'on doit traverser. En pays de plaine, c'est la cavalerie qui veille à la sûreté de l'armée, ou qui couvre sa marche, et dans les pays couverts, montueux ou fourrés, c'est l'infanterie. Cette arrière-garde doit être commandée par des officiers braves et intelligens, dont la bonne contenance soit capable d'inspirer de la fermeté aux troupes, pour les mettre en état de résister courageusement aux détachemens que l'ennemi envoie à la défaite de l'armée.

2101. Si ces détachemens s'approchent de l'arrière-garde pour la combattre, on la fait arrêter et on charge avec vigueur, lorsqu'on se trouve à portée. Après avoir repoussé l'assaillant, on continue de marcher, mais toujours en bon ordre et sans précipitation. On observe aussi de couvrir les flancs des colonnes par des détachemens capables d'imposer aux différens partis envoyés pour les couper.

2102. Lorsque l'armée qui se retire est obligée de passer des défilés, on prend toutes les précautions convenables pour que les troupes n'y soient point attaquées et que l'ennemi n'y puisse point pénétrer. On détruit les ponts après les avoir dépassés (*v.* Arrière-garde); on gâte les gués et l'on rompt les chemins, autant que le temps peut le permettre, pour arrêter l'ennemi dans sa poursuite.

2103. L'armée en retraite cherche à occuper des postes avantageux à quelques marches de l'ennemi, où elle ne puisse être forcée à combattre malgré elle; ou bien elle se retranche ou se met derrière une rivière dont elle est en état de défendre le passage.

2104. Si l'armée est fort en désordre et qu'elle ne puisse pas tenir la campagne, on la disperse dans les places les plus à portée, en attendant qu'on ait fait venir les secours dont elle a besoin pour reparaître devant l'ennemi. On lui fait aussi quelquefois occuper des camps retranchés sous de bonnes places, où l'ennemi ne peut attaquer.

2105. Lorsqu'on veille avec attention sur tout ce qui peut contribuer à la sûreté d'une armée, et qu'on marche toujours en bon ordre, une retraite peut se faire sans grande perte; mais le succès dépend entièrement des bonnes dispositions et surtout de la fermeté du général. Il doit agir et commander avec la même tranquillité qu'il le ferait dans un camp de paix. C'est le courage d'esprit, supérieur aux événemens, qui caractérise les grands capitaines et qui fait les grands généraux. Ce qui doit donner de la confiance à un général dans les retraites, c'est l'opinion avantageuse qu'il sait que l'armée a de ses talens et de son courage. En le voyant manœuvrer paisiblement et sans crainte, elle se croit sans danger; comme la peur alors ne trouble pas le soldat, il exécute tout ce qui lui est ordonné, et la retraite se fait avec ordre et, pour ainsi dire, sans perte: il ne s'agit pour cela que de la tête et du sang-froid du général. En effet, quelque avantage que l'ennemi ait eu dans le combat, il ne peut rompre son armée pour la mettre tout entière à la poursuite de celle qui se retire; une démarche aussi imprudente peut l'exposer à voir changer l'événement de la bataille, pour peu que l'armée opposée ne soit pas entièrement en désordre et qu'on puisse en rallier une partie. *C'est une maxime*, dit un grand capitaine, *que toute troupe, quelque grosse qu'elle soit, si elle a combattu, est en tel désordre, que la moindre qui survient est capable de la défaire absolument.*

2106. Le général ennemi ne peut donc faire poursuivre l'armée qui se retire, que par différens détachemens plus ou moins nombreux, suivant les circonstances, et cela pour la harceler, tâcher de la jeter dans le désordre et de lui faire des prisonniers. Mais ces corps détachés, une arrière-garde formée de troupes bonnes et bien commandées, suffit pour leur en imposer. L'armée victorieuse ne peut s'avancer que lentement; elle est toujours elle-même un peu en désordre après le combat; le général doit s'appliquer à la reformer et à la mettre en état de se mettre de nouveau en ligne; si l'armée opposée se ralliait et revenait sur lui, ou si la défaite n'était que simulée, comme il y en a plusieurs exemples, la victoire se changerait en désastre. Or, c'est une chose longue et difficile de remettre en bon ordre, pour combattre de nouveau, une armée qui vient de combattre: les uns s'amusent au pillage, les autres se fâchent de retourner au péril, et tous ensemble sont tellement émus, qu'ils n'entendent et ne veulent entendre aucun commandement. Pendant ce moment précieux, on a le temps de s'éloigner sans être fort incommodé par des corps détachés, pourvu qu'on ait fait les dispositions nécessaires pour les repousser. C'est ce qui fait penser qu'une armée bien conduite, qui se retire, ne devrait perdre autre chose que le champ de bataille; aussi voit-on dans l'histoire que les généraux habiles, en perdant une bataille, n'abandonnent guère à l'ennemi que le terrain sur lequel ils ont combattu. C'est beaucoup perdre, à la vérité; mais l'espérance d'avoir bientôt sa revanche ne s'évanouit pas pour cela. Cette perte doit, au contraire, piquer et aiguillonner le soldat, particulièrement lorsqu'il n'a rien à reprocher au général.

2107. Quoiqu'une retraite soit capable d'illustrer un général, ce n'est pas la seule ressource qu'il reste à un grand capitaine, après la perte d'une bataille.

2108. Se retirer bravement et fièrement, dit Folard, c'est quelque chose, c'est même beaucoup, mais ce n'est pas le plus qu'on puisse faire; la bataille n'en est pas moins perdue, si l'on ne va pas plus loin. C'est ce que fera un général de premier ordre: il ne se contentera pas de rallier les débris de son armée et de se retirer en bon ordre sous les yeux du victorieux; il méditera sa revanche, retournera sur ses pas et jouera de son reste, avec d'autant plus d'espérance de réussir que le coup sera moins attendu et d'un tour nouveau; car qui peut s'imaginer qu'une armée battue et terrassée soit capable de prendre une telle résolution: c'est pourtant ce que bon nombre d'exemples nous apprennent.

2109. Ces sortes de desseins ne sont pas du ressort de la routine ordinaire, qui ne les conduit ni ne les apprend; ni des généraux qui la prennent pour guide de leurs actions. Il est aisé de s'apercevoir que les grandes parties de la guerre y entrent : le détail, les précautions et les mesures qu'il faut prendre pour réussir sont infinies; et ces soins ne sont pas toujours à la portée des esprits et des courages communs.

2110. Il faut toute l'expérience d'un grand capitaine, une présence d'esprit et une activité surprenante à penser et à agir; un profond secret gardé avec art. Cela ne suffit pas encore, si la marche n'est tellement concertée que l'ennemi n'en puisse avoir la moindre connaissance : quand il aurait pris toutes les mesures imaginables avec ces précautions, ces desseins manquent rarement de réussir; mais il faut qu'un habile homme s'en mêle.

2111. Les retraites qui se font pour abandonner un pays demandent aussi beaucoup de réflexions et des observations pour les exécuter heureusement. On ne saurait avoir une connaissance trop particulière du pays, de la nature des chemins, des défilés, des rivières et de tous les différens endroits par où l'on doit passer. On doit diriger sa marche de manière que l'ennemi n'ait pas le temps de tomber sur l'armée dans les passages des rivières, des défilés. Quand on a tout combiné, tout examiné, on peut juger du succès de la retraite, en mettant en ligne de compte le temps dont on a besoin pour se placer hors de danger.

2112. La marche d'une armée en retraite doit être vive et légère. Les équipages doivent prendre les devants; mais il faut faire en sorte que l'ennemi ignore pour quel sujet. Il y a plusieurs manières de cacher les desseins qu'on a de se retirer. (*Voyez* Marche, Passage de rivière.) Avant de mettre l'armée en marche, il faut avoir bien prévu les accidens et les inconvéniens qui peuvent arriver, pour n'être surpris par aucun événement inattendu.

2113. Il y a encore les retraites que peuvent faire des troupes en garnison dans une ville, ou renfermées dans un camp retranché, etc.

2114. Une garnison peut s'évader ou se retirer secrètement. Pour réussir dans cette entreprise, il ne faut pas que la ville soit exactement investie, et que les troupes aient beaucoup de chemin à faire pour se mettre en sûreté. Bien concertée, une retraite de cette nature ne peut guère manquer de réussir; le pis qu'il puisse arriver, c'est d'être pris et de supporter le sort que l'on voulait éviter. S'il y a trop de difficulté à se charger des bagages, on les sacrifie à la conservation et au salut des troupes.

2115. — *Comment on peut rallier des fuyards après une défaite.* Aussitôt que vous voyez votre armée prendre la fuite, au lieu de faire retraite, envoyez en toute diligence des officiers de confiance occuper les chemins, retenir les fuyards, les rallier, marcher avec eux en bon ordre vers le lieu où il conviendra de faire retraite.

2116. Des troupes qui fuient, à moins de rencontrer des officiers de confiance, bien loin de faire face à l'ennemi, continueront leur fuite. Les soldats iront de divers côtés, selon qu'ils seront guidés par la frayeur et le caprice, et quand ils se trouveront enfin éloignés de leurs drapeaux et de leurs officiers, ils aimeront mieux déserter que de retourner à leur régiment.

2117. Si, sur le chemin que les fuyards prennent, il y a un gué, un pont, un défilé, derrière lequel, après l'avoir passé, on puisse faire halte sans risque d'être coupé ou enveloppé, les officiers détachés auront ordre d'y faire tête à l'ennemi, avec les troupes qu'ils auront ralliées, supposé qu'en égard à leur nombre et à la position du défilé, ils croient pouvoir se défendre derrière ce poste, et y arrêter ceux qui les suivent dans leur fuite. Il faut d'ailleurs faire attention que tous les ennemis ne poursuivent pas les fuyards par le même chemin, mais qu'ils prennent les routes qu'ont prises les troupes mises en fuite; que plusieurs se débandent pour aller piller, et qu'il y en a peu qui suivent avec autant de vitesse que les vaincus fuient; plus loin et plus longtemps les vainqueurs suivront les fuyards, et plus ils feront de prisonniers; en harcelant continuellement les vaincus, ils en prendront un grand nombre; et plusieurs autres, harassés, blessés, n'ayant pas la force de rejoindre leurs camarades, s'arrêteront pour se rendre.

2118. Il se perd beaucoup moins de monde dans un combat malheureux, que dans une fuite précipitée.

2119. Après une défaite, chaque général doit conduire sa troupe par le chemin et vers le lieu qui a été secrètement indiqué par le général en chef. (*Voyez* Dispositions avant une bataille.) Il faut choisir les pays couverts, et principalement les défilés, quand vos forces consistent en infanterie, parce qu'alors les ennemis s'abstiendront de vous suivre, par la crainte des embuscades, ou du moins n'emploieront pas la cavalerie, qui ne peut servir sur cette espèce de terrain. Il est aussi à propos de se retirer sur les places les plus importantes qui ont besoin du secours de votre armée. Enfin, chaque général conduisant ainsi sa troupe par un chemin différent, en ne lui faisant faire halte que le moins qu'il pourra, évite non-seulement la confusion, mais encore que l'ennemi fasse autant de détachemens que les fuyards suivent de route; il arrive ainsi avec moins de chance au lieu du rendez-vous. Il est important que les généraux gardent le secret sur l'endroit où ils conduisent leurs troupes.

2120. Si vous avez divers défilés à passer, ayez à votre arrière-garde un détachement d'élite, armé à la légère, qui, après avoir passé le défilé, fera volte-face et arrêtera l'avant-garde ennemie, pour donner à votre arrière-garde le temps de passer les défilés suivans, ainsi d'un défilé à un autre. L'arme qui composera ce détachement sera appropriée au terrain. Ce détachement embarrassera le passage par tous les moyens possibles.

2121. Si, après avoir passé un défilé, vous remarquez que les ennemis vous suivent, rangez secrètement vos troupes en bataille; et lorsqu'il y aura de votre côté un certain nombre de troupes ennemies de passées, tombez dessus avec des forces supérieures, et vous aurez le temps de les enlever avant que de plus grandes forces aient passé le défilé pour les secourir.

2122. Si vous êtes assuré de pouvoir, par le moyen de quelques fourneaux, rendre un chemin impraticable aux ennemis, donnez ordre, une ou deux nuits d'avance, de les pratiquer avec beaucoup de secret, et de n'en laisser aucune trace. Vous pouvez encore former près du chemin une embuscade qui tombera sur l'avant-garde ennemie sitôt qu'elle aura passé. (*Voyez ces mots*, Marche, Dispositions avant une bataille, Passage de défilé, de rivière.) Enfin, un général ne saurait trop relire les documens anciens et modernes sur les retraites qui ont eu lieu jusqu'à nous.

2123. RETRANCHEMENT. Un des problèmes les plus importans de la science militaire, est celui de mettre un petit corps en sûreté et en peu de temps; dans la solution, on ne peut, sans s'égarer, s'écarter des principes.

2124. Le feu du canon et de la mousqueterie des retranchemens ne peut détruire que par *sa quantité et sa durée*.

2125. La quantité dépend du nombre de troupes qui peuvent l'exercer sur la même étendue de terrain. La durée dépend ou de la grandeur des obstacles que l'attaquant aura à franchir, ou de la longueur de l'espace qu'il aura à parcourir sous sa direction. Toute la théorie des retranchemens est fondée sur ce peu de principes.

2126. Ainsi, opposer de grands espaces dans des points, donner de longs espaces à parcourir dans d'autres, c'est à quoi l'on doit tendre dans toute construction de retranchement.

2127. Il faut donc multiplier les lignes de feu et les obstacles : pour cela il faut placer les redoutes, quoiqu'avec des intervalles, de manière que toutes les parties des retranchemens soient défendues, autant en dehors qu'en dedans, par des feux croisés infiniment meurtriers, en les répartissant de telle manière qu'on ne puisse arriver sur aucun point sans y avoir été exposé pendant long-temps; que l'ennemi y soit encore plus vivement exposé, s'il parvient à franchir un parapet, et encore plus vivement s'il parvient à en franchir un second; enfin, qu'après avoir enlevé successivement ces différens ouvrages, il ait encore à se défendre contre les mêmes coups.

2128. Il faut balancer également la force de tous les points, fortifier ceux qui sont naturellement plus faibles, s'emparer de ceux que la nature a heureusement disposés; occuper, autant qu'il est possible, une ligne droite, coupée par de grandes et fréquentes faces saillantes, qui donnent des feux croisés; se couvrir, à une certaine distance, d'un fossé de douze pieds de profondeur sur vingt-quatre de largeur, que l'on palissadera, et dans lequel on pourra faire une caponière à deux étages, au moyen des solives, poutres, planches et madriers, que l'on trouve facilement dans les villages; enfin employer les abatis.

2129. L'art de l'attaque consiste à distinguer le point le plus faible d'une position, à y porter ses principales forces, tandis que, par des attaques simulées, on tache d'attirer, ou du moins de faire tenir en place l'ennemi, de le fatiguer pendant quelques jours, et le faire tomber dans quelques besoins essentiels. Ces attaques consomment beaucoup d'hommes, mais elles produisent la perte entière de l'armée ainsi forcée dans son camp.

2130. Les bonnes lignes sont les bonnes dispositions et les braves troupes (*voyez* Attaque de camp); mais on ne peut ignorer de quelle conséquence il est de connaître et de savoir faire exécuter, avec la plus grande diligence, les divers retranchemens. On exercera les officiers et sous-officiers à tracer l'ouvrage, les sous-officiers à le diriger, et les soldats à l'exécuter. On consacrera à cette instruction le temps où les terres ne sont pas libres (1870).

2131. Tout retranchement se compose d'un fossé, d'une berme, d'un parapet, de talus extérieurs et intérieurs, etc.

2132. Supposé qu'on veuille tracer une redoute, n'ayant ni toise, ni cordeau (*voyez* 712), ni ingénieur.

2133. On choisira d'abord l'emplacement le plus convenable, et on accommodera tellement la figure du retranchement à la situation, que le terrain même paraisse avoir été fait pour le retranchement.

2134. Soit une redoute carrée de quarante pas de face. On déterminera aussitôt la direction du principal côté, en prenant un point éloigné, plaçant, entre soi et ce point, deux hommes, deux baïonnettes ou deux pierres. Sur l'alignement en A et en B, (*Figure 2, Planche XV*), on fera quarante pas de A en C, où l'on mettra une baïonnette; du point C, on fera quarante pas jusqu'en D, dans une direction perpendiculaire à AB. Après avoir marqué le point D, on reviendra au point A, duquel on partira, pour faire quarante pas de A jusqu'en E; on verra ensuite s'il y a quarante pas de E en D, et on mesurera les deux diagonales, aussi au pas, afin de voir si elles sont égales; remédiant lestement à l'inégalité, sans avoir égard à deux ou trois pas de plus sur un des côtés de la redoute, afin de ne pas retarder le travail; on place la porte du côté le moins exposé, en ne lui donnant que la longueur nécessaire.

2135. Pour juger d'avance la hauteur que le parapet doit avoir partout, il faut commencer le tracé par le bord intérieur du parapet, et planter, à tous les angles, des piquets assez longs pour pouvoir tracer en l'air la ligne des feux avec la ficelle, qu'on peut hausser et baisser à volonté; et pour ne pas être enfilé, on fera, au pied de chaque piquet, une élévation en terre dont le sommet sera à quatre pieds et demi au-dessous de la ficelle.

2136. La hauteur de la ligne de feu déterminée, il sera aisé de déterminer la largeur de la base du parapet, et d'en tracer le bord extérieur. Pour que les travailleurs ne perdent pas de temps, sitôt les piquets des angles plantés, on tracera le bord intérieur du fossé à une distance plus grande de deux pieds que la véritable.

2137. La hauteur du parapet ne doit jamais être moindre de six pieds, afin de couvrir les hommes qui sont dans la redoute, et qu'ils ne puissent être vus de nulle part.

2138. Les parapets des grandes redoutes ont au

moins douze pieds d'épaisseur au sommet, et quelquefois seize; ceux des petites redoutes ont une épaisseur de trois à quatre pieds, ce qui suffit contre les coups de fusil, ayant soin, dans celles-ci, de ne point laisser de berme.

2139. La largeur et la profondeur du fossé se règlent sur la quantité de terre dont on a besoin pour la construction du parapet et de la banquette. Lorsqu'on veut élever davantage le parapet, et le construire avec toute la diligence possible, on prend des terres des deux côtés, ce qui donne un fossé du côté de l'ennemi, et un enfoncement au pied de la banquette en A (*fig.* 3); ceci établi, on procède à la construction des profils de la manière suivante:

2140. On tire une droite indéfinie, A B, qui représente le niveau du terrain, sur laquelle on fait trois pas de deux pieds (une toise) de D en L, pour la banquette; six à huit pas pour une grande redoute, ou un et demi à deux pour une petite de E en F.

2141. Pour élever une perpendiculaire A B (*fig.* 2), au point A, on portera trois toises de A en C, et l'on attachera au point A un cordeau de quatre toises, et un de cinq au point C, pour former le triangle C A B, dont l'angle A sera droit.

2142. Par ce procédé, on élève des perpendiculaires indéfinis aux points D E F (*fig.* 3); on porte ensuite de D en M et de E en N la hauteur de la banquette, et l'on tire la droite M N; on porte 4 pieds et demi de N en O pour la hauteur du parapet. Après avoir fait la perpendiculaire F P égale à E O, on en retranche la quantité P R qu'on juge nécessaire pour la pente du parapet, et l'on tire la droite O R; on fait F G égale à la moitié ou aux deux tiers de F R, et l'on tire la droite R G.

2143. Le talus intérieur du parapet doit être d'un pied et demi ou deux, que l'on porte de N en S, et l'on tire la droite O S. Pour celui de la banquette, on porte le double de D M de D en C, et l'on tire la droite M C. Le talus extérieur se règle sur la qualité du terrain.

2144. Pour la construction du fossé, après avoir porté de G en H la largeur que l'on veut donner à la berme, on porte celle du fossé de H en I, et des points

H I on abaisse deux perpendiculaires, que l'on fait égales à la profondeur du fossé, et des extrémités desquelles on tire la droite T U, sur laquelle on porte de T en X et de U en Y la moitié ou le tiers de la profondeur du fossé, et même beaucoup moins, quand le terrain le permet.

2145. La manière la plus régulière pour faire observer le talus dans l'excavation du fossé, est de le creuser par lits d'un pied de profondeur, faisant à chaque lit une retraite de 4, 6, 8 pouces, selon la nature du terrain, ce qui forme des marches fort commodes pendant l'excavation, et que l'on recoupe ensuite : quand les terres sont fortes et qu'elles se soutiennent avec fort peu de talus, quelques pieds de profondeur de plus sont d'une très-grande conséquence.

2146. Le parapet se fait en gazon (1164), en fascines ou saucissons (1671). La meilleure forme que l'on puisse donner aux gazons est celle d'un coin.

2147. On élève les terres du parapet par lits que l'on bat bien, et, lorsqu'on est parvenu au niveau de la banquette, on les aplanit; et, après les avoir bien battus, on tend un cordeau pour aligner le premier rang de gazon que l'on pose sur terre; on élève en même temps le parapet d'une quantité égale à l'épaisseur des gazons, ce qui forme le premier lit, que l'on bat bien, et l'on continue ainsi qu'il est dit n⁰ 1164.

2148. Quand on se sert de fascines ou de saucissons pour revêtir le talus intérieur du parapet, après avoir élevé les terres bien battues jusqu'à la hauteur de la banquette, on tend une ficelle au pied du talus du parapet pour aligner le premier saucisson, qu'il est bon d'enterrer de quelques pouces pour lui donner une assiette plus ferme; après quoi on l'attache avec des piquets de trois pieds de long, que l'on enfonce à fleur du saucisson au niveau duquel on élève le parapet; et, après avoir bien battu ce nouveau lit de terre sur toute la longueur du saucisson, on pose un second saucisson sur le premier, et on le fixe avec des piquets qui traversent les deux saucissons et s'enfoncent encore fort avant dans la terre. Ainsi de suite, observant la même chose jusqu'au dernier (1711).

SAC 421

2149. Pour construire l'hexagone, on triple la longueur qu'on veut donner à la face d'un redan, et l'on construit un triangle équilatéral B A C (*fig.* 3, *pl.* 16), dont on partage chaque côté en trois parties égales; on tire par toutes les divisions les droites M N, N O, O M, qui formeront, avec les trois premiers, six redans dont les faces auront la grandeur proposée; on tracera le parapet et la banquette en dedans, et ensuite la berme et les fossés du dehors.

2150. Quand on doit placer de l'artillerie dans les retranchemens, on élève derrière le parapet une plate-forme aux endroits où l'on jugera qu'on peut tirer le meilleur service des pièces de canon. Cette plate-forme doit avoir de 15 à 24 pieds de largeur, et être élevée de 2 pieds au-dessus de la banquette, de manière à ce que le parapet qui la couvre ne la dépasse que de 2 pieds et demi en hauteur; on y fait une rampe ou deux pour monter les pièces. La construction des rampes, ainsi que celle de la plate-forme, doivent avoir la même solidité. Les terres dont on se sert pour les former ne sauraient être trop battues. Lorsqu'on veut se servir de grosses pièces, on couvre la plate-forme de madriers, pour faciliter la manœuvre et tirer plus juste (1217).

S

2151. SAC A TERRE, sac de moyenne grandeur qu'on emplit de terre, et dont les soldats bordent les tranchées ou les parapets des ouvrages pour tirer entre deux. Le sac à terre doit avoir environ deux pieds de hauteur, sur huit ou dix pouces de diamètre. Quand le terrain est dur et de roche, on se sert dans les tranchées de sacs à terre et de gabions; on en fait aussi des batteries dans plusieurs occasions.

2152. SAC A LAINE. Il ne diffère du premier que parce qu'il est rempli de laine : on s'en sert pour les bastions et les logemens, quand il y a peu de terre.

2153. SECRET. C'est une maxime incontestablement

vraie, que du secret et de la diligence dépendent la réussite et le bonheur de toutes les entreprises. Le prince ne doit communiquer son secret qu'à son conseil et au seul général; le général ne le doit confier qu'à ceux qui sont indispensablement chargés du projet arrêté, et seulement quant à ce qui les regarde.

SECRÉTAIRE. (*Voy*. Général.)

2154. SENTINELLE. Elle doit rester à son poste, quoi qu'il puisse arriver, à moins qu'elle n'en soit relevée par son officier. Pendant la durée de sa faction, sa personne est en quelque façon regardée comme sacrée; elle peut arrêter et empêcher de passer quelque officier que ce soit, sans pouvoir être maltraitée ou punie qu'après avoir été relevée.

2155. SIGNAL. Il serait quelquefois possible d'employer les signaux pour indiquer des mouvemens de corps, d'armée et de division détachée, et de se servir à cet effet de ceux dont on fait usage pour les manœuvres de flottes; ils porteraient plus promptement les avis que des aides-de-camp, sans toutefois supprimer ceux-ci, par précaution, surtout à la guerre.

2156. SOLDAT. Accoutumez vos soldats à ne tirer qu'après avoir chargé avec soin et visé avec attention.

2157. Il faut calculer le danger sur son effet momentané dans l'opinion du soldat, ne pas l'exposer à un danger auquel il ne s'attend pas, et le bien familiariser avec celui qui le menace; l'occuper et le distraire dans le plus fort du péril, surtout quand on a lieu de craindre que la réalité ne lui paraisse au-dessus de l'idée qu'il s'en est faite.

2158. Persuadez bien aux soldats d'infanterie que la cavalerie n'est dangereuse que pour ceux qui ne veulent pas lui résister; rendez la profession de soldat honorable, et élevez-le à ses propres yeux. (*Voy*. Caporal, Humanité.)

2159. SERVICE DE TIRAILLEURS. Chaque bataillon, chaque compagnie de la garde nationale seront soigneusement exercés à l'instruction des tirailleurs du camp de Saint-Omer, à laquelle on ajoutera, pour la direction des feux, les signaux suivans : trois reprises d'un coup de baguette et d'un roulement pour le feu oblique à droite; trois reprises de deux coups de baguettes et d'un roulement pour le feu oblique à gauche; trois reprises de trois coups de baguette pour le feu sur le centre.

2160. Le changement de direction dans le feu a pour objet de donner au chef de la ligne la faculté de diriger le tir sur le point qui lui présente le plus de résultats; de cribler la réserve ennemie, de tirer sur une reconnaissance d'officiers supérieurs ou sur une batterie à portée, etc.

2161. SOMMATION, injonction de se rendre. On la fait, sous peine de subir une attaque vive et toutes les rigueurs de la guerre, à une troupe qui défend une place, un poste.

2162. SORTIE, attaque des ouvrages des assiégeans par les assiégés. Il est de la dernière importance de travailler de bonne heure à arrêter les progrès des assiégeans; cependant, il faut, pour faire des sorties, que la garnison soit nombreuse. Une garnison faible doit être fort circonspecte dans les sorties.

2163. Lorsque l'ennemi est encore bien loin de la place, les sorties sont très-périlleuses, parce que, avec sa cavalerie, il peut leur couper la retraite; mais, lorsqu'il établit sa seconde parallèle, et qu'il pousse les boyaux de la tranchée en avant, pour parvenir au pied du glacis, c'est alors qu'on peut sortir sur lui.

2164. Les sorties peuvent être ou grandes ou petites : les grandes doivent être au moins de cinq à six cents hommes, ou proportionnées à la garde de la tranchée, et les plus petites seulement de dix, quinze ou vingt hommes.

2165. Les grandes sorties ont pour objet de détruire et raser tous les travaux, d'enclouer les canons, de reprendre quelque poste abandonné, etc. Celui des petites est de donner de l'inquiétude aux ouvriers des têtes de tranchée, et de les obliger à se retirer pour gagner quelque temps.

2166. Le moment le plus propre pour la sortie est deux heures avant le jour. Le soldat, fatigué du travail de la nuit, est accablé de sommeil, et, par cette raison, plus aisé à surprendre et à combattre.

2167. On choisit pour les petites sorties des soldats hardis, au nombre de dix à quinze, qui s'approchent doucement des travailleurs et se jettent ensuite promptement dessus, en criant et jetant quelques grenades; les travailleurs, qui ne demandent pas mieux, prennent la fuite, sans qu'il soit possible de les en empêcher et de les rassembler de toute la nuit, ce qui la fait perdre aux assiégeans. Quand les travailleurs sont accoutumés aux surprises, et qu'ils ne s'ébranlent plus, on fait une bonne sortie à laquelle ils ne s'attendent pas, et qui les renverse sans difficulté, eux et ceux qui les couvrent.

2168. STRATAGÈME, ruse employée pour tromper l'ennemi, et dont on peut faire usage dans toutes les opérations de la guerre.

2169. Il consiste à cacher à l'ennemi ce qui est, et à lui faire croire vraisemblable une chose qui n'est pas. Nous avons souvent occasion d'employer le stratagème dans la petite guerre, et rarement dans la grande, parce qu'il est difficile de dérober les mouvemens d'armées aussi nombreuses que les nôtres.

2170. SUBORDINATION. Sans elle, la tactique la plus savante comme la plus simple est inutile; les plans les plus sages avortent; les projets les mieux combinés échouent: la subordination est la discipline. Dans une profession où le subordonné doit, au premier mot de son chef, affronter même une mort assurée, il est nécessaire que l'autorité de la loi réside en toute sa plénitude dans le moindre supérieur comme dans le souverain même. Mais le supérieur ne doit pas ajouter au despotisme légal dont il est revêtu, un despotisme de fantaisie, aussi fatal aux vertus militaires que le premier lui est favorable. Un abus de ce genre est l'emploi des termes injurieux, qui avilissent à la fois et le supérieur qui en est l'organe et l'inférieur qui en est l'objet.

2171. Un chef qui s'échappe en expressions offensantes, cesse d'être le représentant de la loi, calme et majestueuse; c'est un homme qui en insulte un autre. Ces coupables licences de l'autorité sont non-seulement pernicieuses à l'esprit militaire, en attaquant l'homme et la considération, source des vertus, mais encore elles renversent la subordination, même en rendant méprisable à ses inférieurs celui qu'on a humilié publiquement.

2172. SUITES DE LA VICTOIRE. En gagnant une bataille, on apprend aux dépens de l'ennemi à en gagner d'autres. Une victoire complète applanit les difficultés pour courir de succès en succès, augmente la confiance des troupes, diminue ou l'ôte en entier à l'ennemi.

2173. Le premier soin du général doit être de pourvoir au soulagement des blessés et à la sûreté des prisonniers. Si la victoire lui a coûté beaucoup de monde, il est quelquefois prudent d'en faire enterrer une partie en secret, pour cacher la perte et ne pas diminuer l'ardeur des troupes.

2174. La victoire augmente d'autant plus la sécurité qu'elle est plus décisive; il faut bien se garder de se relâcher sur la vigilance et la discipline, ni sur aucune précaution, afin de n'être pas surpris par l'ennemi qui, quoique vaincu, n'est pas anéanti. Il faut surtout réprimer la licence du soldat, et l'empêcher de se livrer à des excès dont l'indiscipline et l'insubordination sont toujours la suite.

2175. La soif du pillage n'est pas moins dangereuse; elle arrache souvent la victoire, ou du moins elle empêche de la compléter et d'en profiter.

2176. Dans une guerre offensive et défensive, on ne doit regarder une victoire comme décisive, que quand elle vous ouvre le pays ennemi, ou chasse l'ennemi du vôtre, ou enfin vous procure des avantages importans.

2177. A l'instant que les corps de l'armée battue sont dispersés il faut, en les poursuivant vivement, et cependant avec prudence, ne pas leur donner le temps de se reconnaître. (*Voy*. Poursuite.) On doit user de ménagement avec les vaincus, ne pas les traiter avec inhumanité, ni même avec sévérité, à moins qu'ils ne le méritent.

2178. Il faut tenir scrupuleusement les promesses qu'on leur a faites, à moins que la conduite passée ou présente de l'ennemi ne vous oblige à des représailles. (*Voyez ce mot*.) On ne doit pas s'approprier le peu qui leur reste; cette maxime est dictée par l'humanité (*voyez ce mot*) et la prudence; car on peut tout craindre des gens qu'on réduit au désespoir.

2179. On doit observer les mêmes ménagemens à l'égard des pays conquis. Il faut bien se garder de violer leurs lois et leurs coutumes, ni de leur rendre le joug fatiguant; leur ressentiment est quelquefois plus à craindre qu'on ne le pense. D'ailleurs, en ruinant le pays on s'ôte des ressources, soit pour en tirer des subsistances pendant la campagne, soit pour établir des quartiers d'hiver.

2180. Si vous ne songez qu'à entasser victoires sur victoires, cette combinaison finira par vous faire accabler.

2181. — *Suites d'une défaite.* Quelque désastre qu'ait essuyé une armée, tant qu'il reste du courage et de la bonne volonté aux troupes, un général habile ne doit pas désespérer de vaincre à son tour. Celui qui a l'âme élevée, et qui est capable de grandes choses, ne se laisse jamais abattre par le mauvais succès. Une défaite n'anéantit pas le vaincu; souvent les pertes qu'il a essuyées ne sont guère plus considérables que celles du vainqueur; il arrive rarement qu'elles le privent du quart de son armée. Ce mal est peu de chose avec des troupes disciplinées et des officiers instruits; mais, faute de ces moyens de réparation, les soldats fuiront au seul nom de l'ennemi victorieux.

2182. Quand les troupes prennent la fuite, il faut les suivre, leur persuader de se retirer avec ordre, et les rallier insensiblement. On doit ensuite leur faire observer la plus exacte discipline pour se mettre à couvert des entreprises de l'ennemi, qui, enhardi par ses succès, ne manque guère de faire quelques tentatives.

2183. Une retraite, faite avec ordre, n'est pas la seule chose dont un général vaincu doive s'occuper. Après avoir rassemblé les débris de son armée, il peut essayer de prendre sa revanche, de profiter de la sécurité du vainqueur, de l'espèce de désordre où la victoire le jette ordinairement, et de la surprise qu'une attaque inattendue doit nécessairement lui causer.

2184. Des entreprises de cette espèce exigent beaucoup d'intelligence, d'expérience, de présence d'esprit, de secret et d'activité; et le succès dépend entièrement de la manière dont on a conçu le projet et dont on l'exécute.

2185. Il faut encore que les troupes soient bien rassurées et humiliées d'avoir été vaincues. On ne saurait employer trop d'impétuosité dans cette attaque, ni trop de diligence dans la marche qui y conduit, et qui deviendra difficile si vous avez des rivières et des défilés à passer. Ne vous chargez de rien d'embarrassant, point d'équipages, seulement une quantité d'artillerie raisonnable. Attaquez de nuit, afin d'augmenter la surprise de l'ennemi. Si son camp se trouve à portée de caves bien fournies en vin, le moment sera encore plus favorable; la sécurité de la victoire, les fatigues de la journée, surtout si on se trouve dans le temps des chaleurs, auront plongé dans l'ivresse les trois quarts de son armée. Employez encore, s'il est possible, quelque ruse qui accroisse son étonnement, et lui prouve qu'en vous foulant aux pieds, il a marché sur un ressort.

2186. Il vaut mieux tenter les entreprises de ce genre à la fin de la campagne qu'au commencement, parce que, si elle échouait, l'ennemi n'a pas assez de temps pour profiter de ce second succès.

2187. Si la perte que vous avez essuyée dans la bataille est assez considérable pour entraîner celle d'une place, faites-y entrer l'élite de votre infanterie, et harcelez continuellement l'ennemi avec votre cavalerie, soit qu'il fasse le siége de la place, ou qu'il se borne à ravager le pays, et que pour cet effet il se divise en plusieurs corps.

2188. SURPRISE, attaque imprévue. Une maxime générale, pour tenter des surprises, est d'agir toujours avec secret et avec une connaissance parfaite de l'entreprise méditée; de mettre de la diligence dans la marche, de la vivacité dans l'exécution, et beaucoup de prévoyance dans la retraite.

2189. Le secret doit être gardé avec soin, même à l'égard de ses propres troupes, de peur qu'il ne soit révélé à l'ennemi par les déserteurs. Il doit aussi être couvert par quelques démonstrations qui, en cas qu'il parvienne à la connaissance de l'ennemi, détourne son attention du véritable projet, et la lui fasse porter sur un objet différent de celui qu'on veut exécuter.

2190. On doit avoir une exacte connaissance du pays qui conduit au but de l'entreprise, de sa situation, de sa force naturelle, de celle des troupes ennemies sur lesquelles on veut entreprendre, de leur négligence ou précaution à se garder, et de la protection qu'elles peuvent recevoir, soit par le voisinage de l'armée, soit par celui des places ou quartiers voisins, parce que de toutes ces connaissances dépend la réussite du projet.

2191. La marche vers le but de l'entreprise doit être faite avec un grand secret et beaucoup de diligence, et son prétexte couvert de quelque dessein apparent.

2192. L'exécution doit être vive et sans confusion : pour cela, il faut que chaque commandant d'un corps ou d'un détachement soit, en arrivant, conduit précisément au lieu par où il doit attaquer, et instruit de ce qu'il doit faire, soit que l'on réussisse dans l'entreprise, soit que le succès en soit malheureux, par quelque accident imprévu.

2193. La retraite, soit qu'on réussisse ou qu'on échoue, doit aussi être faite avec toutes les précautions requises que je ne puis prescrire ici, parce qu'elle dépend de trop de circonstances différentes, et que l'on doit supposer que celui qui est chargé de l'entreprise est capable de la bien conduire.

2194. Le général doué d'un esprit vif cherche continuellement les moyens d'obtenir de petits avantages sur son ennemi, parce qu'il se prépare ainsi les moyens de réussir lors d'un grand événement. Il forme des pratiques secrètes contre les places et armées ennemies; il surprend, s'il le peut, une place, un gros quartier, un convoi, un fourrage, un passage, une garde, une armée même entière, soit dans sa marche, soit dans son camp. Par les pratiques secrètes qu'il a dans une place, il sait la force d'une garnison, son exactitude ou sa négligence à se garder, l'état de ses magasins de guerre et de bouche, le caractère et l'esprit de ceux qui y commandent. Sur toutes ces connaissances il forme son entreprise, et n'oublie rien de tout ce qui peut la rendre heureuse.

2195. Par celles qu'il a dans les armées, il en connaît le véritable état, le nombre et la qualité des troupes et de l'artillerie, son approvisionnement en vivres et en fourrages, ses précautions dans les marches, dans les campemens, dans les convois, dans les fourrages et dans la garde. Sur toutes ces données, il forme son dessein pour entreprendre ce qui lui paraît le plus aisé à exécuter : il réussit, quand il a le talent dont je viens de parler.

2196. L'homme qui a le plus d'esprit et de vue est celui qui embrasse mieux tout son projet, qui prévoit mieux tous les petits obstacles qui pourraient faire manquer ou retarder son expédition, afin de les surmonter; qui est le plus vif dans le moment de l'expédition, parce qu'il avait tout prévu, et qui est le plus précautionné dans sa retraite, lorsque son entreprise est de nature à ne pouvoir rester dans le lieu où il a exécuté son projet.

2197. La première chose à faire quand on veut enlever un poste, est d'étudier scrupuleusement le terrain par lequel on est séparé de l'ennemi, celui qu'il occupe, celui qu'il a derrière lui, et surtout les chemins par lesquels on peut arriver sur ses communications, en passant à une distance telle du cercle de ses avant-postes, qu'on n'en soit ni vu, ni entendu.

2198. Pour empêcher l'ennemi d'être prévenu, il faut, quelques heures avant le départ, envoyer deux hommes et un caporal s'embusquer très au loin sur les chemins et sentiers qui conduisent vers l'ennemi.

2199. Ils auront pour consigne de se bien cacher, et d'arrêter tout individu qui viendrait à passer par là : ils seront munis de cordes pour les attacher à un arbre ou broussailles.

2200. Ce moyen est encore excellent pour empêcher l'ennemi d'avoir connaissance d'une marche préparatoire, qu'on est souvent obligé de faire faire de jour à un détachement qui ne pourrait, pendant la nuit, parcourir tout le trajet. On envoie des caporaux, un peu plus loin que le point que le détachement doit atteindre pendant le jour, s'emparer des chemins et sentiers.

2201. Quelque temps avant le départ de la troupe d'expédition, on fait encore cerner de très-près, par des sentinelles, la ville ou le village qu'on occupe, afin de ne laisser sortir personne. Ces soldats seront ensuite reconduits vers la colonne, après que l'expédition aura assez gagné de terrain pour que les porteurs de nouvelles n'aient plus le temps d'en prévenir l'ennemi.

2202. SURPRISES DES POSTES. On doit, autant qu'il est possible, priver l'ennemi des postes fortifiés à la hâte qu'il occupe soit pour couvrir un pays, soit pour la sûreté de ses convois, parce que leur perte est toujours de conséquence.

2203. L'enlèvement de celui qui couvre le pays établit sûrement les contributions, et donne aux partis les moyens de pénétrer et revenir en sûreté; l'enlèvement de celui qui couvre les convois en entraîne souvent la perte, et cause toujours la difficulté de les faire arriver au camp, et souvent aussi la nécessité d'abandonner une entreprise ou un pays pour se rapprocher des lieux d'où l'on doit tirer sa subsistance.

2204. Ces sortes de postes ne doivent jamais être attaqués impunément; il faut, suivant leur force et leur situation, être muni de tout ce qui en peut rendre l'événement brusque et prompt, parce qu'il ne faut pas seulement les enlever avec vivacité, mais il faut encore avoir calculé le temps de l'expédition de manière à ce qu'on ait celui de les conduire et de se retirer sûrement, ou de les mettre en état d'être conservés. C'est en cette occasion qu'on se sert de pétards, lorsque l'ennemi a négligé de couvrir les barrières ou portes de quelques ouvrages extérieurs qui sont hors d'insulte, ou que le front qu'on attaque est petit ou peut être embrassé; et les gens qui sont sur les murailles sont facilement accablés par un feu supérieur. La commodité du pétard pour son transport est facile.

2205. On peut se servir du canon pour emporter les palissades ou parapets dont on pourrait avoir couvert les portes.

2206. On fait des enlèvemens par escalade (*voyez ce mot*), lorsque les postes sont simplement fermés de murailles basses et sans flancs; lorsque les troupes qui y sont négligent la garde de nuit, ou n'ont pas assez de rondes dans les lieux où elles peuvent être escaladées.

2207. On enlève les postes en les attaquant de toutes parts, quand ils ne sont couverts que d'un simple retranchement de terre, et quand on peut le faire avec une grande supériorité de force, ou en surprenant une porte à la pointe du jour, lorsque ceux qui sont dans un poste les ouvrent sans observer les précautions prescrites en pareil cas, et qu'il se trouve par hasard quelque lieu proche de la porte où l'on ait pu s'être embusqué.

2208. On les surprend par une intelligence, soit avec des habitans peu affectionnés, et qui ont observé que la garnison se néglige ou est trop faible, soit par la corruption de quelques gens de la garnison, qui livrent une porte à l'ennemi.

2209. Il est important que les officiers s'instruisent par des exemples que les bornes de cet ouvrage ne me permettent pas de donner. Je citerai au lecteur, pour qu'il puissent se les procurer, l'entreprise de Bodegrave en 1672; surprise de Kreislhem en 1688; celle de Neubourg sur Lentz en 1689; d'Entzwahingen même armée; surprise du château d'Orbassan 1690; de Luzerne, même année; entreprise de Veillonne, 1691.

2210. SURPRISES *des Places*. Une place de guerre est très-rarement emportée de vive force par surprise, soit qu'on emploie l'escalade, le pétard, ou toute autre manière; mais elle se peut dire surprise, si elle se trouve investie ou dans un temps que sa garnison a été considérablement diminuée par la sortie de ses troupes pour quelque expédition, ou quand elle n'a qu'une garnison peu nombreuse, et encore décimée par les maladies qui y règnent; quand elle manque de munitions de guerre ou de bouche, et est par son éloignement dans l'impossibilité de recevoir du secours, ou quand elle est enfin attaquée dans un temps où elle manque de choses essentielles à une bonne défense, et dans une conjoncture qui n'aura pas été prévue.

2211. En général, rien ne doit être tenté sans une presque certitude de réussir. Il faut donc exactement faire reconnaître, par des espions fidèles et capables, le terrain des environs de la place, et tous les manquemens dans sa garde.

2212. Voici les fautes qui se peuvent commettre dans la place à l'ouverture des portes : si elles sont ouvertes trop matin, ou avant la chute d'un brouillard; si on baisse les ponts levis, et si on ouvre les barrières sans les refermer, après qu'on aura fait sortir les gens tant à pied qu'à cheval pour faire une soigneuse découverte; si la garde de la porte ou celle de la place a posé les armes au corps-de-garde, avant le retour des gens sortis pour la découverte; si on ne laisse pas, la nuit, un poste dehors, dans l'ouvrage qui couvre la porte; si la garde d'infanterie de la place n'est pas sous les armes, et celle de cavalerie à cheval jusqu'à ce que toutes les clefs aient été rapportées chez le gouverneur, et qu'on lui ait rendu compte, du dehors de la place, si les jours de marchés, on laisse entrer en foule les gens qui viennent aussitôt après l'ouverture des portes, et si, pendant que le marché tient, toutes les gardes ne sont pas sous les armes.

2213. En tous ces cas, on peut exécuter une surprise de vive force, en faisant, à l'ouverture des portes, entrer assez de gens déguisés pour se saisir d'une porte, et la tenir ouverte jusqu'à ce qu'on ait introduit dans la place un assez gros corps pour être plus fort que la garnison, en cas que le terrain des environs ait donné le moyen de tenir ce corps à couvert, proche de la place.

2214. Que si cette place n'a point d'ouvrages extérieurs, gardés de nuit, qui en couvrent la porte, et qu'elle n'ait point de fossés, qu'enfin on puisse aborder la porte sans être découvert par les sentinelles, on peut attacher un pétard dont l'effet peut être suivi par une colonne d'infanterie partagée par divisions, avec des officiers sûrs à la tête de chaque division, qui auront été instruits des postes auxquels ils doivent marcher, et les occuper à mesure qu'ils entreront dans la place. On doit, à la tête de chaque division, placer des soldats avec des haches pour couper ce qui sera nécessaire, comme herses ou autres empêchemens. Il faut aussi empêcher qu'aucun soldat ne quitte son rang, ou se débande pour piller.

2215. Si, par quelque endroit de la place négligé pour la garde, on peut approcher d'un endroit où la muraille soit assez basse pour être escaladée, ce lieu étant reconnu en dehors pour y proportionner la hauteur des échelles, et en dedans pour y trouver la commodité de se mettre en bataille, il faut arriver de nuit dans un grand silence, placer les échelles le plus près les unes des autres qu'on le pourra, faire monter en diligence, se former en bataille sur le terrain reconnu en dedans de la place, et faire marcher toutes les divisions en même temps pour occuper les postes nécessaires à l'exécution de l'entreprise; se saisir de la porte la plus voisine, l'ouvrir aux troupes qui seront restées en dehors, empêcher que celles-ci ne se débandent en entrant, et les conduire avec ordre et silence sur les places de la ville où elles doivent se former, pour empêcher la garnison qui voudra prendre les armes de se former elle-même, et de se communiquer.

2216. Dans toutes les surprises il faut, le plus diligemment possible, se saisir de la personne du gouverneur, des officiers supérieurs des corps, dont il est nécessaire de savoir les demeures bien précisément, parce qu'eux pris, ils ne se pourra plus donner d'ordre pour repousser les troupes entrées.

2217. Quand la surprise est faite à la faveur d'une rivière ou de souterrains, il faut observer le même ordre pour les mouvemens. Si c'est par eau, il faut aprocher, se laisser aller au courant, ne ramant que pour aborder.

25.

2218. Si c'est par des souterrains, il faut avoir, par des intelligences dans la place, quelque grand couvert où l'on puisse faire entrer, à la sortie du défilé, un certain nombre d'hommes, pour les diriger de là aux lieux qui leur auront été désignés, comme il a été dit ci-dessus. Si la garnison est casernée, c'est sur les casernes que les troupes entrées doivent marcher d'abord et s'en rendre maîtresses. Nous citerons, comme ci-dessous, pour servir d'exemple, quelques places qui ont été surprises par leur faute : Surprise de Loo en 1676; Gand, 1678; Savillien, 1691; Crémone, 1703, etc.

2219. — *Connaissances qu'il faut avoir pour surprendre une place ou lieu fermé.* Vous devez parfaitement connaître la situation, les ouvrages et la hauteur des murailles de la place que vous voulez surprendre, afin de pouvoir bien fixer la longueur des échelles, et de vous munir de tout l'attirail nécessaire.

2220. Vous devez encore connaître la force de la garnison, le nombre et l'emplacement des postes, la situation des casernes, l'endroit qui en est le plus éloigné, parce que c'est le point que vous devez choisir pour votre attaque, en y supposant une égale commodité; car plus les troupes des casernes tarderont à y arriver pour la défense, et plus vos soldats auront de temps pour se rendre maîtres des postes qu'ils attaquent.

2221. Enfin, vous calculerez bien si vous pouvez vous retirer en sûreté du poste que vous voulez surprendre, eu égard aux heures dont vous avez besoin pour la marche, l'expédition et pour le retour, par rapport à la distance des ennemis, qui peuvent venir au secours ou vous couper la retraite. Afin que les troupes que les ennemis ont dans un autre poste ne viennent pas au secours de celui que vous voulez surprendre, détachez de petits partis qui, par un détour convenable, accompagnés de tambours et de trompettes à cheval, donneront l'alarme à ces troupes par l'endroit le plus éloigné du poste que vous voulez surprendre, pour qu'en les obligeant à tenir ferme de ce côté, vous les empêchiez d'accourir au lieu de la véritable attaque, ne pouvant d'ailleurs discerner dans la nuit le nombre de vos petits partis. Les commandans de ces partis observeront trois choses : la première, de ne sonner l'alarme que peu avant le temps où ils présumeront que l'ennemi apprend l'attaque véritable; car plus tôt, ils se trouveraient prêts bien plus vite pour aller secourir leurs camarades, dès qu'ils se seront aperçus de la diversion. Il faut donc donner à ces commandans l'heure précise à laquelle ils doivent commencer à se découvrir, pour y être exacts.

2222. La seconde, c'est qu'à un quart de lieue de la destination, le chef doit lancer, sur les chemins qu'il y a depuis ce poste jusqu'au lieu attaqué, de petits partis qui, embusqués, arrêteront les courriers et les soldats ennemis qui pourraient en porter la nouvelle à l'autre.

2223. La troisième précaution, c'est que, si l'ennemi vient à charger les partis détachés pour faire diversion, ces partis doivent se retirer par un chemin qui les éloigne du poste attaqué et de l'endroit où vous avez résolu de faire votre retraite.

2224. Si les ennemis, pour venir au poste surpris, ont un défilé à passer, détachez des troupes pour aller l'occuper, avant de commencer aucun mouvement pour la surprise.

2225. Pour rendre vos ennemis moins vigilans, donnez-leur de fréquentes alarmes chaque nuit, afin que, trompés par les fausses, ils accourent moins vivement aux véritables; amusez-les encore par de feintes propositions de paix ou de trèves, et, pour ne pas manquer à votre foi, prévenez-les une heure ou deux avant d'exécuter votre entreprise. Si vous vous tenez éloigné d'eux à une distance telle, que vous paraissiez hors de portée pour les surprendre, vous les rendrez moins précautionneux.

2226. — *Saison, jour, heure les plus propres à une surprise.* Profitez d'un moment où les ennemis ont un grand détachement hors de la place ou du poste que vous voulez surprendre, pour y trouver moins de résistance.

2227. L'hiver est la saison la plus propre aux surprises, parce que la longueur des nuits donne le temps d'arriver avant le jour; le froid rend les sentinelles paresseuses et les soldats de garde peu agiles dans les premiers momens d'alarmes; l'obscurité et le vent qui accompagnent les nuits d'hiver font que vos troupes ne sont ni vues, ni entendues, que lorsqu'elles sont déjà attachées aux murailles, ou qu'elles sont tout-à-fait près des ennemis; du moins ils servent pour commencer la surprise.

2228. Les nuits de pluies ne sont pas favorables aux surprises : elles s'exécutent, pour l'ordinaire, un peu avant le jour, heure à laquelle les ennemis dorment plus profondément, et à laquelle les gardes et les sentinelles sont moins vigilantes.

2229. Les surprises qui réussissent le mieux sont celles qui sont exécutées par des troupes qui viennent de loin, parce que les ennemis, qui n'avaient pas lieu de se défier, sont moins sur leurs gardes. Marchez lentement, afin que vos soldats ne soient pas excédés et incapables de soutenir les fatigues du combat.

2230. L'heure qui approche de la pointe du jour est favorable, parce que, peu après être entré dans le poste surpris, le jour vous sert à empêcher les violences, les désordres, et à bien diriger vos attaques sur les points encore défendus.

2231. Il vaut cependant mieux arriver deux heures avant le jour qu'un quart d'heure après; car on peut être assuré de manquer la surprise, si les ennemis viennent à découvrir vos gens : ainsi, mettez-vous en marche deux heures de plus qu'il ne vous faut, afin de parer à tous les cas imprévus.

2232. Pour reconnaître le lieu de rassemblement, en cas d'alarme, faites donner quelques fausses alertes, afin que par vos espions, vous puissiez atteindre votre but.

2233. Il faut avoir soin de se munir de tous les instrumens nécessaires à l'entreprise, ainsi que de vivres.

2234. Outre les troupes composant le détachement de la surprise, ayez encore une bonne réserve qui puisse au besoin vous secourir ou vous aider dans la retraite; ayez de bons guides. (*Voy. ce mot.*) Si les ennemis se défendent vigoureusement des fenêtres et de quelques maisons bien situées, mettez-y le feu.

2235. On peut surprendre des places en déguisant des

soldats en paysans qui, à un signal donné, s'emparent des armes de la garde d'une porte, de la cavalerie ayant des fantassins en croupe, les transportent rapidement, sitôt qu'ils entendent la fusillade commencer. Les jours de marché, de foire, de fête, sont les plus propres à ces sortes de surprises. Si vous avez dans la place quelqu'un avec qui vous êtes en intelligence, c'est chez lui que les soldats travestis doivent se rendre pour, de nuit, tomber sur le poste de la porte que vous voulez surprendre.

2236.—*Surprise d'une armée.* On a quelquefois surpris une armée dans son camp, quand elle l'avait mal pris, quand elle s'était soumise à des hauteurs qui pouvaient être occupées avant qu'elle y fût placée, ou quand elle s'était laissée serrer dans les fourrages ou dans les vivres. Ces inconvéniens sont si dangereux qu'ils entraînent presque toujours la perte de l'armée entière.

2237. On ne peut pas toujours exécuter avec brusquerie ces sortes de surprises; il faut marcher de nuit avec secret et diligence, si c'est pour occuper les hauteurs sur le camp ennemi. Dès qu'on est arrivé, il faut bien reconnaître le poste, afin de profiter de toutes les fautes que l'ennemi aura faites.

2238. S'il a derrière lui des défilés, il ne faut pas lui donner le temps de les ouvrir, d'y placer son infanterie, son canon, d'y retirer son bagage, et ensuite d'y faire entrer sa cavalerie à la faveur de la nuit.

2239. S'il a sur ses derrières une rivière ou un ruisseau, il ne faut pas lui laisser le temps d'y établir plusieurs ponts et de s'y retrancher à la tête de son camp, ni de l'autre côté du ruisseau, et de placer son infanterie et son canon dans les retranchemens pour couvrir les flancs de ses ponts.

2240. S'il lui reste assez de terrain pour se mettre en bataille, il faut, avant de marcher à lui, l'accabler de coups de canon, pour augmenter par les fracas la terreur que lui a imprimée une attaque inattendue.

2241. Si l'ennemi se trouve posté de manière à être serré facilement dans ses fourrages, il faut s'approcher de lui avec circonspection, y demeurer avec patience, se couvrir de retranchemens pour lui ôter la pensée de combattre valeureusement, dans la vue de se retirer de son camp, et le fatiguer tellement de jour et de nuit, qu'en peu de temps on réduise sa cavalerie à l'extrémité, en ne lui laissant ni le temps ni le moyen de dérober quelques petits restes de fourrages, ou de subsister de quelques pâtures.

2242. Si l'ennemi s'est posté de manière à ce que vous puissiez le séparer de ses convois, comme il ne faut que vingt-quatre heures pour rendre ses besoins intolérables, il faut lui ôter tout moyen de faire un coup de désespoir, afin que la nécessité de vivres devenant générale, elle force toute l'armée à se perdre en combattant, ou à se rendre à discrétion; il ne faut pas qu'un général laisse échapper les occasions où une armée, pour s'être mal placée, s'expose à être aisément surprise et entièrement détruite.

2243.—*Des surprises dans les marches.* Une règle certaine à la guerre, pour la sûreté de tous les mouvemens, est de les faire, quelque éloigné que l'on soit de son ennemi, avec les mêmes précautions que si l'on était à sa vue, parce que l'on doit supposer qu'il peut avoir été averti de la manière négligente dont on ferait ce mouvement, et qu'il s'est mis en état d'en profiter.

2244. On doit, quand on surprend un ennemi en marche, l'attaquer avec force et impétuosité en plusieurs endroits à la fois. Il faut que les troupes qui attaquent soient soutenues de près, afin de renverser les corps qu'elles chargent sur ceux qui, au bruit de l'attaque, viennent pour soutenir; une seconde ligne, qui se présntera en bon ordre, décidera l'affaire par sa contenance et forcera l'ennemi à une faute honteuse.

2245. On trouvera aussi souvent occasion de surprendre une arrière-garde. Il ne faut engager dans ces sortes d'affaires que les troupes nécessaires pour renverser seulement l'arière-garde ennemie, et conserver le reste pour soutenir votre troupe qui peut être ramenée. Si l'armée ennemie se retire par des défilés et des rivières, profitez du moment où une bonne partie est engagée dans le défilé, ou à passer la rivière, pour tomber avec impétuosité et des forces supérieures sur la portion qui n'a pas encore effectué son passage. Mettez, pour ces sortes d'actions, votre armée en marche pendant la nuit, en gardant un profond secret, et disposez-la de manière à pouvoir combattre au point du jour, et arriver sur le terrain dans l'ordre avec lequel vous voulez combattre.

T

2246. TACTIQUE, art de disposer et faire mouvoir les troupes en ordre. On la divise en *grande* ou *générale*, et en *petite* ou *particulière*. Celle-ci comprend seulement la disposition et les mouvemens des troupes, soit corps particuliers, soit corps d'armée; la grande tactique comprend les positions et mouvemens d'armées relatifs aux pays qu'elles doivent attaquer ou défendre, aux armées ennemies et à toutes leurs dépendances, telles que les munitions de guerre et de bouche, les machines de guerre et leurs bagages. Plusieurs militaires ont cru que tout l'art consistait à faire mouvoir une armée avec ordre et sévérité : cet avantage est grand, mais ce n'est pas tout ; ce n'est même, à bien considérer, qu'une petite partie de notre art. Son principale but est de prévenir l'ennemi dans la disposition générale pour une bataille ; de l'attaquer avant que ses troupes soient en ordre ; de jeter ses plus grandes forces sur un point faible de sa position, avant qu'il ait eu le temps d'y porter les siennes. Cette disposition générale étant prise, et l'attaque décidée, il ne faut pas espérer que les troupes engagées au combat manœuvrent et changent leur ordre ; ce serait se flatter d'une chose impossible ; et il est vraisemblable que celui qui le tenterait en porterait la peine. Ainsi, la tactique particulière est subordonnée et bornée dans ses avantages ; la tactique générale, ou l'art des positions, des camps, des marches, de l'attaque, est infiniment supérieure, et doit être le grand objet de l'étude d'un homme de guerre. Elle fournit les moyens sûrs de vaincre une armée très-supérieure pour les manœuvres, mais conduite par un général qui ne connaît que cette science. La *tactique particulière* ne peut pas toujours, elle seule, faire gagner une bataille, mais elle peut souvent y contribuer puissamment. C'est donc un moyen de vaincre qu'il faut se procurer, sans toutefois en exagérer les avantages, et négliger les autres moyens supérieurs de remporter la victoire. L'application des cadres de bataillons de cordes à la petite et à la grande tactique faciliteront, au dernier degré, aux officiers généraux comme aux officiers supérieurs et subalternes, le moyen d'approfondir ces deux sciences, dont l'heureux accord nous assurera la supériorité. (1811.)

2247. Les batailles sont quelquefois des événemens décisifs, mais un grand général sait les éviter. Les jeunes guerriers jugeront par là que l'art de la guerre ne consiste pas seulement dans la tactique particulière et les batailles.

2248. TALUS, inclinaison d'un revêtement en maçonnerie, en gazonnage, ou en terre, en donnant à ces deux derniers 45 degrés, pour éviter les poussées, c'est-à-dire en lui donnant autant d'inclinaison que de hauteur. (2143 , 2145.)

2249. TERRAIN. On concevra combien il est essentiel pour un général de connaître parfaitement les terrains qu'il doit occuper ou parcourir. Sont-ce des plaines, des bois, des montagnes, des collines, des pays coupés, ouverts? Y a-t-il des chemins, des ravins, des ruisseaux, des rivières, des torrens, des villes, des villages, des hameaux, des maisons? les terres sont-elles fermes, sablonneuses, argileuses, molles, fangeuses, marécageuses, etc.? Quelles sont les ressources qu'elles offrent en grains, paille, foin, légumes, bestiaux, bois, boissons, etc. ? D'où il s'ensuit les dispositions dans les marches, les campemens, les combats, les positions, etc.; tous objets qui nécessitent des précautions indiquées par les localités, et dont un général habile doit savoir profiter.

2250. TRAHISON, perfidie, défaut plus ou moins grand de fidélité envers sa patrie, son prince, etc., en un mot, envers ceux qui avaient mis confiance en nous. Quand on n'aurait pas assez de vertus pour détester la trahison, quelque avantage qu'elle puisse procurer, nous nous bornerons à dire que le seul intérêt des hommes devrait suffire pour la leur faire rejeter; car on sait assez que les princes mêmes, qui emploient la trahison pour le succès de leurs projets, ne peuvent pas aimer les traîtres.

2251. En tous les temps le traître a été l'objet du mépris et de la réprobation publique, supplice le plus terrible qu'un homme puisse éprouver en ce monde, mais qui ne l'est pas encore assez. On doit toujours se défier des traîtres.

2252. TRAINEUR, soldat qui ne pouvant, par maladie ou par faiblesse, suivre sa troupe dans une marche, reste en arrière, et la rejoint quand il le peut. L'arrière-garde recueille les traîneurs, et les fait rejoindre, s'il est possible. On fait monter sur des chariots ceux qui ne peuvent plus marcher; il arrive quelquefois, en campagne, que les paysans du pays ennemi tuent les traîneurs.

2253. TRAITÉ, convention faite entre deux états, et qui a pour but de rétablir la paix entre eux, ou de les unir par une alliance, soit pacifique, soit militaire. Pour qu'un traité soit légitime et durable, il faut qu'il ait pour base l'intérêt de toutes les parties qui y concourent, et que chacune d'elles y trouve quelques avantages.

2254. On doit conclure un traité, quand on est surpris et entouré au milieu d'un pays ennemi, et qu'on n'a pas de moyens de retraite; quand on voit ses provinces envahies, ravagées, ses troupes abattues, dispersées, et qu'on n'a plus de moyens pour continuer la guerre avec quelque chance de succès.

2255. Quand, après un avantage brillant et décisif, un ennemi vaincu vous fait proposer un traité, il faut bien examiner s'il est de bonne foi, s'il a réellement l'intention de le conclure, ou s'il ne cherche pas à vous amuser, pour avoir le temps de rassembler ses débris, et de les fortifier avec des troupes nouvelles, pour vous empêcher de recueillir les fruits de votre victoire. L'espoir de traiter de la paix avec l'empereur Alexandre retint Napoléon six semaines à Moscou, et fut cause du désastre de la plus belle armée que la France ait jamais mise sur pied.

2256. Il est permis de rompre un traité aussitôt qu'on le peut, 1° quand il est oppressif, déshonorant, et qu'il a été imposé par la violence et l'orgueil à un peuple, pour le moment trahi par la fortune, et qui, dans la victoire, se montra généreux; 2° quand un allié ou un ennemi en transgresse les clauses les plus importantes; 3° quand les mêmes en interprètent les expressions douteuses d'une manière désavantageuse à l'état plus faible qui a dû le subir; 4° quand les états avec lesquels on a traité manifestent d'une manière claire et intelligible le dessein de rompre eux-mêmes les conventions faites; 5° dans le cas d'un traité offensif et défensif avec une puissance, lorsque cette puissance veut vous traîner à sa suite dans des expéditions dont le succès ne profitera qu'à elle, et que vous ruineriez vos états en y prenant part.

2257. TRANCHÉE, chemin creusé en terre pour approcher d'une place assiégée, à couvert de son feu.

2258. TRAVERSE, parapet de terre en maçonnerie ou en fascinage, construit pour couvrir ses flancs, et empêcher d'être vus et enfilés par le feu de l'ennemi.

2259. TROUPES LÉGÈRES. L'auteur distingue dans les six pouces au-dessous de la taille requise pour être soldat, des hommes trapus, membrés, nerveux, robustes, qui ne sont nullement rachitiques, mais que leur défaut de taille exempte du service militaire. Plus aptes à supporter les fatigues que les grands, ils seraient plus propres à harceler sans cesse l'ennemi, en présentant moins de prise à la balle, pour peu qu'on les exerçât à profiter de tous les accidens du terrain. Une excavation, une grosse pierre, un arbre, sont pour eux des boucliers sûrs; il pense, d'après ces observations, que la taille de cette espèce d'hommes les rendrait plus propre au service de tirailleurs qu'une plus élevée. Sans rien changer aux armes, cette classe fournirait des voltigeurs qui ne dégénéreraient en rien de leurs devanciers; la répartition du service militaire serait plus juste, étant moins limitée.

U

2260. UTILISATION *des Gardes nationaux non armés de fusil*, en cas d'invasion.

2261. Si les étrangers se coalisent, s'ils forment une armée innombrable pour envahir la France, elle doit employer toutes ses ressources pour défendre son existence.....

2262. Quand il s'agira *d'être ou de ne pas être*, de figurer honorablement ou d'être ignominieusement effacé du tableau des nations de l'Europe, quel est le Français qui hésitera de verser pour sa patrie jusqu'à sa dernière goute de sang; chacun s'écriera : *Dulce et decorum est pro patria mori* (Horat., l. 3, od. 2); oui, tous, sans exception, voleront à sa défense, et, s'il n'y a pas assez de fusils, on s'armera de fourches, de piques...: c'est l'arme la plus favorable aux Français; Montécuculli appelait la pique *la reine des armes à pied.*

2263. Le grand Turenne, les maréchaux de Luxembourg, de Montesquiou, de Saxe, étaient du même sentiment; ce sont leurs propres discours que l'auteur va rapporter. « Il n'y a point d'arme plus capable de ralentir l'impétuosité d'un ennemi, ni plus propre à lui donner de la terreur. En effet, elle a l'avantage, par sa longueur, de pouvoir l'arrêter à une distance assez grande pour qu'il ait le temps d'envisager le péril auquel il s'expose en abordant une troupe qui en est armée, et comme, en pareil cas, rien n'est plus à craindre que cet instant de réflexion qui suspend l'ardeur du soldat, et qui l'éclaire trop sur le danger qu'il court, il doit en résulter un très-grand avantage pour le piquier.»

« Si un corps de piquiers attaque un corps de fusiliers, nécessairement le premier atteindra de loin le second, à cause de la plus grande longueur de ses armes; il présentera un obstacle bien plus difficile à vaincre que quelques rangs de baïonnettes qu'il percera toujours.

« Un cheval blessé d'un coup de feu n'en est que plus animé; il se jette presque toujours en avant : s'il est blessé d'une arme blanche, quelque pressé qu'il soit de l'éperon, il avancera bien difficilement, parce que c'est par les yeux que la peur entre dans l'âme des brutes comme dans celle des hommes. »

2264. Le fusil a donc vis-à-vis de la pique ou de la fourche le désavantage d'être trop court; il est plus propre à la défense particulière d'un seul homme; mais, quand il s'agit d'un corps d'infanterie, la pique en est inséparable, elle en lie toutes les parties, et les rend impénétrables.

2265. Il nous faut avoir des piques dans notre infanterie, disaient, sous Louis XIV, les généraux qui en avaient connu l'utilité. Nous ne doutons pas même que quelque jour, *malheureusement trop tard*, la vérité venant à se faire jour sur un article d'une aussi grande importance, on ne reprenne enfin la pique. Ce fut ce prince qui l'abolit, sur l'avis de Vauban.

2266. Pour mieux faire sentir les avantages de la pique ou de la fourche, je citerai combien, chez les anciens, la perte des vaincus était disproportionnée à celle des vainqueurs, dans les combats à l'arme blanche. A la bataille de Poitiers, entre Charles Martel et les Sarrasins, il y eut 375,000 Sarasins tués, et 1,500 Français; à celle de Muret, 20,000 Albigeois et 9 croisés; à Rosbeck, 20,000 Flamands et 50 Français; à Fornoue, 3,500 Italiens, 29 Français; à Agnadel, 15,000 Vénitiens, 50 Français.

2267. C'est assez faire connaître aux Français armés d'une fourche, et qui voleront à la défense de leur patrie, tout l'avantage de cette arme sur le fusil dans les combats de ligne.

2268. Ils savent d'ailleurs qu'il ne faut faire feu que quand on ne peut joindre l'ennemi, parce que la vraie force de l'infanterie française consiste dans son impulsion, et à le joindre promptement sans tirer: l'expérience leur a aussi prouvé qu'il n'y a rien dont ils ne viennent à bout par cette méthode.

2269. Je maintiens donc que, loin que les fourches puissent nous ôter rien d'avantageux dans les batailles en rase-campagne, elles sont tout au contraire un moyen sûr de vaincre nos ennemis: une telle arme, dans une mêlée, doit faire bien plus de ravages que le fusil et la baïonnette. Que le garde national songe donc à la supériorité que lui procure la longueur de cette arme, et dont j'augmente encore l'efficacité par le mélange de ces deux armes fortifiées d'une bonne artillerie.

2270. Les officiers, sous-officiers et gardes nationaux, connaissant les écoles de peloton et de bataillon, on les formera en légion. On remplacera le fusil en bois par une fourche à foin ou une pique de douze pieds de long, y compris le manche, à l'extrémité duquel un fer solidement fixé présentera des pointes bien acérées.

2271. Ces légions, aussi fortes que les régimens de ligne, manœuvrant de même, et aptes à se servir du fusil, seront augmentées de deux compagnies de fusiliers par bataillon, fortes de 125 hommes chacune. Elles se formeront dans les lignes de bataille, d'après mon système, et y exécuteront toutes les dispositions pour l'attaque, la défensive.

2272. Chaque demi-bataillon sera en colonne sur quatre pelotons de hauteur.

2273. La ligne de tirailleurs se formera en même temps que les colonnes ; elle couvrira tout le front de bataille, excepté celui occupé par l'artillerie.

2274. Dans l'attaque, les tirailleurs feront, ainsi que l'artillerie, leur feu en avant sur tout le front de la ligne ; on suppléera à celui des colonnes par des bouches à feu, dont on augmentera le nombre d'un tiers ou de la moitié, s'il est possible : il est bon, dans cette circonstance, de surprendre l'ennemi, soit peu de temps avant le jour, soit en l'approchant à cinquante pas, à couvert d'une hauteur. Dans tous les cas, les colonnes sont masquées par la ligne de tirailleurs, et le feu de l'ennemi se dirigera plutôt sur celui de l'artillerie que sur les masses.

2275. Dans la défense, on pourra élever devant la tête de chaque colonne une espèce d'épaulement ou bastingage (*voyez ce mot*) à rampes faciles à escalader, et qui garantira les piquiers du feu de l'ennemi, sans les empêcher de se porter à sa rencontre, s'il charge ; ce qui s'exécutera ainsi qu'il est dit à la disposition pour la défense. Les compagnies de tirailleurs attaquant de front et par le flanc, tandis que les colonnes se dirigeront sur la capitale des deux angles de la colonne ennemie, pour éviter une partie du feu qu'elle fera en l'abordant, l'artillerie tirera toujours à mitraille.

2276. Si la cavalerie vient à charger, les tirailleurs se porteront lestement sur le front des flancs de chaque colonne; ils s'y formeront sur deux rangs de hauteur, même distance par file que pour le peloton. Le second peloton se serrera en masse; le troisième peloton fera à droite et à gauche en bataille par section, pour fermer les flancs du carré; le quatrième, après avoir serré sur le troisième, fera demi-tour; les trois files de droite et de gauche feront à droite et à gauche.

2277. On continuera le feu sur la cavalerie; et sitôt que les chefs de demi-bataillon le jugeront à propos, ils feront croiser les fourches, qui, par leur longueur de 12 pieds, fraiseront les deux rangs de fusiliers en les dépassant; celles du premier rang de 7 à 8 pieds; du second, de 5 à 6 pieds, et celles du troisième rang, de 2 à 3.

2278. Les tirailleurs pourront donc continuer leur feu et ajuster avec d'autant plus de calme la cavalerie à bout portant, qu'ils ne peuvent en être atteints. Les piquiers seront d'autant plus fermes, qu'ils se voient couverts par les fusiliers, et qu'ils se trouvent sur cinq de hauteur, conséquemment sur un ordre plus profond.

2279. Ils baisseront assez l'extrémité des piques pour qu'elle ne puisse pas gêner le tir des deux hommes; les fusiliers placés aux flancs auront grand soin de ne pas faire un feu direct et horizontal, lequel atteindrait le flanc du demi-bataillon opposé au leur.

2280. Toutes ces manœuvres s'exécutent d'après les mêmes commandemens que ceux prescrits pour l'ordre de bataille proposé par l'auteur. (*V.* ce mot.)

2281. Pour former leur bastingage et les redans de l'artillerie, dans la défense, on peut employer les sacs à terre. On ne saurait trop prendre de mesures pour épargner la vie des hommes.

2282. Que le garde national réfléchisse à l'impénétrabilité de cet ordre si meurtrier pour l'ennemi, et bientôt il conviendra qu'il peut se présenter au combat aussi audacieusement que la troupe réglée, et même avec un avantage plus grand, qu'il devra à la longueur de son arme, à son mélange avec des fusiliers et une nombreuse artillerie. Loin de craindre l'ennemi, infanterie ou cavalerie, il marchera à eux avec la juste conviction de les rompre, de les culbuter, quels qu'ils soient.

2283. On pourrait encore adopter la pique de Folard. Elle a 11 pieds de long, y compris un fer de 2 pieds et demi de long sur 5 pouces de large par le bas, tranchant des deux côtés, et fortifié jusqu'à la pointe d'une arête d'environ une ligne et demie. Cette pique est redoutable de la pointe et du tranchant; il est plus difficile d'en gagner le fort.

V

2284. VAILLANCE. On doit la regarder comme l'effet d'une force naturelle de l'homme, qui ne dépend point de la volonté, mais du mécanisme des organes, lesquels sont très-variables. Ainsi, l'on peut dire facilement de l'homme vaillant, qu'il fut brave un tel jour; mais celui qui se promet de l'être, comme une chose certaine, ne sait pas ce qu'il fera demain, et tenant pour sienne une vaillance qui dépend du moment, il lui arrive de la perdre dans le moment même où il y pensait le moins.

2285. La vaillance n'est que momentanée, et la disposition de nos organes corporels la produit ou l'anéantit dans un moment. Amurat II, empereur des Turcs, qui s'était signalé dans mille occasions, aurait pris la fuite à la bataille de Varnes, si ses officiers ne l'avaient menacé de le tuer.

2286. VALEUR, *Courage*. La valeur est ce sentiment que l'enthousiasme de la gloire et la soif de la renommée enfantent; qui, non content de faire affronter le danger sans le craindre, le fait même chérir et chercher.

2287. Sans spectateur pour y applaudir, ou au moins sans espoir d'être applaudi un jour, il n'y a point de valeur.

2288. C'est un germe heureux que la nature a mis en nous, mais qui ne peut éclore si l'éducation et les mœurs du pays ne le fécondent.

2289. Voulez-vous rendre une nation valeureuse? que toute action de valeur y soit récompensée. Mais quelle doit être la récompense? L'éloge et la célébrité. Gardez-vous surtout de payer avec de l'or ce que l'honneur seul peut et doit acquitter.

2290. Celui qui songe à être riche n'est ni ne sera jamais valeureux; qu'avez-vous besoin d'or où le laurier récompense un héros.

2291. Finissons en disant que la bravoure est le devoir du soldat; le courage, la vertu du sage et du héros; la valeur celle du chevalier.

2292. VENT. L'expérience apprend qu'un général doit, avant de se décider sur un champ de bataille, connaître les vents qui y règnent le plus communément, et l'heure à laquelle ils se font sentir, pour diriger, d'après cette connaissance, le commencement et la durée de l'action.

2293. Si le vent commence à souffler lorsque la bataille est commencée, si l'on ne peut pas changer sa position, il faut se presser de joindre l'ennemi. Le vent, au contraire, favorise les surprises, en empêchant les troupes d'être aussi aisément entendues et découvertes.

2294. On doit avoir attention d'exposer les magasins aux vents qui passent pour les plus sains.

2295. VICTOIRE. C'est l'action la plus brillante du général, lorsqu'elle est le fruit de ses dispositions et de ses manœuvres, et qu'il peut dire, comme Épaminondas, *j'ai vaincu les ennemis*.

2296. Ce qui fait le prix et la gloire d'une victoire, ce sont les obstacles qu'il a fallu surmonter pour l'obtenir.

2297. Lorsque la victoire n'est due qu'à la supériorité du nombre, à la bravoure, et au peu d'intelligence et de talent du général opposé, elle ne peut produire qu'une gloire médiocre.

A vaincre sans péril, on triomphe sans gloire.

2298. Il faut donc que la victoire, pour illustrer véritablement un général, soit le fruit de ses bonnes dispositions, de sa science dans les manœuvres, de la manière dont il a su employer ses troupes, et que, de plus, il ait en tête un général habile et à peu près égal en forces.

2299. VILLAGES. On ne doit se poster dans un village plutôt qu'en plaine, que lorsqu'on y est déterminé par de fortes raisons. Dans ce cas, si on ne craint pas l'artillerie, on occupe les maisons et les murailles des jardins faisant partie de l'enceinte (1396). On fait des créneaux et des banquettes partout où il en faut; des communications d'une maison à l'autre, afin que les troupes qui bordent l'enceinte puissent s'entresecourir.

2300. Aux endroits où il n'y a ni maison, ni muraille, on fait une forte palissade crénelée avec une banquette ou un fossé derrière, afin que les créneaux ne puissent pas servir à l'ennemi. Cette palissade doit être flanquée par les maisons auxquelles elle aboutit.

2301. On se retranche dans les maisons qui forment le contour du village; l'on ferme les murailles de ces maisons par des files de chariots et de charrettes chargés de pierres, et dont on enterre les roues jusqu'au moyeu. On se sert encore d'un abatis, défendu par quelques maisons (1411, 1412), par des caponières d'où l'ennemi soit vu de flanc.

2302. Si l'on craint un corps considérable, pourvu d'artillerie, on ne peut se dispenser d'entourer le village d'un retranchement continu, à l'épreuve du canon et flanqué. Voici (*Planche XVI, figure* 4) la manière la plus simple de flanquer un retranchement : elle s'accommode à toutes sortes de grands polygones et aux irrégularités du terrain. Si on est obligé de tourner une partie des redans d'un côté, et l'autre de l'autre, on les liera ensemble par un redan comme en *A*, ou par un angle rentrant comme en *B*.

2303. On appelle ligne une droite MN, tirée de la pointe d'un redan ou d'un bastion, à l'extrémité du flanc qui doit le défendre. Cette ligne ne doit pas être plus grande que la portée du fusil, c'est-à-dire de cent vingt à cent trente toises. Elle doit être réglée sur la valeur des troupes qui en borderont les flancs. Si on la fait trop courte, on multiplie les flancs, ce qui augmente le travail et le nombre des angles rentrans, qui sont les endroits où l'ennemi n'est point vu dans le fossé ; si on la prolonge, on diminue les feux des flancs à proportion.

2304. On doit s'attacher à la perfection des profils, et l'on peut diminuer la dépense des flancs, en ne leur donnant que la longueur nécessaire pour la défense du fossé, et faire les faces assez courtes pour que, sans d'ailleurs trop multiplier les angles rentrans, on puisse attendre un grand effet du feu des flancs. Trois flancs de cinq toises chacun feront un effet plus sûr qu'un flanc de quinze toises qui défendrait la même longueur de retranchement.

2305. On fait le moins de portes que l'on peut, parce qu'il faut beaucoup de monde pour les garder. On les place à portée d'être défendues des maisons ; on les bouche quand on est sur le point d'être attaqué.

2306. Quand le village a trop d'étendue pour être environné d'un retranchement continu, parce qu'on n'a pas assez de monde pour le construire et le défendre, on l'entoure d'ouvrages détachés et ouverts par la gorge. On peut encore fermer toutes les entrées d'un village, et choisir, tout près, le lieu le plus convenable pour y construire un fort dans lequel on puisse se retirer quand l'ennemi se présentera. Dans tous les cas, pour se loger, on se resserrera le plus qu'on pourra dans la partie du village que l'on trouve la plus propre à être mise en état de défense.

2307. VIVRES, tout ce qui sert à la subsistance d'une armée. *Celui qui a le secret de vivre sans manger,* disait Montécuculli, *peut aller à la guerre sans provisions.*

2308. La famine est plus cruelle que le fer, et la disette a ruiné plus d'armées que les batailles. On peut trouver des remèdes pour tous les autres accidens, mais il n'y en a aucun contre le manque de vivres. Si les approvisionnemens n'ont pas été faits de bonne heure, on est défait sans combattre, et quelquefois sans avoir vu l'ennemi.

FIN.

TABLE ALPHABÉTIQUE.

Développement.	1
— Réflexions sur l'importance des connaissances que doit avoir un officier avant d'entrer en campagne.	6
Abandon.	9
Abatis.	10
— Attaque de l'abatis.	ib.
— Défense de l'abatis.	11
Accessible.	ib.
Action.	12
— Moyens d'engager l'action.	13
— Raisons d'éviter l'action.	ib.
Activité.	ib.
Admonition (punition militaire).	ib.
Adresse.	14
Affabilité.	16
Agilité.	ib.
Aguerrir.	ib.
Agresseur.	17
Agression.	18
Aide-de-camp.	ib.
Ailes.	20
Alarme.	21
Amitié.	ib.
Appel.	22
Approvisionnement.	ib.
Arbre.	23
Armée.	24
Arme.	ib.
Armement.	25
Arrière-garde.	ib.
Assemblée.	31
Assurance.	32
Astronomie.	ib.
Attaque.	ib.
Avant-Garde.	35
Audace.	37
Avis.	ib.
Aunobili.	38
Bagages.	40
Barres.	ib.
Barricades.	ib.
Bastingage.	41
Bastion de campagne.	ib.
Bataille.	42
— Dispositions avant la bataille.	ib.
— Conseil, ordre.	43
— Retraite ôtée aux troupes.	45
— Dispositions des troupes et des généraux.	46
— Choix du terrain.	47
— Supériorité du nombre.	48
— Embuscade.	ib.
— Infériorité en troupes.	49
— Avantage de l'attaque.	50
— Exhortation des officiers.	ib.
— Superstition, présage.	51
— Harangue.	ib.
— Dispositions pendant le combat.	ib.
— Feu d'artillerie, bruit de guerre.	54
— Remplacement des troupes pliées.	ib.
— Moyens d'intimider l'ennemi et d'encourager les troupes.	55
— Ressources dans les désavantages.	57
— Général tué ou blessé.	ib.
— Succès douteux, précautions.	58
— Dispositions après la victoire.	ib.
— Vigilance nécessaire après la victoire.	60
— Récompenses.	61
— Sépulture nouvelle de la victoire.	ib.
— Entreprises sur les places, paix.	62
— Description d'une bataille.	63
Batardeau.	66
Biscuit.	ib.
Blindé.	67
Bois.	ib.
Brouillard.	ib.

TABLE

Brusquer.	ib.	— De la modestie et de la politesse.	108
Cadre de bataillon en corde. (*Voy.* pour la formation camp de paix.)	70	Capitale.	ib.
		Capitulation.	
		— Caponnière casematée.	112
Camp.	71	Caporal.	115
— Qualités d'un camp.	ib.	— Devoirs des caporaux.	116
— — Offensif.	72	— Qualités morales nécessaires aux caporaux et sous-officiers.	121
— — Défensif.	ib.		
— — Retranché.	75		
— Attaque des camps.	77	Cavalerie.	123
— Défense des camps retranchés.	79	Célérité.	ib.
		Centre d'une troupe.	124
		Chaussetrape.	ib.
— Camp de paix. Bataillon de cordes appliqué aux évolutions de ligne, pour l'instruction des officiers-généraux supérieurs.	85	Chemin.	ib.
		Cheval de frise.	125
		Chevalet.	126
		Clair.	ib.
		Clémence.	ib.
Campagne.	85	Colère.	ib.
— Maximes générales pour une campagne offensive.	87	Colonel.	ib.
		Colonne.	130
— Maximes générales pour une campagne de défense.	94	— Formation hexagone sur cinq rangs.	132
		— Explication de la planche.	136
— Campagne d'hiver.	97	Communication.	ib.
Capitaine.	ib.	Confiance.	ib.
— Connaissances qu'il doit avoir.	98	Conquête.	137
		Cordeau.	ib.
— Topographie.	ib.	Coup d'œil.	ib.
— Langues.	96	Coupure.	146
— Droits de la guerre.	b.	Courage.	ib.
— Mathématiques.	ib.	Course.	ib.
— Dessin.	ib.	Créneau.	147
— Arts usuels.	ib.	Désordre.	ib.
— Connaissance du cœur humain.	100	Décamper.	149
		Découvreurs.	150
— — De soi-même.	ib.	Défense.	153
— — De sa nation.	ib.	Défilé.	156
— — De sa compagnie ; qualités morales, sentimens et passions auxquelles un capitaine doit être sensible.	ib.	Demi-lune.	161
		Derrières.	ib.
		— Exécution.	162
		— Fortifier un endroit propre à un débarquement.	ib.
— De l'honneur.	101	Désespoir.	163
— Estime publique.	102	Dessin militaire.	ib.
— Amitié de ses égaux.	ib.	Détachement.	164
— Amour du soldat.	ib.	Discipline.	166
— Bravoure.	103	Dispositions de guerre.	167
— Du courage.	ib.	Diversion.	ib.
— De la justice.	ib.	Écharpe.	168
— Obéissance.	105	Embuscade.	ib.
— Désintéressement.	106	— De l'heure et des lieux propres aux embuscades.	170
— Fidélité à sa parole.	ib.		
— Humanité.	107	— Dispositions des embuscades.	173

ALPHABÉTIQUE. 453

— Moyens de faire donner l'ennemi dans une embuscade. 174
— Des embuscades contre une garnison, un camp volant, une armée. 175
ÉMULATION. 177
ENCOURAGEMENT. 178
ENFILADE. 179
ENSEIGNE. 180
ENTÊTEMENT. ib.
ENTHOUSIASME. ib.
ENTREPRENEURS ET FOURNISSEURS. ib.
ENTREPRISES. 181
ENVELOPPE. ib.
ÉPAULEMENT. ib.
ÉQUIPAGE. ib.
ESCALADE. 182
ESCARMOUCHE. 186
ESCORTE. ib.
ESCOUADE. *Voy.* CAPORAL.
ESCRIME. ib.
ESPÉRANCE. 187
ESPION. ib.
— Moyens d'éviter que les espions ne soient arrêtés ou découverts. 188
— De l'espèce des espions. 189
— Des précautions que doivent prendre les espions. ib.
— De la manière d'instruire les espions. 190
— Correspondance avec les personnes affidées. ib.
— Expédiens pour faire parvenir les avis. ib.
— Des intelligences. 191
— Des espions doubles. ib.
— Moyens de suppléer aux espions. 192
— Des avis donnés par les déserteurs et les prisonniers. ib.
— Des espions qu'il faut laisser dans le pays que vous abandonnez. 193
— Précautions qu'un général doit prendre quand un officier habile passe à l'ennemi. ib.
— Lettres interceptées. 194
— Des espions de l'ennemi. ib.
— Des avis que donnent les espions. 196
ESPRIT DE CORPS. ib.
ESTIME. *Voy.* CAPITAINE.

EXACTITUDE. *Voy. idem.*
ÉVENTAIL. 197
EXEMPLE. ib.
EXPÉRIENCE. 198
FACE. ib.
FAGOTS. 199
FASCINE. ib.
FATIGUE. 200
FAUSSE ATTAQUE. ib.
FER A CHEVAL. ib.
FEU. ib.
FIDÉLITÉ. 201
FLACC. 202
FLANQUER. ib.
FLATTEURS. ib.
FLÈCHE. 203
FOUGASSES. 203
FOUILLES. 204
FOURCHES. ib.
FOURRAGES. ib.
— Principes pour la sûreté des fourrages. 206
— De l'attaque des fourrages. 207
FRAISER. ib.
FRANÇAIS. ib.
FRONT D'UNE TROUPE. 208
FUYARDS. 209
FUITE. 210
FUSIL. ib.
GABION. 211
GARDE. ib.
GRANDE GARDE. 212
GARDE NATIONALE. 214
GAZONNER. 215
GÉNÉRAL. ib.
— Connaissance de soi-même. 217
— Connaissance des hommes. 218
— Connaissance de la nation qu'il commande. 220
— Connaissance de ses subordonnés. 221
— Connaissance de la nation qu'il doit combattre. 222
— Connaissance du général ennemi. 223
— Connaissance des généraux subalternes. 224
— Connaissances relatives aux sciences et aux arts. 225
— Étude de l'art de la guerre. ib.
— Étude de l'histoire. 226
— Géographie. 227
— Des ordonnances ou code militaire. 228
— Langues. ib.
— Droit des gens. ib.

— Droit public.	*ib.*	Lettres des généraux.	262
— Droit civil.	229	Lieutenant. *Voy.* Capitaine.	
—— Politique.	*ib*	Ligne d'opération.	*ib.*
— Mathématiques.	*ib.*	Ligne de frontières.	268
— Dessin.	*ib.*	Luxe.	*ib.*
— Amour de la patrie.	230	Magasins militaires pendant la guerre.	*ib.*
— Bravoure.	*ib.*	Mardicoulis.	269
— Exemple.	*ib.*	Maison.	270
— Exactitude.	231	— Défense.	278
— Désintéressement.	*ib.*	— Attaque.	280
Génie.	*ib.*	Mantelet.	283
Gué.	*ib.*	Maraude.	*ib.*
— Qualités que doit réunir un gué pour être bon.	*ib.*	Marche militaire.	284
		— Des marches.	285
— Moyens d'empêcher l'ennemi de passer un gué.	233	— Marches dirigées par un officier particulier.	*ib.*
— Moyens de mettre un gué en état de défense.	*ib.*	— Marches, et du front de la marche.	293
— Manière d'embarrasser un gué.	234	— Marche en arrière.	296
— Manière de passer un gué.	236	— Passage de défilé.	*ib.*
— Connaissances qu'on doit avoir avant de passer un gué, et moyen de les acquérir.	236	Mésintelligence.	298
		Mélange des armes.	*ib.*
		Montagnes.	*ib.*
		— Retranchemens dans les montagnes.	*ib*
— Manière de remédier aux avantages naturels qui manquent à un gué.	237	— Attaque des retranchem.	299
		Mouvement.	*ib.*
		Obéissance.	300
— Conduite que l'on doit tenir quand l'ennemi a fortifié l'issue d'un gué qu'on veut passer.	240	Officiers.	301
		Ordres.	303
		— Ordre de bataille.	*ib.*
Guides.	*ib.*	— Ordre de bataille en tirailleurs pour la garde nationale, etc.	310
Habile.	243		
Habitans.	244		
Haie.	*ib.*	— Attaque.	311
Harangues.	245	— Feu d'écharpe en avançant.	213
— Harangues militaires pendant le combat.	249	— Explication de la *pl.* XII.	316
— Harangues après la bataille.	250	— Dispositions pour la défensive.	317
Hardiesse.	252		
Hauteurs (terrain).	*ib.*	— Feu d'écharpe de pied ferme.	*ib.*
Hesse.	253		
Hérisson	254	— Retraite.	320
Honneur.	*ib.*	— Dispositions contre la cavalerie.	*ib.*
Hostilités.	*ib.*		
Humanité.	255	— Carré flanqué sur cinq rangs.	*ib.*
Indécision.	257		
Indice.	*ib.*	— Passage de ligne.	323
Indiscipline.	258	— Application de cet ordre à la grande tactique.	324
Infanterie.	*ib.*		
Intrigue.	259	Orgueil.	332
Investissement.	*ib.*	Palissades.	*ib.*
Jonction.	261	Parapet.	333
Justice.	*ib.*	Parti.	*ib.*
Lâcheté.	*ib.*	Passage, rivière.	334

ALPHABÉTIQUE. 455

Patrouille.	337
Pays (Connaissance du).	338
— Pendant des eaux.	343
Philosophie de la guerre.	344
— Des passions que le général doit chercher à exciter dans l'armée.	ib.
Plaines.	347
— Petite guerre.	348
Poste.	349
Poursuite.	353
Poursuivre.	354
Précautions.	355
Principes de fortification de M. de Vauban.	ib.
Principes des manœuvres de guerre mis à la portée de chaque bataillon de la garde nationale.	356
— Ouverture des marches de front et de flanc.	356
— Ordres de bataille.	360
— Ordre oblique.	362
— Explication de la pl. V.	371
— Première manœuvre.	372
— Ordre de marche de flanc, suivi d'un ordre de bataille parallèle, pl. VI.	375
— Ordre de marche de flanc, suivi d'un ordre parallèle, pl. VII.	376
— Ordre de marche de front, suivi d'un ordre de bataille oblique par ligne, pl. VIII.	378
— Ordre de marche, suivi d'un ordre de bataille oblique par échelons, et en déployant sur le centre, pl. IX.	385
— Ordre de marche, suivi d'un ordre de bataille oblique pris, les colonnes se présentant à l'ennemi sur un alignement parallèle à son front.	387
— Ordre de bataille, suivi d'un ordre oblique sur le centre, pl. X.	388
— Application des manœuvres précédentes aux terrains et aux circonstances.	390
— Ordre de marche de flanc, suivi d'un ordre de bataille de front, pris d'après la circonstance inopinée de l'arrivée de l'ennemi sur la tête de la marche, pl. XIII.	397
— Application de la tactique aux ordres de bataille défensifs.	400
— Rapport de la science des fortifications avec la tactique et la guerre en général.	401
— Rapport de la connaissance des terrains avec la tactique.	403
Propos.	404
Puits.	406
Quartiers (Enlèvement des).	ib.
Rampe (Fortification).	407
Redan.	ib.
Redoute. Voy. Retranchement.	
Renfort.	ib.
Représailles.	ib.
Réserves.	408
Retraite.	ib.
— Comment on peut rallier des fuyards après une défaite.	414
Retranchement.	416
Sac a terre.	421
Sac a laine.	ib.
Secret.	ib.
Secrétaire. Voy. Général.	
Sentinelle.	422
Signal.	ib.
Soldat.	ib.
Service des tirailleurs.	ib.
Sommation.	423
Sortie.	ib.
Stratagème.	424
Subordination.	ib.
Suites de la victoire.	425
Suites d'une défaite.	426
Surprise.	428
— Surprise des postes.	430
— Surprise des places.	431
— Connaissance qu'il faut avoir pour surprendre une place ou lieu fermé.	334
— Saison, jour et heure les plus propres à une surprise.	436
— Surprise d'une armée.	437
— Des surprises dans les marches.	438
Tactique.	439
Talus.	440

TABLE ALPHABÉTIQUE.

Terrain.	ib.	nale en masse, etc.	444
Trahison.	ib.	Vaillance.	447
Traîneur.	441	Valeur, courage.	448
Traité.	ib.	Vent.	ib.
Trancher.	442	Victoire.	449
Traverse.	ib.	Villages.	ib.
Troupes légères.	ib.	Vivres.	451
Utilisation de la Garde natio-			

Imprimerie de Poussin, rue de la Tabletterie, n. 9.

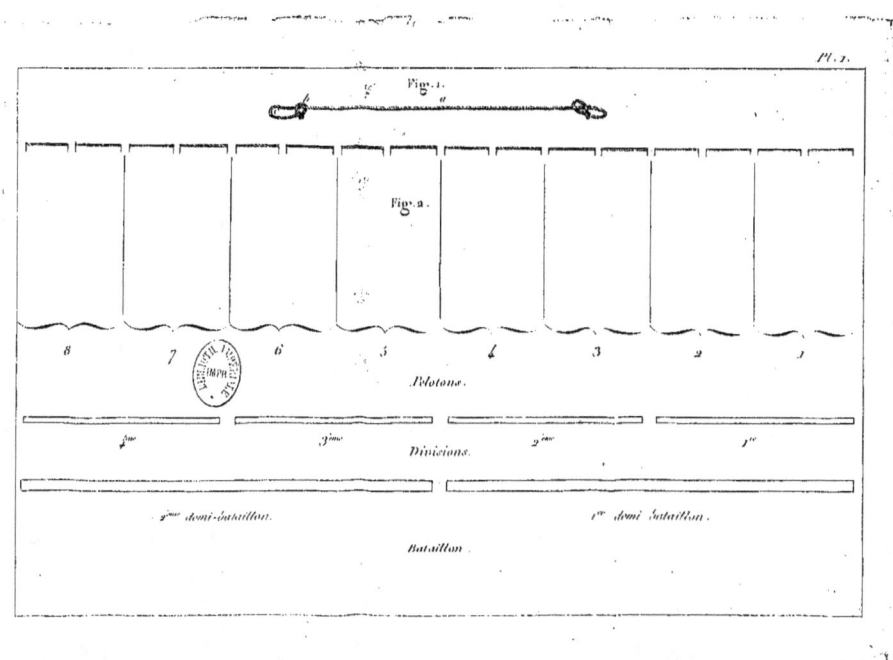

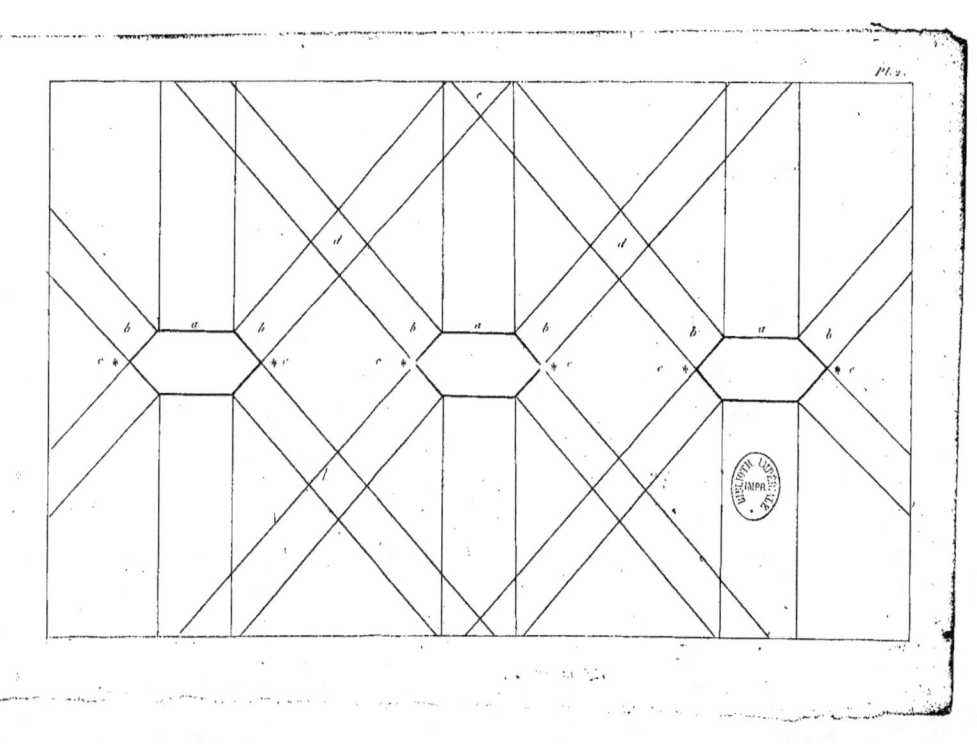

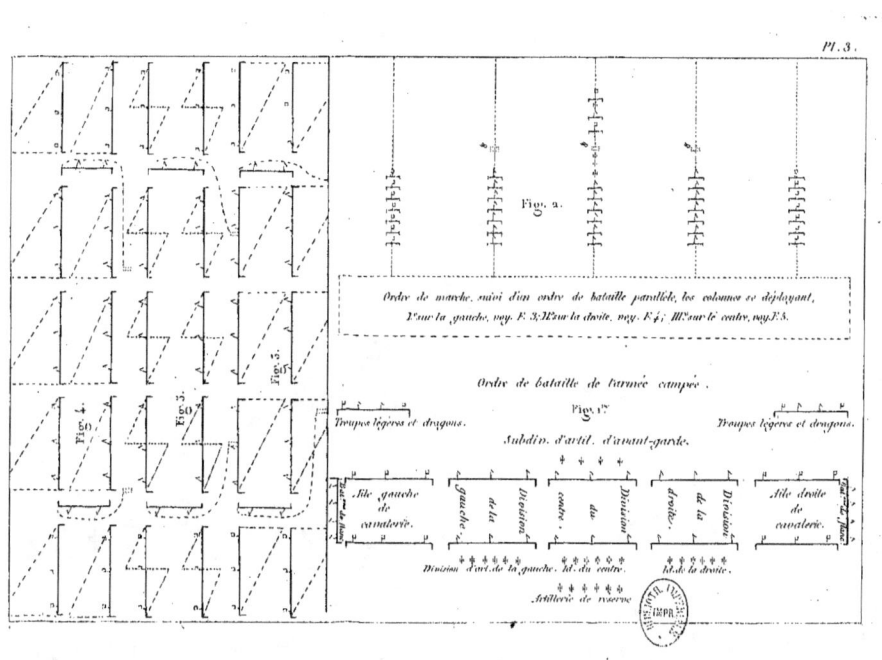

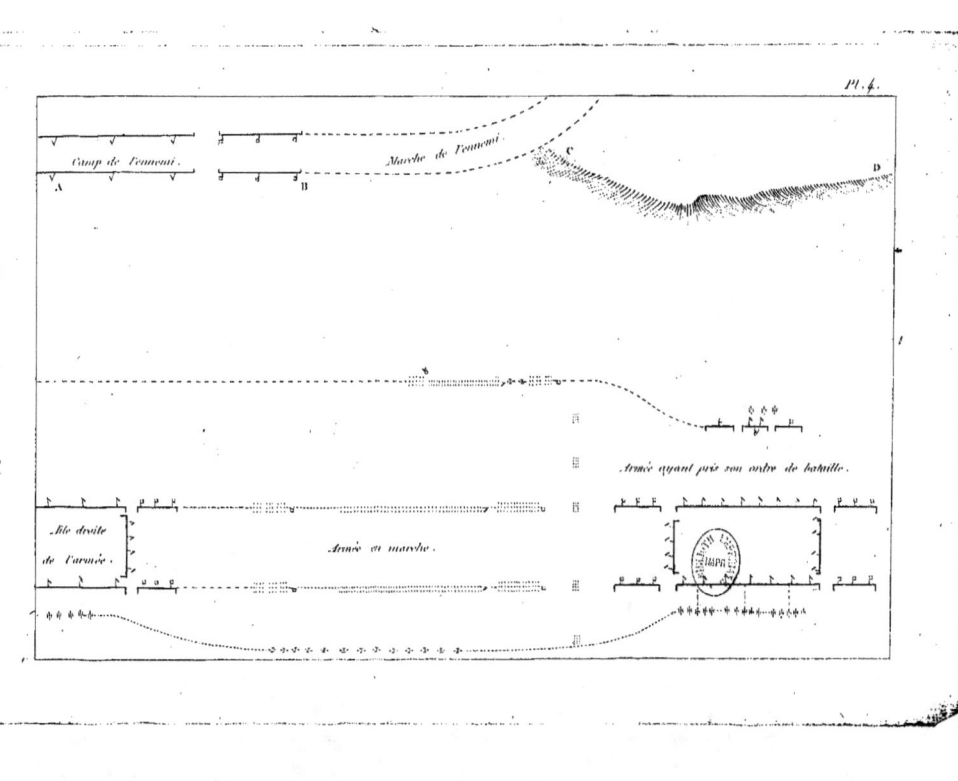

Pl. 4.

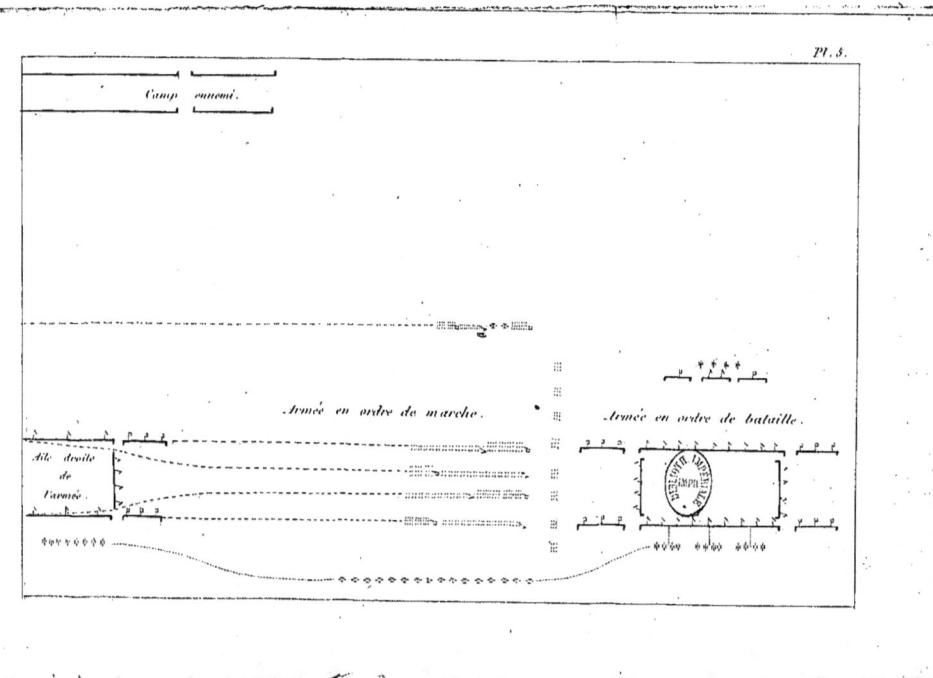

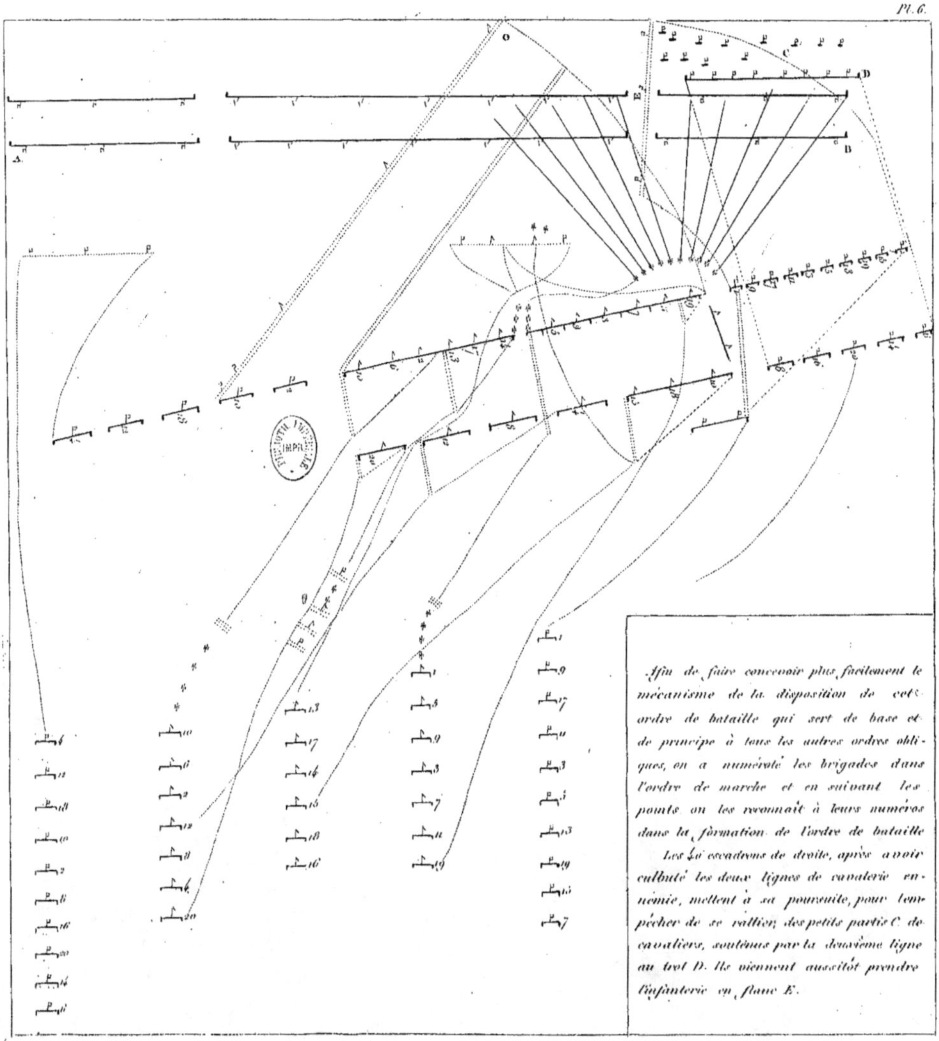

Pl. 6.

Afin de faire concevoir plus facilement le mécanisme de la disposition de cet ordre de bataille qui sert de base et de principe à tous les autres ordres obliques, on a numéroté les brigades dans l'ordre de marche et en suivant les points on les reconnaît à leurs numéros dans la formation de l'ordre de bataille.

Les 20 escadrons de droite, après avoir culbuté les deux lignes de cavalerie ennemie, mettent à sa poursuite, pour l'empêcher de se rallier, des petits partis C. de cavaliers, soutenus par la deuxième ligne au trot D. Ils viennent aussitôt prendre l'infanterie en flanc E.

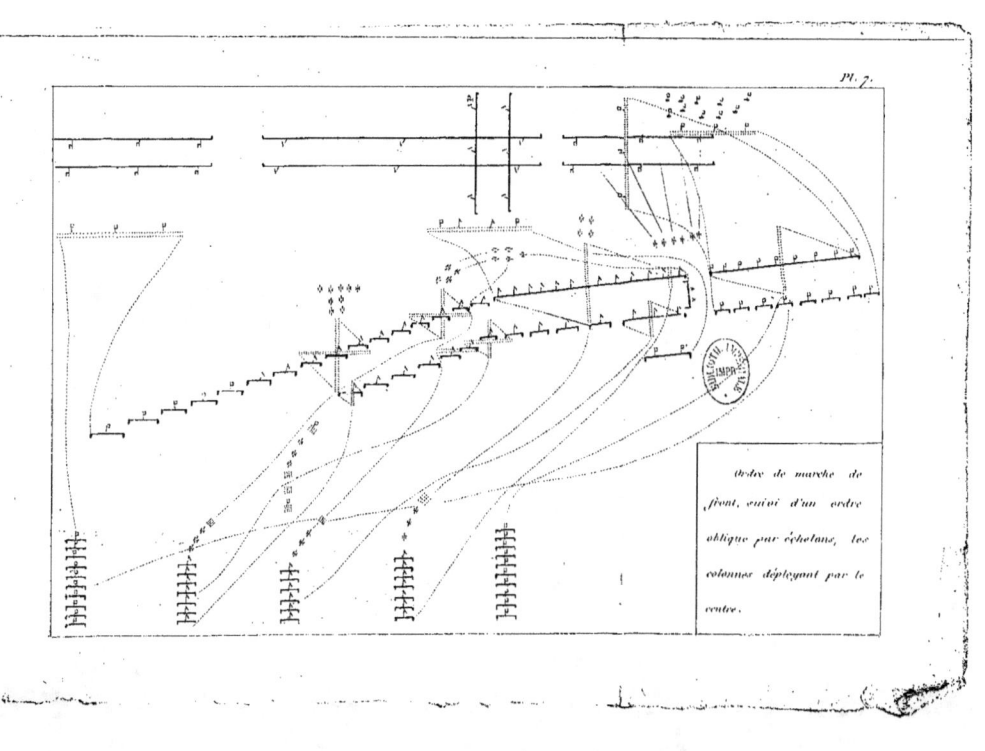

Ordre de marche de front, suivi d'un ordre oblique par échelons, les colonnes déployant par le centre.

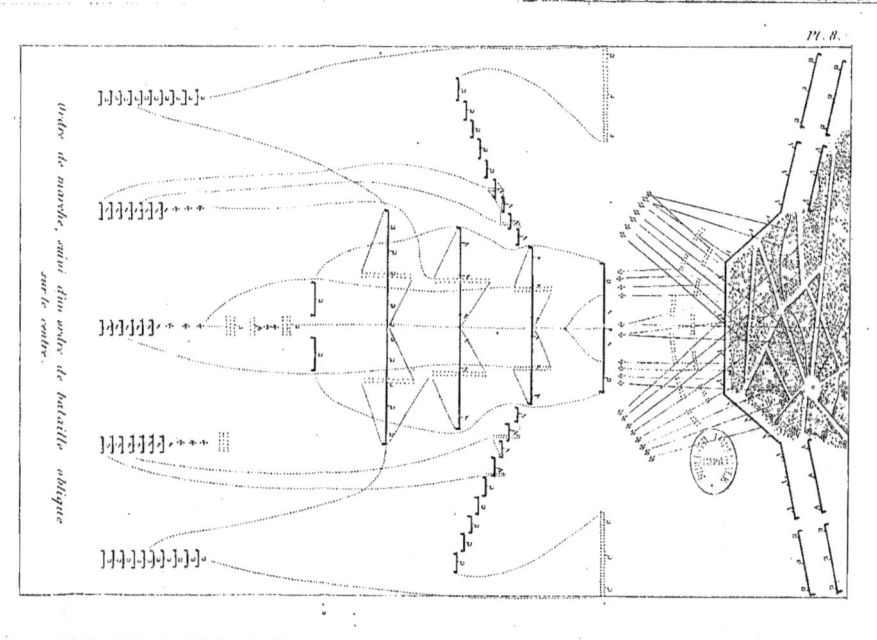

Ordre de marche, suivi d'un ordre de bataille oblique sur le centre.

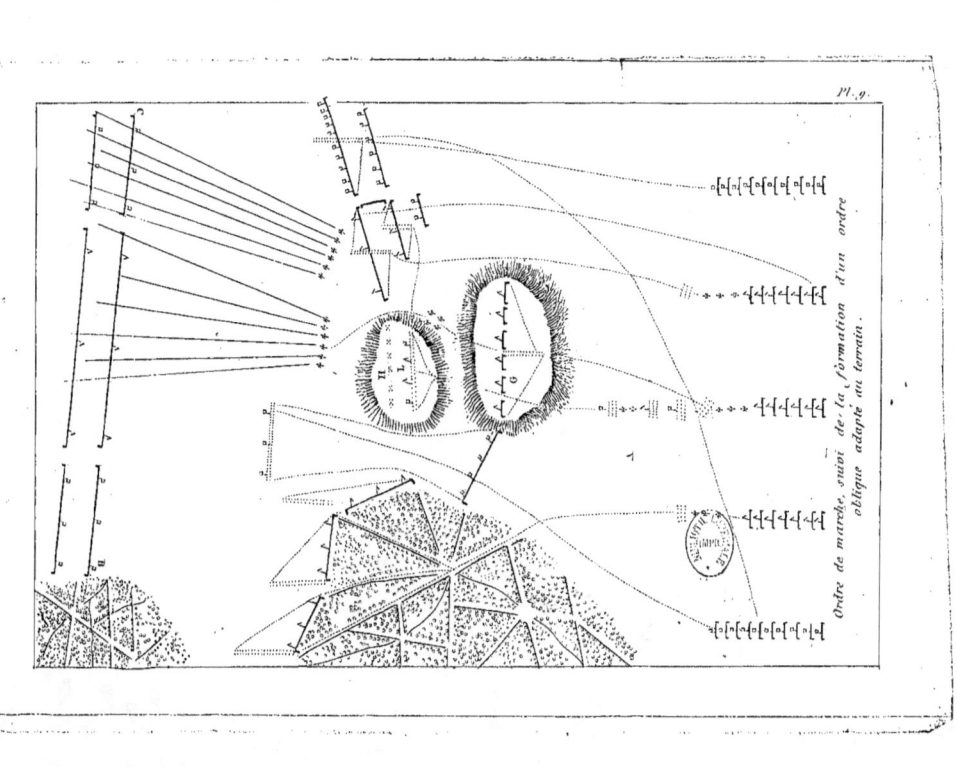

Ordre de marche, suivi de la formation d'un ordre oblique adapté au terrain.

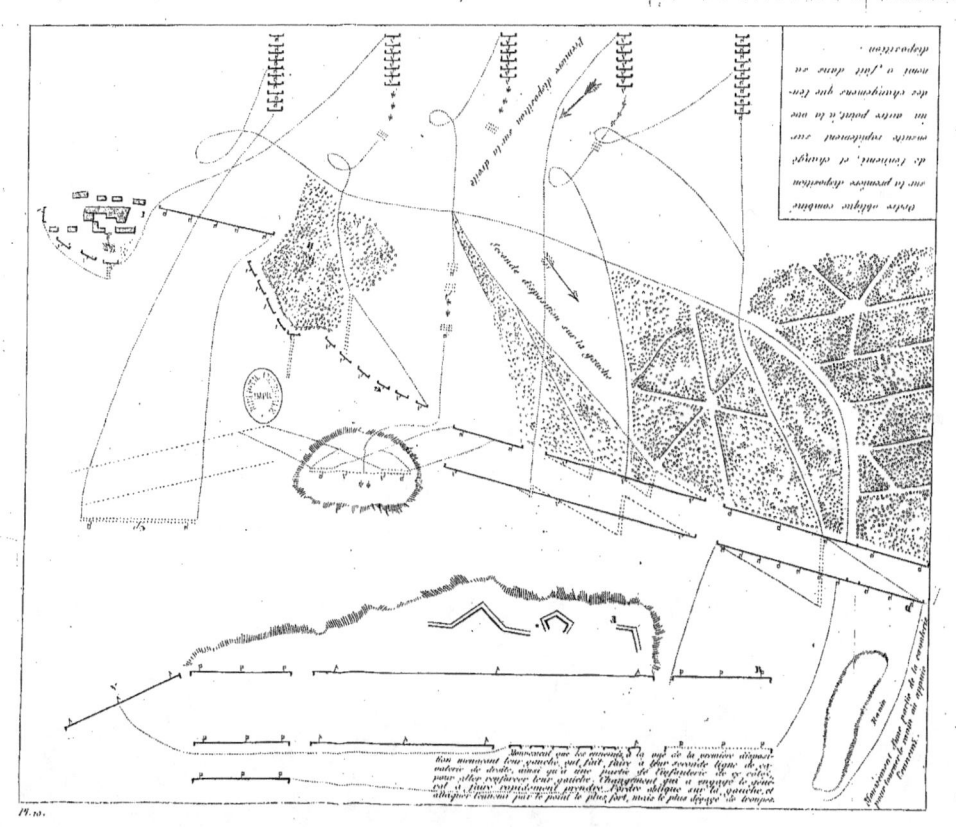

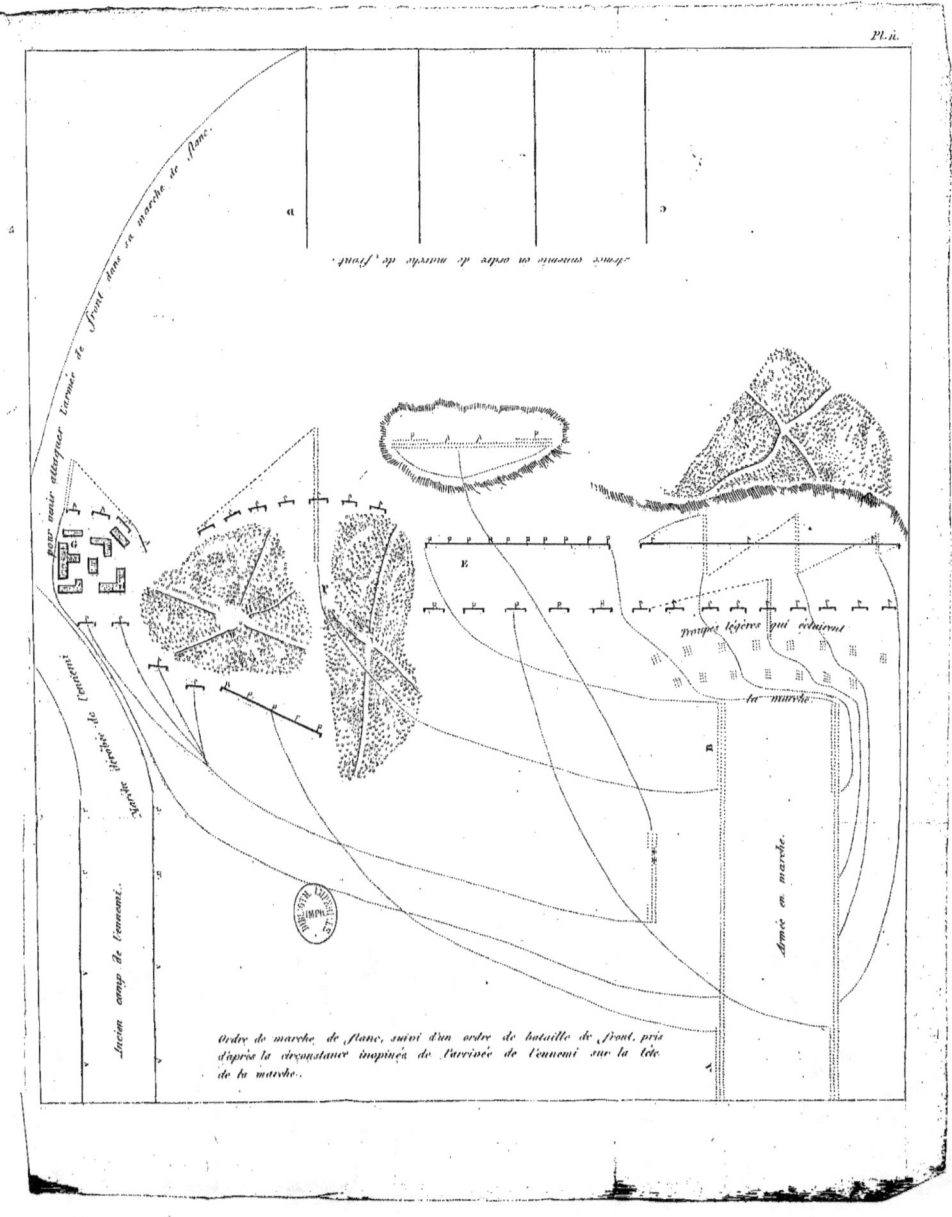

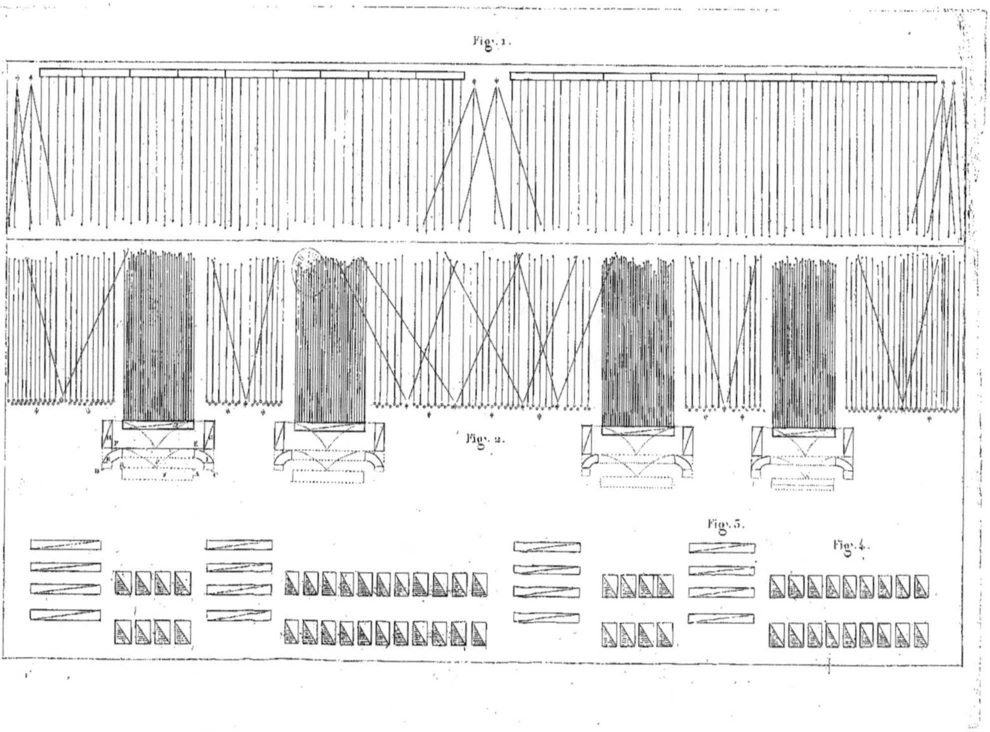

Fig. 1.

Fig. 2.

Fig. 3.   Fig. 4.

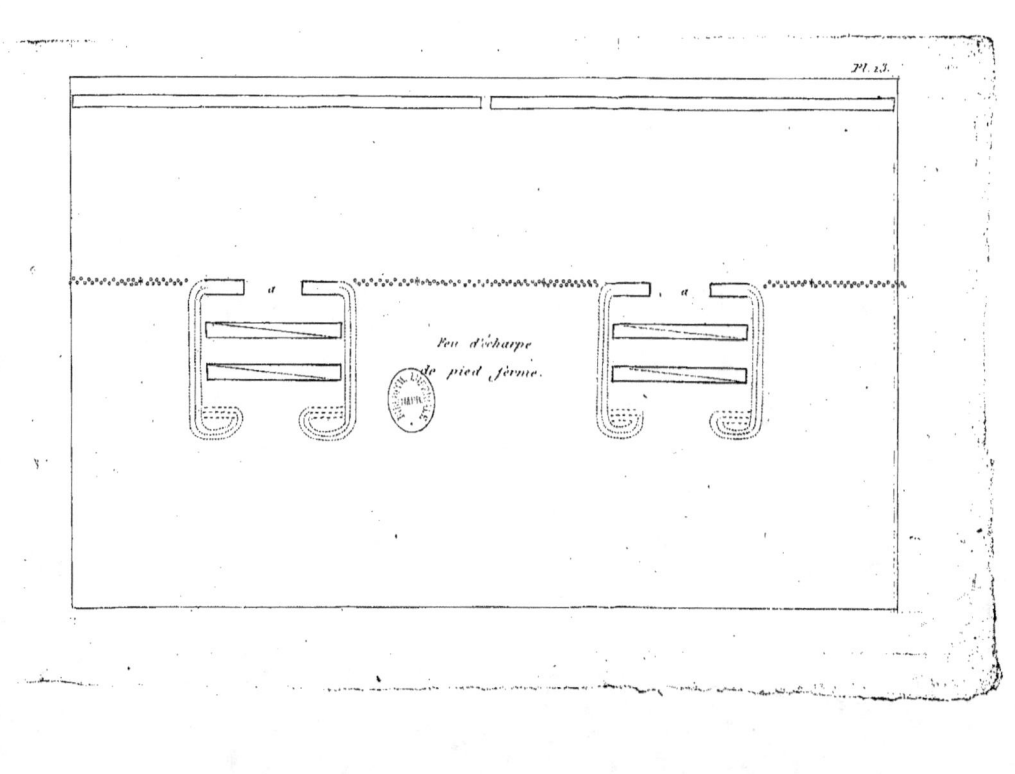

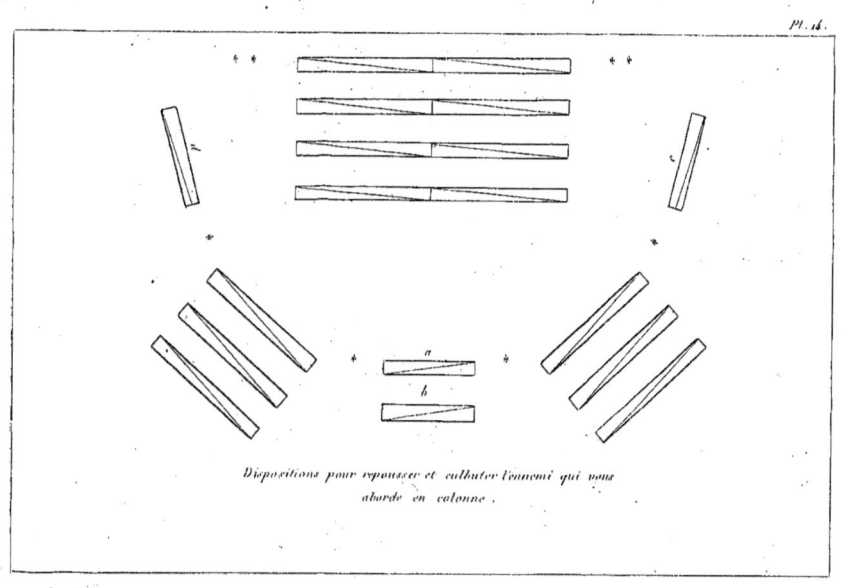

Dispositions pour repousser et culbuter l'ennemi qui vous aborde en colonne.

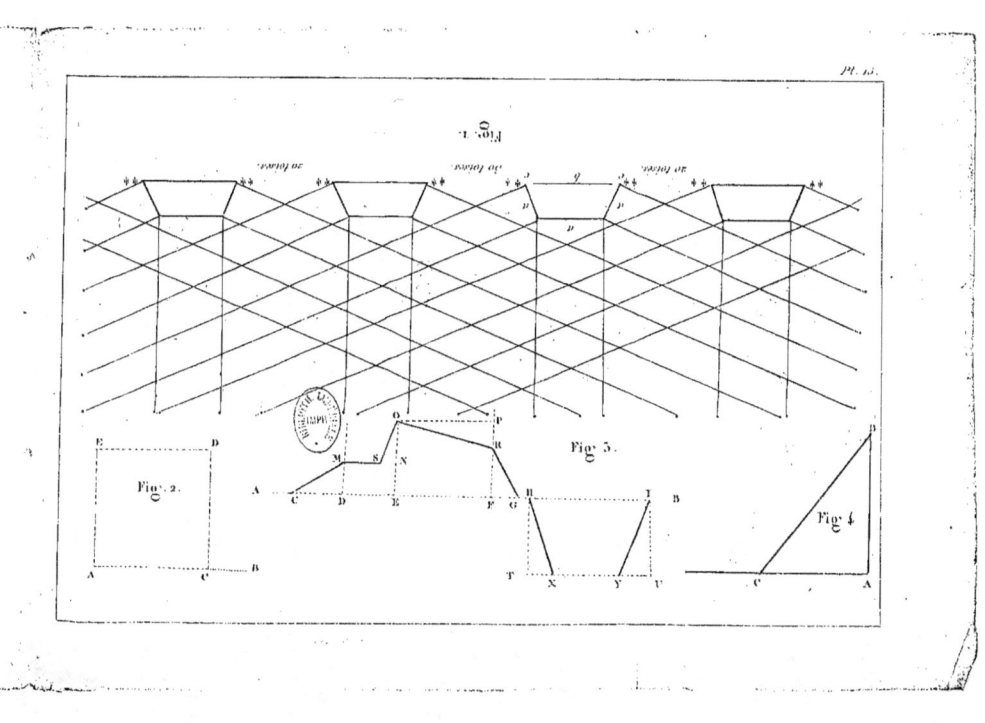

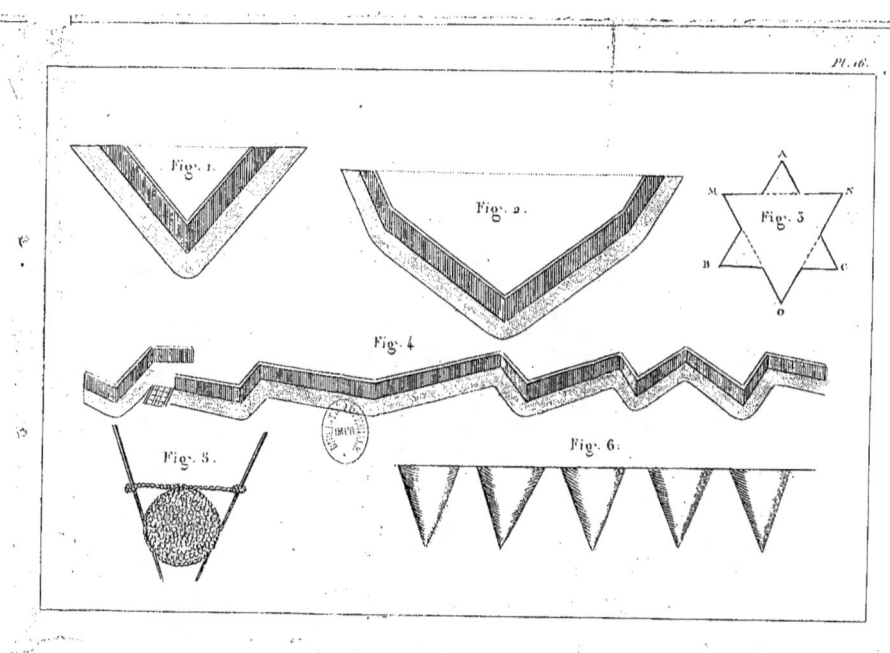

250   LES MILLE ET UN JOURS,
ne tiendra qu'à toi de posséder la dame que tu as vue hier. C'est sans doute la fille de Mouaffac, car on m'a dit qu'il a une fille d'une beauté parfaite. Quand tu serais le dernier des hommes, je te ferai arriver au comble de tes vœux. Tu n'as qu'à me laisser faire, je vais travailler à ta fortune. Je le remerciai sans pénétrer encore le dessein qu'il méditait, et je suivis l'aga de ses eunuques noirs, qui par son ordre me fit sortir de prison, et me mena au hamman.

Pendant que j'y étais, le juge envoya deux chaoux chez Mouaffac, pour lui dire qu'il souhaitait de lui parler pour l'entretenir d'une affaire de la dernière conséquence. Mouaffac vint avec les chaoux. Dès que

Cet ouvrage contient :

L'art d'engager ou d'éviter une action, de trancher, défendre ou attaquer une position, embarrasser, défendre ou passer un défilé, un gué, une rivière ; — Choisir, fortifier, défendre ou attaquer un poste quelconque ; — Surprise et moyen de l'éviter ; — Tirailleurs, grands détachemens, espions, reconnaissances militaires ; — Moyen de se former le coup d'œil, d'utiliser les objets qu'offre la campagne, défensive ; d'exercer l'Officier à tracer, l'Officier à diriger, le Soldat à exécuter les procédés de retranchemens, sans éprouver; Caporal, Capitaine, Colonel, Général, de bataille en tirailleurs, réunissant les avantages du mélange des trois armes : artillerie, mousqueterie, cavalerie, où principalement d'écharpe en avançant, de pied ferme, en retraite ; — Apprendre le maniement d'armes sans fusil ; utiliser victorieusement la garde nationale en masse et non armée de fusils, en cas d'invasion, etc., etc.

www.ingramcontent.com/pod-product-compliance
Lightning Source LLC
Chambersburg PA
CBHW050602230426
43670CB00009B/1226